上海同济城市规划设计研究院资助项目
国家自然科学基金重点项目（51738008）资助项目
中国博士后科学基金面上项目（2024M752410）资助项目

# 汾渭平原风土聚落模式与谱系

林晓丹　著

同济大学 出版社
·上海·

图书在版编目（CIP）数据

汾渭平原风土聚落模式与谱系 / 林晓丹著. -- 上海：同济大学出版社，2024.9. --（城乡建成遗产研究与保护丛书 / 常青主编）. -- ISBN 978-7-5765-1364-6

Ⅰ. K925.6

中国国家版本馆 CIP 数据核字第 20248CQ444 号

## 汾渭平原风土聚落模式与谱系

林晓丹　著

责任编辑　姜　黎
责任校对　徐逢乔
封面设计　张　微

出版发行　同济大学出版社 www.tongjipress.com.cn
　　　　　（地址：上海市四平路 1239 号　邮编：200092　电话：021-65985622）
经　　销　全国各地新华书店
排　　版　南京文脉图文设计制作有限公司
印　　刷　上海颛辉印刷厂有限公司
开　　本　710 mm×1000 mm　1/16
印　　张　20.75
字　　数　347 000
版　　次　2024 年 9 月第 1 版
印　　次　2024 年 9 月第 1 次印刷
书　　号　ISBN 978-7-5765-1364-6
定　　价　118.00 元

本书若有印装质量问题，请向本社发行部调换　　版权所有　侵权必究

# 总序

国际文化遗产语境中的"建成遗产"(built heritage)一词,泛指历史环境中以建造方式形成的文化遗产,其外延大于"建筑遗产"(architectural heritage),可包括历史建筑、历史聚落及其他人为历史景观。

从历史与现实的双重价值来看,建成遗产既是国家和地方昔日身份的历时性见证,也是今天文化记忆和"乡愁"的共时性载体,可作为所在城乡地区经济、社会可持续发展的一种极为重要的文化资源和动力源。因而建成遗产的保护与再生,是一个跨越历史与现实,理论与实践,人文、社会科学与工程技术科学的复杂学科领域,有很强的实际应用性和学科交叉性。

显然,就保护与再生而言,当今的建成遗产研究,与以往的建筑历史研究已形成了不同的专业领域分野。这是因为,建筑历史研究侧重于时间维度,即演变的过程及其史鉴作用;建成遗产研究则更关注空间维度,即本体的价值及其存续方式。二者在基础研究阶段互为依托,相辅相成,但研究的性质和目的不同,一个主要隶属于历史理论范畴,一个还需作用于保护工程实践。

追溯起来,我国近代以来在该领域的系统性研究工作,应肇始于1930年由朱启钤先生发起成立的中国营造学社,曾是梁思成、刘敦桢二位学界巨擘开创的中国建筑史研究体系的重要组成部分。八十余载斗转星移,梁思成先生当年所叹"逆潮流"的遗产保护事业,于今已不可同日而语。由高速全球化和城市化所推动的城乡巨变,竟产生了未能预料的反力作用,使遗产保护俨然成了社会潮流。这恰恰是因为大量的建设性破坏,反使幸存的建成遗产成了物以稀为贵的珍惜对象,不仅在专业研究及应用领域,而且在全社会都形成了保护、利用建成遗产的价值共识和风尚走向。但是这些倚重遗产的行动要真正取得成功,就要首先从遗产所在地的实际出发,在批判地汲取国际前沿领域先进理念和方法的基础上,展开有针对性和前瞻性的专题研究。唯此方有可能在建成遗产的保护与再生方面大有作为。而实际上,迄今这方面提升和推进的空间依然很大。

与此同时，历史环境中各式各样对建成遗产的更新改造，不少都缺乏应有的价值判断和规范管控，以致不少地方为了弥补观光资源的不足，遂竞相做旧造假，以伪劣的赝品和编造的历史来冒充建成遗产，这类现象多年来不断呈现泛滥之势。对此该如何管控和纠正，也已成为城乡建成遗产研究与实践领域所面临的棘手挑战。

总之，建成遗产是不可复制的稀有文化资源，对其进行深度专题研究，实施保护与再生工程，对于各地经济、社会可持续发展具有愈来愈重要的战略意义。这些研究从基本概念的厘清与限定，到理论与方法的梳理与提炼；从遗产分类的深度解析，到保护与再生工程的实践探索，需要建立起一个选题精到、类型多样和跨学科专业的研究体系，并得到出版传媒界的有力助推。

为此，同济大学出版社在数载前曾陆续出版"建筑遗产研究与保护丛书"的基础上，规划出版这套"城乡建成遗产研究与保护丛书"，并被列入"十三五"国家重点出版物出版规划。该丛书的作者多为博士学位阶段学有专攻，已打下扎实的理论功底，毕业后又大都继续坚持在这一研究与实践领域，并已有所建树的优秀青年学者。我认为，这些著作的出版发行，对于当前和今后城乡建成遗产研究与实践的进步和水平提升，具有重要的参考价值。

是为序。

中国科学院院士
同济大学建筑与城市规划学院教授
城乡历史环境再生研究中心主任
丁酉正月初五于上海寓所

# 序

  中国传统的地域风土聚落，可分为城邑聚落和乡村聚落。虽然农耕时代的城乡聚落本质上是同构的，但相较于城邑聚落，乡村聚落更倾向于以血缘和经济为纽带，形成聚居共同体。其聚族而居的社会关系和空间形态，均由宗族血缘和宗法秩序所维系。尤其是自两宋以来，程朱理学倡导"敬宗收族"，形成了以祠堂、族田和族谱为核心的宗族组织及其聚居制度，乡村社会结构更趋于自组织化，民国后期以来在社会学和文学中广泛使用的"乡土"一词，便是乡民社会形态的缩略词。若从民系方言区的视野看，农耕语境的乡村聚落之间还可能以"语缘"为纽带，形成与乡民社会形态相耦合的空间形态与构成模式，以及代际延承的聚落营造谱系。这种模式及谱系必然要受到环境气候因素，特别是地形、地貌和地方材料的制约，从而使聚落从选址到建造，具有特定的适地性和适材性，以及空间构成上的拓扑变换。因而在史地维度的有机生长中，传统的地域风土聚落保留了纯朴的古风和浓郁的地域性，可以说千姿百态，谱系纷呈，表现了可与西方"场所精神"（Genius Loci）相类比的地方风土特质。

  今天，这种特质在城镇化和乡村重建的浪潮冲击下，正走向衰朽乃至灭失，亟待进行抢救性的系统研究。为此，近20年来，我主持的同济大学专业团队主攻方向之一，就是跨越行政区划，以民系方言区为背景的风土聚落形态及谱系的系列项目研究。目前正在博士后流动站工作的林晓丹博士，读博期间便参加了地域风土营造的研究项目。这篇以博士学位论文为基础修订的书稿《汾渭平原风土聚落模式与谱系》，便是项目成果中具代表性的博士学位论文系列之一。

  林晓丹是一位性情爽朗，好学上进，术业专攻的青年学者，跟随我读博前已有六载大学教龄，专业基本功扎实，尤以城乡规划学原理见长，入学以来进一步加强了建筑学的专业理论基础，具备规划和建筑的跨学科研究潜力。她的博士论文选题，首次对民系方言区之外的民系官话区风土聚落及建筑作模式分类及谱系梳理，以黄河两岸的晋陕官话区为研究背景，选取汾渭平原台塬地貌条件下的风土聚落案例调研剖析，从环境气候带与民系方言区、聚落选址与环境适应、空间结构与聚落功能，居俗风习与居住形制等几个层面和几对范畴入手，构成了全文的写作框架。经过几年努力，完成了在理论范式、逻辑脉络，完成度和文字质量方面均可圈可点的学位论文，并在此基础上修订为这本书稿。

  作为创意亮点之一，本书对黄河晋陕两岸汾河南段的晋南官话区与渭河东段的关中官话区，作了风土聚落类型及模式的趋同研究，并将之与晋语方言区的风土聚落进行差异比较，令人信服地看到了黄河两岸民系官话区与营造谱系的文脉关联，从研究思路和方法上，为地域营造谱系的认知和传承提供了典型研究样本。所以我认为，本书的出版，对我国城乡风土聚落的传承与再生，兼有学术研究和实践的参考价值。

  是为序。

中国科学院院士
同济大学建筑与城市规划学院教授
城乡历史环境再生研究中心主任
甲辰秋夕作于沪上

# 前言

本书基于一个基本假设，即"语缘"作为仅次于血缘的文化纽带，在地方聚居群体中的表现形式为，使用同一或相近方言（dialect）的人群之间的空间与场所关系。这种关系可以类比血缘关系，作为地域风土物事（vernacular）的重要组成部分，一般而言在风土聚落中表现得尤为明显，会在其演变过程中形成可识别、相对固化、约定俗成的谱系及其构成模式（settlement patterns）。因而，以"语缘"为背景进行风土谱系研究，通过还原典型风土聚落的构成及演变特征，可为其今后的活化与再生提供学术基础。

基于这一前提，本书选取跨越晋陕两省的汾渭平原作为研究对象，在大量案例调查和认知的基础上，首先从语缘背景与聚落类型对汾渭平原的风土区划进行探讨，接下来聚焦"关中—汾河片"风土区，从聚落选址、格局对台塬地貌的适地性（聚落与环境），聚落营建的空间秩序（聚落本体），聚落居俗与宅院形制（聚落作为社会文化载体）三个层面递进展开研究。本书共分为六个章节：

第一章是导论，重点明确了作为研究视角与理论范式的"风土谱系"与作为研究手段的"聚落模式"两个基本概念，以及作为研究区域的"汾渭平原段黄河两岸"和作为研究内核的"关中—汾河片"风土聚落。

第二章是作为研究视角的风土谱系认知背景，首先分析汾渭平原的文化地理背景与方言地理格局；其次对汾渭民系的聚落类型分布进行梳理；再次综合自然地理、文化区划、聚落类型分布等要素进行叠加，将汾渭平原划分为秦陇片与关中—汾河片两大风土区系；最后对跨越黄河两岸的关中—汾河片风土聚落展开调查，确立研究由窄院组成的"井"字网格聚落类型，并最终明确研究选点。

第三章是对聚落与环境相互交融的关系研究，针对聚落的适地性，首先从聚落适应所在黄土台塬自然环境中"塬—沟"交织的地貌特质与"旱涝共存"的气候压力，以及社会环境中适应所在黄土台塬的营生方式与文化象征两方面深入解析；其次分析聚落选址与山水格局，梳理此地风土聚落"依水傍沟"的选址规律与"塬—

沟"格局的类型特征；最后总结此地聚落形态与沟壑共生的"有机网格"模式。

第四章是对聚落本体的研究，针对聚落营建中的空间秩序，首先从田野调查中获得的典型个案的历时性研究出发，借助族谱的历史信息及形态学分析方法，还原解家村从聚落选址到空间建构的完整营建历程，总结族谱中所建构的聚落"理想图式"，以及族群发展到最鼎盛时期的理想聚落空间形态；其次深度剖析关中—汾河片聚落营建所体现出的混合的边界限定、围池而居的空间组织、村庙系统的秩序关系以及村—寨分离的防御分区等四种可识读、相对固化的结构模式，分析聚落的物质实体与社会功能之间的相互关系。

第五章是对聚落所承载社会文化的研究，针对地方居俗与宅形之间的相互影响，首先对关中—汾河片风土聚落的街巷肌理与社群结构进行分析，总结族群在生活、生产、习俗、制度等与社会环境的因应结果；其次针对宅院形制，在从基本范型、结构类型、群组关系等基本特征进行分析之后，将传统建筑类型学对平面形制与空间秩序的分类研究与人类学的研究方法相结合，深入发掘因地方居俗所形成的"上首厅房"与"祠—宅同构"两种有别于他地的宅院形制特征。

在结语部分，从"汾渭平原的风土区系划分""黄土台塬风土聚落的适地性""关中—汾河片风土聚落可识读的、相对固化的模式"三个方面概述了本书所取得的基本成果及创新点，并从聚落模式所塑造的场所感、体现的生态智慧与独特的文化地景三个方面对该地的风土聚落进行了价值判断与传承建议。

风土聚落谱系及其构成模式，是环境因应与文化因应的共同结果，具有史地维度的双重内涵。本书尝试在传统建筑史实证研究方法之外，结合文化地理学与人类学的跨学科研究视角，以及类型学和形态学的分析方法，通过历史文献与现状实物的互相印证，透过风土聚落在表象上所呈现的物质形态，探讨其与社会文化相勾连的深层结构关系，发掘此地风土聚落在遗产普遍价值之外的独一性价值，为其保护与传承提供历史理论支撑。

本书的出版得到了师友及相关机构的宝贵支持。感谢导师常青院士对我的学术引导，他学贯中西的学术思想，使得本书在针对国内研究对象的实证研究中综合了西方的理论范式。本书在完稿过程中得到了张鹏、王红军、刘涤宇、蔡永洁、李浈、朱晓明、张杰、罗德胤、董卫、冯江、刘东洋、王金平、李颖春、周易知、李小龙、刘雨婷、张晓春等众多老师的宝贵意见。本书的田野调查与资料搜集工作是在众多师友的帮助下完成的，感谢多次与我共同深入晋陕乡村实地调研的孔惟洁、李竞扬、郭建伟、蔡宣皓、王瑞坤、江攀、马松瑞、贾兴舟、覃晨婉、张玉娇、周婧、冯子亭、马婕、周啸林、何渝丰，感谢母校西安建筑科技大学王树声、李小龙、李欣鹏、高元、徐冉各位教授，以及韩卫然、王茜、孙鸽、李嘉麟、辛雨辰、蔡臻等同学，陕西省文化遗产研究院贺林、张基伟、赵璐，陕西省城乡规划设计研究院陈诚等给与的在地支持。本书实地调查得到了国家自然科学基金重点项目（51738008）的资助，本书出版得到了上海同济城市规划设计研究院有限公司的资助，以及中国博士后科学基金面上资助项目（2024M752410）的资助。

作为一本以人类学为主要研究方法的论文，特别需要感谢在田野调查中所遇到的众多当地人，他们是党家村党康德、西原村吉少伟、柳枝村孙益纯、相里堡村张奇和张文祥、徐村同养丁、张带村张英全、行家庄村党继生、黑池村王军奇、王文宗、王积文、良石村王俊涛、北阳城村刘彦俊、上井村王吉中、王山海等，还有很多予以帮助但没留下姓名的村民，在此一并感谢。

最后，要感谢爱人刘可南以及远在家乡的父母对我学术生涯的支持。

# 目　录

总序
序
前言

第一章　导论　1
　一、选题缘起　1
　二、核心概念与研究对象　3
　三、研究回顾　12
　四、关键问题　24
　五、研究方法与工具　27

第二章　汾渭民系与聚落类型　32
　一、汾渭民系的文化地理背景　32
　二、汾渭民系的方言地理格局　37
　三、汾渭民系的聚落类型分布　42
　四、汾渭民系的风土区划　48
　五、关中—汾河片风土聚落调查　52
　六、本章小结　66

第三章　聚落适地与台塬地貌　68
　一、自然环境特质　69
　二、社会环境特质　74
　三、聚落选址与山水格局　79

四、与沟壑共生的聚落格局　　99
　　五、本章小结　　109

第四章　聚落营建与空间秩序　　111
　　一、个案考察：解家村的聚落营建过程　　112
　　二、混合的边界限定　　129
　　三、围池而居的空间组织　　145
　　四、村庙系统的秩序关系　　167
　　五、村—寨分离的防御分区　　179
　　六、本章小结　　196

第五章　聚落居俗与宅院形制　　199
　　一、聚落的街巷肌理　　199
　　二、聚落的社群结构　　203
　　三、宅院的基本特征　　209
　　四、"上首厅房"的宅形特征　　220
　　五、"祠—宅同构"的宅形特征　　245
　　六、本章小结　　266

第六章　结语　　268
　　一、主要结论和收获　　268
　　二、价值判断及传承建议　　274

附录A　实地调查村落表　　277

附录B　主要案例卫星影像　　280

附录C　主要案例村落总平面图与肌理图　　289

附录D　调查民间文献目录　　301

参考文献　　307

# 第一章 导论

## 一、选题缘起

"风土"是一个地方环境气候与风俗民情的总称,差异性的风土环境孕育了各具特色的人居聚落,并在聚落营建方面形成包含地方文化特色与精神的"风土特征"。风土聚落的形成过程往往需要漫长的时间积淀,是人们与所处自然、人文环境长期交互并不断调试作用的产物,故其亦被视作一地的适宜性营造模式和宝贵的人居经验遗产。发掘并传承此类风土特征,不仅是聚落保护和现代发展的历史根基与文化源泉,也是对于聚落基本发展规律的一种探索,这已成为各地建筑学和城乡规划学领域所共同关注的重要命题。

在我们这个国土广袤,民族众多的文明古国,有必要整体认知和把握各地风土聚落千姿百态的地域特征,对其进行体系化分类研究。随着各位前辈学者尝试从语缘、民系的史地维度视角切入研究,目前已初步勾勒出全国范围内的大致脉络。陆元鼎团队立足华南,借助民族学的民系视角指导完成了针对东南系,以及东南各民系的系列研究成果[1]。常青团队从"语缘"及风土谱系视角出发,结合文化地理学、人类学等跨学科研究方法,以方言区为基础,做出了针对南方地区的赣系、粤系、闽系、吴系、湘系,少数民族的苗瑶系、壮侗系等探索性系列研究成

---

[1] 余英.中国东南系建筑区系类型研究[M].北京:中国建筑工业出版社,2001.刘定坤.越海民系民居建筑与文化研究[D].广州:华南理工大学,2000.戴志坚.闽海系民居建筑与文化研究[D].广州:华南理工大学,2000.王健.广府民系民居建筑与文化研究[D].广州:华南理工大学,2002.郭谦.湘赣民系民居建筑与文化研究[D].广州:华南理工大学,2002.

果[1]，本书即是在这一理论框架下所展开的研究。

　　方言有狭义与广义之分，狭义的方言指的是中国东南部地区的汉语方言，而广义的方言指的是官话方言与非官话方言，其中官话方言的内部差别比较小，可通话程度较高。以秦岭、淮河为界，北方整体属于官话方言区，官话方言作为现代汉民族共用语的基础方言，内部一致性较高，其分布的主要区域为古代中国早期政治中心所在的黄河流域中下游。由于明清以来相对稳定的人口分布和长期的文化交融，北方各地以中原官话区为代表的广大区域，无论从语言、习俗、民情以及其他文化现象方面，均呈现出各地域间较强的趋同性。因此，如何对北方地区的风土聚落进行有效系统性的区划分类研究，是目前的研究难点。同时，这也是北方风土聚落及其建筑的研究成果无论从深度还是广度上均无法与南方相提并论的主要原因之一。尽管如此，北方的各地域风土聚落仍包含着需要关注和探索的在地特征和文化差异。

　　中原官话区所覆盖的区域为黄河中游腹地，自华夏文明起源以来，一直是汉文化形成和发展的中心地，尤其在隋唐时期的发展更是取得过辉煌的建筑成就。但在漫长的历史进程中，随着中国政治经济文化中心的东迁南移，中原地区战祸匪患频生，至明清成为经济文化较为落后的地区，这些变化所蕴含的复杂性与落差性显而易见。今天，论及覆盖晋、陕、豫三省的中原官话区的风土聚落，由于实存的传统村落及其建筑大多是清末民初形成的产物，加之改革开放以来的各种建设性破坏，因此不论是样本的数量还是质量，都相对薄弱，给深入研究造成了一定困难。

　　幸运的是，横跨晋陕两省的汾渭平原，目前留存了较为丰富的可研究样本，许多村落入选了国家、省市级的传统村落名录[2]。与此同时，该区域还有数以百计未入选名录但能够体现地方性的村落。由于汾渭平原特有的黄土台塬地貌环境，稳定的

---

1　梁智尧. 赣语方言区风土建筑谱系认知与基质构成解析 [D]. 上海：同济大学，2019. 徐粤. 粤系风土建筑谱系特征及分类比较研究 [D]. 上海：同济大学，2020. 周易知. 闽系核心区风土建筑的谱系构成及其分布、演变规律 [J]. 建筑遗产，2019（01）：1-11. 周易知. 两浙风土建筑谱系与传统民居院落空间分析 [J]. 建筑遗产，2020（01）：2-17. 伍沙. 湘语方言区风土建筑谱系构成研究初探——基于平面形制的建筑类型及分布区域分析 [J]. 建筑遗产，2018（03）：31-38. 汤诗旷. 苗族传统民居特征研究与文化探源——以东部、中部苗语方言区为主 [D]. 上海：同济大学，2017. 郭建伟. 傣族风土建筑因应特征及其文化探源——以中国西双版纳地区村寨为例 [D]. 上海：同济大学，2020 等。
2　据统计，截至 2019 年 6 月，陕西关中地区共有 2 个国家历史文化名村，先后有 45 个村落入选国家传统村落名录，山西晋南地区共有 3 个国家历史文化名村，先后有 66 个村落入选国家传统村落名录，其中靠近黄河的陕西渭南市更是由于有 33 个中国传统村落，85 个陕西省级传统村落，9 个市级传统村落，在 2020 年入选全国首批传统村落集中连片保护利用示范市。

农业文明与人口发展，以及周边长安、咸阳、洛阳等都城政治文化中心的深刻影响，使得这些风土聚落在历史演进中形成了可识别的结构模式。

与东南地区多见的、受到建筑学者广泛关注的、能够体现亲族关系与仪式过程的大型宅院不同，北方官话区民间多以小家庭单进或多进四合院为主要宅院类型，大的社会组织、家族关系均跳出宅院单体而在整体聚落层面予以体现。虽然风土聚落的整体形态因受到差异化的地理环境及社会发展的影响会进行适应性调整，但在相近民系与相似地理条件的共同影响下，聚落组织结构在历史演变中会趋向一定程度的统一，形成可识别、相对固化、约定俗成的模式。归结而言，汾渭平原风土聚落的独特性突出表现在如下方面：①就聚落适地而言，因特殊的黄土台塬地貌特征，风土聚落的选址与格局形成与土地和谐共生的关系；②就聚落营建与居俗而言，受长期积淀所形成的地域文化、风俗习惯的影响，形成了一套独特的有关自然、生态、先贤、尊卑、宗法等的认识观念、地方风习和仪式禁忌，进而依此组织聚落的空间秩序与宅院形制。

由于新中国成立以来汾渭平原整体发展相对缓慢与滞后，使得这些风土聚落得以被"侥幸"保留至今，其中已遭到损毁覆盖的部分亦尚可根据地方史料或长住民的回忆在真实环境中予以落实，故其凝结风土特征的聚落模式仍有迹可循，并与地方生活形态紧密结合。随着城市化进程的推进，汾渭平原的众多传统村落即将面临现代化建设的机遇与挑战。保护已迫在眉睫，而发展又势在必行，故深入研究其风土特征的成因及表征，进而探求其保护和发展之道是汾渭平原风土聚落面临的紧迫要务。

本书将基于风土谱系的研究视角，以语缘民系作为区划参照，突破行政边界，聚焦中原官话区所覆盖的汾渭平原地区，从语缘、地缘与聚落模式的关系出发，重视聚落作为环境的适者、本体的在者、文化的载者的三重身份，通过还原典型聚落的构成及演变特征，总结作为同一谱系可识读的聚落模式，为北方风土聚落的保护与再生提供学术基础。

## 二、核心概念与研究对象

本书涉及"风土谱系"与"聚落模式"两个基本概念，前者旨在明确研究的视角与理论范式，建立研究边界；后者则旨在明确研究目的与手段，建立研究路径。而要深入研究风土聚落应有史地维度的视野，史是聚落演进的时间过程，地是聚落存在的空间区域，因此本书在综合了"汾渭平原与黄河两岸"的区域因素与"语缘民系与营造谱系"的文化因素之后，最终确定"关中—汾河片聚落"为研究内核。

## 1. 风土谱系

"民系"是民族学家罗香林在 20 世纪 30 年代为研究客家移民创造的新术语，为的是方便描述同一民族内部的分支[1]。由于能够最直观体现民系差异的表象形式是语言，因此民系研究一直与方言挂钩。陆元鼎在此基础上，受到民族学、社会学等相关学科研究的启发，立足华南地区提出了"民系民居"的研究框架，在研究路径上将人口迁徙及民系形成的动态过程与民居建筑特征进行关联，研究目标是把握民居类型的演变[2]。这一框架延续了罗香林的"南系"与"北系"划分[3]，南系在中原汉民族的三次南迁的过程中形成了五大民系族群，而北系长期以来中原地区与周边民族互相融合，成为一个广阔地带的整体北方民系族群，并没有再进一步地细化分类研究。

由此可以看到，引入"民系"概念的跨学科方法突破了传统建筑史学对于民居以样式记录为主要手段的既往研究格局，但也存在一定的局限性，即过分依赖民族学理论。虽然对于南方各大民系的研究行之有效，但是一旦脱离"东南中国"这种移民社会，比如面对相对统一的北方地区，这种研究方法就面临"失效"的困境，无法系统全面地对全国甚至全球铺展开来进行类型化探讨。

而本书所采用的"语缘民系"的概念来自一个基本假设，即"语缘"作为仅次于血缘的文化纽带，在地方聚居群体中的表现形式为使用同一或相近方言[4]（dialect）的人群之间的空间与场所关系，这种关系可以类比血缘关系，都是地域风土物事（vernacular）的重要组成部分，一般而言在风土聚落中表现尤为明显。而地缘认同其实也并非指地理认同，而是居地认同，说到底也可以理解为以语缘认同为基础。

---

1 罗香林当时形容是同一民族内部各自独立的支系或单元，与西方学术界普遍采用的族群（ethnic group）概念接近，但民系的概念又与民族挂钩，主要是为了讨论汉族的次民族所产生的学术概念。
2 陆元鼎. 中国民居建筑：上 [M]. 广州：华南理工大学出版社，2004.
3 罗香林把汉民族共同体分为北系和南系二大支脉，"北系"是秦岭淮河以北，也就是一般意义上的中原汉人；"南系"是由于南迁而形成的南方各大民系的总称。
4 这里是广义的方言概念，其包含北方的各种官话方言，指的是只通行于一个地方的话。

这样一来，就拓展了狭义"民系"概念的内涵，将原本针对南方地区的，基于中原汉民大规模的迁移分化而成的汉族亚族群，拓展到适用于北方地区的，基于一定地域内自然地理和社会文化的差异，使得在不同的居住区域内的同一族群分化出各自不同的语言特征和文化认同。

将"谱系"（pedigree）概念运用到建筑史学领域，是朱光亚在回归传统的建筑史学分类研究首次提出的，强调传统建筑共时性的地理空间差异要远远大于历时性的时间演变差异，应从建筑本身的营建做法的差异入手[1]。提出借用文化人类学的"文化圈"概念，通过"谱系"一词探讨不同的文化圈内传统建筑的类型差异与相互关系，也用来探讨古代中国师徒相承的匠师工艺的关系[2]。但这一研究主要针对的是地方官式建筑，对于民间风土建筑来说，可信史料极少，加之历史上各地民族、民系构成及分布迁徙情况复杂，如何准确地进行文化圈的区划非常困难。

"风土谱系"（vernacular architectural pedigrees）的概念，是常青首次提出的，为了较为确切地回答中国风土聚落及其建筑究竟有多少跨行政区的地域风土区系及对应的营造谱系，各谱系之间是何关系，如何适应所处的自然与文化环境等一系列基础理论问题[3]。常青率领同济大学风土建筑研究团队，以对风土建成遗产的体系化保存与再生为研究目标，提出以"语缘"为风土区划参照以及文化背景的营造谱系研究构想[4]。与基于"文化圈"进行谱系研究的思路有所不同，文化圈强调的是文化区域概念，而以"语缘"为区划参照则是强调在自然与人文双重作用下所形成的风土环境，强调的是历史与地理的概念。

因此，本书所探讨的"风土"[5]，也即"语缘民系"与土地水乳交融的状态，由于族群生活所在地理环境如山川、水文、物产的差异，使得不同的"语缘民系"形成了在耕作方式、生活习惯、语言习俗、聚居形态、匠作特征等方面各具特色的风土

---

1 朱光亚. 中国古代建筑区划与谱系研究初探 [C] //陆元鼎，潘安. 中国传统民居营造与技术. 广州：华南理工大学出版社，2002：5-9.
2 朱光亚. 中国古代木结构谱系再研究 [C] //全球视野下的中国建筑遗产——第四届中国建筑史学国际研讨会论文集《营造》第四辑），2007：397-402.
3 常青. 从风土观看地方传统在城乡改造中的延承——风土建筑谱系研究纲领 // 历史建筑保护工程学——同济城乡建筑遗产学科领域研究与教育探索 [M]. 上海：同济大学出版社，2014：102-110.
4 常青. 我国风土建筑的谱系构成及传承前景概观——基于体系化的标本保存与整体再生目标 [J]. 建筑学报，2016（10）：1-9.
5 对于风土一词的中外语境与概念探讨，在后文研究回顾小节中会详细论述，在此不过多展开。

聚落。"风土谱系"研究即对风土聚落在语缘与地缘背景差异下所表现出的典型模式的类型与特征研究，发掘与总结具有地域普适性、可识别性、相对固化的谱系基质。

## 2. 聚落模式

通过"模式"（pattern）概念来研究城镇，有两位美国加州大学伯克利分校的代表学者C.亚力山大和斯皮罗·科斯托夫。C.亚力山大（Christopher Alexander）提出"模式语言"（Pattern Language）的概念，他认为人们的生活是由一系列复杂的事件模式所组成的，而事件模式是与空间模式相对应的，并在其代表作《建筑模式语言》（*A Pattern Language*）中通过描述一种253个从宏观、中观、微观[1]中提炼出的与城市建筑相关的模式语言，建构了一种描述城镇复杂系统的理论模型。"模式范式"强调关于城镇的经验事实是无限复杂的，因此在观察研究中只能选择其中有限的部分，由于城市并非树形[2]，因此不能将其作为一个清晰的树状结构进行分析。

斯皮罗·科斯托夫（Spiro Kostof）同样采用了自由架构的"模式范式"，在其代表作《城市的形成》中有选择性地重点讨论一系列城市形式（Urban Form）上的主题，并引入人类学范式，试图从历史的观点观察城市形式的某些模式和某些元素，以回答千姿百态的城市是如何形成的。其中的所提到的"城市模式"（Urban Patterns），是通过图式化的表达方式，论述了城市在历史进程中所体现出的相对固定的结构。

值得一提的是，在考古人类学范式中，Settlement Patterns一直被翻译为"聚落形态"[3]。抛开中文语义，美国考古学家戈登·威利（G. R. Willy）[4]、张光直等所提出的Settlement Patterns是从考古学角度解读人类的房屋布置方式，并引入人类学阐释的方法将其与建造水平、社会关系以及相关制度相勾连[5]。这一考古人类学的研究范式将聚落模式（形态）看作是能够反映人类活动与生态环境相互作用的表达，研究目

---

1 亚历山大的A Pattern Language被翻译为《建筑模式语言》，但其实直译的话是"一种模式语言"，其中从宏观的城镇，到中观的建筑，再到微观的构造层面均涉及。
2 ALEXANDER C. A City Is Not A Tree [J]. Architectural Forum, 1965(4): 58-62.
3 但在建筑学界，patterns往往会被翻译为"模式"。而与之相对的，在国内的已有研究中，最惯常被翻译为"城市形态"的是urban form和urban morphology。
4 参见其英文著作 *Prehistoric Settlement Patterns in the Viruvalle*。
5 戈登·威利. 聚落与历史重建：秘鲁维鲁河谷的史前聚落形态 [M]. 谢银玲，曹小燕等，译. 上海：上海古籍出版社，2018.

本书之所以强调使用"模式"（Pattern）的概念，主要原因是从 pattern 的英文语境来看，它指向的是一种相对固定的模式、范例、典范或式样。而本书所研究的"聚落模式"（Settlement Pattern）正是强调了生活在一地的人群在长期与风土环境因应的过程中，其聚居形态在历史演进中逐渐形成了稳定可识读的、相对固化的模式。这一模式不仅包括物质实体所形成的形式及对应的功能，还包括其背后无形的意义，是一种涵盖时间维度的，因应气候、地理等自然环境，以及由于地缘、业缘等系统性的社会机制共同作用的复杂系统。

"聚落模式"作为风土谱系研究的基础[1]，是建成遗产范畴中能够连接建筑空间到文化地景不同尺度的重要组成部分。风土聚落是由若干物质要素构成的整体，聚落模式作为要素组织的结构表征，能够体现要素本身以及要素布局的方式，是一地的生活、技术、制度、习俗的综合反映，包含形式、功能与意义的三重属性。因此，本书借鉴"模式范式"的理论模型，聚落模式既是本书的研究目的，又是研究手段，通过宏—中—微各层级提取谱系的独一性特质，并深入发掘风土环境与形态表征之间联系的规律。

## 3. 汾渭平原段黄河两岸

渭河与汾河是黄河最大的两条支流，分别从西、北纵贯谷地，形成冲积平原，也就是黄河腹地大"几"字形的基底部分。这片平原地处黄土高原的东南边缘，整体呈东北—西南走向，夹在南部秦岭山脉、东部太行山脉与西北部黄土山地之间，边缘与周围山地有明显的断崖，从地形图上可以非常直观地看到（图1.1），这条弧形的狭长地带犹如一弯新月，是一个相对独立且完整的自然地理单元。

不同的学科对于这片新月形的土地，有着不同的称谓。历史地理学者一般以黄河为界将其称为关中与河东，大致包括先秦时期秦国国都与晋国国都之间的区域[2]。地质学者将其称为"汾渭裂谷""汾渭地堑系""汾渭断陷带"等[3]；自然地理学家将

---

1 常青将风土谱系研究的五大基质归纳为聚落形态（settlement pattern）、宅院类型（courtyard type）、构架特征（structural characteristic）、装饰技艺（ornamental techniques）和营造禁忌（construction taboos）五个方面。
2 安介生. 略论先秦至北宋秦晋地域共同体的形成及其"铰合"机制[J]. 人文杂志，2010（1）：144-153.
3 刘锁旺，甘家思. 汾渭裂谷系[J]. 地壳形变与地震，1981（3）：110-123.

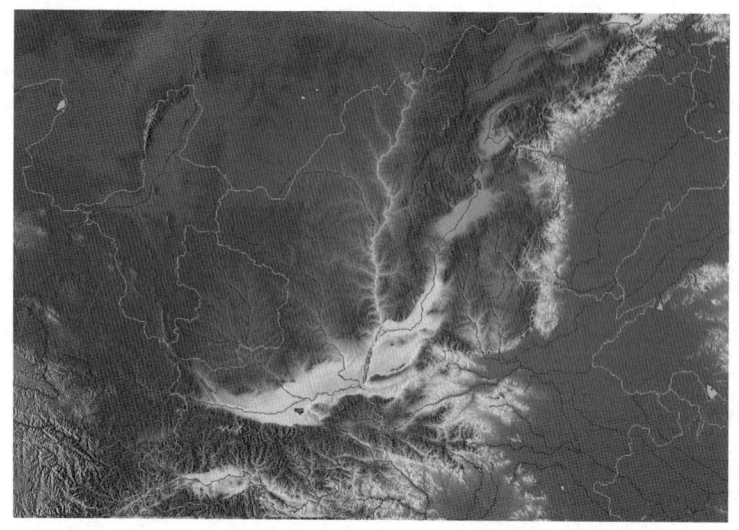

图 1.1 黄河中游地形示意图
图片来源：Relief Map (maps-for-free.com)

其称为黄土高原地貌中的"汾渭谷盆地"或"汾渭谷地黄土台塬冲击平原区"[1]，大体范围为古黄河汾渭湖（三门湖）所覆盖范围，西起陕西宝鸡，东至山西霍县[2]；环境学者将其称为"汾渭平原"，包括今天陕西的西安、咸阳和渭南，山西的运城、临汾等 11 个城市[3]。可以看到，虽然不同学科对其地域范围的划定也略有差别，但基本都为汾、渭两河所形成的冲积平原核心区。

本书对汾渭平原所采取的研究范围与汾渭地堑一致，即西起宝鸡，东至潼关，北至霍县，整个地势从西向东逐渐开阔，中间跨越黄河，再向北逐渐收窄[4]（图 1.2）。

汾渭平原跨越黄河东西两岸，虽然黄河是历来的晋陕行政区划天然的分界线，但由于两岸渡口众多，便利的交通极大地抵消了天堑的阻隔作用，两岸居民的商贸往来、婚嫁往来和人口迁徙非常频繁，形成了跨越黄河的共同社会文化基础。自古以来，黄河两岸土壤肥沃适宜耕种，农业发达，加之此区域一直是沟通西北与华北的交通孔道，明清时期从事贩卖商贸的商人群体众多，商品经济发达，积累了较多

---

1 中国科学院黄土高原综合科学考察队. 黄土高原地区自然环境及其演变 [M]. 北京：科学出版社，1991：42–44.
2 王景明. 论汾渭裂谷 [J]. 长安大学学报（地球科学版），1986 (3)：36–49.
3 黄小刚，邵天杰，等. 汾渭平原 PM（2.5）浓度的影响因素及空间溢出效应 [J]. 中国环境科学，2019，39 (8)：35，39.
4 由于调研素材有限，本书未将河南西部的伊洛河下游平原纳入。

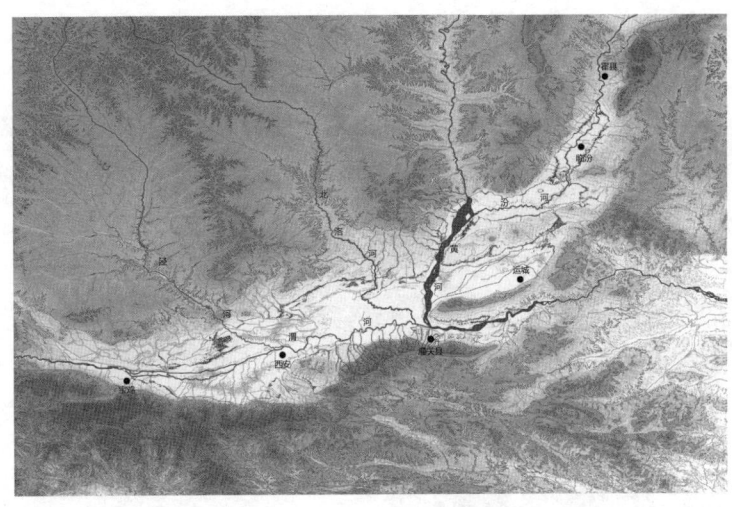

图 1.2　汾渭平原的地理范围
图片来源：作者根据 DEM 数据绘制

财富，随之人文蔚起，形成了稳定的社会形态与生活方式。

相同的文化风俗与自然条件，使得从龙门至潼关段的黄河沿岸地带无论是聚落形态还是风俗民情，均呈现出两岸对峙地区一致性更高的特点，形成独特的跨越黄河两岸的风土区系。基于以上认知，本书使用"黄河两岸"这一史地维度的区域概念来讨论汾渭平原东部传统村落聚集区的聚落形态特征。

## 4. 关中—汾河片风土聚落

由于北方长期以来中原地区与周边民族的交往沟通，已经融合为以中原文化为主的汉民族，以北方官话为共同方言，崇尚汉族儒学礼仪，基本上成为一个广阔地带的北方民系族群[1]。但黄土高原核心区因交通不便，与外界交往困难，从语言文化上来看，形成了北方唯一的方言区晋语区，但其形成过程与南方移民社会的方言不同[2]，是由于黄土高原地区的封闭和落后而保留了古汉语中的一些特征，也就是学者所说的保守型方言[3]，即"北方的山里话"[4]。

---

1　参见陆元鼎为"中国民居建筑丛书"所作总序。
2　周振鹤，游汝杰. 方言与中国文化 [M]. 上海：上海人民出版社，1986：9-10.
3　温瑞政. 晋语"分立"与汉语方言分区的问题 [J]. 语文研究，1997（2）：11.
4　刘勋宁. 再论汉语北方话的分区 [J]. 中国语文，1995（6）：447-454.

虽然汾渭平原整体属于北方的中原官话区，但由于地处黄土高原的边缘地带，其语言文化既保留有晋语方言的一些特征，又在被中原官话的浸润过程中逐渐向晋语区渗透。在地理空间中，可以清晰地看到，插入晋语方言区内部的，向晋语区渗透最为强烈的"新月形"谷地，便是黄河两岸区域（图 1.3）。在次一级方言的小片区划上黄河两岸归属于汾河片与关中片，由于两岸的语言一致性非常高，属于同一个民系方言区，在北方地区具有独特的地域风土特征。因此，本书借用语言学既有研究的命名方式，采用"关中—汾河片"来称呼这一区域，用"汾渭民系"来称呼这一区域的族群，将研究内核确定为关中—汾河片聚落。

 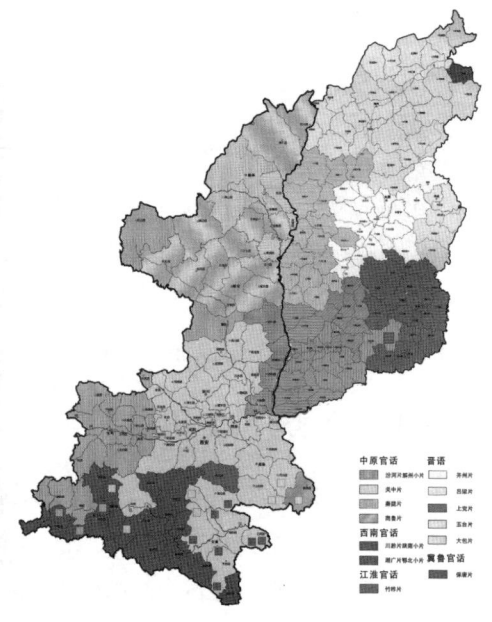

a 汾渭平原地形地图　　　　　　　　　b 汾渭平原方言区划图

图 1.3　汾渭平原地形图与方言区划图对照
图片来源：a 根据陕西地形地图（审图号 JS（2013）01-149）与山西地形地图（审图号 JS（2016）01-126）拼合改绘；b 据中国社会科学院语言研究所、中国社会科学院民族学与人类学研究所、香港城市大学语言资讯科学研究中心《中国语言地图集 第 2 版 汉语方言卷》（商务印书馆 2012 年版）图 B2-13、图 B2-14 拼合改绘

综上所述，本书将汾渭平原作为风土聚落的区域背景，以关中—汾河片为风土区划参照，聚焦黄河两岸的传统村落呈现类型化趋势的聚集区，具体涉及陕西省渭

南市下辖的韩城市、合阳县、大荔县、蒲城县、澄城县及山西省运城市下辖的河津市、万荣县、临猗县、稷山县、新绛县，临汾市下辖的襄汾县。渭南、运城、临汾三市是汾渭平原地域范围内风土聚落保存最多且质量最高的区域（图1.4）。

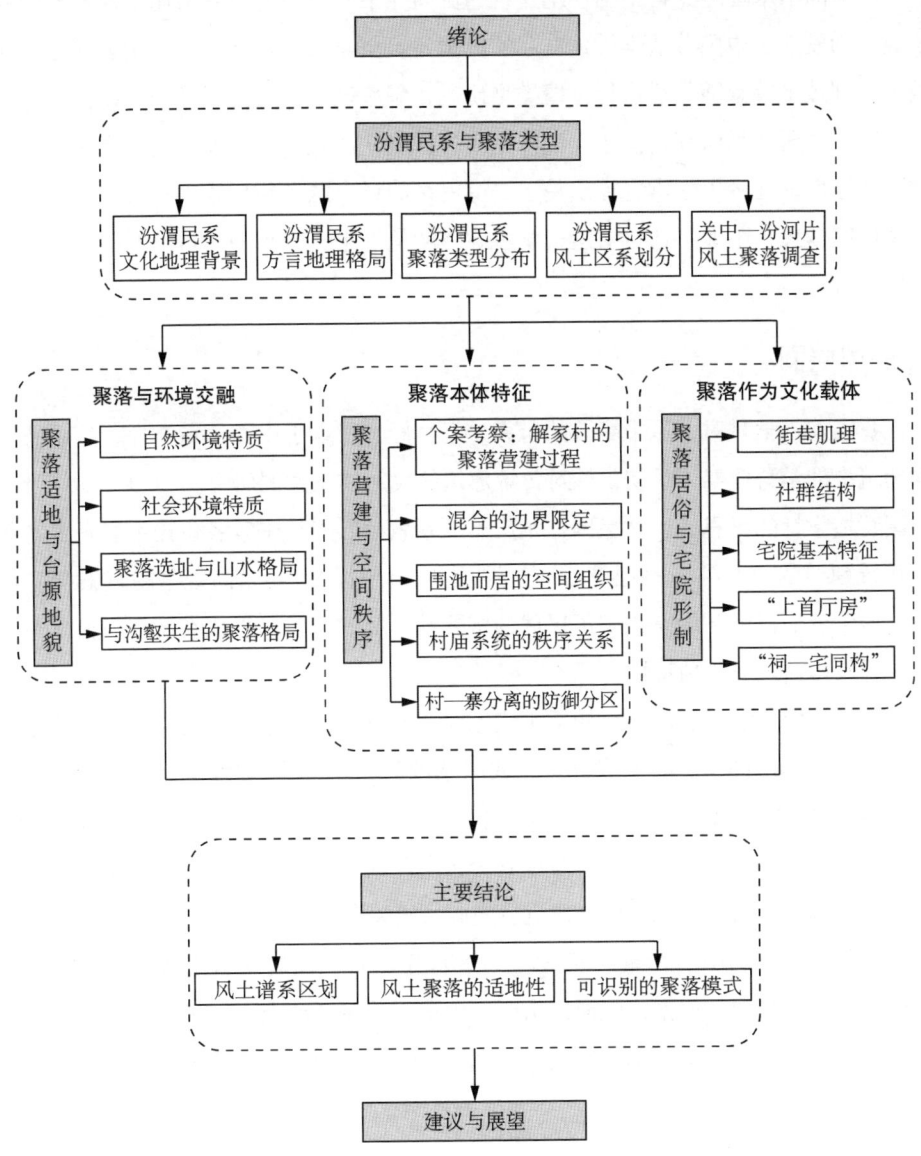

图1.4 本书的基本框架

## 三、研究回顾

本书的学术旨趣源自中国传统建筑的民间体系研究，无论聚落还是建筑尺度的研究，均发端于中国营造学社建立起的中国建筑史学研究框架。从龙庆忠起始，刘敦桢、刘致平等紧随其后进行民居类型研究，华南理工大学陆元鼎创立以民系为切入点进行民居体系研究，清华大学陈志华将民居从建筑类型研究推向乡土聚落的整体研究层面，同济大学常青提出基于语缘民系的风土区系建构风土聚落与风土建筑谱系研究构想，下面将通过对这一学术脉络的梳理来进一步明确本书的研究边界与问题定位。

### 1. 民居层面

我国建筑学科对于风土聚落的研究始于民居，发端于中国营造学社所建立的中国建筑史的学科框架，最初是针对传统建筑的民间体系发掘研究。20 世纪 30 年代，中国营造学社的梁思成、林徽因、龙庆忠、刘敦桢、刘致平等各位先生展开了对各地传统建筑的一系列考察记录活动，虽然当时针对的主要是高规格的宫殿祠庙建筑，但学者们已经开始意识到了民居的重要性，林徽因与梁思成在调查中很早在一文中提及山西民居的独特性[1]。

对于中国传统民居的研究始于龙庆忠对西北晋、陕、豫等省的窑洞进行的考察测绘，结合当时的考古资料发表了《穴居杂考》。刘敦桢、刘致平等紧随其后，基于对西南滇、川、藏等地的考察调研，并撰写了调查报告[2]，虽然当时民居只是调研内容的一部分，但首次将民居建筑单列为传统建筑中的一种值得研究的类型。随后刘致平在调查了四川各地的传统建筑后完成了相关专著[3]。

刘敦桢主持的中国建筑研究室，自 1953 年正式以民居建筑为考察对象，针对安徽、浙江、福建、河南、陕西、山西、山东等地展开调查，以平面形式对我国传统民居进行分类研究，进而完成了重要的《中国住宅概说》，其中"四合院住宅"

---

1 林徽因，梁思成. 晋汾古建筑预查纪略 [J]. 中华民居，5（3）：12-67.
2 刘敦桢. 西南古建筑调查概况，云南古建筑调查记 // 刘敦桢全集第三卷 [M]. 北京：中国建筑工业出版社，2007.
3 刘致平. 中国居住建筑简史——城市、住宅、园林（附四川住宅建设）[M]. 北京：中国建筑工业出版社，1990.

一节中,以陕西西安,山西太原、大同等地的合院式民居为代表案例,从平面布置角度,对汾渭平原上这种大门位于东南角,南北长、东西窄的特殊四合院形态进行了简要的文字说明和测绘记录。同期,张仲一等针对安徽歙县、绩溪、休宁和屯溪等地的案例展开调查,完成了聚焦徽州地域的区域民居研究[1]。

此后的 50 年代至 80 年代初,民居调查研究在全国普遍展开,并在改革开放之后,分卷出版了各省民居专著[2]。其中陕西省主要为西安冶金建筑学院[3]侯继尧带队针对黄土地貌的窑洞民居展开研究[4],建筑系组成陕南民居调查组,对陕南地区进行民居调查发掘[5]。山西省的太原工学院(现太原理工大学)同样对山西民居进行了实地调查。

这一时期的民居研究目的和思想主要是由刘敦桢先生奠定的,由于当时缺乏其他人文学科的研究方法支撑,因此研究工作重在发掘,是单纯建筑学范式的调查观念,主要以建筑测绘调查为主,注重对民居单体建筑的平面布局、结构类型、材料构造等相关研究,关注建筑风格演变和建造技术的发展,强调研究民居建筑是为了提供"建筑设计参考资料"的实用价值。

这种研究范式在很长一段时间影响了后续的民居研究方向,形成了一系列民居样式基础资料汇编类成果[6]。近年来还有由中国建筑工业出版社组织,以地区及省为单位分卷出版的民居建筑丛书,以及住房与城乡建设部组织编写的传统民居类型全集[7],其中均涉及了汾渭平原区域内的众多案例,但均为从民居的平面形制、空间构成、结构与构造以及美学表现等角度,对民居建筑进行大全式的辑录。

转折点发生在 20 世纪 80 年代,这一时期文化研究彻底解禁,拓宽了建筑以及建筑史学的研究视野与深度,学者们不再只关注建筑作为技术与艺术的层面,而是注意到其背后的社会深层原因。其中最具代表性的为华南工学院(现华南理工大

---

1　张仲一,等.徽州明代住宅[M].北京:建筑工程出版社,1957.
2　如《浙江民居》《吉林民居》《云南民居》《福建民居》等,参见中国建筑技术发展中心建筑历史研究所.浙江民居[M].北京:中国建筑工业出版社,1984.张驭寰.吉林民居[M].北京:中国建筑工业出版社,1985.云南省设计院《云南民居》编写组.云南民居[M].北京:中国建筑工业出版社,1986.高珍明,等.福建民居[M].北京:中国建筑工业出版社,1987.
3　现西安建筑科技大学。
4　侯继尧,等.窑洞民居[M].北京:中国建筑工业出版社,1989.
5　在张璧田,刘振亚的《陕西民居中》提及当时整理了一份《陕南民居调查报告图集》。
6　如早期汪之力的《中国传统民居建筑》,孙大章的《中国民居研究》,参见汪之力.中国传统民居建筑[M].济南:山东科学技术出版社,1994.孙大章.中国民居研究[M].北京:中国建筑工业出版社,2004.
7　住房与城乡建设部.中国传统民居类型全集[M].北京:中国建筑工业出版社,2014.

学）的陆元鼎，带领研究团队长期以华南地区为研究阵地，在他的影响下成立了中国民居学术委员会，定期举行学术会议，并出版会议论文集[1]，推动了民居研究深入文化与社会层面。

陆元鼎受到民族学、社会学等跨学科的启发，逐渐确立了"民系范式"的南方民居体系研究[2]，讨论移民文化对民居建筑风格的影响，打破了单一建筑学研究范式的格局。指导了众多博士论文以此为切入点，系统地对华东、华南地区民居类型分布及演进发展规律进行了梳理。其中的代表性成果有余英基于东南地区汉民族的五大民系对民居进行区系类型化研究，建构东南地区建筑的源流和谱系关系，以及针对中国东南省份的闽海民系、越海民系、湘赣民系等不同民系的具体研究[3]。

民系民居建构了从移民与社会视角系统性地研究民居的范式，但也存在一定的局限性，即过于依赖罗香林的"民系"理论，一旦脱离开"东南中国"这种移民社会，研究方法就面临失效的局面。同时，民系是属于比较宏观区域层面的概念，自身的内涵与外延需要其他概念来支撑，如何建构起民系与建筑之间的具体对应关系是研究中较为困难的地方。

## 2. 聚落层面

将针对民居的建筑类型研究推向整体聚落层面，有赖于清华大学的陈志华、楼庆西、李秋香等于1989年成立的"乡土建筑研究组"，其带领清华师生以新叶村为起点，开启了以完整聚落个案为研究单元，从聚落整体视角研究乡土建筑的范式。倡导整体研究思路，以完整的聚落、聚落群为研究对象，注重历史形成的各种环境，尤其是社会环境与聚落形态的关系。

陈志华在聚落研究中采用的是"乡土"一词，这缘于所面临的学术时代背景。同样是在20世纪80年代开启文化研究热潮的转折点上，原本处于研究禁区的乡民社会彻底解禁，乡土文化研究开始重新进入学者们的视野，费孝通的《乡土中国》

---

[1] 目前已经出版《中国传统民居与文化》第1—7辑。
[2] 陆元鼎.南方民系民居的形成发展与特征[M].广州：华南理工大学出版社，2019.
[3] 余英.中国东南系建筑区系类型研究[M].北京：中国建筑工业出版社，2001.参见戴志坚.闽海系民居建筑与文化研究[D].广东：华南理工大学，2000.刘定坤.越海民系民居建筑与文化研究[D].广州：华南理工大学，2000.郭谦.湘赣民系民居建筑与文化研究[D].广州：华南理工大学，2002.王健.广府民系民居建筑与文化研究[D].广州：华南理工大学，2002.

在这一时期重新出版,"乡土建筑""乡土聚落""乡土景观"逐渐成为学界研究的热门关键词。

方法上,陈志华提出的乡土聚落单元整体保护方法论,使得研究不再局限于建筑学领域,而是将民居建筑视为乡土文化的物质载体,借助人类学、文化学等社会学的跨学科研究方法,将民居建筑的研究从单一的功能技术层面跳脱出来。由于受到马林诺夫斯基、费孝通等人所采用的结构功能主义人类学的影响,陈志华认为聚落并非简单的建筑集合体,而是承载了文化与社会,必须以完整的聚落作为研究对象[1],因此其在调研过程中,除了精细的建筑本体测绘,还将宗谱、碑刻、地方志、古老民谣、传说、谚语等都纳入调查研究的重点资料,把乡土建筑视为乡土文化和乡土生活的具体物质载体,基于文化史、人类学研究,将完整的历史信息、社会结构与空间研究相挂钩,还原当时的乡土文化与乡土生活,解释其发生规律。

乡土组陆续将研究成果结集出版为系列丛书[2],其村落个案主要集中分布在我国南方地区及北方的晋语方言区,仅有两个是位于汾渭平原上的乡村聚落,分别为丁村与十里铺村,其中丁村是黄河两岸的典型聚落个案,其开展的建筑学、人类学、历史学等多学科解释方法,以及测绘图纸、记录信息均为本书研究的重要基础。

从乡土社会切入聚落的研究方法,影响了众多的建筑学者,自此众多学者开始从人文社科领域的研究中汲取养分,选取社会史、文化史研究领先,民间历史文献丰富的区域展开建筑学研究。尤其是针对"东南中国"宗族组织及地方文化史的研究,早已有历史学、社会学、人类学、政治学等诸多学科的中外研究成果,学术积淀深厚,形成了一系列跨学科的优秀研究成果[3]。

---

1 陈志华.乡土建筑保护十议[J].建筑史论文集,2002(3):163-180+277.
2 "中国古村落系列"丛书主要有《张壁村》《石桥村》《新叶村》《流坑村》《诸葛村》《郭峪村》《南社村》等,由河北教育出版社出版;"乡土瑰宝系列"丛书为《户牖之美》《雕梁画栋》《村落》《庙宇》《宗祠》《住宅》《千门万户》《雕塑之艺》《文教建筑》,由生活·读书·新知三联书店出版;"中华遗产·乡土建筑"丛书主要包括《丁村》《梅县三村》《郭洞村》《西华片民居与安贞堡》《蔚县古堡》《十里铺》《楼下村》《俞源村》,以及第二辑的《婺源》《楠溪江中游》《关麓村》《诸葛村》等,由清华大学出版社出版。
3 例如冯江的博士论文《明清广州府的开垦、聚族而居与宗族祠堂的演变》,正是从"华南学派"的历史人类学研究成果中找到了灵感,将作为建筑学核心的空间形态,放入区域开发史与华南宗族与社会发展进程当中,在历史事件、人物、现象和建筑空间、聚落形态之间建立联系,突破了以往研究中文化历史与建筑本体难以关联的难题;张力智的博士论文《儒学影响下的浙江西部乡土建筑》选择了社会史、文化史、建筑史研究较为领先,史料积淀丰富的徽州、浙江地区,将不同地区的儒学传统与村落格局、建筑形制、建筑立面、装饰等相互关联,试图突破民居研究的类型化、地域化的叙述方式,提高风土聚落研究的文化高度。

由于陈志华早年从事西方建筑史研究，作为国内最早关注文化遗产保护以及引入西方遗产保护理论的学者之一，他对于完整聚落的研究与前人学者的出发点不同，是将乡土聚落看作中国特有的乡土文化遗产。陈志华曾发表过多篇将遗产保护的国际性文件翻译引介的文章，其中就有 1999 年在西方世界引起广泛关注的墨西哥宪章[1]，他将其中的 Vernacular Heritage 翻译为"乡土建筑遗产"[2]，并在后续的著作中详细阐述了其保护方法[3]。可以看到，陈志华将英文"vernacular"对应为"乡土"，是将其语义限定在了乡村范畴。

同济大学常青在进行了中外语境对比之后，首次提出了与西方语境对话的"风土建筑"（Vernacular Architecture）概念，将英文"vernacular"翻译为"风土"[4]。这是由于当我们把视野转向西方学界的时候，可以发现，自 20 世纪 60 年代以来，西方建筑学者们开始关注民间的非纪念性建筑，在西方语境中，"vernacular architecture"并没有因社会形态造成的城乡差别，若用"乡土"一词无法准确地与之进行对话。回顾从鲁道夫斯基（Bernar Rudofsky）的《没有建筑师的建筑》（*Architecture without Architects*）；到拉普卜特（Amos Rapoport）的《宅形与文化》（*House Form and Culture*）；再到鲍尔·奥利佛（Paul Oliver）的《世界风土建筑百科全书》（*Encyclopedia of Vernacular Architecture of the World*）等经典的西方风土建筑研究论著，可以发现"vernacular"这一重要概念，均在其原本"方言的""风土的""本地的"等词意之外，与本土的（indigenous）、原生的（primitive）、民间的（folk）、平民的（popular）、日常的（ordinary）等词挂钩，与高等级的风雅（正宗）建筑（High-style Architecture）成为一对范畴，甚至可以扩展到工业化以来的城乡"现代风土"（Modern Vernacular）[5]。

回到聚落层面来辨析"风土"与"乡土"两个关键词，可以说"乡土"对应的是乡民社会，是针对那些附着在耕种的土地上，有着丰富社会联系的农业社会形态，离不开乡村宗法时代下特定的社会秩序与组织形态[6]；而"风土"则更具有地理

---

1 Charter on the Built Vernacular Heritage.
2 陈志华，赵巍.由《关于乡土建筑遗产的宪章》引起的话[J].时代建筑，2000（3）：20-24.
3 陈志华，李秋香.乡土建筑遗产保护[M].合肥：黄山书社，2008.
4 常青.风土建筑的现代意义：《宅形与文化》译序[J].时代建筑，2007（5）：144.
5 王骏阳.20 世纪下半叶以来的 3 个建筑学转向与"风土"话语（上）[J].建筑学报，2022（7）：73-79.
6 罗伯特·芮德菲尔德.乡民社会与文化：一种人类学研究文明社会的方法[M].王莹，译.北京：中国科学出版社，2013.

空间意涵，倾向探讨附着在自然要素之上某个群体的生活意向与文化气息，更接近西方语境中的"vernacular"，即地方的、方言的。所以"风土"比"乡土"含义更广，跳出了因社会形态所造成的城乡二元结构的分化，打破传统社会及工业化前后的界限和时间分野。

因此，与陈志华提出的"乡土村落"的研究内核是乡民社会结构及其所形成的乡土文化相比，常青所提出的"风土聚落"的研究内核，是跳出中国特有的城乡二元结构，从实存环境的共时性研究出发，关注与自然及人文环境条件相适应、在地方文化、习俗、社会制度生长出来的聚落营建特质。

在辨析了"风土"概念之后，常青以对风土建成遗产的体系化保存与再生为研究目标，首次提出了风土聚落的概念，以及风土建筑谱系的研究框架，探讨了突破以行政区划为单位的既有研究，基于民系方言区与风土（风土区系）的建筑谱系[1]研究构想。

常青相继主持了风土谱系理论框架下的多项国家自然科学基金课题[2]，带领同济大学研究团队针对全国的风土建筑谱系展开认知与梳理，提出了基于聚落形态、宅院形制、构架特征、装饰技艺、营造禁忌等基质进行研究的框架。团队结合文化地理学、历史地理学、人类学、历史学等跨学科研究方法，完成了对南方的赣系[3]、闽系[4]、粤系[5]、吴系[6]、湘系[7]、西南官话区[8]，北方的晋系[9]，北方官话区的汾渭平原[10]，少数民

---

1 针对传统建筑的谱系研究范式最初是由东南大学朱光亚等人首次提出的，但其研究偏重地方官式建筑，与本书的风土聚落研究属于不同语境。
2 国家自然科学基金"我国风土聚落保护与再生的适应性模式研究""我国城乡风土建筑谱系保护与再生中的基质传承方法研究""我国地域营造谱系的传承方式及其在当代风土建筑进化中的再生途径"。
3 梁智尧. 赣语方言区风土建筑谱系认知与基质构成解析[D]. 上海：同济大学，2019.
4 周易知. 闽系核心区风土建筑的谱系构成及其分布、演变规律[J]. 建筑遗产，2019（1）：1-11.
5 徐粤. 粤系风土建筑谱系特征及分类比较研究[D]. 上海：同济大学，2020.
6 周易知. 两浙风土建筑谱系与传统民居院落空间分析[J]. 建筑遗产，2020（1）：2-17.
戴方睿. 基于宗族结构的聚落形态研究——以义乌倍磊陈氏聚落为例[J]. 建筑遗产，2020（1）：35-43.
7 伍沙. 湘语方言区风土建筑谱系构成研究初探——基于平面形制的建筑类型及分布区域分析[J]. 建筑遗产，2018（3）：31-38.
吕薇. 湘中地区明清风土聚落与宅院研究——以湘中大屋为例[D]. 上海：同济大学，2019.
8 夏婷婷. 木作营造视角下的西南风土建筑谱系探讨——以西南官话区西蜀片、成渝小片、鄂北小片和鄂中小片为例[J]. 建筑遗产，2022（1）：42-51.
9 樊怡君. 晋东南聚落望楼形态及流变新探[D]. 上海：同济大学，2020.
王卓昊. 从洛阳潞泽会馆建筑木雕看晋东南匠作技艺的影响[D]. 上海：同济大学，2020.
10 林晓丹，江攀. 从厅房位置看汾渭平原风土建筑类型及其谱系[J]. 建筑遗产，2021（3）：3-14.

族的苗瑶系[1]、壮侗系[2]的系列研究成果，通过对地域风土区系和匠作谱系及基质的梳理、分类等工作，为地域传统建筑的保护与再生实践奠定理论基础。本书即在这一风土谱系认知的理论框架下，进一步摆脱了行政区划的限制，对晋、陕、豫等省进行整体性研究。

## 3. 汾渭平原聚落层面

通过回顾我国从民居研究到传统聚落研究的中国建筑史学术脉络与方法论，不难看出这一学术脉络的已有优秀成果主要集中在我国南方地区，而地处西北的汾渭平原一直处于较为边缘的地带。但晋陕两地的地方学者充分利用地理优势，在不同学科领域对汾、渭流域的传统聚落进行了长期的在地研究，同样积累了极为丰富的研究成果。

（1）在建筑学与城乡规划学领域，汾渭平原传统聚落研究以西安建筑科技大学与太原理工大学各位师生的研究成果最具代表性。

西安冶金建筑学院针对传统聚落的相关研究始于窑洞，自 20 世纪 80 年代开始，以侯继尧为代表的窑洞民居研究团队积累了丰硕的成果[3]。由于当时窑洞曾引起海外学者的关注，日本东京工业大学的博士生八代克彦，美国的吉·格兰尼博士等，都曾先后与侯继尧合作对黄土高原进行实地考察，分别完成针对地坑院的博士论文[4]，以及对于窑洞的设计相关的英文著作[5]，这些成果至今仍是窑洞民居研究的杰出代表。

窑洞民居虽然是晋陕两省黄土高原地区重要的风土建筑类型，却并非汾渭平原上的主要类型。在窑洞民居之外，同样是 20 世纪 80 年代，赵立瀛延续营造学社的方法进行古建筑调查，带领侯卫东、刘临安等做了大量测绘工作，发现并记录了大量史料[6]，虽然是以官式建筑的考察为主，但其中对风土建筑已经有所涉及。延续赵

---

1 汤诗旷. 苗族传统民居特征研究与文化探源——以东部、中部苗语方言区为主 [D]. 上海：同济大学，2017.
2 巨凯夫. 南侗风土建筑谱系研究——关于族群、信仰、匠作的建筑类型学分析 [D]. 上海：同济大学，2020.
  郭建伟. 傣族风土建筑因应特征及其文化探源 [D]. 上海：同济大学，2020.
3 侯继尧. 窑洞民居 [M]. 北京：中国建筑工业出版社，1989.
  侯继尧. 中国窑洞 [M]. 郑州：河南科学技术出版社，1999.
4 日文原文为：中国黄土高原の下沈式窑洞住居における中庭空间の配置构成に关する研究。
5 《中国窑洞的设计与测定》（纽约，英文版）。
6 赵立瀛. 陕西古建筑 [M]. 西安：陕西人民出版社，1992.

立瀛的学术脉络，林源基于古建筑测绘课程，将西安建筑科技大学师生的测绘成果出版为一系列测绘图集，其中对风土建筑有所涉及[1]，为本书提供了重要的基础资料支撑。

1987年到1994年由西安冶金建筑学院与日本九州大学等数十家单位的60余位学者组成的中日联合考察团，先后4次对黄河西岸的韩城党家村及周边村落进行了较大规模的调查，并完成了一系列研究成果[2]。其中周若祁主编《韩城村寨与党家村民居》[3]一书，较为客观地揭示了韩城风土聚落的地方特性以及演变规律。

1993年张壁田和刘振亚针对陕西民居，从地形地貌角度对陕西风土聚落的布局进行了分类，将其分为平原聚落、山川聚落、黄土高原聚落三类，分别对应了渭河平原、秦岭山地以及黄土高原，并进一步将宅院类型分为独院式、纵向多进式、横向联院式[4]。以上这些研究成果均完成于20世纪90年代，至今仍是渭河平原风土聚落研究的代表性著作，为本研究提供了重要的认知基础。

延续侯继尧的学术脉络，王军及其团队[5]主要研究黄土高原传统村落及民居建筑，将地处渭河平原的关中民居作为西北民居中的一种独立类型，与窑洞民居、陕南民居相对[6]。近年来在王军的指导下完成了多篇针对陕西关中传统民居的现代转化研究[7]。

刘临安在西安建筑科技大学任教期间，注意到晋陕两省在文化地理上的整体性，指导完成了针对黄河晋陕沿岸的历史城市、古城镇、标志性建筑的系列论文[8]。

---

1 林源, 岳岩敏. 陕西古建筑测绘图辑（三原·泾阳）[M]. 北京：中国建筑工业出版社，2018.
2 研究成果陆续发表于《中国陝西省韓城地区の集落及び住宅に関する研究》(1995)，并出版《党家村——中国北方の伝統的農村集落》(1992)、《韩城村寨与党家村民居》(1999) 等。
3 周若祁, 张光. 韩城村寨与党家村民居 [M]. 西安：陕西科学技术出版社, 1999.
4 张壁田, 刘振亚. 陕西民居 [M]. 北京：中国建筑工业出版社, 1993.
5 西安建筑科技大学"西北乡土建筑研究团队"。
6 王军. 西北民居 [M]. 北京：中国建筑工业出版社, 2009.
7 徐小瑜. 渭北高原传统民居研究——以陕西旬邑县唐家大院为例 [D]. 西安：西安建筑科技大学, 2008.
　胡晓舟. 关中民居建筑特色的继承与发展——有地域特色新农村建设探索 [D]. 西安：西安建筑科技大学, 2009.
　杨薇. 关中传统民居建筑装饰艺术探究 [D]. 西安：西安建筑科技大学, 2010.
　魏佳赟. 传统村落保护导向下的关中乡土景观元素提炼与传承研究 [D]. 西安：西安建筑科技大学, 2015.
8 王树声. 黄河晋陕沿岸历史城市人居环境营造研究 [D]. 西安：西安建筑科技大学, 2006.
　宋辉. 黄河晋陕沿岸古城（镇）商业街市空间形态研究 [D]. 西安：西安建筑科技大学, 2007.
　王欣. 黄河晋陕段沿岸历史建筑研究 [D]. 西安：西安建筑科技大学, 2006.
　徐洪武. 晋陕黄河沿岸历史城市标志性建筑研究 [D]. 西安：西安建筑科技大学, 2007.

王树声延续这一研究脉络，并汲取了清华大学所创立的人居环境科学的研究范式，在西安建筑科技大学成立"人居环境研究中心"，运用新史学的研究方法，提炼我国古代城乡聚落的营建方法用以对现代城市设计进行指导，强调山水人文空间的规划传统，针对城市、县城、村落各层级的空间格局展开研究，指导完成了针对关中县城以及韩城传统村落的空间格局营建研究[1]。

杨豪中持续关注关中地区的传统聚落与民居，指导完成从人居环境角度的对韩城传统县域的研究[2]，从微观视角切入的针对传统民居门窗、楹联的研究[3]，以及柏社村、清水村等聚落个案[4]。肖莉聚焦关中地区的典型村落个案，从聚落形态结构演变角度，针对合阳县灵泉村、韩城市郭庄村、蒲城县山西村、华县韩凹村，完成"乡镇形态结构演变系列研究"论文[5]，这些研究个案涉及多处本书选取的研究对象，为本书提供了重要的基础支撑。

雷振东持续关注关中地区乡村聚落及民居的现代化转型问题，其博士论文至今仍为研究关中乡村的现代化转型之力作[6]，并延续这一脉络指导针对民居现代转化研究[7]以及针对新村老村之间的关系[8]的系列成果。这些研究均为本书提供了一定的研究基础，尤其是提到了"黄土平原区"的概念，跨越了晋陕两省的行政边界，从地貌角度将渭河平原与汾河平原作为整体区域研究，与本研究的区域界定大致相同。

西安建筑科技大学长期与米兰理工合作展开乡村调查课程，劳拉·安娜·佩泽蒂（Laura Anna Pezzetti）作为意方导师，借鉴意大利的形态类型学的理论范式，指

---

1 李小龙. 关中地区县城空间格局的历史营建研究[D]. 西安：西安建筑科技大学，2020.
  王茜. 韩城传统村落空间格局的营建基因研究[D]. 西安：西安建筑科技大学，2022.
2 张涛. 韩城传统县域人居环境营造研究[D]. 西安：西安建筑科技大学，2014.
3 李琰君. 陕西关中地区传统民居门窗研究[D]. 西安：西安建筑科技大学，2011.
  黄文华. 关中地区明清建筑楹联研究[D]. 西安：西安建筑科技大学，2013.
4 陈力彤. 三原县柏社村地坑窑院民居村落传统风貌整体性调查与研究[D]. 西安：西安建筑科技大学，2016.
  杨梦瑶. 历史文化遗产下古村落建筑与环境的保护和研究[D]. 西安：西安建筑科技大学，2016.
5 韩瑛. 陕西韩城郭庄村形态结构演变初探[D]. 西安：西安建筑科技大学，2006.
  杨静. 陕西蒲城山西村村落形态结构演变初探[D]. 西安：西安建筑科技大学，2006.
  郑凯. 陕西华县韩凹村乡村聚落形态结构演变初探[D]. 西安：西安建筑科技大学，2006.
  王炜. 陕西合阳灵泉村村落形态结构演变初探[D]. 西安：西安建筑科技大学，2006.
6 雷振东. 整合与重构[D]. 西安：西安建筑科技大学，2005.
7 张文龙. 关中地区现代民居建筑类型化基础研究[D]. 西安：西安建筑科技大学，2010.
  李罡. 关中民居的现代适应性转型研究[D]. 西安：西安建筑科技大学，2007.
8 韩净方. 传统聚落外部空间的现代演变[D]. 西安：西安建筑科技大学，2006.
  王婧磊. 地域特色导向下的黄土平原区村落空间组织模式研究[D]. 西安：西安建筑科技大学，2014.

导李焜针对黄河西岸个案研究，完成《结构、形态和景观的整体性阅读：中国传统村落张带村的类型学和解释性地图研究》[1]，尝试性地提出乡村形态学研究的新方法，对本书有重要的借鉴意义。

此外，刘加平针对全国传统民居的系统性技术研究成果[2]，将我国传统民居划分为六种模式[3]，解析了其各自的生态特性，为本书提供了重要的基础支撑。

太原工学院（现太原理工大学）的相关研究始于20世纪60年代[4]。20世纪80年代朱向东、王金平等陆续成为太原理工大学传统聚落与民居研究的骨干，并带领徐强、韩卫成、王崇恩等教师共同积累了许多针对山西民间建筑体系的研究成果[5]，其中的实例资料基本聚焦汾河流域一线，是本书的重要基础支撑。

王金平在持续对山西风土聚落及其建筑调查研究的基础上，基于历史地理、农耕区划、方言分区等综合因素，将山西民居进行了类型区划[6]，指导完成了基于传统村落与传统民居空间形态探讨区系类型划分的论文[7]，并针对不同区系，指导完成以村落个案为研究单元的风土聚落空间布局与建筑形态分析系列论文[8]，为本书提供了扎实的个案研究基础。

对于汾河流域的研究，山西省住建厅副厅长李锦生推动了一系列的普查与保护工作，结合历史文化名村、名镇、名城的申报工作，组织学者对山西省境内的风土

---

[1] Li Kun. Principles for Reading Structure, Morphology and Landscape as a Unity The Investigation of the Chinese Traditional Village" of Zhangdaicun Village, Hancheng [D]. Politecnico di Milano, 2021.

[2] 赵群. 传统民居生态建筑经验及其模式语言研究 [D]. 西安：西安建筑科技大学，2005.

[3] 合院模式、窑居模式、邛笼模式、高台模式、厅井模式和干阑模式。

[4] 当时建筑学专业师生结合毕业设计对山西民居进行了大规模的调查，具体参见王金平，徐强，韩卫成. 山西民居 [M]. 北京：中国建筑工业出版社，2009：318.

[5] 包括《山右匠作辑录》《山西传统民居》《晋商民居》《山西民居》《宋金山西民间祭祀建筑》《山西古建筑》等，参见王金平. 山右匠作辑录——山西传统建筑文化散论 [M]. 北京：中国建筑工业出版社，2005. 颜纪臣. 山西传统民居 [M]. 北京：中国建筑工业出版社，2005. 朱向东，王崇恩，王金平. 晋商民居 [M]. 北京：中国建筑工业出版社，2009. 王金平，徐强等. 山西民居 [M]. 北京：中国建筑工业出版社，2009. 朱向东，赵青，王崇恩. 宋金山西民间祭祀建筑 [M]. 北京：中国建筑工业出版社，2012. 王金平，李会智等. 山西古建筑 [M]. 北京：中国建筑工业出版社，2015.

[6] 王金平，徐强等. 山西民居 [M]. 北京：中国建筑工业出版社，2009.

[7] 苏毅南. 山西传统村落与传统民居空间形态研究 [D]. 太原：太原理工大学，2016.
白文博. 山西合院式民居不同地域形态特征分析 [D]. 太原：太原理工大学，2011.

[8] 吴佳希. 晋南地区传统村落的空间组织特点与营造技艺研究 [D]. 太原：太原理工大学，2018.
汤丽蓉. 晋中地区风土聚落空间布局与建筑形态分析 [D]. 太原：太原理工大学，2019.
束星北. 晋东南地区山地传统村落营造技术研究 [D]. 太原：太原理工大学，2017.
张超. 宗族文化影响下的传统村落形态分析及保护研究 [D]. 太原：太原理工大学，2019.

聚落进行了普查工作[1]，后续出版了若干案例汇总与测绘图集[2]，其中收录了汾河流域的丁村、光村、阎景村等与本书相关的研究案例，这些研究成果均为本书提供了重要的基础材料支撑。

除了在地的研究学者所取得的丰富成果，还有其他地域的学者在研究中也意识到晋陕两省在文化地理上的整体性，例如天津大学的张玉坤针对晋陕两省的传统堡寨聚落类型，指导完成了数篇与汾渭平原风土聚落相关的硕博论文[3]，均将堡寨聚落进行了分类，王绚提出"村寨组合"是汾渭平原黄河两岸的典型类型[4]，为本研究提供了重要的基础论证。李浈从文化传播的视角，提出了晋陕两省整体的乡土建筑类型区划方案，认为汾、渭两河流域，作为中原文化圈的核心，是窄四合院类型；黄土高原核心区的陕北、晋西、晋北是黄土窑洞及部分窑院类型；晋、陕北部长城一线因军事原因是堡寨建筑类型；晋东南长治、晋城地区是楼院类型[5]。这些均为本研究提供了重要的基础支撑。

（2）在建筑学的学科领域之外，汾渭平原还有众多的历史地理学、社会史学领域的优秀研究成果，以陕西师范大学与山西大学的研究最具代表性。

陕西师范大学以史念海为代表的历史地理学研究，对于黄河中游地区有着较为深入的研究[6]，其中《河山集》（二集）中的关于黄河中游的侵蚀与原的变迁，以及历史时期黄河在中游的侧蚀，《河山集》（四集）中针对关中的历史军事地理等相关文章，均为本书研究范围内风土聚落形成过程提供了详尽的历史地理学论述。

周宏伟尝试基于历史地理背景对传统民居类型进行综合区划研究[7]，基于此指导多

---

1 参与人员有北京交通大学薛林平，华中科技大学何依，西安建筑科技大学王树声。
2 山西省建设厅.山西古村镇[M].北京：中国建筑工业出版社，2007.
　李锦生主编.山西古村镇历史建筑测绘图集[M].北京：中国建筑工业出版社，2013.
3 李蕾.晋陕、闽赣地域传统堡寨聚落比较研究[D].天津：天津大学，2004.
　王绚.传统堡寨聚落研究——兼以秦晋地区为例[D].天津：天津大学，2006.
4 王绚，黄为隽，侯鑫.山西传统堡寨聚落研究[J].建筑学报，2003（8）：59-61.
　王绚，侯鑫.陕西传统堡寨聚落类型研究[J].人文地理，2006（6）：35-39.
5 李浈，颜炳亮.从文化传播视角看晋系乡土建筑的区域关联[J].建筑遗产，2021（2）：12-21.
6 其代表作有《河山集》（一至七集）、《黄土高原森林与草原的变迁》《西安历史地图集》《黄河流域诸河流的演变与治理》等，参见史念海，曹尔琴等.黄土高原森林与草原的变迁[M].西安：陕西人民出版社，1985. 史念海.西安历史地图集[M].西安：西安地图出版社，1985.史念海.黄河流域诸河流的演变与治理[M].西安：陕西人民出版社，1999.
7 周宏伟.中国传统民居地理研究刍议[J].中国历史地理论丛，2016，31（4）：9-17.

篇针对陕西、山西、甘青、川渝等不同区划的民居地理研究博士论文[1]。其中祁剑青突破了较为常见的陕北、关中、陕南三大文化地理区划方式[2]，总结"窄院"与地坑院为关中民居主要类型，为本研究提供了历史地理方面的论证基础，本书认可这一研究结论，并将研究对象锁定在"窄院"这一主流住宅形式所形成的风土聚落类型上。

陕师大的在地学者们还积累了很多陕西关中地区社会史方面的研究成果，如秦晖从农民学角度提出"关中模式"[3]，薛平拴从人口史、经济史角度进行系统性论述[4]，张萍对明清时期的陕西商业地理的研究[5]，王今诚梳理了近代关中农村经济变迁[6]，还有针对关中自然地理要素的历史变迁[7]与水利制度历史的研究成果[8,9]，以及针对关中土地制度[10]、习俗[11]、移民[12]、交通[13]、祭祀[14]等历史研究，为本论文的研究对象提供了深厚的社会史学研究基础。

除此之外，毕业于陕西师范大学的史红帅、张晓红等学者持续进行陕西的相关研究，史红帅完成了一系列近代西方人在西北地区的探险与考察的翻译与研究工作[15,16]，作为近代西方视野对于渭河平原的地域景观的历史描述，是本书的研究基础。张晓虹从历史地理角度对陕西省进行了文化分区研究[17]，在将陕西划分为陕北、关中、陕南三个大区之下，又将关中划分为凤翔亚区与西同亚区两个文化区，这一区划方

---

1 祁剑青.陕西传统民居地理研究[D].西安：陕西师范大学，2017.
　田毅.山西传统民居地理研究[D].西安：陕西师范大学，2017.
　高小强.甘青传统民居地理研究[D].西安：陕西师范大学，2017.
　熊梅.川渝传统民居地理研究[D].西安：陕西师范大学，2015.
2 将陕西省划分为黄土高原传统民居文化区与秦巴山地传统民居文化区，将关中地区划为"关中平原窄院与地坑院民居文化亚区"。
3 秦晖.田园诗与狂想曲：关中模式与前近代社会的再认识[M].北京：中央编译出版社，1996.
4 薛平拴.陕西历史人口地理[M].北京：人民出版社，2001.
5 张萍.明清陕西商业地理研究[D].西安：陕西师范大学，2004.
6 王今诚.近代关中农村经济变迁研究（1927～1937）[D].西安：西北大学，2015.
7 杨金辉.历史时期关中平原的渭水河道变迁[D].西安：陕西师范大学，2008.
8 郭华.历史时期关中地区用水制度研究[D].西安：陕西师范大学，2008.
9 张小菊.民国关中地区水利秩序与乡村社会研究[D].西安：陕西师范大学，2016.
10 胡正波.明清民国时期关中农村地权分散原因分析[D].西安：陕西师范大学，2007.
11 龙耀华.清至民国时期关中丧葬习俗研究[D].西安：陕西师范大学，2007.
12 张朝.清同治年间关中回民移民研究[D].兰州：西北师范大学，2015.
13 王静.陇海铁路与关中城镇发展关系研究（1912～1945）[D].西安：陕西师范大学，2006.
14 凌富亚.明清以降关中祭祀系统兴衰与社会互动（1368—1949）[D].西安：陕西师范大学，2016.
15 弗朗西斯·亨利·尼科尔斯.穿越神秘的陕西[M].史红帅，译.西安：三秦出版社，2009.
16 史红帅.近代西方人视野中的西安城乡景观研究（1840—1949）[M].北京：科学出版社，2014.
17 张晓虹.文化区域的分异与整合：陕西历史地理文化研究[M].上海：上海书店出版社，2004.

案与民系方言区的划分相吻合，也是本书研究对象确定的重要依据。

山西大学的区域社会史团队[1]，持续关注山西的历史地理研究以及作为水利社会的山西社会，其中安介生关于山西的区域史研究[2]，胡英泽关于黄河两岸的社会史[3]及用水历史研究[4]，为本书的研究对象提供了深厚的区域社会史研究基础。安介生一直关注山西地区的区位价值与区划方式[5]，并提出河东与关中（即汾渭平原）因历史关联、语言相似、交通往来频繁形成了地域文化共同体，这为本书研究的地域因素提供了强有力的理论支撑。

胡英泽持续关注跨越晋陕两省的黄河小北干流区域，也就是本书的重点研究区域，基于历史时期鱼鳞册地权研究和水利社会史研究，完成了系列成果[6]，其中对于黄河两岸风土聚落的社会结构有着非常深刻的探讨，是本书的重要研究基础。

梳理已有研究不难发现，由于汾渭平原现存的风土聚落，大多呈现为景象破败的生存状态，原有建筑被大量低质翻新，民生窘迫苍凉，因而导致在地建筑学者与城乡规划学者的已有研究重点一直围绕在改造、更新、重建和开发的新农村建设视角，将乡村聚落适应社会发展变迁的现代化、城镇化转型作为最终研究目标。

## 四、关键问题

从已有研究成果来看，针对汾渭平原风土聚落的相关研究已从各学科展开，这对本研究奠定了良好的理论基础，但已有成果也存在一定的局限性。

首先，从研究视角来说，以往针对晋陕两省汾、渭两河流域风土聚落的研究，大多是以行政区域内的封闭式研究为主，较少跳出以行政区划为单位的既有范式。但现存的聚落及其建筑类型特征并不和行政分界重合，两省之内均有多种类型，而

---

1 "中国社会史研究中心"。
2 安介生. 表里山河：山西区域历史地理研究 [M]. 北京：商务印书馆，2020.
3 胡英泽. 凿井而饮：明清以来黄土高原的生活用水与节水 [M]. 北京：商务印书馆，2018.
4 胡英泽. 流动的土地：明清以来黄河小北干流区域社会研究 [M]. 北京：北京大学出版社，2012.
5 安介生. 晋学研究之"区位论" [J]. 晋阳学刊，2010（5）：10-16.
6 胡英泽. 水井与北方乡村社会——基于山西、陕西、河南省部分地区乡村水井的田野考察 [J]. 近代史研究，2006（1）：55-78+158-159.
胡英泽. 流动的土地与固化的地权——清代至民国关中东部地册研究 [J]. 近代史研究，2008（3）：117-139.
胡英泽. 清代山、陕黄河滩地鱼鳞册研究 [J]. 中国经济史研究，2010（4）：37-49.

一种类型也跨越了两省甚至多省，忽略了汾渭平原作为同一风土区系的整体性及系统性。

其次，对于汾渭平原风土聚落本体构成的研究还存在一部分欠缺。由于汾渭平原地处黄土高原边缘，针对黄土高原地貌的窑洞聚落及窑洞民居的研究成果丰富，但对于汾渭平原核心区黄土台塬地貌的合院式建筑类型及其形成的聚落，已有研究成果缺乏体系和深度。

最后，由于西北地区生态环境脆弱，地貌分区鲜明，因此目前已有研究大多是以物质决定论为学术取向的研究范式。这导致过于重视地貌分区带来的聚落形态表层结构的显性差异，忽略了社会文化因素对风土聚落所带来的深层结构的形态类型研究，没有充分发掘与跨学科地利用汾渭平原已有的大量社会学研究与区域史研究成果。

在梳理了已有研究的局限性之后，本书想要在前人研究的基础上再往前走一小步，试图在语缘民系与风土谱系的理论框架与研究范式下，突破晋陕两省的行政边界，基于关中—汾河片风土聚落的实际情况，围绕以下关键问题展开。

## 1. 跨越晋陕两省、黄河两岸的汾渭平原是否为同一风土区系？内部是否还存在多个风土区系

本书引入语缘民系与风土谱系的研究视角，重视汾渭平原作为同一风土区系的整体性及系统性。对于北方官话方言区来说，其语缘民系之间同一性较强，相互之间的差异不如南方各方言区之间大，方言区系划分与已有文化地理区划的认知并不完全重合，不能直接以方言区划为单一参照，而是要综合地理区域概念以及聚居方式进行叠加研究，为研究取样提供一种新的参考坐标。为了要厘清汾渭平原风土谱系，除了必须研究清楚覆盖汾渭平原的中原官话区汾河片、关中片与秦陇片之间的关系，还要研究不同聚居方式的地理分布规律，才能更好地对汾渭平原的风土谱系进行划分。

## 2. 在与自然地理和文化风习相适应的表层结构上，关中—汾河片风土聚落呈现出怎样利用地方风土知识的环境适应性

想要深入研究汾渭平原的民系聚落如何适应独特的地域环境特征，既要从宏观角度对整体聚落格局与台塬地貌的适地性进行研究，也要从中观角度对聚落营建过

程中各构成要素布局的空间秩序进行研究，还要从微观角度对聚落基本构成，即建筑单体的空间组织与营建方式进行研究，最终总结具有普适性和可识别性的特征与规律。在研究中需要同时强调共时性层面的现状类型与组成要素，以及历史文献中这些要素的历时性变化，发掘当地人在聚落营建的过程中，如何利用地方风土知识，经过不断的探索与实践，所积累下来的，在聚落选址格局的适地性（suitability）、聚落布局构成的宜居性（livability）等方面所体现出来的普遍经验与营建方法。

## 3. 在与社会文化相勾连的深层结构上，关中－汾河片风土聚落逐渐形成了哪些同一谱系内稳定的、可识读的、相对固化的模式（patterns），甚至是理想图式（Ideal Pattern）

由于风土聚落的空间形态是环境因应与文化因应的共同结果，具有史地维度的双重内涵，因此研究不应只聚焦于表层的物质形态，更应探讨深层的组织形态，同一区系的风土聚落在表象上所呈现的千变万化的物质形态，其本质是同一组织形态根据不同地貌拓扑变形的结果，因此应找出这一组织形态的固定模式，并发掘表象背后存在的深层结构关系，本书将这一深层结构关系称为聚落模式，再进一步可称之为"理想图式"，其所呈现的是族群在风土环境中共同拥有的生活意向与居住方式[1]。因此需要通过历史文献与现状实物的互相印证，从聚落选址到空间形态建构，从宅形的选择到住宅群组的结构，历时性分析与共时性分析结合，最终发掘聚落物质空间与社会形态之间的深层关系。

## 4. 作为夹在北方官话区与晋语方言区之间的狭长地带，汾渭平原的聚落模式有哪些表征能够体现出过渡趋势

汾渭平原是明清时期晋陕两省经济最为发达，人口密度最高的区域，也是黄河河道摆荡频繁，被称为"三十年河东，三十年河西"的区域。因此在地方民情、文化事项上整体既受到了晋系影响，又受到以长安为中心的强大的关中文化的影响。对于风土聚落及其建筑形态而言，两岸虽然同大于异，但在特征上所表现的"同与异"存在一定的地理分布规律，本书将会在行文中同步分析这种分布趋势，不只局限在汾渭平原本身，而是同时关注其与周边晋语方言区（陕北、晋中、晋北等地）

---

1 阿摩斯·拉普卜特.宅形与文化[M].常青等，译.北京：中国建筑工业出版社，2007.

以及中原官话区其他区系（豫西、陇东等地）的关系。

本书试图解决以上四个关键问题，首先，能够突破当下以省市行政区划为分布单位，进行孤立的研究范式和保护方式；其次，尝试将语缘民系的风土谱系范式引入对整体性较强的北方官话区区划研究；再次，弥补目前晋陕风土聚落本体构成在社会历史层面研究深度的不足；最后，能够发掘此地风土聚落在遗产普遍价值之外的独一性价值，为其保护与传承提供历史理论支撑。

## 五、研究方法与工具

本书研究的出发点是从聚落模式角度对风土谱系的基质特征进行梳理，将传统的建筑史实证研究方法与文化地理学、人类学等研究方法结合起来，除去对聚落及其内部建筑进行较为详细的调研和测绘以外，尝试扩展研究的史地维度。

### 1. 传统建筑史学方法

前文梳理了以陆元鼎、陈志华、常青为代表的建筑史学者对于风土聚落的研究脉络，已经逐步建立起三大研究转向：从静止的建筑类型研究转向动态过程考察；从物质形态空间描述转向社会文化分析；从建筑形式记录转向遗产保护视角。本书对于风土聚落的研究将会延续这一建筑史研究的发展脉络，在常青所提出的风土谱系研究框架下展开，进一步深化和丰富风土聚落及其建筑的研究。

传统建筑史的实证研究强调对建筑实物形制、结构、构造等的测绘记录。扩展到聚落层面，则强调对聚落总平面以及构成要素的测绘记录，并强调文献与实物的二重证据。基于此，本书在研究过程中广泛调查了汾渭平原的上百个传统村落，最终确定了 34 个具体案例，对其进行详细的聚落航测、三维建模、建筑测绘等基础工作。本书将会采用实地调查与历史文献互相印证，普遍聚落调查与深入案例解析相结合的研究方法。

近年来，口述史研究已逐渐成为建筑史学者广泛采用的研究方法，自营造学社前辈起就已经有向传统匠师请教的研究传统，因此口述史的研究对于匠人的采访及研究匠作传统具有重要作用。不仅如此，对于本书在调研过程中发现的大量格局尚存、但部分损毁覆盖的风土聚落，以及保存状况堪忧、使用方式改变、民间文献缺乏的风土建筑，口述史作为在历史研究中获得的新史料，解决了很大的难题。

## 2. 文化地理学与人类学方法

文化地理学研究人类文化的区域动态关系，其研究核心强调文化现象的地域分布与地理环境之间的相互关系[1]，尤其是对文化现象的地域分布规律进行解读，因此在风土谱系研究框架中引入文化地理学的方法，有助于从地域空间的角度解读人类的聚落营建活动。

已有诸多前辈学者将文化地理学与传统建筑史学研究相结合，对于中国传统建筑的文化圈（朱光亚）、文化区域的形成与演化（王文卿）、文化景观基因（刘沛林）等进行了探索。本书在已有研究的基础上，强调从史地维度视角对风土聚落形态特征展开研究。在宏观层面，对于本书研究范围汾渭平原段黄河两岸的确定，以及研究对象关中—汾河片的确定；在中观层面对于黄河两岸风土聚落的历史成因以及选址经验研究，对于风土聚落营建过程的研究，对于营建谱系的地域差异研究等，均基于文化地理学的研究基础。

人类学（anthropology）是研究人及其文化的学科，其研究方法在人文学科中的运用极为广泛。人类学以田野调查（fieldwork research）为基本方法，强调研究者在场的直接体验、观察与感觉，并强调研究问题的针对性与日常性，强调对研究对象的深度刻画与描述。近年来，人类学与各人文学科相互渗透逐渐形成了众多交叉学科，其中历史人类学与建筑人类学的研究方法对本书尤为重要。

在历史研究领域，历史人类学（Historical Anthropology）是面对社会和人群的"过去"的一种重要研究策略，已经逐渐成为一种倡导日常生活、平民视角、区域个案研究的方法，其充分运用地方民间文献、剖析日常生活、理解"地方性知识"，对场景进行重建与"再现"的研究范式[2]，为研究风土聚落提供了独特的视角与有效的工具，近年建筑学领域出现了大量强调对空间、时间和事件完整呈现的实证研究[3]。历史人类学的研究方法是从人类学田野调查中能得到的材料出发，区

---

1 刘大平，李晓霁.中国建筑史与文化地理学研究[J].建筑学报，2005（6）：68-70.
2 常建华.历史人类学应从日常生活史出发[J].青海民族研究，2013，24（4）：17-22.
3 冯江.明清广州府的开垦、聚族而居与宗族祠堂的衍变研究[D].广州：华南理工大学，2010.
　蔡宣皓.闽东大厝的建筑术语体系与空间观念研究——以清中晚期永泰县爱荆庄及仁和庄阄书中的建筑信息为例[J].建筑遗产，2019（1）：21-34.

别于静态的研究，而是强调动态地建构过去的历史，也就是所谓的"走向历史现场"[1]。将风土聚落放到历史与环境中，与复杂的社会现象相勾连，建立地方社会的组织结构与风土聚落物质空间形态的对应关系。

建筑人类学（Architectural Anthropology）研究则将风土建筑的类型研究推向了新的深度。常青总结建筑学与人类学交叉领域形成了五对范畴[2]，体现了建筑学与人类学的关联性与各自不同的研究着力点，因此借用人类学的问题意识，可以跳出建筑学惯常的以"空间"形态（space）看待建筑的视角，将建筑看作一种"制度"形态（institution），解析人的行为轨迹、社会组织方式，转换建筑学主要将建筑用途视作"功能"（function）的研究视野，将建筑空间视作制度控制下的"习俗"（convention）。

基于此，本书将会借助人类学观念、视角与研究方法，以扎实的田野调查为基础，进行有广度及有深度的案例研究，分析聚落物质空间形态与族群发展之间的深层关系，将研究从文化表层推进到深层认知，尝试弥补目前聚落史研究中针对北方风土聚落形态在社会组织层面上的不足，同时为风土建成遗产保护提供理论基础。

## 3. 类型学与形态学分析方法

本书主要采用形态学与类型学的分析方法，通过对聚落结构的特征化描述及其特征比较，进行原型提炼的类型学分析。并借鉴考古人类学的聚落形态研究方法。类型学（typology）是一种"归类分组方法的体系"。类型的概念最早是由生物分类学借鉴而来，对于类型的各成分通过"假设的各个特征来识别"，因此假设的属性是分类的重点，类型学的研究过程简单来说即为"先寻求秩序再分类"，其价值在于"在各种现象之间建立有限的联系从而有助于论证与探索"[3]。

对于建筑类型来说，德·昆西（Q. de Quincy）将其定义为建筑抽象的本质和结构原则，建筑类型是形成各自建筑形态的法则，这种法则凝聚了人类最基本的生活形态，也包含了人类对自然环境的因应。阿尔多·罗西（Aldo Rossi）和拉斐尔·莫内欧（Rafael Moneo）等将城市（聚落）视为建筑，视作一个整体，通过

---

1　陈春声. 走向历史现场 [J]. 读书，2006（9）：19-28.
2　分别是创新与恒常、空间与制度、功能与习俗、建成环境与场景、视感与触感，参见常青. 建筑人类学发凡 [J]. 建筑学报，1992（5）：39-43.
3　参见大英百科全书。

"城市阅读"的方法，重视在二维平面基础上对城市结构进行分析。罗西深受荣格（Carl Gustav Jung）原型理论的影响，重视集体记忆，使得研究的核心问题聚焦到建筑现象的根源上，从历史结构解读聚落。

本书一直强调，同一民系的聚落在表象上所呈现的千变万化的物质形态，其本质是同一组织形态根据不同的地貌的拓扑变形结果，并试图找出这一组织形态的原型，发掘表象背后存在的深层结构关系。因此本书所探讨的聚落原型，具体是指聚落整体可认知的初始形态特征，包括形体、空间，及其所承载的秩序、象征等观念形态，同时也反映人的生活方式即生活原型，通过对聚落形态进行整理、归纳、分析，与相关历史文献相比较，尝试得出类型学意义上的结论。

本书借鉴考古人类学中的聚落模式概念中的 Patterns 范式，考古学者为了便于分析，借鉴文化地理学的方法将聚落研究区分成三个方面[1]：聚落选址（Site）、聚落形态（Pattern）、聚落分布（Distribution）[2]。本书借鉴类似的分析逻辑与分析方法，将聚落形态研究分为：聚落分布（Distribution），即优先选择在哪些地点定居；聚落选址（Site），即聚落与周围自然环境之间的关系；聚落布局（Pattern），即聚落中房屋与房屋以及房屋与各建造物之间的关系；并增加了聚居构成（Components），即聚落中的基本构成，也就是房屋本体的特征。

## 4. 研究工具

本书的研究工具主要包括地方志、村史、村志、谱牒、碑铭、歌谣、测绘、航拍、访谈、历史地图、聚落图像分析以及传统的建筑类型学分析与形态学分析等。

陆元鼎、陈志华、常青等资深学者均提倡借助地方志、族谱、契约文书、碑文等民间文献进行聚落史研究。尤其是华南地区民间文献保存丰富，因此积累了历史学、社会学、人类学、政治学等诸多学科的中外研究成果，其研究范式也启发了建筑学者从社会文化视角对聚落形态展开研究，形成了许多优秀研究成果。而北方恶劣的气候环境使得建筑学者更倾向于关注环境适应性，加之历史文献的系统性破坏较大，因此没有形成南方将民间文献作为研究工具的研究习惯。在我们长期的田野

---

1 聚落选址（site），即房屋或房屋群与其邻近自然环境之间的关系；聚落形态（pattern），即房屋与房屋之间的关系；聚落分布（distribution），即什么地方有人定居，什么地方无人定居。
2 张光直，胡鸿保，周燕. 考古学中的聚落形态 [J]. 华夏考古，2002（1）：61-84.

调查中发现，北方的民间文献虽然不如南方丰富和成体系，也在一定程度上能够反映制度层面的基本信息。

  首先，晋陕两省现存的明清地方志、乡土志，以及新中国成立后政府组织编写的现代版地方志、地名志、文物志、地方年鉴等均为研究提供了方便；其次，我们在调研中收集到了二十余本在村委组织下，或地方文化人自发编写的村史村志[1]，为深入的案例研究提供了条件；再次，我们收集发掘了对聚落布局与构成的研究具有重要意义的解家村《解氏家谱》、黑池村《王氏家谱》、良石村《王氏家谱》、党家村《党氏家谱》、东宫城村《雷氏家谱》等，其中有的明清时期所修旧谱，记录了聚落营建的相关历史信息；最后，祠庙建筑及城墙、城门、涝池、堡寨（砦）等设施，均会保存碑刻，一般是关于建造、修缮的过程及花费，许多还会记录有详细的尺寸，这些有价值的历史信息均为本书的深入研究提供了条件。除此之外，前文已经梳理过以陕西师范大学及山西大学为代表的历史学研究学者的相关成果，以胡英泽、张晓红、史红帅为代表的学者们完成了一系列的研究成果，为本书提供了许多历史学家已经发掘并基于具体问题梳理的史料。

  测绘是营造学社传承下来的惯常方法，不仅可以作为研究的基础资料，更是作为表达研究成果的途径。而拍摄是最便捷的方式，适用于大量短时间的记录，尤其是在技术发展的现在，可以使用航拍照片记录整个聚落包括周边环境。草图起到辅助作用，可以进行信息标记以及绘制空间组合关系，工匠口诀与做法，整个营造过程等综合内容。详细的测绘图须要团队配合完成，三维建模则是在实地调查的详细测绘记录的基础上，进行更进一步的剖析与表达。

  图像分析是艺术史的研究方法，我们在调研中收集到一些明清聚落图像以及现代人通过回忆绘制的 50 年代聚落图像，通过图像分类、细部对比、画法剖析，总结归纳，也是建筑学常用的方法。虽然村民绘制的聚落图像并不精准，但其中蕴含着丰富的信息，并反映了聚落成员自身对于聚落布局形态的认知。而传统的建筑类型学分析与形态学分析更是为研究提供了有效的工具，不仅是对已有聚落及建筑的资料进行归纳、分析的系统性分类研究，还有关于聚落形态的图底关系、肌理、街巷骨架、公共空间等的具体分析研究。

---

[1] 具体列表见附录。

# 第二章　汾渭民系与聚落类型

所谓民系与聚落的关系来自一个基本假设，即"语缘"作为仅次于血缘的文化纽带，在地方聚居群体中的表现形式为，使用同一或相近方言（dialect）的人群之间的空间与场所关系。这种关系可以类比血缘关系，作为地域风土物事的重要组成部分，一般而言在风土聚落中表现得尤为明显，会在其演变过程中形成可识别、相对固化、约定俗成的谱系及其构成模式。

汾渭平原作为跨越晋陕两省的一个相对独立的地理单元，无论从民系出发的语缘背景，还是从自然地理环境出发的地缘背景，都是相对完整的统一整体，进而引申出本书的基本前提，即此地聚落的类型分布与民系方言区是否形成对应关系？汾渭民系应如何进行风土区系划分？

为了回答这一基本问题，本章作为风土谱系认知背景，从关中与河东的文化关联与汾、渭两河流域的地理环境关联出发，在对其方言地理格局进行梳理之后，对聚落类型的分布展开研究，最终在参照方言区划的同时，综合文化地理区划、聚落类型的分布进行叠加，旨在得出汾渭民系的风土区系划分方案。

## 一、汾渭民系的文化地理背景

### 1. "关中"与"河东"的文化关联

从文化地理的既有研究来看，由于晋陕两省长期以来以黄河分界而治，因此对于文化地理的研究，各位资深学者一直是将"关中"与"河东"作为两个文化地理单元来分开研究论述的。

陕西关中：论及古代关中的地域范围，史念海提出历史上均为"就关立论"[1]。概括地讲，其最大范围基本涵盖了西北到今甘肃宁夏的固原县，西到今陕西宝鸡市陇县，东到今河南省三门峡市的灵宝县，东南到今陕西商洛市丹凤县。随着民国开始正式使用"关中道"作为陕西省中部的地方行政区划名称，关中地区所指涉的地域范围逐渐缩小，直到今天人们狭义地将陕西中部行政区划称为与陕北和陕南相对的关中。整个关中平原西高东低，渭河自西向东横贯并于潼关处汇入黄河，南北两岸由于河流冲击与地壳变动形成不对称的阶梯状台地，阶地外侧分布有大面积的黄土台塬，成为关中平原的基本地理格局。

山西河东：论及古代河东的地域范围，从行政区划来看，最早源于秦代的"河东郡"，整个辖区主要为黄河以东、霍山以南、太岳以西，相当于今天整个运城市

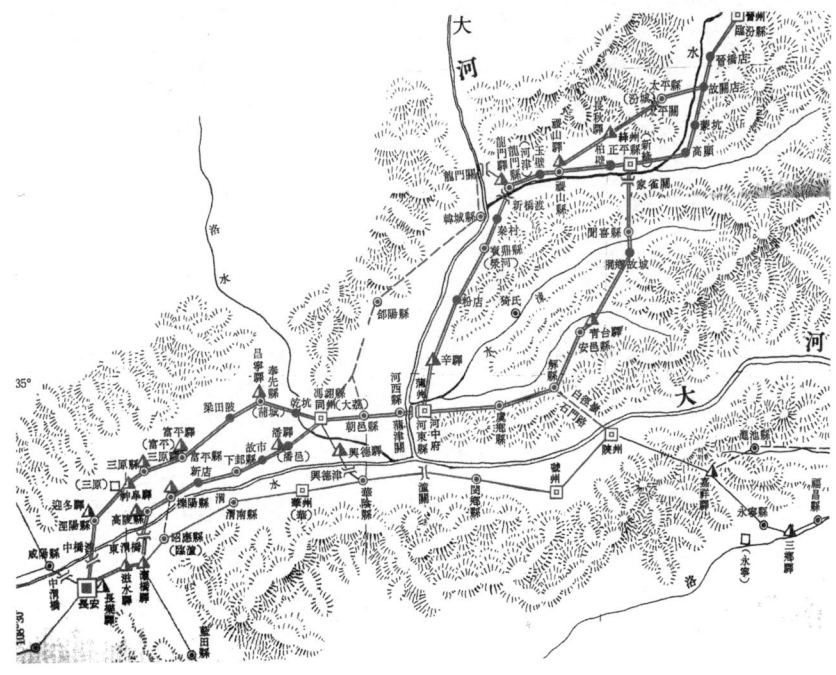

图2.1 关中与河东的历史交通
图片来源：根据《唐代交通图考》改绘

---

1 有四种说法分别为：函谷关和陇关之间；函谷关和散关之间；函谷关、大散关、武关与萧关之间；陇关、函谷关、武关、临晋关和散关之间。

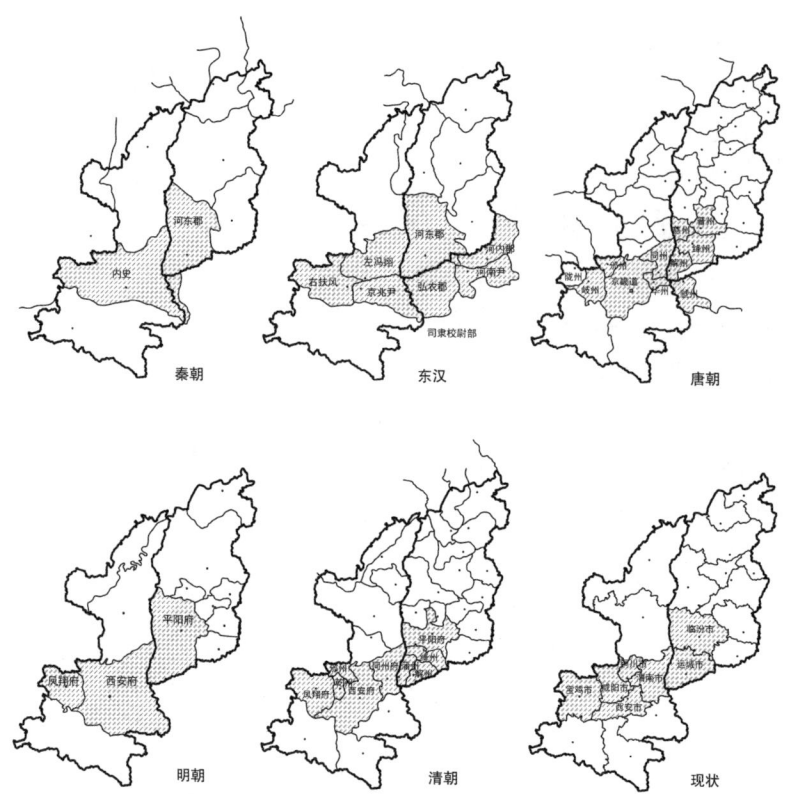

图 2.2　关中与河东历史行政区划示意图
图片来源：根据谭其骧《中国历史地图集》改绘

和临汾市南部的一部分。随着河东的行政区划从"郡"到"道"，再从"道"到"路"，历经汉、唐、宋、元，直到明、清、民国，河东作为行政区划所指代的地域范围逐渐扩大至整个山西省[1]。但由于河东的核心地区绝大多数均在晋南运城、临汾一带，因此运城人常常自称河东人，其中包含着民系族群对地理方位的认知及文化认同。从地理空间格局上看，整体是一个三面环山并向西敞开的盆地，北部是汾河下游河谷形成的多级阶地及黄土台塬，南部是涑水河，中间夹着的峨眉原也是广袤的黄土台塬地貌。

论及历史上关中与河东在文化上的关联性，可以从行政区划、河道变迁与交通联系三个方面来进行总结。

---

1　张启耀，任雪梅."河东"称谓变迁与疆域沿革[J]．运城学院学报，2022，40（4）：19-24.

自秦设河东郡以来，河东一直是相对完整的行政区划，并在早期多次与关中东部隶属相同的上一级行政区，尤其在两汉时期更是跨越黄河与关中同属中央直接管辖的核心区。而黄河"三十年河东，三十年河西"的河道变迁，也使得黄河东西两岸的政区一直处于变动之中，例如大庆关原在河西，明万历二十六年（1598）因河道西摆，大庆关被隔在了河东。

同时，晋陕两地的道路交通发达，关中到山西腹地的交通主要依靠河谷，早期存在"渭河—黄河—汾河"的水路联运，黄河并未阻隔两岸的交通联系，而是自南向北密集分布有多处渡口，不仅有历史上著名的茅津渡、风陵渡、吴王渡、夏阳渡等古渡，还在许多沿河村落旁设置有许多民间小渡口，联通了两岸人民的交往，抵消了黄河作为天险的阻隔作用，形成了频繁的人口与贸易往来[1]。

因此安介生在分析了关中与河东之间文化的高度相似性之后，提出在先秦至北宋时期两地达到了地域共同体的高度[2]。张晓虹提出汉唐时期以长安为中心的关中地区成为全国政治经济与文化中心，对河东地区产生了巨大的影响，使之在文化、方言等方面均向关中靠拢[3]。

## 2. 汾、渭两河流域的地理形势

汾渭平原与黄土高原核心区相比，虽然黄土地层发育相对欠缺，但所呈现的自然地景与"典型黄土高原"[4]的地景极其类似，因此仍列入黄土高原的地理范畴。但其作为高原面上最大的断陷谷地，又有着明显区别于其他地区的地貌类型及土地形态特征。作为一条沉降带，汾渭平原边缘与周围山地有较为明显的断崖相接，黄河的两大支流汾河与渭河分别从北、西纵贯谷地，河流两侧形成由黄土覆盖而成的多级阶地和台地，在剖面上形成由中心向两侧升高，呈阶梯状排列的独特地貌组合形式[5]。

河流阶地与黄土台塬，是汾渭平原空间范围内分布最广的两种地貌类型，也是塑造汾渭平原地理空间形态的两种基础地貌。河流阶地主要由汾河、渭河及渭河较

---

1 邢向东，王临惠等. 秦晋两省沿河方言比较研究 [M]. 北京：商务印书馆，2012.
2 安介生. 略论先秦至北宋秦晋地域共同体的形成及其"铰合"机制 [J]. 人文杂志，2010（1）：144-153.
3 张晓虹. 文化区域的分异与整合：陕西历史地理文化研究 [M]. 上海：上海书店出版社，2004.
4 陇中、陇东、宁南、陕北、晋西是黄土堆积的核心区，地理学界通常称其为"典型黄土高原"。
5 中国科学院黄土高原综合科学考察队. 黄土高原地区自然环境及其演变 [M]. 北京：科学出版社，1991：45-48.

大支流北洛河共同冲积而成，一般可分出三级阶地，黄土台塬则紧接着分布在第三级阶地，以数十米的陡崖与阶地分界，具有明显的阶梯状台面。

图 2.3　黄河两岸的地理形势示意图[1]

从整体剖面关系上看，渭河南北两岸呈不对称阶梯状升高，形成一、二级河流堆积阶地，二级阶地一般高出水面 20～45 m。[2] 由于风土聚落逐水而居和防洪的需求，二级台地往往是风土聚落选址的优先选择，因此早期古代都城几乎都在渭河北岸。从整体平面关系上看，由于渭河河道处于关中平原偏南位置，北岸阶地明显宽于南岸，且北岸阶地高度大于南岸同级阶地，因而北岸广袤的黄土台塬区更为完整，分布于渭河北岸及北岸众多支流的两岸，当地俗称"渭北旱塬"。渭北旱塬往北与黄土高原的南部边缘相接，往南以数十米到近百米的陡坎与渭河二级阶地相连[3]（图 2.4）。

---

1　本书所有图表，除署名外，皆为笔者自绘或自摄，如改绘的则标出原图来源。
2　中国科学院黄土高原综合科学考察队.黄土高原地区自然环境及其演变[M].北京：科学出版社，1991：45-48.
3　当地人习惯把渭河一级阶地称为"三道原"，二级阶地称为"二道原"，黄土台塬称为"头道原"。

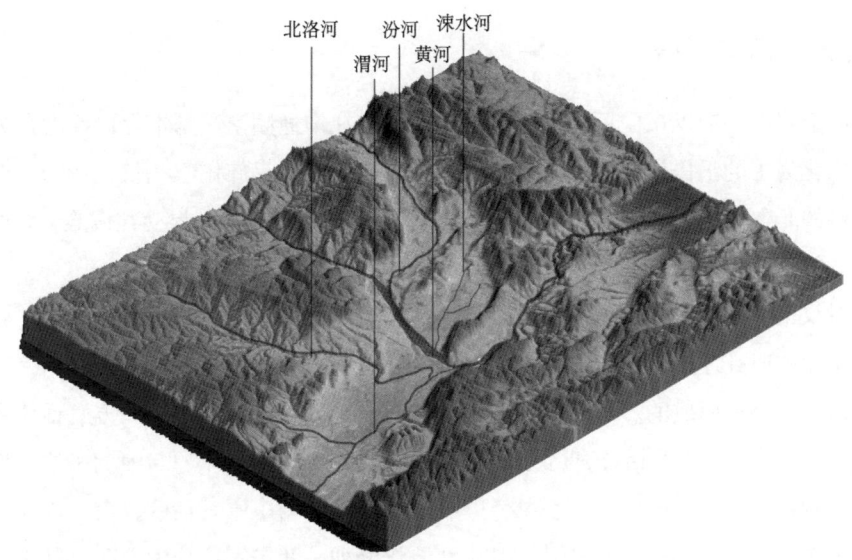

图 2.4 黄河两岸的地理形势三维示意图
图片来源：研究团队绘制

汾河夹在西北吕梁山脉与东南太行山脉之间，自北向南几乎贯穿了整个山西，形成南北两大盆地，北部为太原盆地，南部为临汾—运城盆地。汾河下游河谷将汾河盆地分为一、二级阶地及黄土台塬，形如台阶，是阶状平原组成的盆地。整个平原西侧与吕梁山相接地区，山势陡峭，东部以黄土丘陵与边缘山地相连，山势平缓。涑水河由东北向西南流经运城盆地注入黄河，北面为峨眉台塬，表面地势平坦，地表径流少，地下水埋深较深，水源缺乏，同样形成了广袤的旱塬[1]。

## 二、汾渭民系的方言地理格局

要研究汾渭平原的民系方言分布，就必须要厘清三个关系：北方官话与晋语方言的关系，关中东府方言与西府方言的关系，以及跨越黄河两岸的汾河片与关中片的关系。

---

1 罗枢运等. 黄土高原自然条件研究[M]. 北京：科学出版社，1988：259-267.

## 1. 北方官话与晋语

由于北方长期以来中原地区与周边民族的交往沟通频繁，基本上已经融合为以中原文化为主的汉民族，以北方官话为共同方言，崇尚汉族儒学礼仪，成为一个广阔地带的北方民系族群[1]。但黄土高原核心区因交通不便，与外界交往困难，而形成了北方的唯一非官话方言区晋语区。

对汉语北方话进行分区，并出现晋语及中原官话的概念，是随着语言学界近二三十年的研究才逐渐形成的。与南方各方言不同，北方话区划一直是将语言印象与地理概念叠加而成的。1985年李荣首次根据有无入声，将晋语从北方官话体系中区分出来，并将北方官话方言区分成了六区[2]，其中针对汾渭平原与河南平原相连接的东西轴线所呈现出的强烈语言共性，将其整体命名为中原官话区。第一版《中国语言地图集》是本书的重要基础，其中将晋语分列，并将官话分为七区，其中的中原官话区又分成了九片。覆盖汾渭平原的为中原官话区的汾河片、部分关中片、部分秦陇片，均与晋语接壤。

与南方移民社会方言的成因不同，晋语作为北方语言体系中唯一独立的非官话方言区，其形成过程是由于黄土高原地区的封闭性和落后性，而保留了宋元时期北方话的语音结构系统，因此属于保守型方言[3]。语言学家认为官话方言的特点是人口流动频繁，语言变化较快，而与之相对晋语所在的黄土高原地区地理环境相对闭塞，交通不便、人口稳定，几乎没有大规模的人口迁移，与变化较快的官话相比，语言相对保守[4]。

从地理环境来看，黄河自北向南段行至龙门，一直在黄土高原峡谷中穿行，沿河地区夹在黄土高原与吕梁山脉之间，形成一个较为封闭的人文地理单元，操保守的晋语方言；但黄河向南一出龙门便进入开阔的汾渭平原，河面骤然变宽，水势变缓，交通区位优越，沿河地区与外界保持着密切的联系，与北方其他官话同步发展。

刘勋宁曾借用在沙盘中倒水的形象比喻，将官话与晋语二者的相互关系描述为

---

1 参见陆元鼎为"中国民居建筑丛书"所作总序。
2 李荣. 官话方言的分区 [J]. 方言，1985 (1)：2-5.
3 温瑞政. 晋语"分立"与汉语方言分区的问题 [J]. 语文研究，1997 (2)：11.
4 乔全生. 晋语与官话非同步发展（一）[J]. 方言，2003 (2)：147-160.

开放方言向保守方言的逐渐渗透[1]。当我们回到地形图上看，可以发现在地理空间中，插入晋语方言区内部的，向晋语区渗透最为强烈的"新月形"谷地，便是覆盖汾渭平原的中原官话区关中片和汾河片，即本书的研究内核。

## 2. 关中"东府"与"西府"

周振鹤、游汝杰针对方言与文化的关联性提出，历史上行政区划对全国各地的社会文化都产生了深远的影响，卢云总结行政区对文化的影响主要是促成了长期稳定的政区中均质的文化体[2]，这也是为什么政区相对稳定的北方地区，整体呈现出一定程度的趋同性文化特征。

梳理关中的行政区划历史不难看出，自西汉设立"三辅"以来，关中政区一直形成东、中、西三分而治的格局，历史发展中虽然也有所分合调整，但三者几乎一直分区而治，尤其是西部地区曾长时期与东、中部分属不同政区，造成了关中东西部文

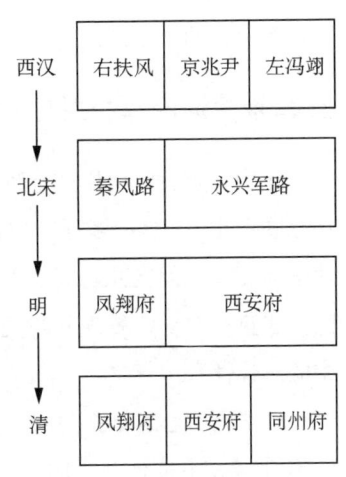

图 2.5 关中政区变动示意图

化发展上的差异。因此，陕西当地人习惯上把关中平原东部与西部分别称为"东府"与"西府"，"东府"主要指西安及渭南、铜川一带，而"西府"主要指现在的宝鸡市所辖地区。虽然史书典籍中均无记载，只是民间的习惯叫法，但这种叫法反映了人们对地区文化认同的差异[3]。

聚焦陕西省行政区划内部，语言学家研究发现关中方言内部一致性很高，语音的差异与历史行政地理上的二级政区府关系密切[4]，因此进一步将"东府"与"西府"的文化区域概念运用到了方言区划的命名中[5]。将研究视野拓展到跨行政区域的全国

---

1 "如果这（北方）是一个地理沙盘，我们倒一杯水去覆盖平原，露出水面的正是晋语区，而被水淹没的则是官话。官话像水一样要向山上浸润，晋语的边缘要向官话崩塌。但是山川阻隔，晋语也会在相当长的时间里保留下去。所以，要给晋语定性的话，一言以蔽之，晋语是北方的山里话。"具体参见刘勋宁. 再论汉语北方话的分区[J]. 中国语文，1995（6）：447-454.
2 卢云. 文化区：中国历史发展的空间透视[A]. 历史地理（9）[C].1990：87.
3 吴媛. 陕西关中西府方言语音研究[D]. 西安：陕西师范大学，2011.
4 张维佳. 关中方言片内部音韵差异与历史行政区划[J]. 语言研究，2002（2）：15-19.
5 杨春霖. 陕西方言内部分区概说[J]. 西北大学学报（哲学社会科学版），1986（4）：64-70.

方言地理区划中，关中东府话与西府话分别归属中原官话区关中片与秦陇片。

基于以上认知，关中东府由于长期处于西安府中，受到长安作为文化中心的强大辐射力影响，在语言、风俗等文化上趋于一致。而西府由于长期独立，凤翔作为府城中心具有强大的文化凝聚力，成为西部的文化中心，并受到更西边甘肃、宁夏等地的影响。从广义上讲，可以说渭河平原中、东部与西部是两个独立的风土区系，甚至是两个不同的民系。

## 3. 跨越黄河两岸：关中片与汾河片

作为跨越黄河两岸的地理单元，黄河对两岸民系的关系究竟是起到了阻隔作用还是联系作用，是许多语言学者探讨过的内容[1]。晋陕两省分布在黄河两岸的方言虽然隔河相望，但彼此之间的共性特征远远大于个性差异。王临惠将晋南与洛阳一带的方言进行对比，发现其与关中方言的内部一致性更高，用以进一步论证晋南与关中的一体性[2]。

许多语言学家都探讨过关中片与汾河片的范围及归属问题，如王临惠提出应将汾河片与关中片合并为中原官话区关中片；而邢向东认为应将黄河两岸的陕西宜川、韩城、合阳、大荔划归汾河片。由此可见，汾渭平原黄河两岸方言的一致性已是学术共识，只是究竟将汾河片归为关中片，还是将关中片中沿河的部分划入汾河片，存在一定的学术争议，也从侧面反映了黄河两岸方言民系的高度一致性。

对于晋陕黄河两岸方言相互之间的影响，邢向东进一步提出了一个对于本书研究风土谱系具有启发性的结论：即在白读层关中东部受山西影响大，但在文读层晋南受关中方言的影响大。可以看到，由于关中存在长安这一强大的文化中心，因此在书写层面，即较高等级的文化现象是关中对晋南的影响更大，而晋南对关中的影响则主要是自下而上的民间文化。

基于此，虽然1987年版的《中国语言地图集》，以黄河为界划分中原官话区的关中片与汾河片（图2.6），但2012年版则在最新研究的基础上进行了调整，采取了邢向东先生的学术观点，将原本归关中片的陕西宜川、韩城、合阳、大荔划归汾河片，将原本归属于河南灵宝、陕县、三门峡划归关中片（图2.7）。

---

1 邢向东.秦晋两省黄河沿岸方言的关系及其形成原因 [J].中国语文，2009（2）：166-175+192.
2 王临惠，张维佳.论中原官话汾河片的归属 [J].方言，2005（4）：372-378.

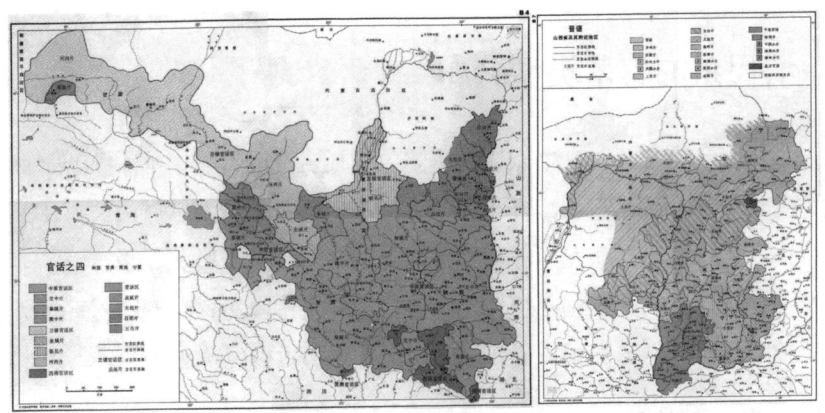

图 2.6 《中国语言地图集》(第一版)

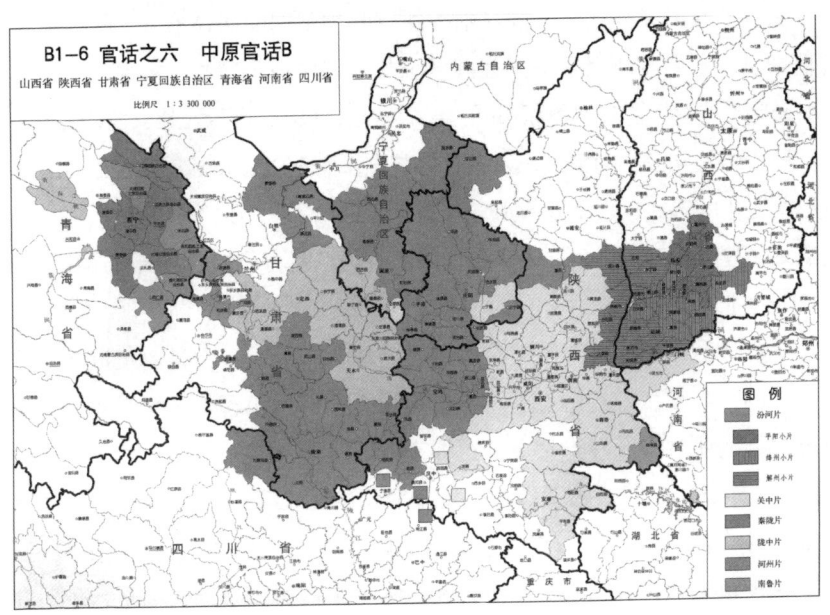

图 2.7 《中国语言地图集》(第二版)

由此可见,无论是将晋南地区划入关中片,还是将关中东部沿河的县市划入汾河片,都充分说明了,整个汾渭平原语缘民系的一致性,尤其是黄、渭、汾三角地带及运城盆地语言的一致性非常高,加上无论是聚落形态还是风俗民情,均呈现出两岸对应地区一致性更高的特点,因此可以说两岸属于同一个民系方言区,或者也可以说是同一个文化区,在中国北方地区具有独特的文化特征。

## 三、汾渭民系的聚落类型分布

自然环境与社会文化，都影响着人类对于聚居方式的选择，进而影响了风土聚落及其建筑所呈现的物质形态。众所周知，生土窑洞，是黄土高原地区最典型、最具标志性的居住方式，也是相对原始与落后的居住方式。合院式住宅，则是北方汉民族最典型的居住方式。汾渭平原作为黄土高原中的非典型区，在自然环境方面兼具黄土高原与河谷平原的地貌特征，因此生土窑洞与木构建筑兼有。

### 1. 生土窑洞与木构建筑

虽然汾渭平原上兼具生土窑洞与木构建筑两种不同的居住形式，然而从设计及建造过程来说，二者本质上是不同社会形态与发展阶段的产物。阿摩斯·拉普卜特（Amos Rapoport）主张对"原始性建筑"与"风土性建筑"进行区分，他认为原始性的建筑是一种个体差异极小的模式，人人懂得匠作；而前工业化的风土性建筑是存在较多个体形式变化的模式，由工匠建造。并进一步总结了二者之间的演变关系，即当社会发展到大多数的住房都要由匠人来建造时，就可以断言原始性建筑开始让位于前工业化的风土性建筑了[1]。

拉普卜特认为"原始性"不涉及建造者的动机和能力，而是由建造活动的社会条件所决定的，与技术及经济发展水平密切相关，而且包含了社会组织因素，建造者用所能掌控的所有资源建造房屋。这样来看，窑洞显然是一种典型的"原始性建筑"，生活在黄土高原地区的人们，使用最简单的生产工具，极少量的财力就能营造自己的居住空间。因此，长期以来土窑洞就充当了社会最贫困阶层的栖身之所。由于需要挖大量土方，普通农户很少雇佣劳力，全靠自己及周边邻里帮忙，并未有专门的工匠出现。加之窑洞的耐久性不强，需要长期维护，当地人说"窑要住人，经常拾掇"，经常住人的窑洞可居住百年，而不住人的，很快便会坍塌，因此几乎是人人都具有维护窑洞的技能，例如补豁、堵洞、洗（削）窑脸等。晋语方言区与官话方言区相比，其文化具有保守性，发展也带有滞后性，因此，选择更为原始性

---

1 阿摩斯·拉普卜特. 宅形与文化 [M]. 常青等，译. 北京：中国建筑工业出版社，2007.

的聚居方式是与其地理和民系特征相吻合的必然结果。

而构成合院式住宅的传统木构、砖木构、土木构建筑，必须要由专门的匠人来建造，存在木匠、泥瓦匠、石匠等不同工种的分工，木作加工进一步区分大木作与小木作，体现了专业化进程的开始，与"原始性"的窑洞相比，是前工业社会的风土性建筑。古代匠师在长期实践中所积累的木结构力学、施工、加工的经验，经过代代相传，逐渐形成地域性的系统方法。

## 2. 地上四合院与地下四合院

拉普卜特提出，在较"拥挤"和"等级观念"较强烈的社会中，合院住宅就会被普遍采用。汾渭平原作为黄土高原上的黄土台塬区，是整个黄土高原范围内，农业最为发达，人口最为稠密，以正统的儒家文化为基础的文化发达地区，无论经济发展水平高低，均采取体现宗法礼制的四合院，因此存在由木构建筑组成的地上四合院（窄院），以及由生土窑洞组成的地下四合院（地坑院）两种类型。

汾渭平原上的合院式住宅具有与北方其他地区四合院不同的地域特征，不同于北京四合院在正房两侧通过增加耳房来调节院落宽度，此处的四合院没有耳房，正房面宽即为院落宽度，东西厢房的位置完全压缩在正房面宽以内，长宽比例增加，形成窄门面，大进深的平面布局。侯幼彬突破行政边界，将此种类型的合院统称为"晋陕窄院"，描述其分布与特征如下：

> 晋陕窄院主要分布于山西的晋中南地区和陕西的关中地区，以窄长形的内院为主要特征，不同地区的窄院，长宽不一，大体上晋中地区为二比一，晋南地区接近五比一，关中地区通常超过二比一，有的甚至达到四比一[1]。

其中分布最广的山西晋中、晋南与陕西关中地区，即本书的研究区域汾渭平原所在的地域范围，足以见得这种特殊的四合院——窄院，是汾渭平原的一类典型风土建筑类型，这部分将在后续第5章展开详述。

除此之外，汾渭平原上的另一类特殊的居住类型是地坑院（窑）。早在伯纳

---

1 侯幼彬.中国建筑艺术全集：宅第建筑（一）（北方汉族）[M].1版.北京：中国建筑工业出版社，1999.

德·鲁道夫斯基的《没有建筑师的建筑》一书中，就以"穴居生活"为主题，收录了中国地坑院作为一种风土建筑类型。地坑院是一种较为特殊的窑洞类型，既具有合院式建筑所具有的严谨规制，但又与窑洞一样具有"原始性"，因此在现有的民居研究体系中，大多将其归入窑洞类型的研究范畴，将其命名为下沉式窑洞[1]。

出现这种地下四合院的原因，是与汾渭平原的自然地理及社会文化都有密切的关系的。在典型黄土高原地区，由于宏观上表现出独特的垂直节理，形成黄土高原常见的如悬崖峭壁一样壁立的"黄土壁"，黄土形成的直立边坡稳定性极强，因此适宜挖窑洞居住。但汾渭平原主要为表面更为平坦的黄土台塬地貌，缺乏可利用的山坡、沟壁等垂直节理，因此长住民会选择在平坦台塬面上就地挖一个深坑，通过向四壁挖窑洞，形成四壁围合的地下或半地下合院。此种类型在汾渭平原上主要分布在渭北旱塬的永寿、淳化、乾县，运城地区的平陆、芮城，以及河南三门峡一带。

## 3.聚落形态类型分布

虽然聚落的类型划分有多种方式，但本书先从最基本的"形"（shape）方面，初步将汾渭平原的风土聚落分为4类：井字形网格状、自由散布状、沿等高线分布的阶梯状和线性枝杈状（图2.8），分别对应着木构建筑组成的四合院、木构与窑洞混合组成的四合院（前房后窑）、地下四合院（地坑院）、半地下四合院（半明半暗窑院）（图2.9）等不同的风土建筑类型。通过将既有调查对象的聚落形态类型放入地图中进行直观统计，可以看出其在不同地貌分区中的大致分布规律。

a 井字形网格状　　b 沿等高线阶梯状　　c 散布蚁穴状　　d 线形枝杈状

图 2.8　聚落类型航拍
图片来源：a.c.d 来自谷歌卫星图

---

1　长住民一般称之为地坑院、地窨院、地坑窑、天井院、八卦院等。

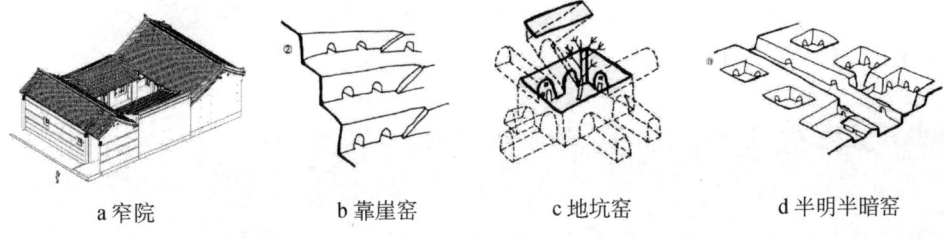

　　a 窄院　　　　　　b 靠崖窑　　　　　c 地坑窑　　　　d 半明半暗窑

图 2.9　建筑类型示意图
图片来源：b.c.d 来自（日）窑洞考察团《生きている地下住居／中国の黄土高原に暮らす4 000万人》

　　(1)"井"字形网格状聚落。北方平原地区最常见的聚落形态，是汾渭平原的主要聚落类型。经纬交错的"井"字网格状街巷构成骨架，狭长四合院规则排布组成居住组团，街头巷尾布置祠堂、村庙、戏台、涝池等公共设施形成节点空间。此种聚落形态可充分满足礼仪秩序与宗法制度，有着北方聚落常见的"城乡同构"的特点。这种类型最为常见，尤其是农业发达、经济富足的黄河两岸，如陕西韩城市解家村、徐村，陕西合阳县高原寨村，山西襄汾县的丁村，山西新绛县光村等（图2.10）。

　a 陕西韩城市解家村　　b 陕西韩城市徐村　　c 陕西合阳县高原寨村　　d 山西新绛县光村

图 2.10　"井"字形网格状聚落
图片来源：天地图

　　(2) 散布的蚁穴状聚落。由地坑院（地下四合院）组成，主要分布在山西平陆及河南三门峡的黄土台塬地貌上，陕西渭北目前也有少量遗存。这是一种比较原始、经济条件相对落后的居住形式，与黄河沿岸早期人类聚居形态如半坡、姜寨等非常接近。这种地下穴居形式在遥远的突尼斯南部的撒哈拉沙漠中同样存在，但不同的是，柏柏尔人的地下居住院落呈现不规则圆形，而汾渭平原的地下四合院是严格按照风水观念的八卦方位修建的规则方形院落，坑壁上的窑洞也存在严格的居住等级秩序。由于不存在地面建筑形成的街巷空间，院坑相互错置，自由安排窑洞、入口和坡道，整个聚落从形态结构上看，没有上文中"井"字形网格状的轴线关系与空间秩序，而是呈自由分散的有机状态。如三原县柏社村、淳化县梁家庄村、三门峡的庙上村等（图2.11）。

a 陕西三原县柏社村

b 河南三门峡六寺村

c 陕西淳化县梁家庄村

图2.11 散布的蚁穴状聚落卫星图
图片来源：天地图

（3）沿等高线分布的阶梯状聚落。是地形相对复杂多变的山地、丘陵地貌常见的聚落形态类型。构成此种聚落的建筑形式较为多样，有四合院、三合院、土坯房或窑洞等。形态往往呈现带状曲线，建筑朝向与等高线形成一定的垂直关系，顺应等高线依次排开，道路也顺应地形蜿蜒曲折，礼仪秩序较弱。由于地形变化多端，这些聚落往往规模较小，《乾州志稿》的全境图中标示有大量村落围绕山地丘陵而建，顺

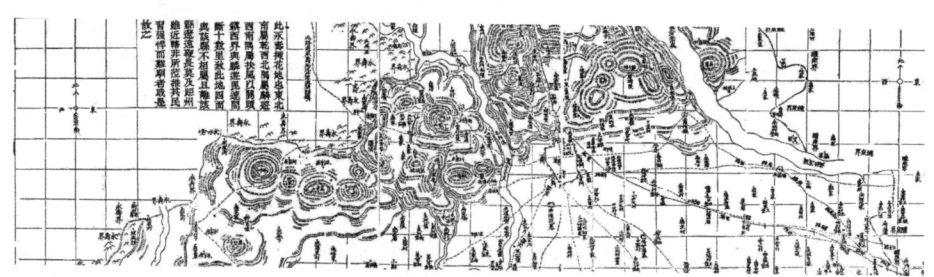
a 光绪《乾州志稿》/(清)周铭旂等纂修

b 山西马趵泉村
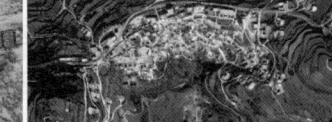
c 陕西铜川立地坡村

d 陕西乾县西南村

图2.12 沿等高线阶梯状聚落历史图像与卫星图
图片来源：a《乾州志稿》；c.d 天地图

应地形沿等高线层级排布，图上记载"其地民习强悍而难驯"，可见此种聚落多交通不便，社会文化与经济条件较为落后。目前保存较为完好的实例，主要集中在渭河北岸、汾河西岸的众多支流所形成的沟壑及川道两侧，如山西马趵泉村、陕西铜川立地坡村、陕西乾县西南村等，以及南部秦岭山麓洪积冲积扇群区，即南部秦岭北麓与渭河谷地的过渡地带，如蓝田县石船沟村，周至县老县城村等（图2.12）。

（4）线性枝杈状聚落。是西部黄土丘陵沟壑区，陇东与陕西交界地带独有的聚落形态类型。由于黄土丘陵沟壑边缘破碎，沟壑密度大，干旱少雨，是黄土高原水土流失严重，土壤贫瘠的侵蚀地区。清宣统年间《长武县志》记载："陶居穴处，肘建踵决，地瘠民贫，莫此为甚。"当地人沿用蒙古人的叫法，把黄土沟壑的沟道称为"胡同"。由于区位靠近古代萧关，因地处边关地带，许多逃难流民或战败军人流落至此，这些流民沿着沟壑两侧挖掘窑洞居住，并繁衍生息，逐渐形成很多长条形结构的由半穴居沟崖窑三合院组成的风土聚落。整体形态往往呈现狭长笔直的线性，沟道中一条道路串起整个村庄，形成独特的聚落形态及文化地景类型，如长武县十里铺胡同（村）、长武县马坊村等（图2.13）。

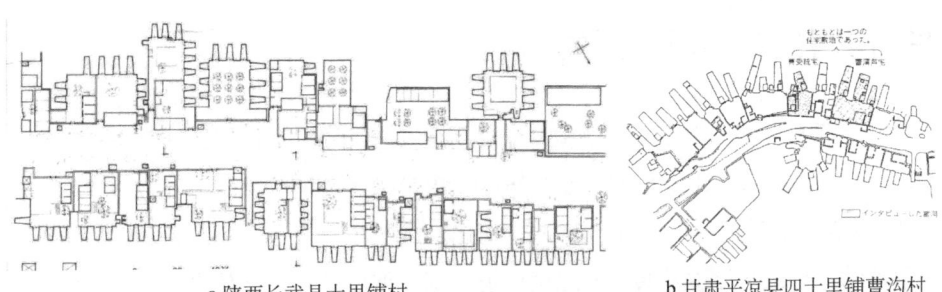

a 陕西长武县十里铺村　　　　　　　　b 甘肃平凉县四十里铺曹沟村

c 陕西长武县十里铺村　　　d 陕西长武县马坊村1　　　e 陕西长武县马坊村2

图2.13　线性枝杈状聚落典型平面与卫星图
图片来源：a 李秋香《十里铺村》，b《生きている地下住居》，c.d.e 天地图

通过把四种典型类型放到汾渭平原的地理范围内，经过统计发现（图2.14），在汾渭平原上数量最多，分布最集中的，是由地上四合院组成的"井"字形网格状聚落，主要分布在中、东部，其他由窑洞组成的聚落类型主要分布在西部地区，以及靠近边缘山区地带。

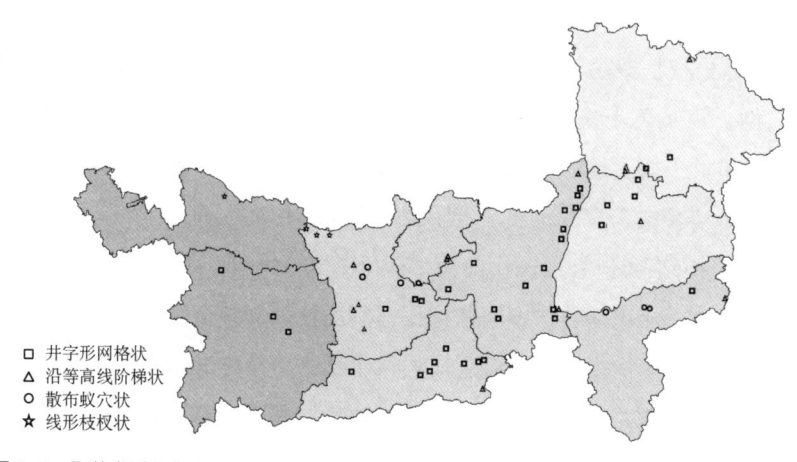

图2.14　聚落类型分布图

## 四、汾渭民系的风土区划

汾、渭两河流域有着高度发达的古代文明，黄河早期文明较为集中地分布于此，是仰韶文化和龙山文化的核心分布区，也是华夏早期文明三皇五帝开疆裂土的地区，更是苏秉琦先生所说夏以前的"中国"所在地[1]。黄河与黄土高原，为汾渭平原孕育的农耕聚落提供了共同的地理环境基础，形成了区别于其他地域的聚居方式与文化认同。

### 1. 既有的分区方式

目前已有的文化分区方式，均为分别针对陕西与山西两省的研究。针对陕西省，张晓虹在延续基于地理方位的陕北、关中、陕南三大区的前提下，进一步根据方言与戏曲将关中区划分为西同亚区与凤翔亚区。西同亚区包括清代西安、同州两

---

1　苏秉琦.中国文明起源新探[M].北京：生活·读书·新知三联书店，2000.

府与邠、乾州两州管辖范围，即现在的西安、咸阳、渭南及铜川，而凤翔亚区则指的是清代凤翔府管辖范围，即现在的宝鸡市。并提出关中整体的文化中心为长安，西部凤翔亚区的文化中心则是凤翔（图 2.15b）。这一分区方式与语言学对关中"东府方言"与"西府方言"的分区相吻合。

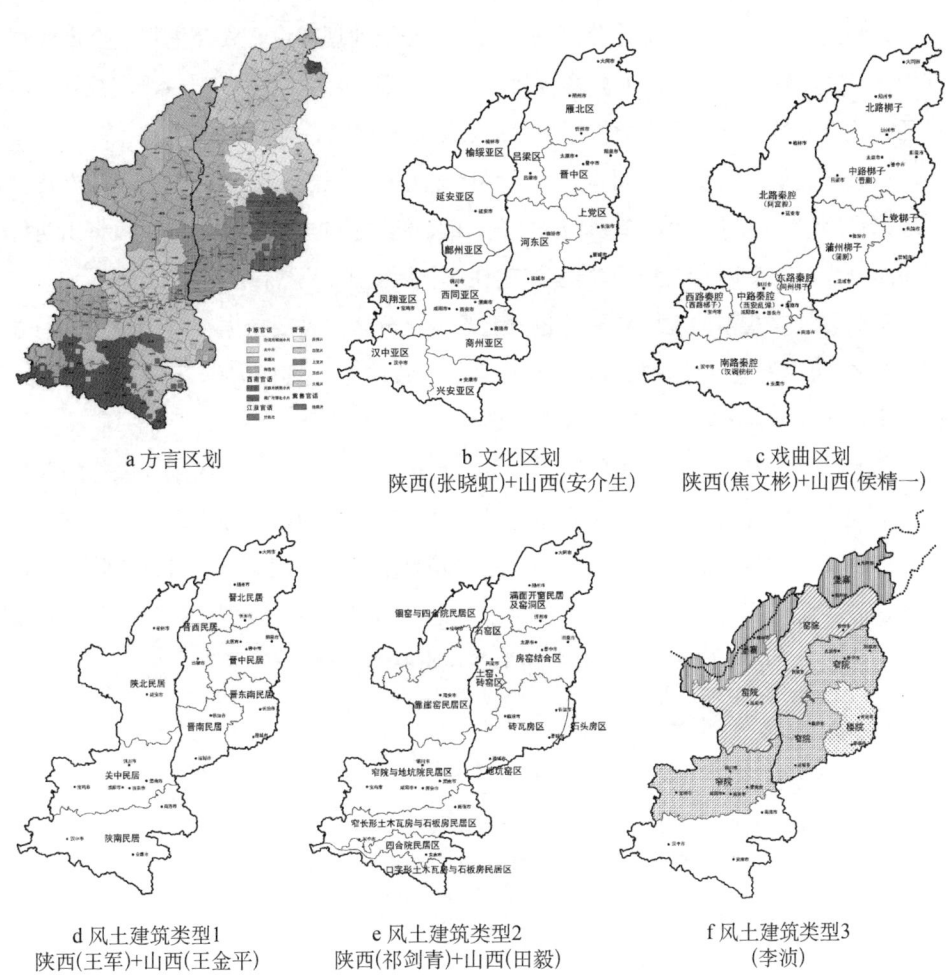

图 2.15　既有区划方式汇总图
图片来源：a《中国语言地图集》；b 根据张晓虹与安介生的研究改绘拼合；c 根据焦文彬和侯精一的研究改绘拼合；d 据《陕西民居》与《山西民居》改绘拼合；e 根据祁剑青和田毅博士论文改绘拼合；f 据李浈《从文化传播视角看晋系乡土建筑的区域关联》中的插图改绘

对风土建筑类型的研究也延续了这一区划方式，因此无论是张璧田[1]还是王军[2]，都将陕北窑洞民居、关中民居与陕南民居作为陕西省的三种传统民居类型（图2.15d）。基于历史地理的研究，祁剑青突破的陕北、关中、陕南的区划方式，将关中与陕北在大的文化区上进行了合并[3]，并根据建筑类型差异，又进一步将黄土高原文化区[4]细分，其中将关中划为窄院与地坑院民居区（图2.15e）。

针对山西省，目前的文化分区基本上都是按照地理方位，安介生将整个山西划分为五区，分别是河东区、上党区、雁北区、吕梁区、晋中区[5]，其中晋南被划为河东区，这一分区方式与语言学根据方言的区划基本相吻合（图2.15b）。

对风土建筑的类型研究同样延续这种区划方式，王金平参考历史地理及方言分区等诸多因素，将晋南民居单列出来[6,7]。田毅突破了的常见的区划方式，将山西传统民居分为三个大区[8]，将晋南与晋东南在文化区上进行了合并（图2.15e）。

除此之外，戏剧的地区差异，也一直是文化分区的重要依据，对比陕西省的方言分布图，可以发现五路秦腔与其存在惊人的一致性[9]。山西四大梆子[10]的地域分布，也与山西省的方言分布几乎吻合（图2.15c）。

由此可见，对于建筑类型的区系划分，目前较少跳出以行政区划为单位的既有范式，但实际情况是，现存的风土聚落的景观特征并不和行政分界重合，一省之内常有多种聚落类型，而一种聚落类型又常常跨越多省。李浈提出了跨越晋陕两省边界的区划方案，将汾渭平原的整个河谷地带划分为"窄院"类型，并与晋系的窑院进行了区分[11]（图2.15f），这与本书的学术观点基本吻合。

---

1　张璧田，刘振亚.陕西民居[M].北京：中国建筑工业出版社，1993.
2　王军.西北民居[M].北京：中国建筑工业出版社，2009.
3　将陕西传统民居分为黄土高原传统民居文化区与秦巴山地传统民居文化区两区。
4　长城内外锢窑与四合院民居文化亚区、陕北靠崖窑民居文化亚区、关中窄院与地坑院民居文化亚区。
5　安介生.晋学研究之"三部论"[J].晋阳学刊，2007（5）：23-27.
6　山西省行政区划内的民居划分为晋中、晋东南民居、晋南民居、晋西民居和晋北民居。
7　王金平，徐强，韩卫成.山西民居[M].北京：中国建筑工业出版社，2009：50.
8　中北部一层民居区，南部二层砖瓦房民居区和地窖院区。
9　所谓的五路秦腔，分别是中路秦腔（西安乱弹）、东路秦腔（同州梆子）、西路秦腔（西府秦腔）、南路秦腔（汉调桄桄）、北路秦腔（阿宫腔）。
10　蒲州梆子（蒲剧）、中路梆子（晋剧）、北路梆子、上党梆子。
11　李浈论文中的原图，类型边界并没有依据行政边界划分清晰，本书为了进行不同的对比与叠加，在绘图方式上进行了统一。

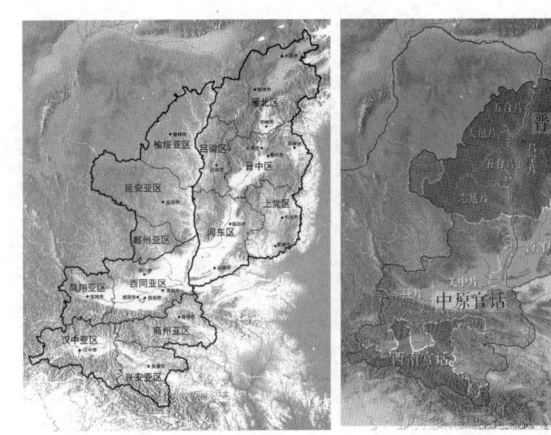
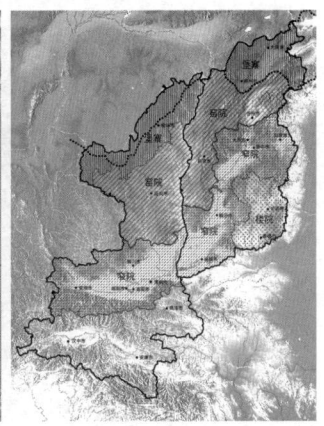

| 自然地理格局与文化区划叠加 | 自然地理格局与方言区划叠加 | 自然地理格局与建筑类型分布叠加 |

图 2.16　不同因素与自然地理格局的叠加
图片来源：根据相关资料改绘

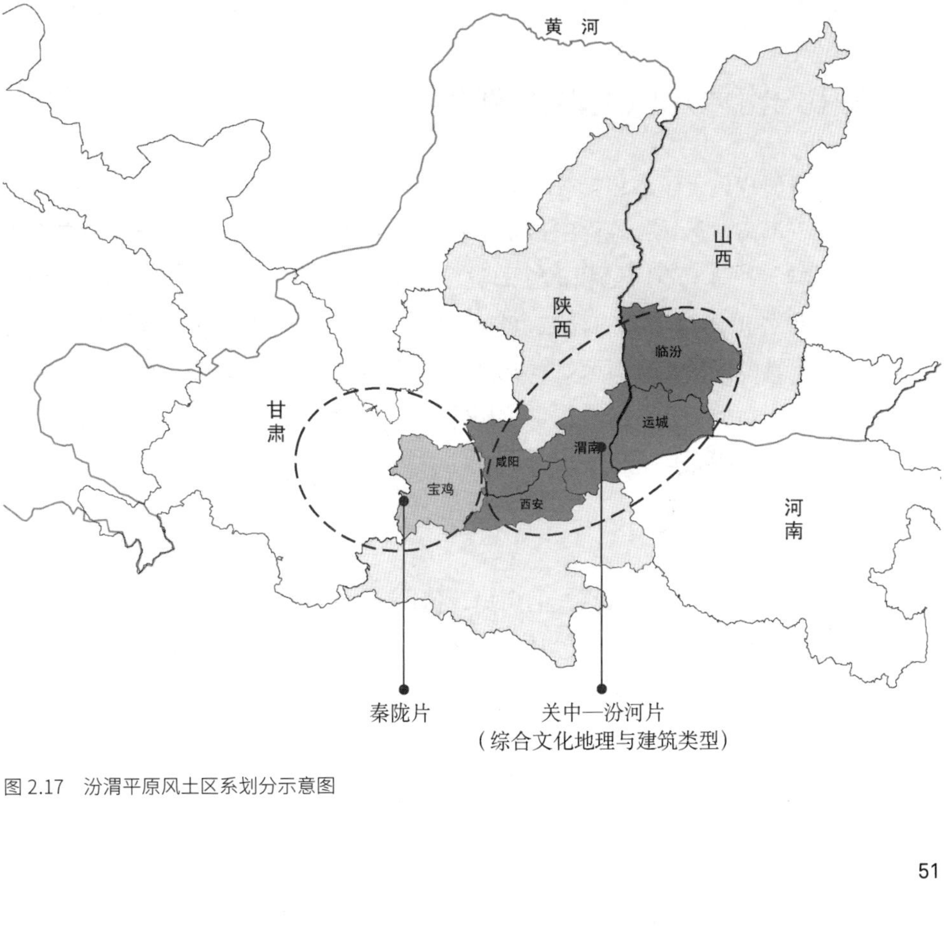

图 2.17　汾渭平原风土区系划分示意图

秦陇片　　　关中—汾河片
　　　　　（综合文化地理与建筑类型）

## 2. 汾渭平原风土区划

与南方基于移民形成的各民系方言区相比，北方官话区的各层级区划边界更为犬牙交错，与学界既有的已达成共识的文化地理区划并不完全重合，因此不能直接以方言区划为单一区划参照，而是要综合地理概念以及聚居方式进行叠加研究。本书选择汾渭平原作为研究对象，将自然地理格局与方言区划、文化区划、戏曲区划、建筑类型区划，以及聚落类型的分布等多重因素叠加（图 2.16）。

基于此，借用语言学既有的命名方式，本书将整个汾渭平原划分为秦陇片与关中—汾河片两大风土区系（图 2.17）。这一分区与已有的文化地理分区基本一致，即关中的凤翔亚区、西同亚区与河东区[1]，并将西同亚区与河东区合并为一个区系。其中跨越黄河两岸的关中—汾河片，一方面受到了强大的文化中心长安的影响，另一方面又受到了晋商文化所形成的晋系风土的影响，呈现出一种过渡性，而其中过渡性体现最强的地方就是黄河两岸。

## 五、关中—汾河片风土聚落调查

关中—汾河片风土区系包括关中东部与晋南靠近黄河的区域，以黄河晋陕两岸为核心，位于渭南、运城、临汾三市是目前传统村落是目前汾渭平原保存最多且质量最高的区域，并且具有明显相似性的类型化特征，本书将其定为主要研究对象，具体涉及陕西省渭南市下辖的韩城市、合阳县、大荔县、蒲城县、澄城县以及山西省运城市下辖的河津市、万荣县、临猗县、稷山县、新绛县，临汾市下辖的襄汾县。黄河与黄土台塬为这个区域提供了相同的自然环境，并孕育出了文化认同，聚落与建筑表现出相似的基本特征。

### 1. 历史聚居成因

黄河两岸的风土聚落具有悠久的历史，但由于自然和人为条件的作用，大都经历了兴废变化、姓氏、族群更替。从西周到秦汉，黄河两岸作为中国古代经济文化中心，其人口集中，但从汉末到明初，因战乱的影响，经济文化逐渐衰落，人口大

---

[1] 张晓虹. 文化区域的分异与整合 [M]. 上海：上海书店出版社，2004.

图 2.18　调研航拍汇总图
图片来源：调研团队拍摄

幅减少，许多村落被废弃。现存的聚落实例，虽然通过历史遗存可以证明在唐宋甚至更早期就已存在，但由于记录较少，即使经过深入的田野调查，通过挖掘家谱、碑刻等民间文献，也只能模糊的追溯到元明时期，为历时性研究造成困难，这是研究黄河两岸聚落成因的现实背景。

（1）原始定居聚落

黄河两岸现存的风土聚落实物，聚居者早已经历了不同姓氏、族群的更迭，虽然无法追溯最初的定居时间，留存至今的大多为明清时期甚至是清中晚期逐渐稳定的聚落形态，但考古学家在不少村落周围发现有早期人类聚落遗迹，可以为原始农业和定居生活的早期村落的选址提供一些依据。

作为中华文明的发祥地之一，黄河两岸自古便是人类重要的聚居地。旧石器时代分布在黄河两岸的重要文化遗址有蓝田人遗址、大荔人遗址、禹门洞穴遗址、丁村遗址、西侯渡遗址等，其中蓝田人遗址位于渭河支流灞河的最高级台地上，大荔人遗址位于北洛河东岸的三级阶地上，禹门洞穴遗址位于黄河西岸峡谷山区，丁村遗址位于汾河东岸的三级台地上，西侯渡遗址位于黄河向西拐弯处高出河面的阶地上。可以看到，农业文明初期，人类聚居必须靠近天然水源，这一时期在黄河河道两岸及渭河、汾河、北洛河等较大支流沿岸的二、三级台地为主要聚居区。

到了新石器时代的仰韶文化与龙山文化时期，黄河西岸的考古发现人类聚居区主要分布在黄河河道沿岸的高崖上，以及韩城境内的濂水、芝水、盘水和亢水，合阳境内的徐水、金水、大峪河等黄河季节性支流形成的支沟沟系两侧的台地上；黄河东岸的考古发现人类聚居区主要集中在孤山山下因山水下泄形成的冲沟两侧，以及吕梁山山洪向汾河汇聚形成的瓜峪、黄华峪、豁都峪，还有古堆湖的湖水汇入汾河形成的古水等汾河的支沟两岸的稍高台地上。史念海先生曾提出，以台地作为居住地区正是黄土地带中仰韶文化遗址的特色，充分说明了当时人们善于利用自然环境，既能方便农耕和渔猎，又能有效防止洪水侵袭[1]。

目前黄河两岸的风土聚落尚存，许多关于村名的历史传说可追溯至汉代以前。例如靠近黄河岸边古瀵泉的合阳莘里村，以及夹在徐水沟与百良沟汇入黄河入河口处的合阳三汲村、尹村、莘村等，均与商相伊尹"耕于有莘之野"的传说有关，其中三汲村相传是伊尹汲水的地方[2]。再如位于黄河河道岸边高崖之上的韩城昝村与西少梁村，其中昝村相传为西周陈平公元年因昝姓居住得名，西少梁村相传为春秋战国时期的少梁邑所在地。还有位于黄河支流徐村沟、沉水沟所夹的高门原上的东、西、北高门村、徐村等，相传均与汉代司马迁的司马家族及其后代相关。位于濂水河沿岸的北苏村、南苏村、北陈村、南陈村、南周村等沿河畔一字排列的村落，相传均始建于唐代。虽然这些村名传说并不可考，但随着近年来黄河岸边韩城梁带村古芮国遗址的考古发掘，让我们可以确信一些传说的可信性。

(2) 人口迁移与家族聚落

从语缘民系的角度来研究聚落，必然要关注人口迁移对聚落造成的影响。文化往往随着人口的发展、分布与变迁而兴衰更迭与传播迁徙。汾渭平原人口数量一直在朝代更迭中进行波动：西汉、唐及清初，社会安定时期人口增长，经济文化发展；而东汉末年、元、清末等战乱饥荒频发时期，社会经济崩溃、文化衰落。黄河两岸民系在历史上相对稳定，虽一直经历大规模的战争、社会动乱与自然灾害，但主要为明清时期东西两岸来回迁徙的小规模移民，尤其是黄河东岸山西境内向关中东府移民，以至于嘉靖《陕西通志》记载同州地区"人多说晋语"，这也是形成关中—汾河片语缘民系的主要原因。

---

1 见史念海的《河山集》（一集）中的文章：石器时代人们的居住地及其聚落分布。
2 相传由于黄土台塬气候干旱，伊尹在徐水河沟连续汲水三次，解决了农田灌溉问题，村落因此而得名三汲村。

樊厚甫先生于 1944 年编纂的《韩城县乡土教材》中论述"住民之由来"时写道：

> 故现在居民，据父老相传，或云元季来自山西，或云明初迁来，其传世久远，大约皆二十余世，至多六七百年耳。元以前之土著殆无存着。准此以推，原有住民或以政府命令而他徙，或为环境逼迫而逃亡。旋以地旷人稀，移山西居民以实之，殆或然欤。总之，现在人民多数为元、明之际新来之后裔。证之当时环境，父老传闻及众乘记载，似属可信。[1]

由此可见，宋金元时期，由于黄河两岸地区久经战争摧残，社会不稳定，"军旅数起，饥馑荐臻，民之流亡，十室而九"。[2] 黄河两岸经过连年战乱，元以前的长住民几乎已经不见，目前所存留的几乎均为元代以后形成的风土聚落。

这些村落大多因为战争、灾荒及政府移民政策等一系列原因导致人口迁移，由最初的一户或数户起步，经过一代代的人口增加，逐渐扩大规模，村落由最初的简单结构发展为复杂结构。根据在田野调查中获取的各种民间文献如族谱、碑刻及村民口述史研究，本书总结黄河两岸聚落的祖先叙事及祖先建构主要有三类：

● 宋金时期的兵制政策带来的人口迁移。例如韩城的沟北村高姓，柳枝村孙姓家族等。

沟北村是高姓单姓村。高姓的始迁祖于北宋年间因"乡兵归农"政策，自陕北延长县移居韩城。根据现存民国三十六年（1947）《高氏家谱支谱》记载，沟北村高氏家族与弋家原村同属一脉，高姓始祖因乡兵归农政策最初定居韩城西南原的弋家原村，生有四子，长子留居弋家原村，次子居南英村，三子居高家坡，四子居沟北村。弋家原村与高家坡村均位于芝水河上游形成的沟畔，南英村位于芝水与沇水形成的沟壑之间，沟北村位于泌水河的一个东西走向的支沟小渠沟北畔。

---

[1]《韩城县乡土教材》也称民国《韩城县乡土教材》，是樊厚甫先生于 1944 年编纂的一种市情丛书。由于年代久远，原书几近绝迹，原文引自韩城市地方志办公室在 1985 年编辑校订的基础上，对校订本进行的扫描编辑。
[2]《滋溪文稿》中元故亚中大夫河南府路总管韩公神道碑铭（并序）中记载："初，关、陇、陕、洛之郊号称沃土，国家承平百载，年谷丰衍，民庶乐康。然自致和之秋，军旅数起，饥馑荐臻，民之流亡十室而九。"描述了自至和年间（1054—1056），黄河中游因战乱饥荒导致了民间的流亡。

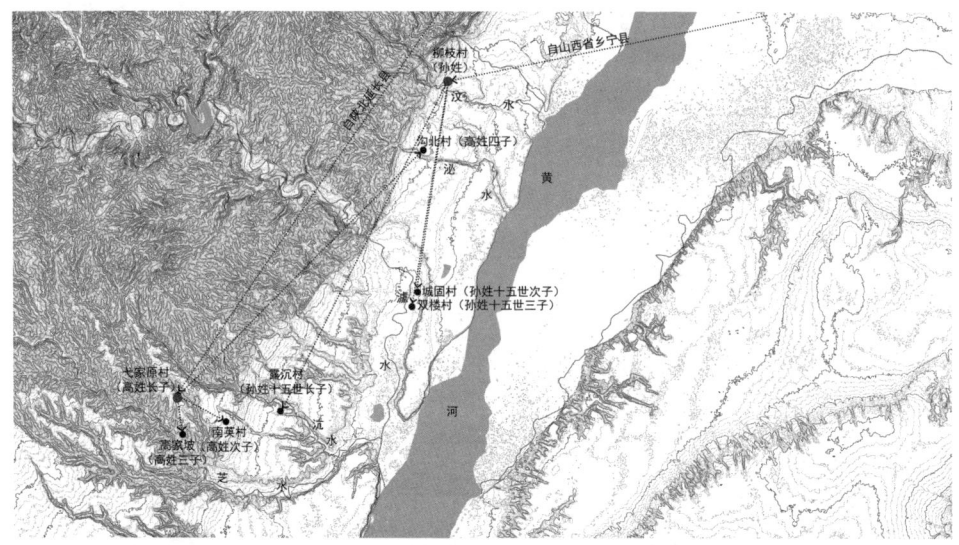

图 2.19　沟北村高姓与柳枝村孙姓的迁播路线示意图

柳枝村与露沉村的孙姓家族，是典型的宋金时期因战争从河东山西移民的军户家族。柳枝村目前为多姓村，但孙姓为村中大姓，占总人口的 75%，根据村中老人口述，最初定居于此其他姓氏，因灾荒瘟疫战乱等村毁人散，无后裔居住。根据露沉村孙氏现存民国十二年（1923）《孙氏源流序》记载："因金人犯顺，奉命来韩，始居卢家庄，又徙柳枝村。"孙氏自山西省乡宁县干柴坡村到韩城，后定居柳枝村。谱中还记载："十五传，有祖讳钟，讳磬，讳铃者，磬祖徙居双楼村，铃祖徙居城固村，我露沉乃钟之第二子，讳璵，字重光，钦天监监政，配恭人高氏之后也。"由此可见，孙姓传至第十五世，又有分支迁往芝水河东畔的双楼村、城古村，以及韩城南部高门原上的露沉村等村，露沉村后来发展为孙姓作为主要大姓的村落。

在地图上观察沟北村高氏与柳枝村孙氏及其后裔迁徙轨迹（图 2.19），我们可以发现早期聚落选址确实偏爱河谷川地及冲沟边缘。沟北村位于泌水沟的支沟北岸，夹在泌水支沟与汶水沟之间，柳枝村位于汶水沟北岸，露沉村位于坑水沟的支沟北岸。双楼村、城古村则位于韩城境内最有利于灌溉的濠水河川道。

● 宋金元时期因躲避战乱灾荒导致的人口流动。例如韩城解家村与万荣北牛池村的解姓、党家村的党姓、合阳黑池村与良石村的王姓。

陕西韩城解家村与山西万荣北牛池村是同一支脉的解姓单姓村。根据解氏家谱记载，金元时期因躲避战乱，解氏兄弟四人，长祖留稷山县奉祖，三祖迁往陕西韩城解家村，四祖迁往蒲州，二祖于明洪武年间迁至万泉北牛池村。解家村选址在泌水河北畔的台塬上，紧邻沟壑边缘俯瞰泌水河沟，北牛池村选址在峨眉原上的两座山稷王山与孤山之间，位于一条东西走向的冲沟的沟头北岸。解家村地势北高南低，南面紧邻沟坡，北面开阔平坦，最初在泌水河北岸的沟坡上挖窑定居，后来逐渐在原上建村，从窑居改变为房居。北牛池村选址地势东高西低，东边紧邻四条放射性的短小冲沟，西边开阔平坦，始建的具体时间不可考，根据村中老人口述，村内居民最早居住在村落东边靠近冲沟的东傍巷东崖窑洞，后来村落自东向西逐渐扩展。

党家村始迁祖是元至顺二年（1333）因逃荒自陕西朝邑县移居韩城的。党家村始祖最初落脚在泌水河形成的沟壑北坡，靠简单地挖窑洞居住，以租种白庙的庙田和开垦泌水河北坡的坡田为生，后续随着家族人口的发展壮大，逐渐迁至沟底修建房屋居住，从窑居改为房居，并在明末清初通过经商积累了大量财富，村落发展建设达到顶峰，形成了如今的党家村。

良石村的王氏始迁祖于金元时期（元世祖中统三年）因躲避战乱自山西永济金潭村移居合阳。现存王氏宗谱中关于选址的记载：

> 子孙繁衍，宗支分散，多依水傍沟而居，以为避乱计，今则分布于金水东西者计二十有二村。

从王氏宗族分布图（1945）可以看到（图2.20），王氏宗族形成的村落主要沿金水沟两侧分布[1]，"依水傍沟而居，以为避乱计"，可以说是对此地风土聚落地形选择的总结。

从以上具体的聚居成因可以得知，逃荒避难人群会优先选择黄河季节性支流冲刷黄土台塬所形成的狭长沟谷地带，这些区域便于灌溉，可以垦荒种田，更重要的是能够提供流民挖窑定居的垂直黄土节理，聚居条件优越，是普通村落的最理想选择。宋金元时期的流民由于迁入时间早，随着历史的发展，有足够的时间发展，且因自然条件优于其他场地，更容易发展为经济实力强大的宗族聚落。

---

1 金水沟东有北黑池、黑池、南漥、白村、王家凸、刘家庄、小过村、太落村八村，金水沟西有良石村、良石城、长洼村、长洼城、张家庄、吴庄、岱堡、富平村、紫光村、西马村十村。

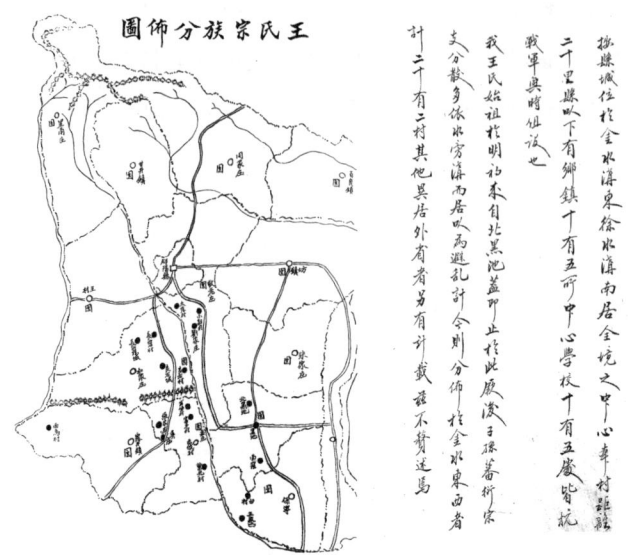

图 2.20　良石村现存王氏宗族分布图
图片来源:《良石村王氏宗谱》(1945 年第九次续修)

● **明初的洪武山西移民。** 这是目前在调研中发现最多案例的人口迁移原因,例如蒲城县山西村王姓、合阳县高原寨村王姓,合阳县灵泉村、行家庄村的党姓、大孔寨村唐姓、韩城西原村吉姓、东宫城村雷姓,河津樊村堡村任姓等。

从蒲城县山西村的村名即可得知与山西移民相关。山西村选址于平坦台塬的开阔面上,地势北高南低。根据王氏祠堂内的碑刻记载,山西村王氏的始迁祖是明代洪武年间自山西太原迁至陕西,王氏原有三兄弟,老大留在山西,老二移居陕西蒲城县,老三移居陕西白水县。又如高原寨村从选址与格局上均与山西村类似,位于金水沟与大峪河沟之间的平坦台塬平面上,明初洪武大移民时期,王姓始祖由山西洪洞迁移入合阳,先暂居三池村,后购置土地盖屋置产定居在高原寨村,选址在一处高地上,因村中主要为王姓,又被称为王家疙瘩。

合阳县的党姓人口非常多,根据合阳县孟家庄党氏族谱记载[1],这一支党姓分布达百余村,其后裔主要分布在东凤村、灵泉村、行家庄村、马家庄村等地。其中灵泉村选址于黄河西岸,距离黄河水道约 4 里(1 里 = 500 m)的黄土台塬边缘。最

---

1　吾合党姓颇多,其分布在百村以上,有数大支自称祖辈来自同州,然吾族人党氏圭公,为洪武进士,明初自洪洞迁合阳。初渡河,居灵泉村,后圭公弟原居此村,圭迁至孟家庄。

初灵泉村的主姓为支姓，最早居住支、王两姓，根据支氏族谱记载，唐贞观七年（663），因黄河摆荡西移，原本居住在台塬崖壁黄河滩地上的支氏族群迁居至灵泉村，明朝初年，党姓自山西洪洞迁入，最初垦荒种田，在明晚期开始经商，随着财富积累，人口数量逐渐超过了支姓，发展为以党姓为主的单姓村。

从以上具体的案例分析可知，洪武山西大移民时期形成的单姓家族聚落一般规模较小，例如山西村、高原寨村，其余移民至已有其他族群存在的村落，随着人口发展逐渐进行了家族更替。

(3) 交通区位与渡口聚落

黄河两岸历史上有许多渡口，为两岸人民的日常交流提供了便利，除了像夏阳渡、蒲津渡等著名的古渡，还有很多依托小渡口形成的聚落。

例如黄河西岸的岔峪村是典型的依托黄河渡口发展起来的临河聚落，村落选址于徐水沟汇入黄河的入河口处（图 2.21a）。村落所在的渡口名为仁义渡，直通对岸的山西万荣县，设渡年月不可考，根据村中老人描述，在 1949 年以前，仅有一艘木质小船时停时运。岔峪村在清光绪年间曾经是一百多户的大村，但在民国十八年（1929）的时候，因徐水沟泛滥，洪水将村落位于坡下的部分全部冲毁，曾经的繁华巷道及依托渡口发展起来的歇船店家都随之消失，仅存一排位于坡上背靠土崖共十院的四合院。

又如东雷村也是典型的依托黄河渡口发展起来的临河聚落（图 2.21b），北隔徐水沟与岔峪村相望，但与岔峪村不同的是，东雷村选址在渡口西面的黄土高崖上，防止洪涝灾害对村落的威胁。村落紧邻的黄河渡口为东雷渡，又称白马渡，直通山西省万荣县，明清至民国前期，曾是韩城煤炭等商品运输卸货的主要码头，水运发达，由于四季行船无阻，又被称为铁码头[1]。

再如黄河东岸的吴王村，是基于吴王渡发展起来的村落，选址在两条南北间隔约 1 km 的长沟之间，村落西、北、南三面环沟，仅东面与平坦的台塬面相接，成为村落唯一的人流来向，是重要的军事防御之处，相传秦末楚汉相争，韩信大军曾从吴王渡渡河击魏。在明清时期，吴王渡是商贾往来，沟通晋陕两地的重要交通枢纽，目前吴王渡与对岸的夏阳渡之间建有长 524 m，宽 18 m 的浮桥，仅用 5 分钟时间即可开车横跨黄河两岸。

---

1　贾蕊萍.东雷村东雷渡 [M] // 合阳年鉴.西安：陕西人民出版社，2016：255.

a 岔峪村　　　　　　　　　　　　　　b 东雷村

图 2.21　渡口村落

黄河渡口一般都与官道相连，因此许多依托渡口发展的沿河村落都与古官道有关。如行家庄历史上曾是秦晋官道必经之路，村落始建时间相传在春秋战国时期，魏国为了抵抗秦国向东扩张，凿通了跨越沟壑的洽川通往行家庄的道路，依靠夏阳渡运输战略物资，所以最初村落是魏军的行军驿站，后来延续交通节点作用成为行憩地，得名行家庄。村落位于一条东西沟壑的沟头位置，向东翻越沟壑便是著名的夏阳渡，古官道自渡口处向西翻越沟坡，经过村落北边缘，为村落带来了便利的交通运输条件，村北因此发展出一个商贸集市片区。

(4) 军事聚落与治所旧址

由于黄河两岸自古为军事要塞，北接长城，南至潼关，许多聚落在营建之初就是出于军事防御目的，后续随着军事防御作用的消失，逐渐演变为普通村落。从黄河两岸的聚落命名不难看出，除了北方村落常用的村、庄字样，还出现了诸如堡、寨、屯、营、城等字，均与军事防御有关。

a 潼关县梁家城子　　　　　　　　　　b 樊村堡村

图 2.22　现存军事防御堡寨聚落

根据田野调查中获取的各种民间文献如族谱、碑刻以及村民口述史研究，与军事防御相关的聚落主要有两类：

- 不同时代军队屯田遗留的产物。例如蒲城县大孔寨村、潼关县梁家城子等。

大孔寨村位于黄土高原的黄龙山山脉与尧山之间，东西走向的狭长原面上。由于北边黄龙山的山水冲刷，形成了两条间距 2 km 左右的东北至西南走向平行的冲沟，大孔寨即选址在两条冲沟之间。根据《蒲城县民国志稿》记载[1]，蒲城县有军籍十三屯寨，大约都是这一时期的产物，后来女真败走，此处再没有继续设防，逐渐成为"大空寨"。根据现存清光绪二年（1876）唐氏祠堂碑刻记载，明洪武年间，唐姓始祖自山西洪洞县移民到蒲城，繁衍生息，大孔寨逐渐成为以唐姓为主要姓氏的宗族村落，雅化为"大孔寨"。又如梁家城子作为明代潼关卫的军屯（图 2.22a），清康熙二十四年（1685）杨端本《潼关卫志》中所罗列的潼关卫的屯名，其中就有梁家城子，属于鱼化屯西寨子的组成部分。

除此之外，黄河东岸的黄河滩地，因明代初年，山西沿河滩涂驻扎军营，设立马场，利用水草饲养战马，河津县的张家崖，荣河县的永安营、寨子等村，均为政府大兴马政、军屯的产物。

- 民间筑堡热潮时期的产物。明末农民起义之际，朝廷放宽了民间修筑堡寨的限制，鼓励民间村落筑堡自卫，军屯之外的民间堡寨开始兴起，许多堡寨最后都发展成为了独立的村落。例如河津市樊村堡村、合阳县南长益村、韩城市郭庄砦村等都是在最初这样形成的典型村落。

樊村堡村原名"金汤堡"（图 2.22b），选址在樊村正北，东、南、西三面环沟，原是樊村任氏家族在明崇祯年间所修筑的防御性堡寨，到民国时期改名为樊村堡。明洪武年间山西大移民的时候，任氏的始迁祖兄弟二人自介休湛泉村迁至河津樊村，后世繁衍生息，逐渐成为樊村富族。崇祯元年（1628），地方政府呼吁各地方筑堡自卫，樊村任姓的部分富户在樊村北三面临沟的地方，购置土地修筑了堡寨。相传 1644 年李自成曾在此驻扎，因堡寨地势险要、固若金汤，将其题名为金汤堡。清初，金汤堡从樊村分出，逐渐发展为独立的村落。民国八年改名为樊村堡村。樊村堡的选址主要有两点优势：一是天然的沟壑形成易守难攻的防御地形；二是距离樊村很

---

1 自金熙宗皇统五年（1145）创置屯田军，凡女真、契丹之人，皆自本部徙居中州，与百姓杂处。

近，有一条从通过樊村的官道自南向北经过堡寨，为其提供了便利的交通条件。

南长益村选址在大枣沟的次级支沟边缘，北、东、南三面环沟，唯有西面与台塬相连接，当地村民形容东边的沟壑其形似巨龙，半身藏于台塬，半身显露在原畔，地形特殊易守难攻。南长益最初为西门村的寨子，相传元末明初之时，南宋大元帅王镇的后裔从韩庄村分支迁移到西门村，同一时期自山西洪洞移民的邹姓也迁至西门村，从此两姓在此地繁衍生息。后来随着社会动荡，王邹两姓在村东约1里处，选定了易守难攻的沟壑边缘修建堡寨，人们迁移到寨子里，形成了后来的南长益村。

郭庄砦村选址于飞虹原北部边缘，汶水形成的沟壑南畔，为明朝末年，郭庄村人为避战乱建寨（砦）居住而得名。根据村中老人回忆，郭庄砦村的主要姓氏为解和卫，之所以称为郭庄砦，是由于唐代名将郭子仪曾在郭庄村屯粮、驻兵，故得名郭庄村。在明末清初的社会动荡之际，各族联合筹资修建了躲避战乱的寨子郭庄砦，随着时间推移郭庄砦逐渐发展为独立的村落，像这样的村落在韩城还有很多，比如柳村与柳村寨，化石村与化石寨等，在第四章会针对这一现象详细展开论述。

## 2. 研究方式与选点

本书的样本选择参考国家级历史文化名村，中国传统村落以及省级传统村落，前期共铺开调查了 116 个村落[1]，最终确定 34 个样本作为重点研究对象（表 2.1）。对选择案例所涉及的各层次空间范围作以下界定：

（1）研究区域范围：以汾渭平原为区域研究范围，对聚落层面的研究均聚焦黄河两岸陕西省渭南市、山西省运城市以及临汾市襄汾县，在宅院特征的对比研究会扩展到汾渭平原中部西安周边及西部宝鸡市。

（2）案例对象选择范围：选取汾渭平原黄河两岸陕西、山西两省的传统村落，结合实地调研的具体情况，选择现今格局保存完好，生活延续性较高，族谱、碑刻、地契等相关文本信息支撑较为丰富，且营建时间已超过 200 年的 34 个传统村落为研究样本。具体涉及陕西渭南市的蒲城县、澄城县、韩城市、合阳县、大荔县以及山西运城市的河津市、万荣县、稷山县、新绛县，临汾市的襄汾县。

（3）案例对象研究的空间范围：根据聚落形态与周边环境所形成的山水格局，

---

[1] 具体见附录。

研究范围不局限在村落的建成区范围内，而是将村落与周边环境整体分析。

从时间上看，由于大量村落均在改革开放后，伴随经济发展及大规模建设产生了一定程度的形态突变，本书结合自身历史研究与遗产保护及传承的目标，对所涉及的时间范围作如下界定：

（1）针对聚落选址与格局、聚落营建、聚居单元的聚落本体研究，重点考察村落在1978年以前的营建历程。根据历史文献及实地调研可知，该阶段聚落形态发展相对稳定，村中老人的口头追忆基本能还原20世纪50～60年代的聚落形态，这一时期的聚落形态是人们与所处自然、人文环境长期交互并不断调试作用的产物，较好地存续了一地的适宜性营造模式和宝贵的人居经验遗产，其中存在可识读的、稳定的、相对固化的形态特征，由此形成良好的研究样本。

（2）针对风土聚落的遗产价值与传承方式的拓展性探讨，则要增加关注传统村落在改革开放以后的发展建设过程。

表2.1 研究样本统计表

| 序 | 村名 | 保护身份（批次） | 序 | 村名 | 保护身份（批次） |
|---|---|---|---|---|---|
| 1 | 蒲城县山西村 | 中国传统村落（四） | 13 | 合阳县灵泉村 | 中国传统村落（二） |
| 2 | 蒲城县大孔寨村 | 尚无 | 14 | 合阳县东宫城村 | 中国传统村落（四） |
| 3 | 澄城县吉安城村 | 中国传统村落（五） | 15 | 合阳县行家庄村 | 中国传统村落（五） |
| 4 | 韩城市西原村 | 中国传统村落（四） | 16 | 合阳县黑池村 | 中国传统村落（五） |
| 5 | 韩城市柳枝村 | 中国传统村落（四） | 17 | 合阳县良石村 | 尚无 |
| 6 | 韩城市党家村 | 历史文化名村；中国传统村落（一） | 18 | 合阳县高原寨村 | 尚无 |
| 7 | 韩城市相里堡村 | 中国传统村落（四） | 19 | 合阳县南长益村 | 中国传统村落（三） |
| 8 | 韩城市徐村 | 陕西省传统村落 | 20 | 合阳县文王村 | 陕西省传统村落 |
| 9 | 韩城市王峰村 | 中国传统村落（四） | 21 | 合阳县大寨子村 | 中国传统村落（四） |
| 10 | 韩城市沟北村 | 尚无 | 22 | 河津市樊村堡村 | 中国传统村落（五） |
| 11 | 韩城市清水村 | 中国传统村落（三） | 23 | 万荣县阎景村 | 历史文化名村、中国传统村落（一） |
| 12 | 韩城市张带村 | 中国传统村落（四） | 24 | 万荣县北牛池村 | 尚无 |

(续表)

| 序 | 村名 | 保护身份（批次） | 序 | 村名 | 保护身份（批次） |
|---|---|---|---|---|---|
| 25 | 万荣县北杨村 | 尚无 | 30 | 襄汾县丁村 | 历史文化名村、中国传统村落（一） |
| 26 | 稷山县马趵泉村 | 历史文化名村、中国传统村落（三） | 31 | 襄汾县京安村 | 中国传统村落（五） |
| 27 | 稷山县北阳城村 | 中国传统村落（三） | 32 | 襄汾县陶寺村 | 中国传统村落（一） |
| 28 | 稷山县西位村 | 中国传统村落（五） | 33 | 襄汾县西中黄村 | 中国传统村落（一） |
| 29 | 襄汾县光村 | 历史文化名村、中国传统村落（一） | 34 | 新绛县泉掌村 | 中国传统村落（四） |

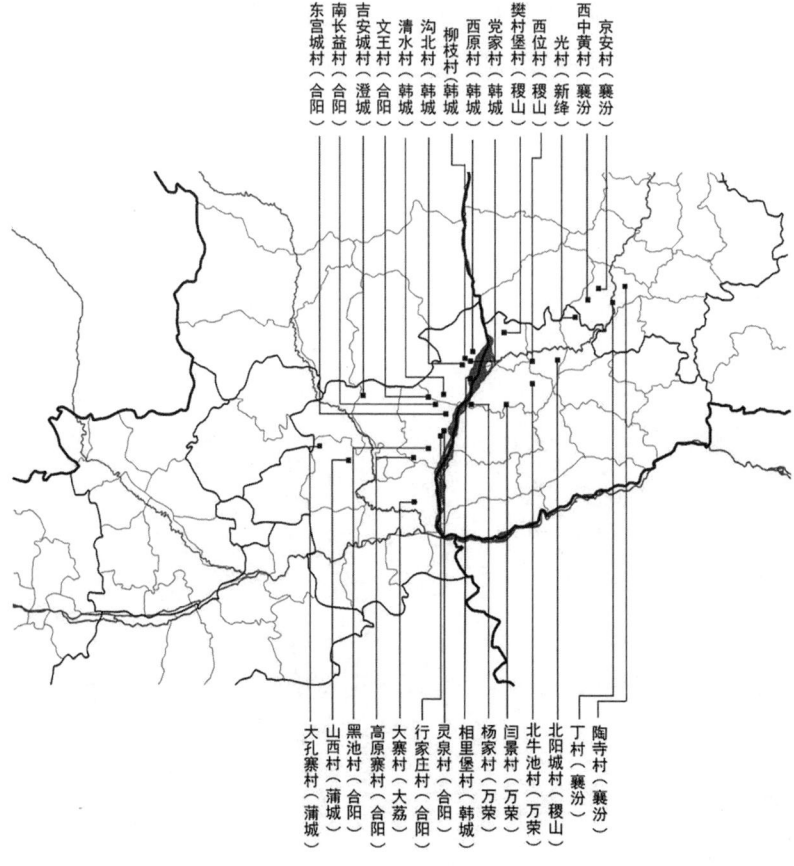

图 2.23 重点调研案例

第二章 汾渭民系与聚落类型

图 2.24 重点案例总平面汇总图

65

## 六、本章小结

　　本章是基于"语缘民系"的风土谱系认知研究的基础。首先对汾渭平原的文化地理背景进行梳理，由于晋陕两省自古以黄河分界而治，因此"关中"与"河东"一直是两个文化地理单元，本书主要从行政区划、河道变迁与交通联系三个方面来讨论历史上关中与河东的文化关联性。由于自秦设河东郡以来，河东一直是相对完整的行政区划，并多次与关中东部隶属相同的一级政区，尤其在两汉时期更是跨越黄河与关中同属中央直接管辖的核心区。黄河河道变迁也使得黄河东西两岸的政区一直处于变动之中。加之晋陕两地的道路交通发达，早期存在"渭河—黄河—汾河"的水路联运，自南向北不仅有茅津渡、风陵渡、吴王渡等著名古渡，还有许多小型渡口，突破了天堑带来的阻隔。

　　接下来探讨了汾渭平原的方言地理格局。由于跨越了北方中原官话区的多个次级小片，因此要研究汾渭平原的民系方言分布，就必须要厘清三个关系：北方官话与晋语方言区的关系，关中东府方言与西府方言的关系，以及跨越黄河两岸的汾河片与关中片的关系。晋语作为北方话中的保守滞后型方言，主要分布在交通不便的黄土高原典型地区，北方官话一直在向晋语区影响和扩张，而其中浸入最多的即为汾渭平原地区。关中由于自西汉设立"三辅"以来，一直形成东、中、西三分而治的格局，西部地区曾长时间与东、中部分属不同政区，造就了关中东西部文化发展上的差异，将关中平原东部与西部分为了"东府"与"西府"两个方言区。更重要的是，跨越黄河两岸的关中片与汾河片方言的一致性很高，曾有语言学者建议将其合并，尤其是黄河两岸对峙区域的一致性极高，因此从方言角度来说二者关系紧密不可分割。

　　继而对既有的分区方式进行分析，发现无论是文化区划、戏曲区划，还是建筑类型分布均基本与方言地理格局相吻合，凸显了黄河两岸的紧密关系。进而对风土聚落进行初步的"形"的分类及分布统计，发现在汾渭平原上数量最多，分布最为集中的，是由窄四合院组成的"井"字网格状聚落，主要分布在中、东部，其他由窑洞组成的聚落类型主要分布在西部地区，以及靠近边缘山区地带。进一步将自然地理格局与方言地理格局，以及多代学者做出的已有文化区划、戏曲区划和建筑类型区划等多重因素叠加,最终借用语言学既有的命名方式,提出本书的区划方案,即将整个汾渭平原划分为秦陇片与关中—汾河片两大区系。

最终,选取关中—汾河片作为研究重点区域,从历史聚居成因角度对黄河两岸的风土聚落进行普查,对汾渭平原上存在的原始定居聚落、人口迁移与家族聚落、交通区位与渡口聚落以及军事聚落等不同聚居成因的村落进行概览,了解其基本情况,并根据实地调研选取34个重点案例,便于后面章节从语缘民系的文化社会与自然环境适应性角度深入推进研究。

# 第三章　聚落适地与台塬地貌

农耕时代的风土聚落是顺应环境与场地的产物，拉普卜特将人与自然环境的关系总结为三个阶段：第一个是宗教宇宙观的阶段，环境为强主宰，人则以弱从之；第二个是共生的阶段，人与自然不分伯仲，并以神祇的名义经营自然；第三个是人胜于天的阶段，人先完善自然环境，然后创造人为环境，最后则毁灭整个环境[1]。本书所研究的风土聚落，正是处于第二个共生阶段，在"人工"与"天工"的共同作用下，与环境形成了相嵌自如的理想状态。

这些风土聚落的选址与格局，即使外行人看来也会不由自主地被感动，究其根本原因，是由于其蕴含了先民对场地的尊崇与敬畏，不仅要满足人的基本需求，还要寻求象征意涵，同时非常注重与具体环境的契合，坦率地呈现出对自然环境的直接回应，并体现了特定群体共同的价值观及生活目标。因此，从建成遗产保护的目标与意义来看，《风土建成遗产宪章》（Charter on the Built Vernacular Heritage）倡议当我们要对风土建筑进行保护与干预的时候，必须尊重和保持其与自然和文化地景所共生的选址与格局的整体性[2]。

本书即是在这样的学术立场下展开研究，从这一章始，将针对汾渭平原黄河两岸的实际调查案例，从自然与社会两方面的适应性出发，探讨关中—汾河片聚落与独特的台塬地貌之间的环境适应性，以期回答一个核心问题：此地的风土聚落到底是如何适应地方环境和场地，最终如何达到与土地共生？

---

1　阿摩斯·拉普卜特. 宅形与文化 [M]. 北京：中国建筑工业出版社，2007.
2　ICOMOS. Charter on the built vernacular heritage [S]. [1994].

## 一、自然环境特质

### 1."原"与"沟"交织的台塬地貌特征

农耕聚落是生长于土地上的,虽然不像农作物那样完全依赖土地,但同样是与土地紧紧相连,在相互适应的过程中,形成了与土地相嵌自如的共生状态。因此不同地貌类型所呈现的地形、土壤、排水、植被等场地物质特性,是影响聚落选址与格局的重要原因。

在当今地理学界,黄土高原是一个源于地貌的综合自然地理区域的名称,汾渭平原包含其中,已是学界共识。汾渭平原位于由黄土覆盖的中心区域向四周辐散的过渡地段,虽然地势较低且平坦,但河谷盆地中沉积了大量黄土层,所呈现的自然

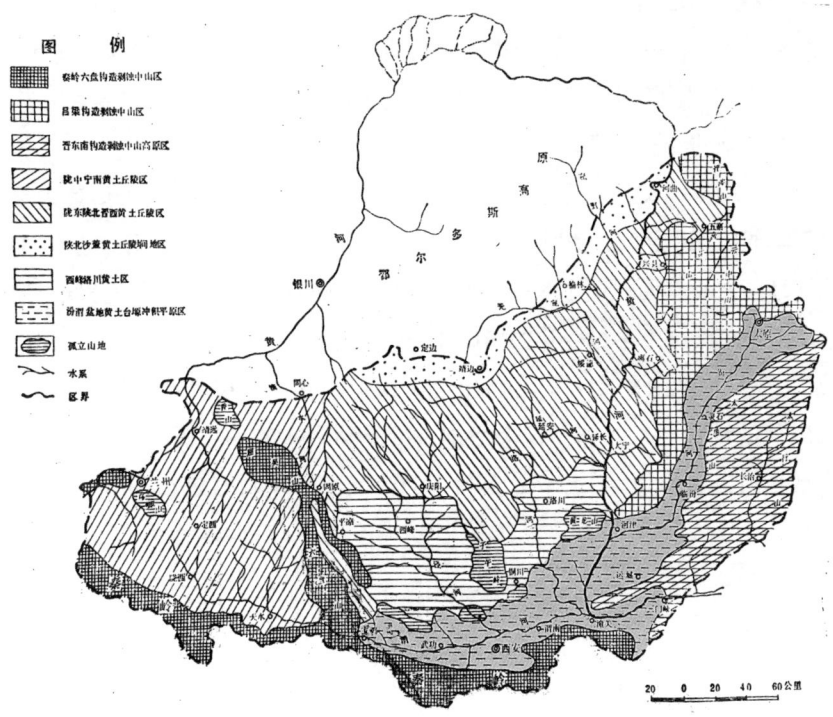

图 3.1　黄土高原地貌分区
图片来源:《黄土高原自然条件研究》

地景与典型黄土高原较为类似，因此仍列入黄土高原的地理范畴。地理学在黄土高原地貌分区中将其划定为"汾渭谷地黄土台塬冲积平原区"[1]（图 3.1），作为高原面上最大的断陷谷地，与周围山地有较为明显的断崖相接，汾河与渭河分别从北、西纵贯谷地，河流两侧形成由黄土组成的多级台地，由中心向两侧升高，层层退台状的独特地貌组合形式[2]。

汾渭平原的主要地貌类型为黄土台塬，高度介于低山与中高山之间，是由流水侵蚀形成的，塬面向河谷倾斜，地形平缓的黄土地貌类型。地貌特征体现为台塬面宽广平坦、土层深厚，但塬高沟深，地下水埋深较大。作为汾渭平原分布最广的地貌类型，研究区域内的风土聚落选址与格局，必然与黄土台塬的地貌特征发生互动关系。

在讨论黄土台塬的地貌特征之前，必须要先明确"塬"与"原"两字的关系。

"塬"字出现于近代科学术语，是在地理学、地质学等学科领域使用的术语。地理学家罗枢运描述当地群众将其称为"塬"的地貌，是四周（或三面）为沟谷深切，顶部平坦宽阔，由黄土层覆盖组成的高地[3]。可以得知，"原"本来是方言用词，后来才被学者用"塬"字替代引入了地理学、地质学等学科领域，"台塬"成为描述黄土地貌类型的专有名词。

但历史地理学、文化地理学等人文社科领域，还是坚持使用"原"字，史念海描述为"原地势高昂但表面平坦"[4]。黄河两岸至今仍有许多载入史书的名原，如西岸的韩城县高门原、韩原，朝邑县朝坂原，大荔县商颜许原，郃阳县仙公原，蒲城县龙原等，以及东岸稷山县最著名的峨眉原。

"原"字作为地形的命名，在历史上可以追溯到西周春秋时期。"原隰"一直是成对出现的地理名词，如"信彼南山，维禹甸之。畇畇原隰，曾孙田之"[5]。又如"原隰底绩，至于猪野"[6]。《公羊传·昭公元年》中对其进行了解释，"上平曰

---

1 罗枢运等. 黄土高原自然条件研究 [M]. 北京：科学出版社，1988: 259-267.
2 中国科学院黄土高原综合科学考察队. 黄土高原地区自然环境及其演变 [M]. 北京：科学出版社，1991: 45-48.
3 罗枢运等. 黄土高原自然条件研究 [M]. 北京：科学出版社，1988: 259-267.
4 史念海. 河山集：二集 [M]. 北京：三联书店，1981: 1-6.
5 出自《诗经》。
6 出自《禹贡》中描述古雍州。

原，下平曰隰"，清代胡渭的《禹贡锥指》写道："秦中之原独多，地势高下相因，有原则必有隰，其卑于原者即隰也。"也就是说"原"是高平之地，"隰"是低湿之地。

虽然相比西周春秋时期，汾渭平原的自然环境已经发生了较大的变化，历史上湿润的气候逐渐干旱，但原本高低相间的地貌特征还在，因此，我们可以更为直观地将"原"与"隰"理解为在实际田野调查中所看到的"原"与"沟"。

原与沟，是黄土地貌因地表水冲刷侵蚀而形成的两种地形，属于晋、陕、豫等地的方言用词。史念海曾对原上纵横密布的沟壑做过生动的描述，认为主沟与支沟共同作用形成了沟壑的网络，在航拍图中（图3.2），我们可以清晰地看到黄土地貌上沟壑密布的土地形态特征。

a 合阳境内的黄土台塬地貌　　　　　　　　　　b 韩城境内的黄土台塬地貌

图 3.2　黄河两岸的台塬地貌航拍

结合明清时期的舆图可以看到（图3.3），自龙门至潼关段的黄河两岸有多条支流汇入，这些河流切割黄河两岸的大片黄土台塬，形成独特的原与沟交织的地貌特征。可以说，黄河两岸风土聚落的外部条件中，沟壑纵横、逶迤连绵的土地形态是影响其聚落选址与格局的首要因素。

黄河西岸作为渭北黄土台塬边缘，西北部海拔较高，为黄龙山地，东南部海拔较低，西北山麓中多条河流自西北向东南注入黄河，有韩城境内的盘水、芝水、泌水、错开河、文水、谷水等，合阳境内的大峪水、金水、徐水、百良水、洽水等，这些小水系不停冲刷黄土台塬，形成西北高东南低，沟壑众多的指状原面，例如合阳县就被称为"一滩二沟七分原"。整体地形破碎，水土流失严重，形成许多当地人称干谷、支沟、毛沟、梁、崩、坪、凹、屹崂等地形。

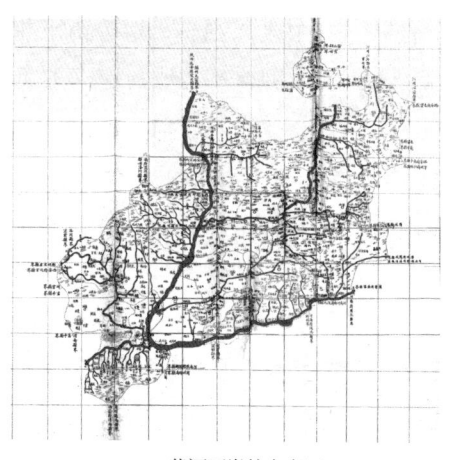 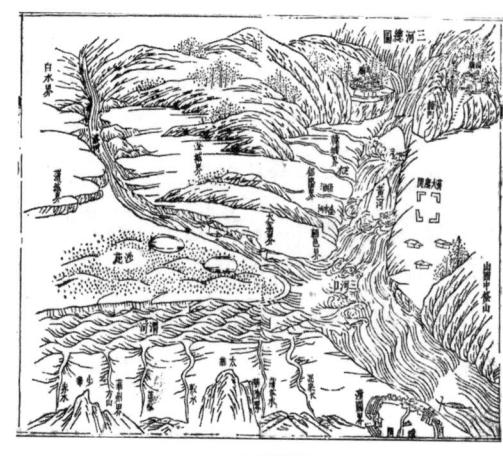

a 黄河两岸的古舆图　　　　　　　　　　b 三河图

图 3.3　古籍文献中的黄河两岸图像
图片来源：a 笔者根据《钦定大清会典图——舆地》陕西同州府、山西解州府、绛州府、平阳府和蒲州府拼合绘制；b《同州府志》

黄河东岸作为黄土高原边缘的一级台地，相比于西岸来说地势更为平坦，主要为汾河中下游与涑水河形成的冲积平原，也称临汾—运城盆地。北部为吕梁山南麓，东部为中条山，中间峨嵋原东西横贯。由于盆地边缘与周围山地交接，丘陵、低山较多，形成许多当地人称沟、坡、岭、凹、山、坪、峪等地形。

## 2."干旱"与"雨涝"频发的气候压力

汾渭平原地处半干旱半湿润的交界线、400 mm 等降水量线以南，和由秦岭、淮河划定的 800 mm 等降水量线以北（南北气候分界线）之间，兼具黄土高原和平原的气候特征，属于半湿润半干旱气候，年降水量介于 479～750 mm 之间，年平均气温为 12.3℃ [1]，总体来说冬季漫长，寒冷干燥；春季干旱，多风沙；夏季高温，多瞬时集中暴雨；秋季短暂，气候温和。

农耕聚落需要做到应对变化多端的气候，可以说气候越是恶劣，聚落选址与格局的自由度就会越小。为了应对不同的气候特征，先民学会了与自然合作的方式，将作为庇护所的聚落塑造为顺应自然的姿态，用以应对气温、风、雨、日照等基本气候变量，形成适宜居住的环境。

---

1　张淑源. 西北黄土台塬区人口、经济与资源环境协调发展路径 [D]. 西安：陕西师范大学，2012.

干旱与雨涝是汾渭平原黄河两岸聚落在确定选址与格局时应对的最凸显的不利气候条件。整个黄土台塬气候干旱，降水量少，季节变化明显，地表径流多为季节性河流，因此饮用河流水具有不稳定性。由于汾渭平原黄土堆积较厚，地下水埋藏较深，土厚水深，凿井困难，加之许多地区地下水咸苦，不宜饮食，因此生活用水困难是此地居民面临的一大困难。

由于地处黄土台塬地貌区，从季节周期来看，冬季干燥少雨雪，夏季暴雨集中，降雨量能达到全年总量的60%～80%[1]。引起雨涝的主要原因是瞬时暴雨、急雨、大雨和连续性降雨，由于黄土台塬地势平缓不利于场地排水，同时面临湿陷性黄土保水难的问题，因此在历时短而强度大的暴雨作用下，植被稀少、土质稀松、沟壑密集的黄土地貌会快速汇聚地表径流，沟壑汇聚径流冲出沟口，当地人称其为"滚坡水"，形成洪涝灾害。

夏季洪涝灾害严重，但秋冬春三季水资源短缺又成为此地人们日常生活面临的主要困境。先民在长期的生存过程中，逐渐学会了利用自然地势，遵循自然规律对季节性雨洪加以利用，聚落多沿东西走向的沟壑北畔（阳坡）边缘分布。

由于台塬沟壑多为地表径流冲沟，靠近沟壑地下水位相对埋藏较浅，利于凿井用水。在聚落格局上前临沟壑，背靠台塬阶地，既方便利用沟水灌溉农田，又可利用北高南低的整体地势，将雨涝疏导排入沟壑，有效防止内涝。在人与环境长期的相互作用下，逐渐形成了一套独特的旱涝"自平衡"系统[2]，具体做法将会在下一小节通过案例详细阐述。

干热与严寒是汾渭平原黄河两岸聚落需要持续适应的主要气候特征。不同的地形、坡向、主风向、植被情况都会影响干热气温的差异。其中干热气候表现为昼夜温差大，日气温高，夜间低温，尤其在6月，由于干旱少雨导致云量少，太阳高度角大，热辐射严重。大风气候则是由于黄土台塬区的表层黄土松干、植被稀少造成的，表现为春季多刮沙风，当地称为"刮黄沙"。

为了适应这种气候特征，在聚落选址时，会选择植被更加茂盛的沟畔，例如黄河西岸合阳境内的太枣沟、金水沟、徐水沟，黄河东岸的李铁河沟等沟畔，在第三小节会通过案例详细阐述。

---

1 吴艺婷. 关中民居建筑生态节水营建技术研究 [D]. 西安：西安建筑科技大学，2021.
2 徐岚. 关中平原小城镇内涝自平衡模式及其空间匹配方法研究 [D]. 西安：西安建筑科技大学，2019.

在聚落的具体营建时，一方面需要延缓热流的速度，另一方面需要挡风增温防止热失散。因此，黄河两岸聚落从营建材料上会选择夯土、土坯这种白天吸热、夜晚放热的材料，并尽可能采用简单的形体，主要采用南北向窄的四合院以达到最小的向阳面积来容纳最大的体积，并通过将建筑单体紧凑密集布局来减少对外表面，在增加阴影面积应对干热气候的同时，有效保温隔热从而应对严寒气候。

## 二、社会环境特质

### 1. 村民营生方式的选择

汾渭平原土壤肥沃，地势平坦，是农业发达之地，盛产小麦、棉花和玉米。由于历代均采取重农抑商政策，"耕读传家"一直是以旱作农业为主要经济方式的农耕生活传统。对于以农业生产为主的聚落，聚落与耕作区的关系会直接影响聚落的选址和规模，因此寻求合理的耕作半径距离是聚落选址与格局的关键。

金其铭总结北方地区多为大型聚落，虽然组成形状各异，但均以团聚状为主，这与旱作农业的管理模式有关。由于作物不需要像南方水稻一样精细照料，也不需要像有水田地区那样有许多大型农具，所以聚落在选址的时候，可以离耕地稍微远一些[1]。

汾渭平原作为黄土高原向华北平原的过渡地带，是标准的旱作农业区，风土聚落均为集村的形式，在选址上会优先考虑肥沃且具有足够规模的土地，用以满足一定规模的人口从事农业生产，村庄的建成区与农田截然分离，离农田用地稍远，建成区房屋密集，并通过围墙或建筑的排布建立起强烈的领域感。建成区一般为了确保耕地的完整性，都会选址在不适宜耕种的沟边崖壁，这样既有利于防御，又可以将最肥沃的土地留给农耕。

从聚落的分布来看，土壤越肥沃，土地平均产出越高的地方，聚落分布会更加密集，村与村之间的距离会相对较小。如濠水河作为黄河的一级支流，形成了广袤的河谷川地，整个南北段被称为"二十里川"，由于地势开阔，阶地平展，灌溉条

---

[1] 金其铭.中国农村聚落地理[M].江苏科学技术出版社，1989.

件良好，是韩城境内农业生产条件最好的地方，以澽水河两岸崖下川道内的 8 个村子为例，南北相邻的村落间距仅为 200～500 m（图 3.4a）。又如黄河西岸韩城段，

a 澽水河两岸村落分布图　　　　b 黄河西岸河滩地村落分布图

c 铁镰山南麓泉水灌溉区村落分布图

图 3.4　聚落分布与农业生产环境的关系示意图
图片来源：笔者根据 1967 美国锁眼卫星图改绘

以位于黄河土崖边缘线的 5 个"带"村为例，为了能够有效地利用塬下黄河滩地，南北相邻村落间距仅为 100～400 m（图 3.4b）。虽然直线距离很近，但由于沟壑较多，村与村之间的交通并不方便，可以确保村落的领域感。

在土地平均产出较低的地方，村落间距会相应的增大，例如大荔县双泉镇附近的泉水灌溉区，以位于铁镰山南麓脚下的 6 个村落为例，这些村名均来自泉水的名字，东西相邻的村落的间距为 1～1.8 km（图 3.4c），明显远于河川谷地。在近现代农业灌溉技术发展之后，聚落越来越不受农业环境的制约，但早期聚落分布，在河川谷地、黄河主道两岸、塬边冲沟的聚落间距最小，而在其他地形如山地、丘陵等聚落间距非常大。

从聚落的格局来看，村民的营生方式及积累的财富资本，影响着聚落的社会组织与生活形态，对聚落形态有着极其重要的影响。黄河与黄土台塬，无疑是影响黄河两岸族群营生方式的最重要因素，在常见的因地制宜发展农业生产之外，又形成了靠滩吃滩、开垦沟坡及耕商结合三种依托黄土台塬地貌发展出的特殊营生手段。

"靠滩吃滩"是靠近黄河河道聚落村民营生方式的显著特点。根据胡英泽教授的研究，韩城沿河聚落耕种滩地与原地面积比接近 1∶3，耕种滩地的户数占总户数的 45% 左右，有一半的耕滩家户经济上对滩地资源有较大依赖性[1]。黄河的频繁改道所造成的环境不稳定性，使得聚落空间形态一直处于动态变化。有的沿河聚落逐渐被发育的沟壑分割，例如河西韩城的周原村被切割为南周原村和北周原村两个村子，有的沿河聚落则经历多次迁移，逐渐被拆分为"上下"结构的两村，如朝邑县的上辛村和下辛村。

开垦沟坡是选址在冲沟畔聚落村民营生的显著特点。由于黄土台塬上大多为季节性地表径流形成的冲沟，一年之中的大部分时间沟水很小，甚至是形成干沟，沟坡上的土地较为肥沃，许多村落都选择临沟而建，通过开垦沟坡的荒地来积累家族的第一笔财富。例如韩城市党家村最初即以开垦沟坡为生，因此选址在泌水河沟的沟坡上挖窑洞居住，随着灌溉与汲水的便利逐渐在沟底定居形成聚落。

黄河两岸聚落在农耕以外，由于优势的交通区位，还有一大部分人从事商业。

---

1　胡英泽. 流动的土地：明清以来黄河小北干流区域社会研究 [M]. 北京：北京大学出版社，2012：72-83.

但主要为"耕商结合"的中小商人群体,经济实力远远不如晋中、晋东南的巨商大贾,因此对于聚落的一次性建设较少,多是自然形成,无法形成统一规划。加之大多采取"血缘"纽带的家族经商模式,聚落内部成员贫富差距较小,每户住宅的规模、形制并无差异,因此呈现均质的密集肌理,例如韩城的党家村、合阳的灵泉村以及襄汾县的丁村、万荣县的闫景村等。

## 2. 台塬地貌的文化象征性

伯纳德·鲁道夫斯基在《没有建筑师的建筑》一书中,提到风土聚落场地的选择,在实用性之外还具有美学性[1]。拉普卜特在《宅形与文化》一书中,也强调了人们对于神圣方位的观念及地景的象征性对聚落选址起到决定性影响,认为农耕时代,风土聚落的场地选择是由神话、宗教等因素决定的,达到与土地共生状态的聚落,人往往会以神祇的名义经营自然。

尹弘基提出中国风水源于黄土高原的假设,认为风水观念中许多原则与寻找洞穴相关[2],将其与黄土高原早期的窑洞居住方式相关联。黄土高原的特殊居住方式,决定了观测地形与方向对于聚居的重要性,尤其是风水中最重要的地形原则如背山临水,与挖窑洞需要倚靠崖壁相一致。黄河两岸的风土聚落在成形之初,大都是挖窑洞居住,在人口与经济发展的过程中才逐渐采用木构房屋,因此大部分聚落的选址与沟壑密不可分,人们会将吉凶意识代入对地貌的认知,寻求聚落与沟壑之间的协调与适应,为台塬边缘这些复杂的沟沟坎坎赋予丰富的象征意象。

靠近黄河两岸的聚落大多紧邻密集排列的沟壑,例如位于黄河西岸的韩城相里堡村,我们在田野调查中发现的《创建观音神戏台碑记》开篇便写道:

> 余村龙脉西来曲折向东,赖聚而不涣者,观音堂有以呵护之盖道岸,既形其卓斯地,维不显其缺,定以一村之血气风脉皆贯注于此者[3]。

---

[1] "人类的人身自由,在于他能够以其自身的能力,在地球上选择他想要前往生活的地点。仅仅通过效能加以分析是不成熟的表现,而一个有判断力的头脑可能会增加美学元素。贫困和危险,都无法阻扰人们去选择一个会让他们感觉快乐的壮丽景观。"具体见伯纳德·鲁道夫斯基. 没有建筑师的建筑:简明非正统建筑导论 [M]. 天津:天津大学出版社,2011.
[2] 尹弘基,沙露茵. 论中国古代风水的起源和发展 [J]. 自然科学史研究,1989,8(1):84-89.
[3] 此碑目前存于韩城相里堡村广场。

这段碑文描述了村落选址于起伏蜿蜒的台塬沟壑边缘，龙脉是西边的黄龙山，沟壑引导了整个村落"血气风脉"的走向，计划新建的观音堂选址在台塬边缘，可以有效防止其涣散。由此可见风水观念对于黄河两岸聚落的选址、格局以及建筑布局都有着较大影响。

这样的案例还有很多，又如位于黄河东岸的万荣北杨村，村落东、西两面临沟，东边沟壑中被当地村民发现有形似鸡头的土山头一座，鸡尾向东延伸，鸡头朝向北杨村。西北沟壑被当地村民发现形似磨盘的土丘一座，当地人称为砬疙瘩，因此村中流传"鸡叫三声，砬转三匝，村中就要出秀才"[1]。

再如位于汾河入黄河口的河津市郭村，南临汾河，北枕高垣，由于村落北面共有密集平行排列的17条沟壑[2]，这些沟壑向北抬升与北部黄土台塬相接，当地村民赋

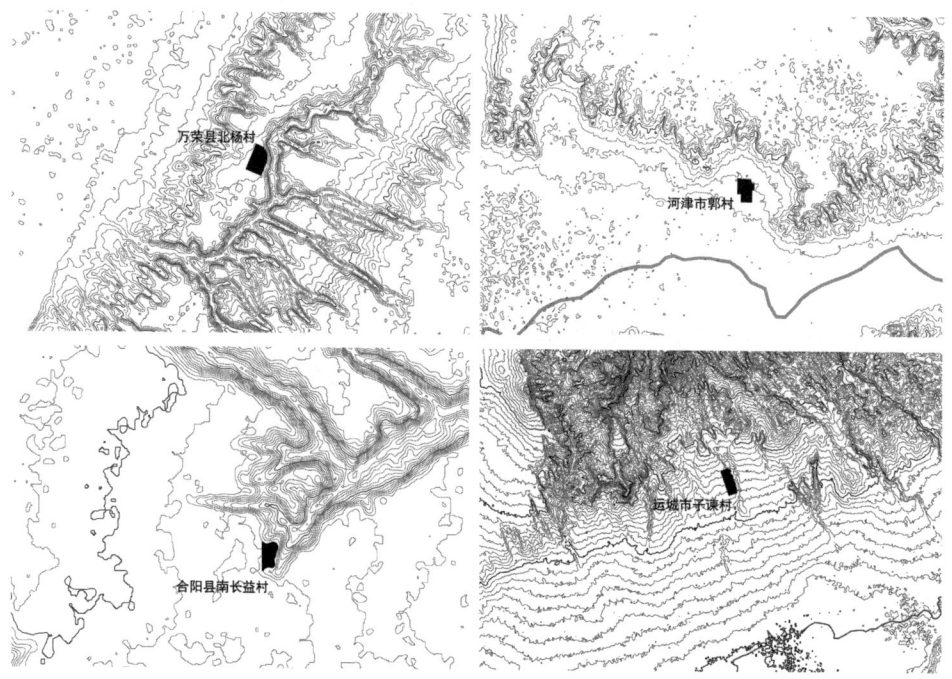

图 3.5 黄土台塬地貌聚落的地形图
图片来源：作者根据 DEM 数据绘制

---

1 参见《北杨村志》。
2 糖坊沟、赵家沟、小旦沟、坡道沟（文娃沟）、圈娃沟、福金沟、上上沟、小胜沟、八队沟、满家沟、长耀沟、家中沟、恩法沟、贵来沟、窄窄沟、家功沟、杨家沟。

予这些沟壑与沟壑之间的土塬"层林高坡"的文化意象，认为这些沟壑形成了村落的后屏障，使得村落能够藏风聚水，势若座椅，保佑村中人高中状元。

靠近小型冲沟边缘的聚落，大多被破碎的沟头环抱，形成多面临沟的形态。例如位于太枣沟次级支沟边缘的南长益村，村落北、东、南三面环沟，当地村民形容东边的沟壑形似巨龙，半身藏于原上，半身显露在原畔，龙脉自东北向西南方向来，在最南端急拐，在沟的北岸向前突出，村落的东南角修建一座药王庙，形似龙头，引领着整个聚落的走向。

位于稷王山南麓峨眉原上的运城市子谏村，在风水上被当地人称为"九顶八卦朝阳洞"。九顶指从庙坡山往南连续有9个土岭疙瘩，代表着官帽；八卦指以村西大沟沟底的佛爷庙为中心，周围环绕着八个土岭，形成一个自然的八卦图案；朝阳洞指位于两沟交会处的山顶的寺庙。因此，村中一直流传"九顶八卦朝阳洞，卧虎藏龙在村中"的顺口溜。

可以看到，由于黄土台塬上沟壑纵横，人们赋予这种独特的地貌形态各种趋吉避凶文化意象，其内容大多是希望一方土地保佑自己出人头地、在朝为官的民间理想有关。

## 三、聚落选址与山水格局

### 1. 聚落命名与地形选择

人类在定居的时候需要选择合适落脚的地方，为了对不同的地点加以区分，会根据当地特点赋予可识别的称谓。因此，聚落命名会反映人们对聚落周边地理环境的理解[1]，与地形相关的聚落命名一定程度上会反映聚落选址的倾向，以及聚落对不同自然环境利用和改造，是人地关系的直观体现。

原与沟是黄土台塬地貌区最常见的地形用词，以此命名的聚落数量最多。其中以原命名的城镇聚落如三原县、冯原镇等，自然村落如韩城市的西原村、周原

---

1 史念海先生在《中国历史地理论丛》1985年4月的《以陕西省为例探索古今县的命名的某些规律》一文中，将陕西县级聚落与地理方面的命名方式总结为：因水为名；因在河流侧畔而得名；因泉渊泽薮为名；因河旁滩地为名；因山为名；因在山侧而得名；因谷得名；因原得名；因坂得名；兼因山和水而得名；以较为特殊的地形命名；以方位区别命名；以草木产物为名；以通过县境的道路的名称为名。

村、芝原村，大荔县的华原村，蒲城县上原堡、原王村，铜川市孙原村，平陆县郭原村等。由于原是最为适宜农耕的土地，观察这些村落的选址可以发现，村落规模往往较大，但即使是以原命名的村落，也有一些是位于原边沟畔，避免占用过多耕地。

沟在当地方言中指的是由长期的地表径流冲刷形成的沟壑，一般非降雨期干涸无水，但一遇到暴雨就会有较大水量，沟壑发育到一定深度的时候，底部会和地下水相连，因此黄河两岸的民众习惯将有水的沟称为河，常年无水的称为沟，但较大的沟与河会通用，如合阳县的百良河、金水河又被称为百良沟、金水沟。除了较大的沟壑以外，还延伸有许多无名小沟，因此与沟相关的自然村命名非常多，有学者统计，运城市反映地形类型的村名用字中，带"沟"字的多达808个[1]，但村落规模往往相对较小。

除了原与沟组成的地形基本面以外，还有许多基于黄土台塬地貌形态所呈现出的五花八门的小地形（microrelief），如当地人称坂、坡、坪、谷、峪、洼、凹、凸、圪崂、墕等地形（图3.6）。

坂（fan）：史念海先生总结"坂在原旁，是一种斜坡的地方"。[2] 在地方方言中，坂指的是斜坡，特指台塬边缘平缓宽阔的斜坡。例如历史上最为著名的蒲坂、朝坂，又称蒲坂原、朝坂原，其中朝邑县朝坂，即因位于许原西侧而得名。自然村落如合阳县南百坂村、北百坂村等，因选址于金水沟旁边台塬边缘斜坡得名。

坡：在方言中与坂近似，但区别在于，坂多指坡度平缓宽阔的斜面，而坡并无特指，因此以坡命名的自然村落数量极多，例如有学者统计，运城市带"坡"字的村名多达425个[3]，渭南市合阳县带"坡"字的村名达36个[4]，如合阳县杨家坡村、河西坡村，坡南村等。从命名方式可以看出，大多对坡冠以姓氏，或者方位，同时还有许多"坡头""坡尾"等惯常叫法，由此可见"坡"这种地形是当地聚落的常见选址地形。

---

1 李斌，贾文毓. 运城市的自然村名与地形 [J]. 山西师范大学学报（自然科学版），2015，29（S1）：59-60.
2 史念海. 河山集（二集）[M]. 北京：生活·读书·新知三联书店，1981.
3 李斌，贾文毓. 运城市的自然村名与地形 [J]. 太原：山西师范大学学报（自然科学版），2015，29（S1）：59-60.
4 王蕾. 合阳县地名的语言与文化研究 [D]. 兰州：西北师范大学，2017：15.

坪：在方言中与原近似，指小块的平坦场地¹。城镇如韩城桑树坪镇，因选址在适合种植桑树的平坦场地而得名，自然村落如韩城坪头村，合阳县安坪村、木坪村，大荔县坪里村等。

谷：在普遍认知中指两山间的夹道或流水道，或指两山之间，但在黄河两岸的方言中主要指较干涸的沟壑，如韩城市泌水沟畔的上甘谷村、下甘谷村便是因此得名。

峪：在方言中主要指由于山或原上的水流深切形成的沟谷开口处，如秦岭七十二峪。自然村落如韩城市上峪口村、下峪口村；合阳县岔峪村、峪北村；襄汾县峪口村、峪里村等。

洼与凹（wā）：在方言中两字均指地势低洼之地，自然村落如合阳县雷家洼村、段家洼村、罗家洼村、南洼村等，大荔县洼底村等。但凹不只指向竖向高差上的低洼之地，还指沟壑在台塬面上切割成的自由曲线中的凹角处，如合阳县渠西凹村。

凸（ju）：在方言中是与凹相对应的地形，指向沟壑在台塬面上切割成的自由曲线中的凸角处。自然村落如韩城县东凸村，合阳县柏瑞凸、细项凸、吉家凸、西头凸、赵家凸等，其中西凸村家谱描述其"地势四面环沟，形同蜗角"。

圪崂（gē láo）：在方言中指地势不仅低洼，而且是狭窄而长之地，犄角旮旯的地方，大多指向季节性地表径流切割形成的切深较深，但宽度较窄的沟谷，例如历史文化名村党家村就被当地民众习惯称为党圪崂，这是由于其选址位于泌阳河形成的沟谷底部。

塄：在方言中指向用土筑成的小堤、土埂，是黄土台塬地貌防止水土流失的一种修整土地的方式，反映了人对自然地貌的改造，因此以此命名的村落非常多，如韩城大池塄村，合阳大塄村，大荔县上塄头村、下塄头村，澄城县塄村、塄坡村，万荣县东塄底村、西塄底村，夏县高家塄村、毛家塄村等。

聚落的命名，反映出命名者对于周边地形特征的直观感受，从上文的具体举例中可以得知，"沟""坡""洼"（凹）、"凸""塄"等字最为常见，说明了聚落选址具有"依水傍沟"的规律，倾向于落脚在紧邻沟壑边缘，靠近沟缘线的平坦地带。

---

1 史念海先生描述："坪也是比较高昂的地方，上面一般也都平坦，只是坪的面积很小，不能与原相比。但坪应该是原经过严重的侵蚀，尚未完全消失的一种形态。"

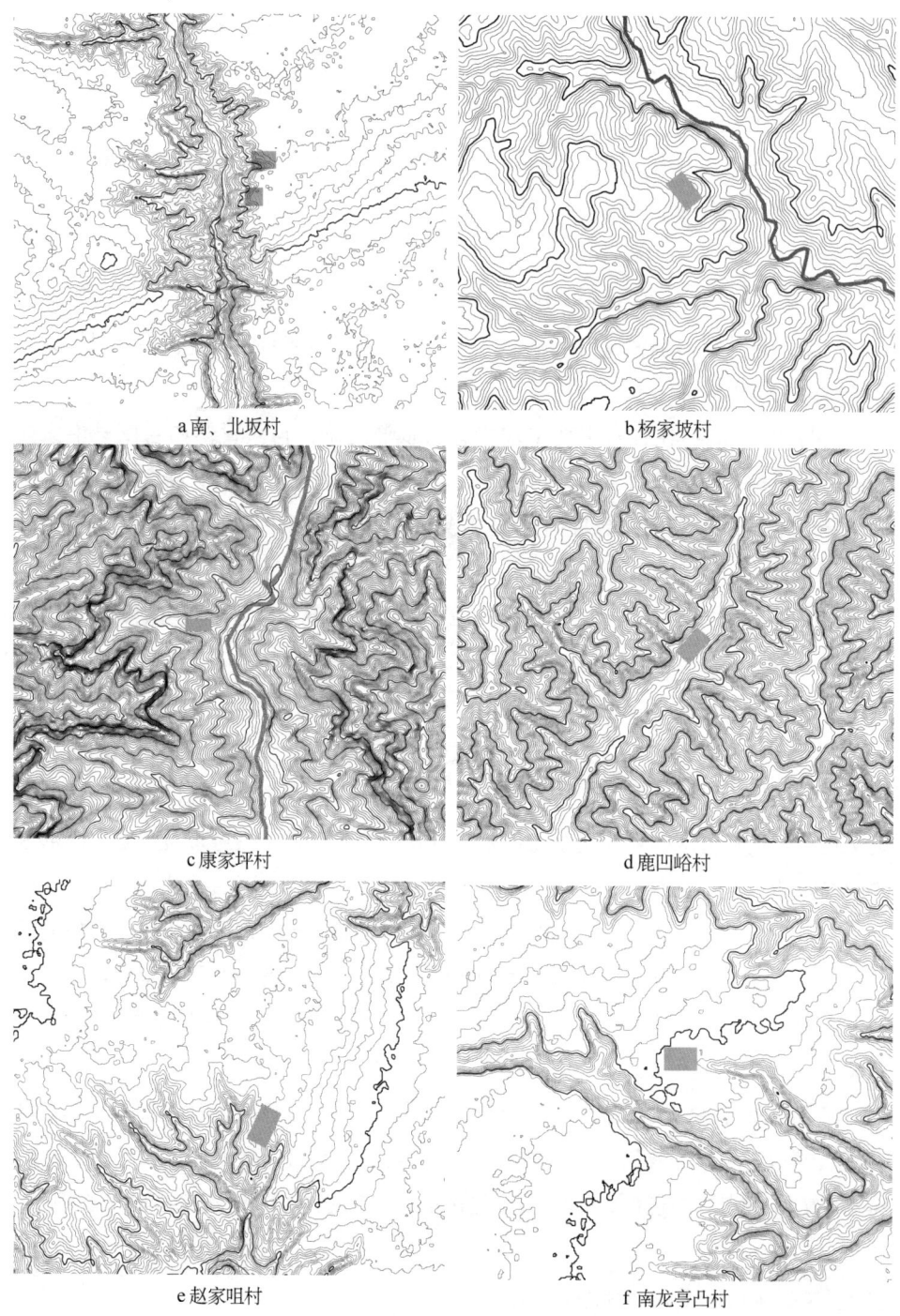

a 南、北坂村　　　　　　　　　　　　b 杨家坡村

c 康家坪村　　　　　　　　　　　　d 鹿凹峪村

e 赵家咀村　　　　　　　　　　　　f 南龙亭凸村

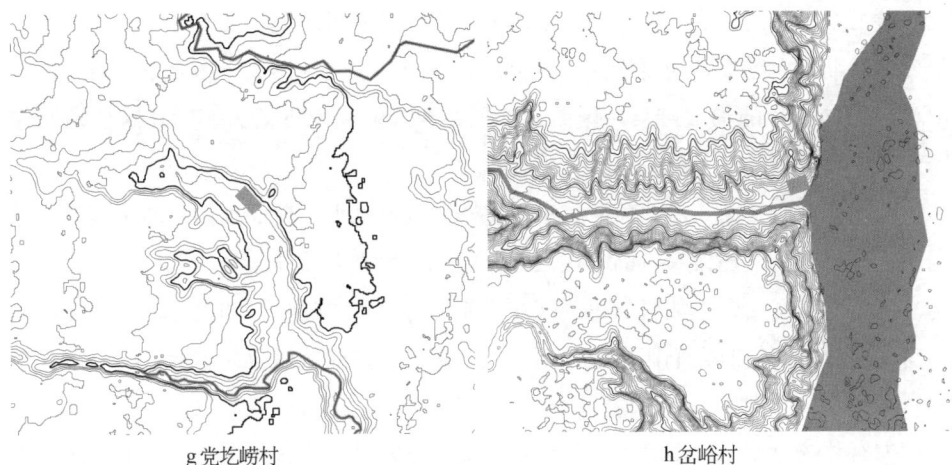

g 党圪崂村　　　　　　　　　　　　　　h 岔峪村

图 3.6　代表性地形命名村落选址

这是由于选址在沟坡地形的相对高处，既能够保证水源充足，又能够满足耕作的便利性，同时聚落的居住区尽量少占用耕地，确保完整的优质农业用地。

## 2. 依水傍沟的选址规律

黄河两岸的风土聚落具有"依水傍沟"的选址规律，成形越早的聚落，越是倾向于选址在黄河河道两岸、黄河支流形成的河谷地带以及各级支沟沿岸。后来，随着农业生产技术、凿井灌溉技术的提升和社会经济形态的变化，风土聚落才开始逐渐向平坦台塬地区和交通便利地区发展。

### （1）黄河主道两岸

南北贯穿汾渭平原的黄河段，即民间所谓的"三十年河东，三十年河西"区域，因黄河主道泥沙堆积导致频繁摆荡，两岸形成大面积的河滩地，为沿河村落的营生提供了多种选择，形成独特的河滩经济，因此有大量聚落沿河分布。但由于河水泛滥、河道迁徙，使得人口定居成为问题，胡英泽基于人口流动将沿河村落分为三类：第一类为历史悠久，自古以来就形成的原始定居聚落；第二类是受黄河泛滥、崩蚀所迫，几经搬迁形成的聚落；第三类是专门为了开发黄河滩地建立的村落[1]。

---

1　胡英泽. 流动的土地：明清以来黄河小北干流区域社会研究[M]. 北京：北京大学出版社，2012：72-83.

黄河西岸：由于阶地发育不完全，地形陡峻多悬崖峭壁。地表径流汇入黄河所形成的长期水土流失，使得沿河的黄土台塬遭受流水侵蚀形成千沟万壑，沿崖边主要为东西向发育的沟壑陡坡。因此，选址在西岸的风土聚落大多紧靠高崖峭壁分布，方便利用土崖下的黄河主道内的滩地。

西岸韩城段（图3.7），黄河崖岸沟壑密度较低，平坦塬面延伸至断崖边缘，沟与沟之间留有可以建设聚落的平坦用地，因此先民大多选择紧邻高崖而居，将聚落与悬崖深沟紧紧贴合。如张带村到现在仍流传有"东流映带"的美誉，生动描述了村落向东俯瞰黄河时人们眼中的壮丽美景（图3.8）。韩城段自北向南依次分布有薛村、梁带村、张带村、王带村、史带村、相里堡村、留芳村、周原堡村、相里堡村等国家级传统村落，可谓是一条传统村落集中分布带，这些村落沿河自北向南一字排列，其中梁、张、王、史四个"带"村更是因为沿河呈带状分布而得名。

再往南的西岸合阳段（图3.9），黄土崖壁沟壑发育较为密集，形成了多条平行排列、长1～3 km的东西向冲沟。由于沟与沟排列紧密没有缝隙，因此先民大多将

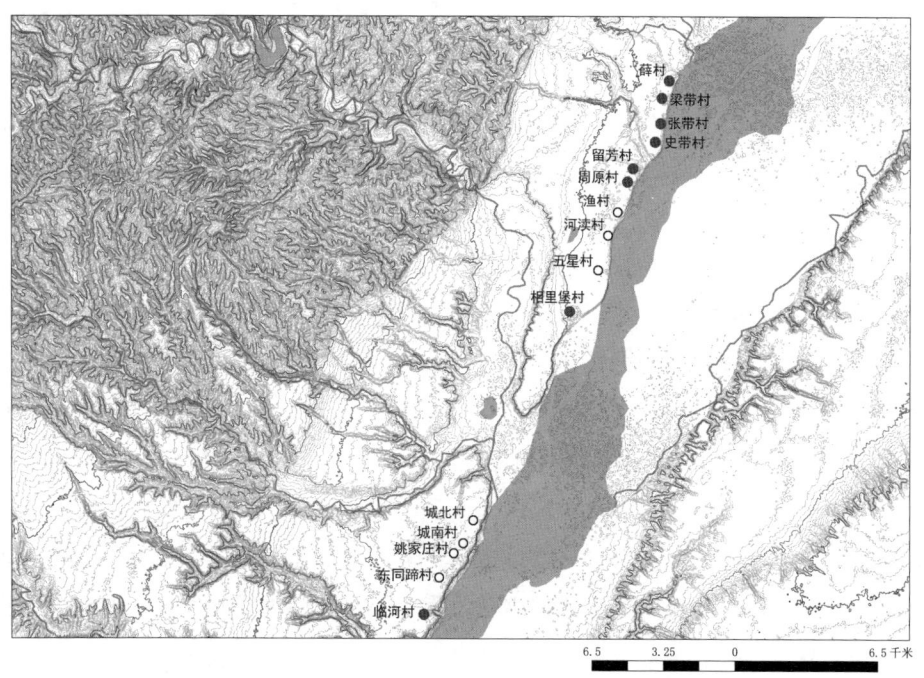

图3.7 黄河西岸韩城段村落分布地形示意图
图片来源：笔者根据DEM数据绘制

第三章 聚落适地与台塬地貌

图 3.8 张带村航拍
图片来源：人居环境中心提供

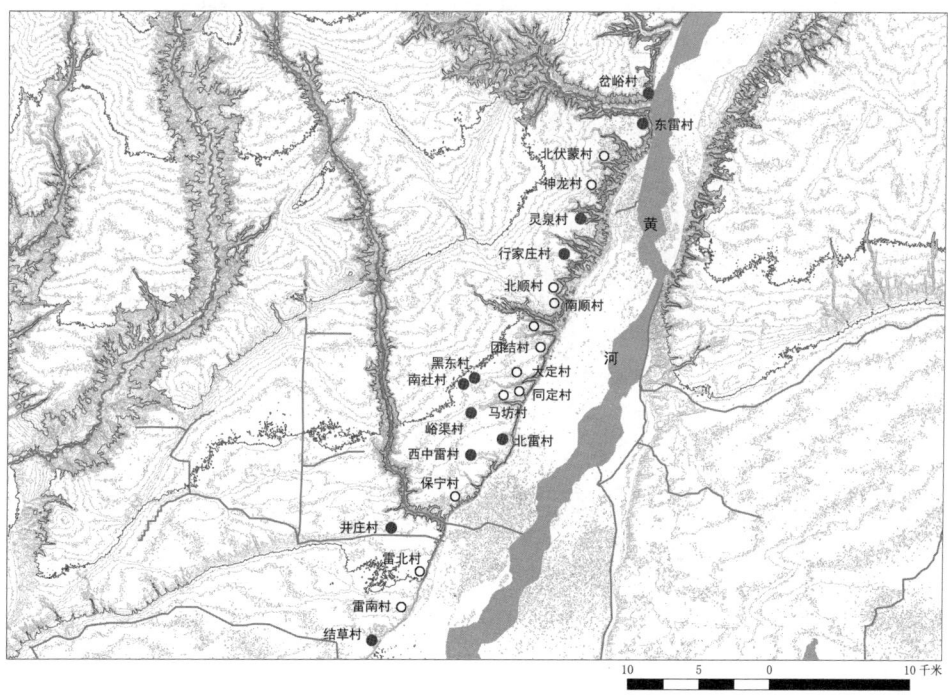

图 3.9 黄河西岸合阳段村落分布地形示意图
图片来源：笔者根据 DEM 数据绘制

85

聚落选址在沟头与台塬交接的平坦位置，距离土崖边缘存在一定距离。合阳段自北向南依次分布有岔峪村、东雷村、灵泉村、行家庄村、北雷村、西中雷村等中国传统村落。

例如灵泉村是黄河西岸合阳段的典型村落。相传村落得名于村东南福山一眼能医百病的神泉，最初的聚落始建于汉代初年，为汉代韩信的屯兵营地。灵泉村选址在沟头与台塬交接的位置，距离黄河主道约4里的一处平坦塬面上，东、南、北三面环沟，周围沟坡急陡，用地东西狭长，地面沟壑纵横，斜坡台田占总耕地面积的一半。整个村落仅西南一面与平坦的塬面相接，成为村落唯一的人流来向，村民利用天然的地势，修筑了一圈与台塬崖壁结合的土垣。

黄河东岸：由于阶地的发育情况比西岸好，因汾河自河津进入黄河河床后突然南拐，与黄河在同一河床内并行将近30 km，才逐渐汇入黄河，因此顺着黄河形成了三级台地，由于一级台地几乎已经被侵蚀殆尽，主要是长条状的二级和三级阶地，并在崖壁一线密集排布了多条平行的东西向短沟。因此东岸的沿河村落大都分

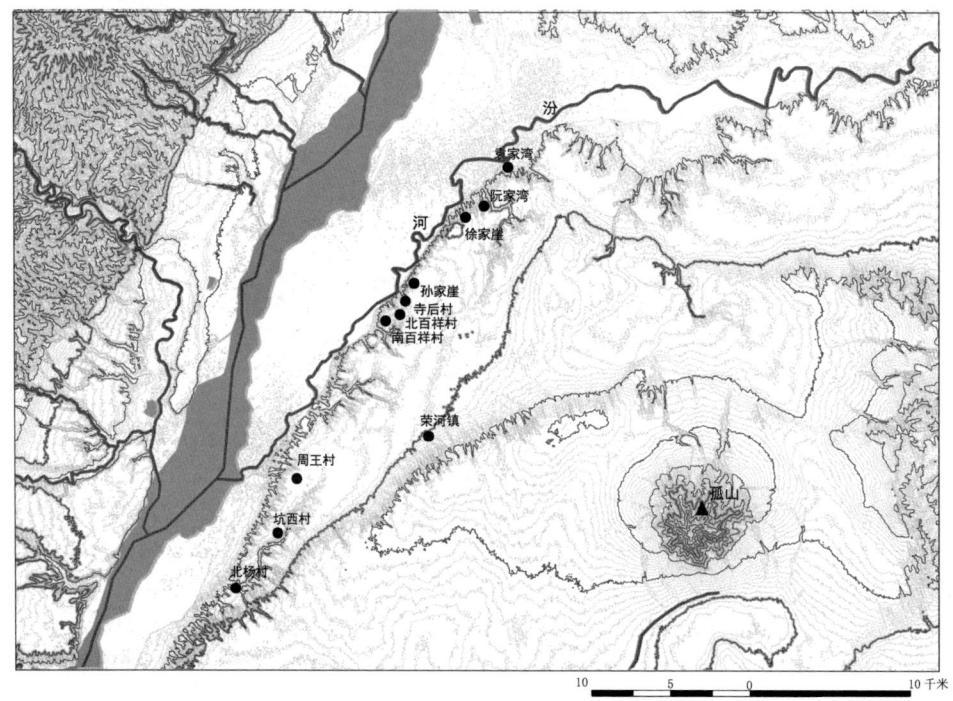

图3.10 黄河东岸万荣段村落分布地形图

布在二级阶地上，但遗憾的是与西岸相比，现保存完好的传统聚落数量极少。

东岸万荣段（图3.10）的黄河阶地发育最为完全，二级阶地与三级阶地均顺着黄河呈南北向长条状，地势平坦，微向黄河倾斜，崖岸边陡坎上冲沟发育，在汾河与黄河交会处合并，二级阶地高出黄河 5～10 m，三级阶地高出黄河 120～160 m 左右，三级阶地成为峨眉原的组成部分，是峨眉原的西边界。各村均是带状排列南北相接[1]，其中阮、袁两个"湾"村是因为分布在汾河汇入黄河的拐弯处得名，徐、孙两个"崖"村是因为分布在台原崖边而得名。

由于二级、三级阶地在万荣南汇合，因此南边的临猗县仅有一层黄河崖壁，与对岸的合阳县一样，沿河高岸沟谷切割较深，坡顶与坡底高差大，且陡峻，东西向冲沟密集，深切黄土台塬边缘及原面，大量黄土被水冲走。短沟平均长约 1 km，长沟长 2～2.5 km，长沟与若干条短沟规律性间隔排布，每两条长沟所形成的半包围地形之间会分布有一处村落。如吴王村（图3.11）选址在两条南北间隔约 1 km 的长沟之间，这样的地形三面环沟，仅东面与平坦的原面相接，成为村落唯一的人流来向。

图 3.11　吴王村航拍
图片来源：作者自摄

---

1　依次分布有袁家湾、阮家湾、徐家崖、孙家崖、岔门村、寺后村、北百祥、南百祥等村。

综上所述，除了生活与生产所需，规避自然的威胁与人为的祸乱，也是聚落选址时所考虑的首要因素。河水泛滥、台塬崩蚀是黄河两岸村落面临的最大的潜在威胁，尤其是黄河的频繁改道也对黄河沿岸村落带来巨大影响。因此黄河两岸的聚落选址呈现两点特征：一为防涝防洪、居于高处；二为靠近滩地、方便耕作，临近崖岸边缘。

(2) 塬边冲沟

如果将生长发育的沟壑比喻为树枝，那聚落大多选址在枝头的位置，也就是沟壑向原面伸延，与平坦土地相交的支沟、毛沟的沟头位置。这样既能满足近水的需求，又能有效规避洪涝灾害，沟头也是台塬崩蚀相对较弱的地方，越是早期形成的聚落，越是会选址在沟边，借助先天的防御优势，依托地形生长。因此营建时间更为悠久的聚落主要分布在黄土阶地与地表径流形成的冲沟边缘。由于黄土台塬的沟壑大多为季节性水系长期侵蚀黄土形成，沟深但水量小，以干沟居多，大量沟床用地可开垦为农田，利用沟底水流灌溉。

黄河西岸各冲沟：由于地处黄土高原的西北边缘，西北黄龙山中多条河流自西北向东南注入黄河，有韩城境内的盘水、芝水、泌水、错开河、文水、谷水，合阳境内的大峪沟、金水沟、徐水沟、太枣沟，地表水汇入各沟还形成了许多集水胡同，这些水系经过长期不停冲刷黄土台塬，将塬面切割为西北高东南低，支沟众多的指状塬面。韩城市的沟壑平均密度为 0.92 kg/km$^2$，自北向南河沟划分为 16 块塬面[1]；合阳沟壑平均密度为 0.83 kg/km$^2$，自北向南被切割成北窄南宽的 3 块塬面[2]，塬大沟深，塬与沟的相对高差达 70～120 m。

韩城市沿泌水河沟壑边缘分布有众多传统村落[2]，可以说是一条线性分布的传统村落带（图 3.12），几乎每个村落都家族兴旺、经济富裕、历史悠久。

例如解家村是金元时期自山西稷山县移居韩城的，现存道光版家谱（1838）《重辑家谱叙》中载："始祖自晋适韩，相地于北原，居井头坡，至四、五世，去井头坡，创宅北地以居，所谓瓜之初瓞者也。"在民国版家谱（1920）《原委总序》中又进一步详细记载："始祖适韩城，遂相地于北原，因家焉。始至，即乘骡挟货，

---

1　韩城市志编纂委员会.韩城市志[M].西安：三秦出版社，1991.
2　自西向东依次分布柳枝村、上甘谷村、柳村、南原上村、北原村、党家村、下甘谷村、解家村、王住村、留芳村、周原村。

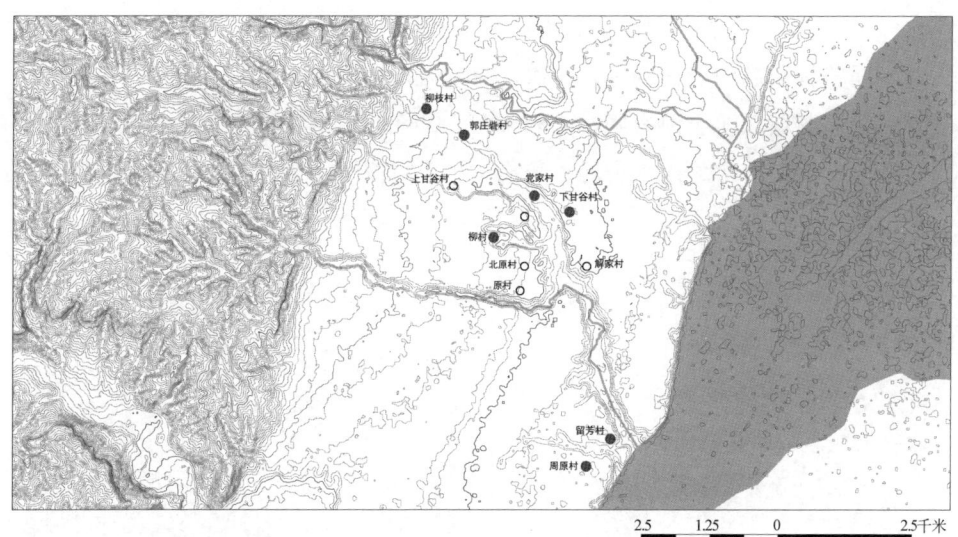

图 3.12　泌水河沟村落分布地形图
图片来源：笔者根据 DEM 数据绘制

置田产，营宅舍，居于井头坡。"[1]

谱中所记载的"北原"，指的便是韩城境内泌水河沟谷北岸的黄土台塬。最初，解家村始迁祖选址在泌水河北岸名为"井头坡"的沟坡上，采用黄土地貌区最常见也最原始的挖窑定居形式。至明洪武年间（1368—1398），四世祖逐渐积累了财富，摒弃了原始的窑洞居住方式，带领着两个儿子在"井头坡"北侧的原上择址建房，从窑居改变为房居，解家村也由此得名。我们结合村落周边环境的现状，可以观察到此处地势平坦，仅村南一面紧邻沟坡，解氏先人最初创宅在临近台塬边缘的地方，随着子孙繁衍生息，村落逐渐向北发展壮大，形成了后来的解家村（图 3.13a）。

党家村与解家村距离仅 1 km，现存抄本家谱中的明永乐二年（1404）谱序，记载了村落的选址与落户过程："元至顺二年（1333），先祖父恕轩公自朝邑迁韩，居白庙东南泌水之阳东阳湾，至正二十四年（1364），更曰党家河。"党氏成员党元恺老先生在《党家村之事实考证纪要》中进一步详述了党家村的选址过程：首先，在

---

[1]　见韩城市解家村解氏族人整理《解氏家谱图》。

泌水河北的土崖下的高崖坡上，打有三孔大土窑，几孔小土窑，开始创业建村，这一时期是耕种赔庙的庙田为生；其次，随着人口增多，高崖坡上地形狭窄不利于发展，从高崖坡迁居至河岸底端的东阳湾，又在此处打土窑居住；最后，随着经济的积累，逐渐由窑居改为房居，建成一个小村庄，命名东阳湾，后更名党家村（图 3.13b）。

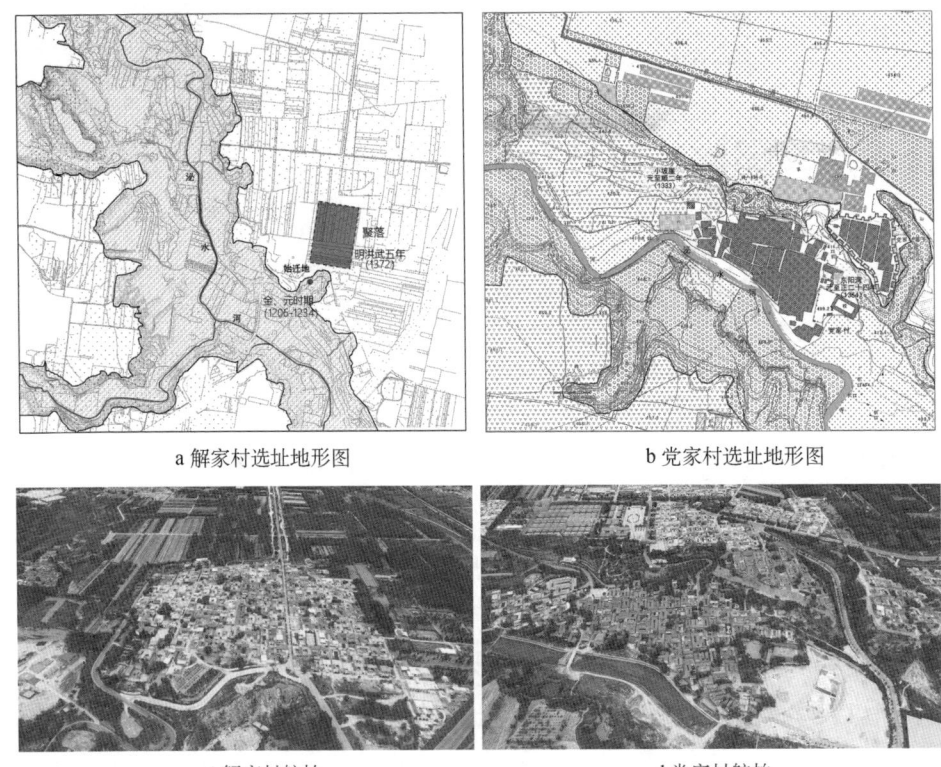

a 解家村选址地形图　　　　　　　b 党家村选址地形图

c 解家村航拍　　　　　　　d 党家村航拍

图 3.13　解家村与党家村选址示意图
图片来源：b 笔者根据《党家村保护规划》改绘

　　基于以上分析可以得出，党家村与解家村的选址过程非常类似，最初先民均选址在具有垂直黄土结理利于挖窑洞居住，又方便利用沟底水系灌溉农田的沟谷坡边，随着族群的发展，人口的增长与财富的积累，逐渐从窑居转变为房居，形成今天我们所见的聚落形态。两个村落的不同点在于，解家村是从沟坡向上发展，迁至台塬上临沟建村，党家村是从沟坡向下发展，迁至沟底平坦处建村（图 3.14）。

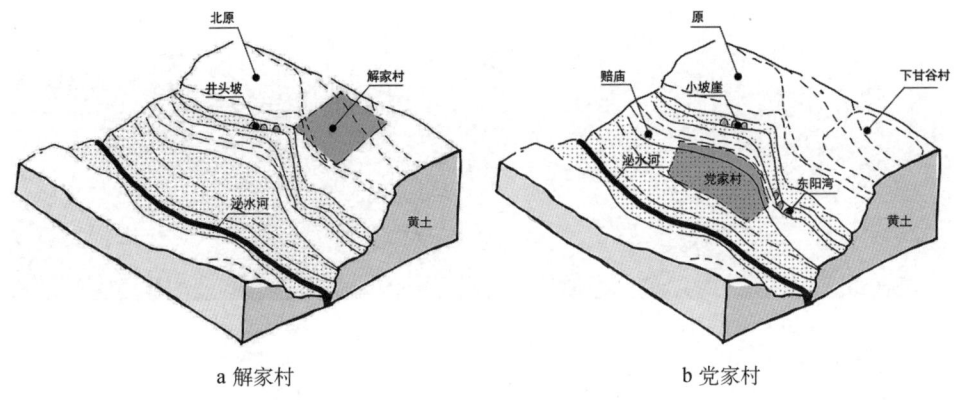

图 3.14 冲沟沟畔选址过程示意图

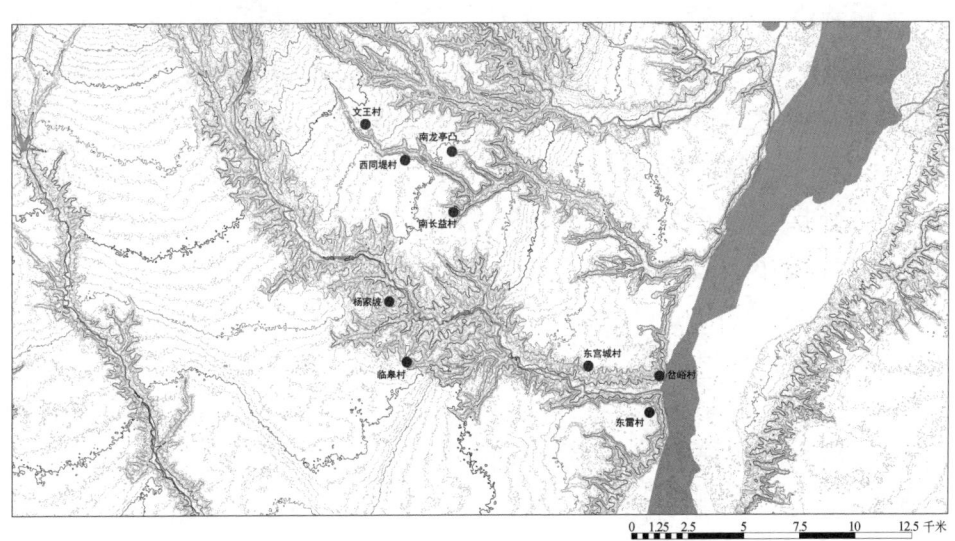

图 3.15 合阳县徐水沟、太枣沟沟畔村落分布地形示意图
图片来源：作者根据 DEM 数据绘制

合阳县沿着徐水沟沟壑边缘自西向东依次分布有杨家坡村、临皋村、东宫城村、岔峪村、东雷村等传统村落；沿太枣沟边缘分布有文王村、西同堤村、南龙亭凸村、南长益村等传统村落；沿着金水沟沟壑边缘现在保存有赤东村、岱堡村、良石村等传统村落（图 3.15）。

东宫城村与南长益村是典型的徐水沟沟畔聚落（图 3.16），村落选址在沟北岸的台塬边缘。考古学家曾在徐水沟沿线发现了大量新石器时代遗址，可见沟畔边

a 东宫城村　　　　　　　　　　　　b 南长益村

图 3.16　沟畔村落航拍

缘自古就是人类聚居地的首选。现存光绪二十六年（1900）《东宫城重修城池碑记》载："本村旧有城基也，修于唐宗室李公确，实修于北魏真宗七年，考之，以承所谓宫城县者也。而织锦城，则其别名，概千余年于今矣。"[1] 由于东宫城村选址于徐水沟自西北向东南延伸的东西水平段，因此光照充足，通风良好，能灌能排，适宜种桑养蚕，在历史上曾经发展过丝织产业，因此东宫城在历史上又有织锦城的别名。由此可以看出，选址在支沟边缘的聚落具有两点优势：一是便于农业灌溉的沟坡良田，二是利于防御的地形。

黄河东岸各冲沟：由于峨眉原东起曲沃县紫金山，西至黄河畔，原面广大，其上有两座山：稷王山与孤山。随着季节性的山水下泄，分别向北汇入汾河，向南汇入涑水河，在两座山麓边缘形成了多条冲沟。考古学家在这些沟畔发现了众多古遗址，是早期人类聚居地的首选。例如稷王山北麓沿沟分布的武城村、北阳城村、南阳城村、南交村、石佛沟村均发现新石器时代聚落遗址。还有孤山西北麓的万泉遗址、荆村遗址、北吴遗址、袁家庄遗址，以及稷王山西麓的南牛池村仰韶文化遗址等。

稷王山北麓最大的冲沟是李铁河沟，又称"漉漉泉"，《读史方舆纪要》记载："漉漉泉，出稷神山，北流入汾。"水流发源于稷王山北麓，自山下刘家坪村一路向北直达汾河河谷。峨眉原经过李铁河水流的不断冲刷，在稷王山与汾河之间形成了一条南北走向的冲沟，平坦的原面被切割成边缘破碎的块状或长条状沟壑，沟壑下切深度在 30～90 m（图 3.17）。

---

1　见《合阳年鉴》2015。

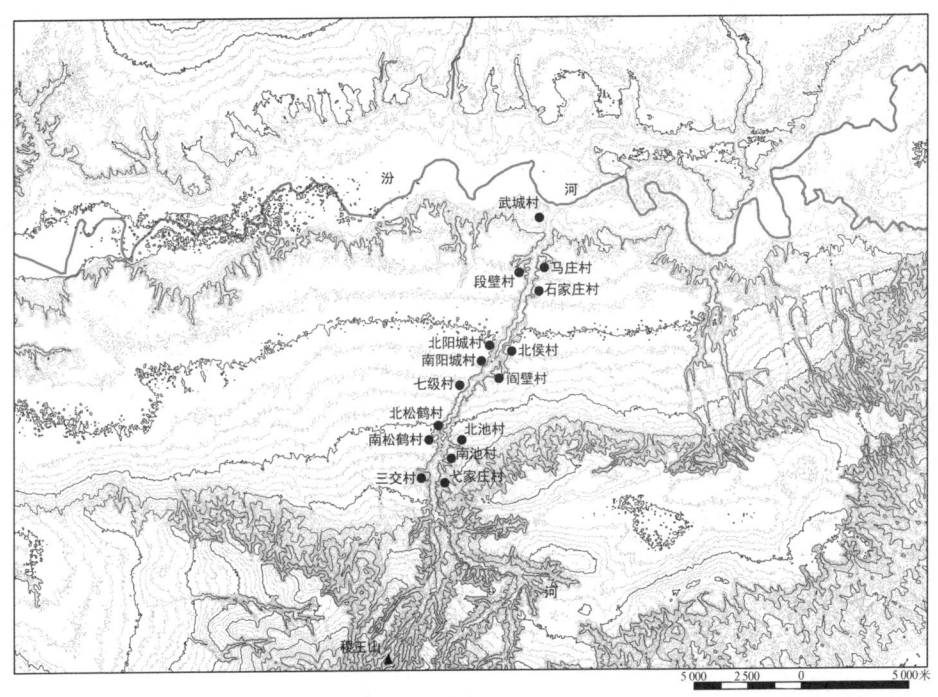

图 3.17 李铁河沟村落分布地形示意图
图片来源：根据 DEM 数据绘制

图 3.18 李铁河沟航拍

北阳城村选址在李铁河沟西侧，村南发现一处新石器时代至周代的遗址，村东南还发现了汉代至西魏时期的高凉城遗址，可见自周代就一直有先民在此聚居。这段沟壑东西宽 500～1 000 m，水量充沛，沟内植被丰富，柳树成荫，沟坡上生长茂密的崖枣树、串铃草和猪耳草等野生中草药，形成非常适宜人居住的小气候，整个村落紧邻东侧的台塬沟壑的边缘线南北向发展，其余三面各有一条对外巷道。1958 年在上游建设水库后断流，下游逐渐干涸，在沟内河水干涸之后，村民逐渐将沟床开垦为农田（图 3.18）。

汾河两岸：由于汾河行至襄汾县时，西侧为吕梁山区，东侧为塔儿山，山水下泄所形成的山洪东西向汇入汾河，对黄土台塬地貌进行冲刷作用，在汾河东西两岸形成了多条冲沟，深度达 50～100 m，许多聚落沿沟分布。

汾河以西，吕梁山东麓，自南向北依次为瓜峪、黄华峪、马壁峪、三官峪和豁都峪等大峪及若干小峪，每到雨季，峪内的支流汇合流出形成山洪，山洪会挟带大量泥沙黄土及山上的腐烂的树叶草根等流向低洼之处，泥沙沉积过后形成了峪口处高，向左右两边低，向前方更低的缓坡状扇形黄土塬，这些土塬上又被冲刷出许多冲沟。智慧的先民借此修建引流的泄洪渠道，这种泄洪道被当地人称为"汧"，用以引导洪水分流灌溉田地。目前豁都峪沿线保存比较完好的传统聚落有京安村、贾罕村，三官峪沿线有西中黄村、北李村等（图 3.19）。

京安村（图 3.20a）是典型的豁都峪沿线聚落，选址在豁都峪洪积扇群和洪水冲击倾斜平原区之间，村址在因豁都峪季节性洪水形成的冲沟北畔，村民称这条冲沟为涧河，或南涧河。村落地势西北高、东南低，历史上京安村修了三条汧，以此来利用汛期洪水从豁都峪的峪口分流到涧河南北浇灌田地。

西中黄村是依托三官峪发展起来的聚落，选址于吕梁山脉三官峪洪积扇南半扇与平地交接的中心地带。从古至今，每逢雨季，山洪暴发，洪水便会夹杂着山上腐烂的树叶草根与牛羊粪沃土，浇灌土地，使得这片土地非常肥沃，为农业生产提供了先天的有利条件。而村落的选址则在一处隆起的高地上，又被村民称为黄土墩儿，这一地势使得居住区可避免被山洪淹毁，因此逐渐聚集了人群在此处垦荒种地，形成了聚居村落，村名也沿用了地名，称为黄墩。

汾河以东，塔儿山西麓的山前冲积扇区，由于山水所形成的季节性地表水自东向西汇入汾河，形成了多条平行的东西向冲沟。陶寺村（图 3.20b）选址于其中

第三章 聚落适地与台塬地貌

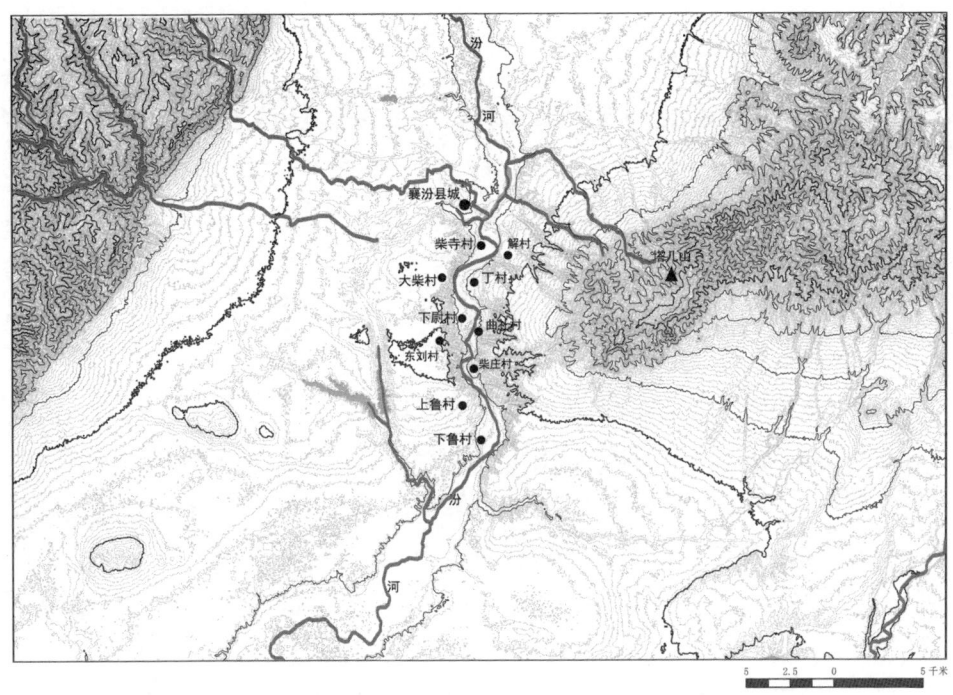

图 3.19 豁都峪沿线村落分布地形示意图
图片来源：根据 DEM 数据绘制

a 京安村航拍

b 陶寺村航拍

图 3.20 典型调研对象航拍

一条沟的北畔，作为历史悠久的人类聚居地[1]，南面紧邻冲沟，沟深约 10 m，宽约 300 m，中间有宽约 3 m 的涧滩，村民称之为南河里或南沟。根据村中各建筑物现

---

1　随着 20 世纪 70 年代在村东南的南沟与赵王沟之间发现陶寺遗址，作为龙山文化遗址规模最大的一处，许多考古学家猜测这里便是"尧都平阳"的所在地。

95

存碑刻等史料记载，陶寺村在唐代时已经发展为汾河以东的中心村，到了明清时期更是迅速发展为一处大型村落。

综上所述，分布在塬边冲沟两岸的聚落，由于既临近水源，土质肥沃，便于农耕灌溉，又不像黄河主道及河谷川道水灾频繁，先民在长期适应自然的过程中，还学会了开垦沟坡农田，以及利用地表径流灌溉，因此这些村落因聚居条件优于其他村落而更容易发展为经济实力强大的宗族聚落。

### 3. "原—沟"格局的类型与特征

所谓聚落山水格局并非简单指聚落建成环境所处的地理形貌与气候条件，而是指在这些条件制约下，聚落本体融入环境当中，二者互相作用，融合形成的环境性格与结构关系。常青拿郦道元的《水经注》作比，认为其内容虽然是诠释山川水系，但其实诠释的是"人文"嵌入地景的关系，这是中国风土聚落特有的人文特质[1]。但是对于村落尺度的聚落来说，与都城、府城、县城等大型城镇不同，研究往往无法从官方史料记载中提取其相应的山水人文空间格局。

对于黄河两岸的风土聚落来说，由于台塬上整体平坦，高低起伏都是由不同标高的台塬平面与沟壑相互作用形成的，因此台塬与沟壑是塑造其山水格局的基础。其中平坦台塬上的聚落与华北平原的一般聚落没有明显差异，但聚落一旦与纵横沟壑发生关系，就呈现出极强的可识别性，体现了平原地带儒家文化所形成的秩序井然的格局在遇到黄土台塬交错纵横的地形地貌之后的独特面貌。

基于以上认知，本书将黄河两岸风土聚落的山水格局基于与"原—沟"的关系分为：原面无沟、原面望沟、原边临沟、原边环沟、原下沟内五种类型（图3.21），

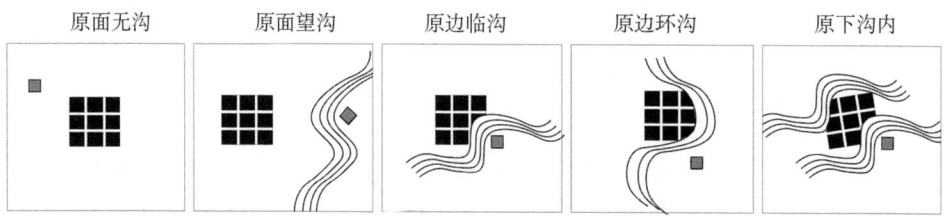

图 3.21 "原—沟"格局类型示意图

---

1 常青. 略论传统聚落的风土保护与再生 [J]. 建筑师，2005 (3)：87-90.

## 第三章　聚落适地与台塬地貌

黄河西岸

| 传统村落 | 与"原"的关系 ||| 与"沟"的关系 ||||
|---|---|---|---|---|---|---|---|
| | 原面 | 原边 | 原下 | 无沟 | 望沟 | 临沟 | 环沟 | 沟内 |
| 韩城党家村 | | | ♦ | | | | | ♦ |
| 合阳灵泉村 | | ♦ | | | | ♦ | | |
| 富平莲湖村 | ♦ | | | ♦ | | | | |
| 澄城尧头村 | | ♦ | | | | ♦ | | |
| 合阳南长益村 | | ♦ | | | | | | |
| 韩城清水村 | | ♦ | | | | | | |
| 蒲城山西村 | ♦ | | | ♦ | | | | |
| 华县辛村 | ♦ | | | | | | | |
| 合阳东宫城村 | | ♦ | | | ♦ | | | |
| 韩城相里堡村 | | ♦ | | | | | | |
| 韩城市张带村 | | ♦ | | | | | | |
| 韩城薛村 | | ♦ | | | | ♦ | | |
| 韩城柳枝村 | | ♦ | | | | | | |
| 韩城柳村砦 | | ♦ | | | | ♦ | | |
| 韩城郭庄砦村 | | ♦ | | | | | | |
| 韩城王峰村 | / | / | / | | | | | |
| 韩城西原村 | | ♦ | | | ♦ | | | |
| 大荔东高垣村 | ♦ | | | ♦ | | | | |
| 大荔大寨村 | | ♦ | | | ♦ | | | |
| 蒲城陶池村 | | ♦ | | | | | | |
| 蒲城曹家村 | | ♦ | | | | | | |
| 华阴双泉村 | / | / | / | | | | | |
| 合阳行家庄村 | | ♦ | | ♦ | | | | |
| 合阳杨家坡村 | | ♦ | | | | | | |
| 合阳南社村 | | | | ♦ | | | | |
| 合阳黑东村 | | ♦ | | | | | | |
| 韩城周原村 | | ♦ | | | | ♦ | | |
| 富平县笃祜村 | ♦ | | | ♦ | | | | |
| 大荔东白池村 | | ♦ | | | | | | |
| 大荔结草村 | | ♦ | | ♦ | | | | |
| 澄城吉安城村 | | ♦ | | | ♦ | | | |
| 白水康家卫村 | | ♦ | | | | | | |
| 白水杨武村 | | | | | | ♦ | | |
| 合计 | 10 | 20 | 1 | 10 | 5 | 7 | 8 | 1 |

黄河东岸

| 传统村落 | 与"原"的关系 ||| 与"沟、水"的关系 ||||
|---|---|---|---|---|---|---|---|
| | 原面 | 原边 | 原下 | 无沟 | 望沟 | 临沟 | 环沟 | 沟内 |
| 新绛泉掌村 | ♦ | | | ♦ | | | | |
| 新绛西庄村 | ♦ | | | ♦ | | | | |
| 新绛光村 | ♦ | | | ♦ | | | | |
| 闻喜陈家庄村 | | ♦ | | | | ♦ | | |
| 万荣阎景村 | ♦ | | | ♦ | | | | |
| 绛县尧宇村 | ♦ | | | ♦ | | | | |
| 绛县南城村 | | ♦ | | | | ♦ | | |
| 绛县柴家坡村 | | ♦ | | | | ♦ | | |
| 稷山北阳城村 | ♦ | | | ♦ | | | | |
| 稷山县西位村 | ♦ | | | ♦ | | | | |
| 河津樊村堡村 | | ♦ | | | | ♦ | | |
| 翼城城内村 | ♦ | | | ♦ | | | | |
| 翼城南撤村 | | ♦ | | | | | | |
| 襄汾北李村 | | ♦ | | | | | | |
| 襄汾伯玉村 | | ♦ | | | | | | |
| 襄汾黄崖村 | | ♦ | | | | | | |
| 襄汾京安村 | | ♦ | | | | ♦ | | |
| 襄汾丁村 | | ♦ | | | | | | |
| 襄汾陶寺村 | | ♦ | | | | | | |
| 襄汾西中黄村 | ♦ | | | | | | | |
| 曲沃曲村 | | ♦ | | | | | | |
| 曲沃石滩村 | | ♦ | | | | ♦ | | |
| 曲沃安吉村 | | ♦ | | | | | | |
| 曲沃南林交村 | | ♦ | | | | | | |
| 洪洞万安村 | ♦ | | | | | | | |
| 洪洞韩家庄村 | | ♦ | | | ♦ | | | |
| 浮山东陈村 | | ♦ | | | | ♦ | | |
| 合计 | 12 | 15 | 0 | 11 | 1 | 9 | 6 | 0 |

图 3.22　黄河东西两岸传统村落与"原—沟"关系统计表

其中前二者为选址在平坦塬面上的聚落，后三者为选址与纵横沟壑相关的聚落。

原面无沟的聚落，由于聚落位于黄土台塬平坦开阔的塬面之上，一般与沟壑的可达距离超出了村民的日常生活范围，因此往往会与北方平原地区的其他聚落无异。由于周围邻近的地方没有可以影响其聚落形态的自然要素，因此聚落建成区一般都会集中在它的耕地的中央，房屋互相紧靠，挤紧，被田地包围。为了应对防御需求，规模较小的聚落会直接修筑一圈完整的方形城墙，例如高原寨村，规模较大的聚落会在聚落建成区周边相对高起的位置建寨子，例如西原村。

原面望沟的聚落，沟壑往往处于村民日常生活的可达范围内，因此会出现两种与沟壑的关系，一是利用沟壑作为聚落的天然边界，许多进村的门户空间会和沟发生关系，例如徐村作为南入口的南渠洞；二是会借助沟壑两岸丰富的地形，选择天

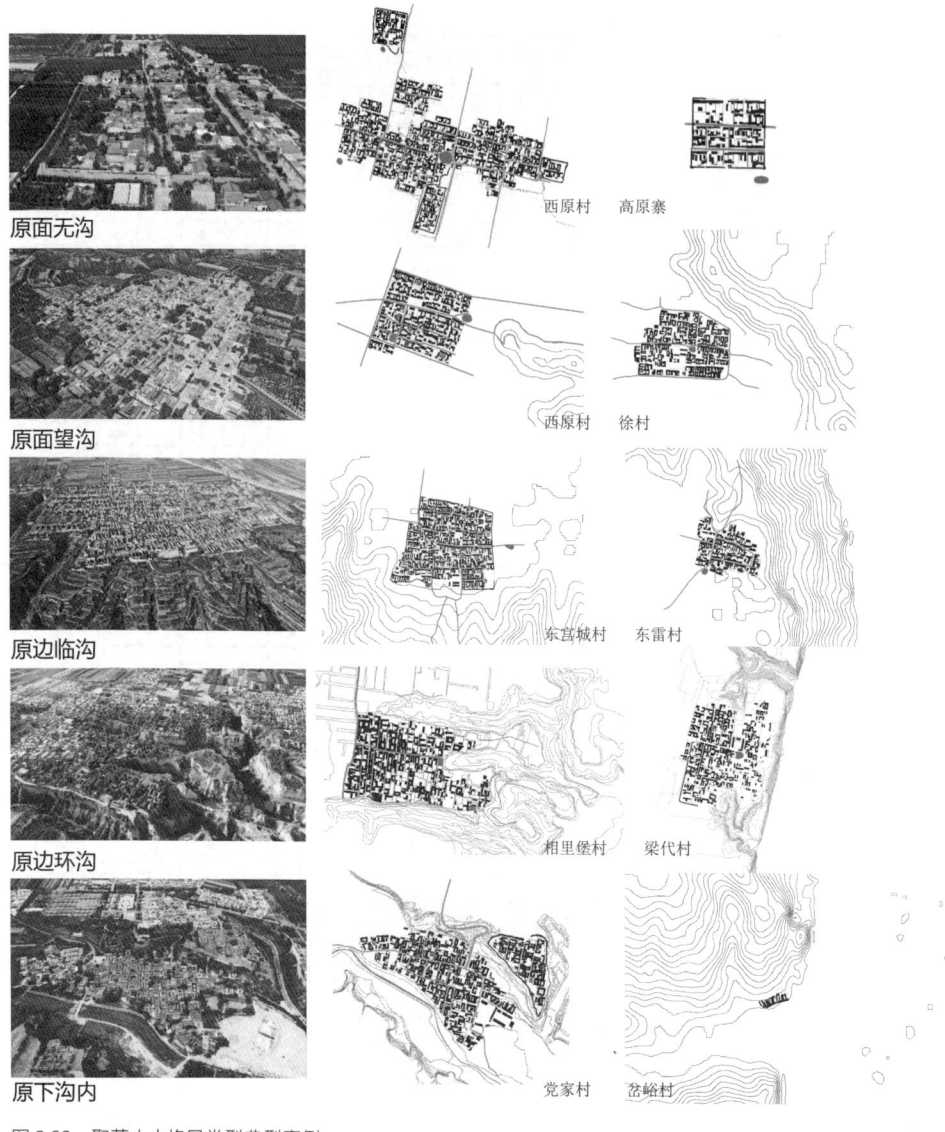

图 3.23 聚落山水格局类型典型案例

险之地修筑临时逃生的寨（砦）或堡，例如行家庄村的泰安堡。

原边临沟的聚落，大多紧靠台塬边缘，聚落形态明显受到自然沟壑走向的影响，临沟的一面会形成相对自由的曲线，平坦的一面多留为农业生产用地，保持平原聚落的特性。例如东宫城村结合南面沟壑修建了城墙，东雷村虽然没有城墙但南边界仍与沟壑紧密结合。

原边环沟的聚落，则在临沟的基础上，与沟壑的关系更为紧密，通常选址在沟壑走向形成的凹角内，多面临沟，整个聚落完全受到沟壑的限制与约束，与沟壑融为一体。例如被两条深沟切割的相里堡村，以及被沟壑包围的梁带村。

原下沟内的聚落，与前述选址在台塬上的聚落不同，而是选址在沟底，由于被狭长的沟谷走向约束，因此多为长条形。例如党家村，整个聚落延伸在土地肥沃的干谷内，北边是黄土台塬的土坡，南边紧邻泌水河，房屋随着东西向沟谷走向排列。又如岔峪村延伸在徐水河入黄河口北侧的土坡上，北边紧随坡向走势，南边紧邻徐水河，房屋随着线形排列（图3.23）。

## 四、与沟壑共生的聚落格局

通过以上分析可得，聚落的选址和格局受到土地的决定性作用，如果具有共同的地貌特点，就可以发现不同聚落的类似处理方式。汾渭平原地处从黄土高原向华北平原的过渡地带，黄土台塬地貌宏观上与平整开阔的土地形态与平原相近，但中观上却又带有黄土高原的地景特征，呈现平坦台塬与错落沟壑交织的土地形态，随着沟壑密度的增加，聚落格局会与沟壑的结合越来越紧密（图3.24）。因此，聚落形态上兼具北方平原聚落的共性与黄土高原聚落的特性，在格局上呈现出的可识别性最强的特征——与沟壑共生的"有机网格"。

### 1. 平原与传统"井"字网格

克斯托夫在论述人居聚落与网格的关系的时候，认为网格是至今为止人为规划最常用的模式，这是一种能够适用于任何地形的形式，也是一种最简便的土地平均划分和土地交易的方式，同时，贯通的直道也是在防御上最有优势的形式，因此网格状平面聚落形态存在于东西方各种文化环境之中[1]。

常青认为中国古代聚落具有"匝居"以及城乡同构的特征，并提出由井田制而来的"井"字是中国传统聚落的原型意象[2]，与商周时代王室收取贡赋的土地经营制

---

1 克斯托夫. 城市的形成 [M]. 北京：中国建筑工业出版社，2009：96.
2 常青. 传统聚落古今观——纪念中国营造学社成立九十周年 [J]. 建筑学报，2019（12）：14-19.

| 原面无沟 | 原边邻沟 | 原边环沟 |

沟壑密度增大

图 3.24　聚落格局与沟壑密度之间的关系
图片来源：美国锁眼卫星图

度和划分方式有关，田野的阡陌纵横演变成了聚落内的经纬纵横。

　　王其亨曾专门撰文从"井"的意义出发探讨中国传统建筑的平面构成原型与文化渊源。"井"对农耕文明有着非常重要的意义，促进了社会性居住行为方式的变革，随着凿井技术的出现，人类聚居地才逐渐从河边的有限之地，转移到远离河湖的广袤土地上。自"井田制"作为土地国有化与社区组织的规划制度和管理制度出现之后，"井田"在土地制度之外，还成为对土地、聚落及都邑规划的形态原型，可以说对中国古代的居住习俗与生活形态都产生了深刻的潜移默化的影响，"画井为田"的井字形或九宫形经纬坐标方格网的方法，还得到了更广泛的运用（图 3.25）[1]。

　　可以看到，无论是西方学者所提出的"网格"形式，还是中国学者提出的"井"字形格局，其实本质上都是在讲"网格"，网格能够满足人居聚落的几乎所有需求，如居住、防御、农业生产、商业贸易等。

　　北方风土聚落之所以呈现出"城乡同构"的特点，乡野间的风土聚落也呈现"网格"形式，很重要的原因是旱作农业所形成的集村，其村落的规模都很大。黄河两岸作为汾渭平原上的平坦土地最多，农业最为发达的地区，其区域内的风土聚

---

1　王其亨. "井"的意义——中国传统建筑的平面构成原型及文化渊涵探析 [C] // 王其亨中国建筑史论选集，2014.

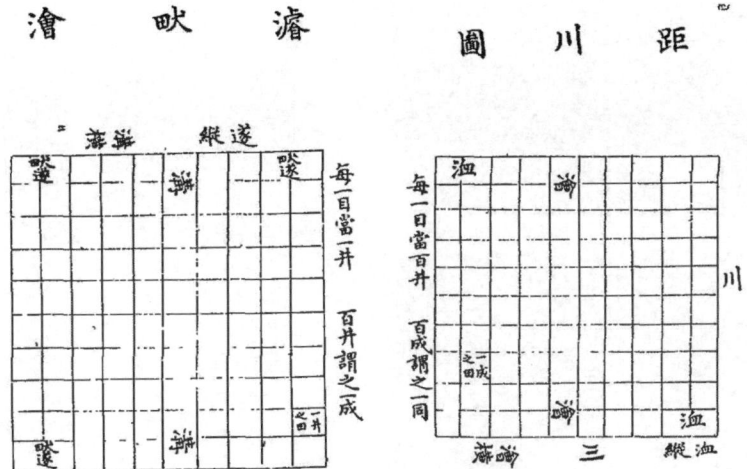

图 3.25 "画州井地"的土地规划方法
图片来源：明代胡广等撰《书经大全图说》

落规模一般为 400～600 户之间，2 000 人口左右，有的大村甚至能够超过 1 000 户，4 000 多人口，完全能够达到一个集镇的规模。作为一种理性的土地划分方式，网格是组织人群聚居最快捷的方式，也是最有效的建立秩序的方式。因此，只要是选址在平坦之地，无一例外都采取"网格"模式。

## 2. 平坦台塬与"规则网格"

原面无沟与原面望沟的聚落，由于与沟壑的距离超出了村落建成区的轮廓范围，周围由于没有可以约束聚落空间形态的地形，所以建成区一般都会聚集在耕地的中央，房屋互相紧靠，挤紧，被田地包围，轮廓线呈现较为规则的块状形态，还有许多基于防御需求修建了规整的土垣（图 3.26）。

汾渭平原作为儒家思想的核心地区，体现礼制的形态布局一直是从上到下，从官方到民间的首选，例如新绛县光村现存《重修城垣碑记》(1854) 载："夫蕞尔微区，非敢比於通都大邑城郭之制之例也，第以比间而居者，出入相友，守望相助，得此保障，庶有以蔽内外，御贼匪而安堵无恐。"撰写碑文的人明确表达了村落与城邑之间的形制关系，可以看到村落形制是在努力向城郭之制靠拢的。

新绛县光村作为方形"规则网格"聚落的典型案例，村落选址在汾河西岸的

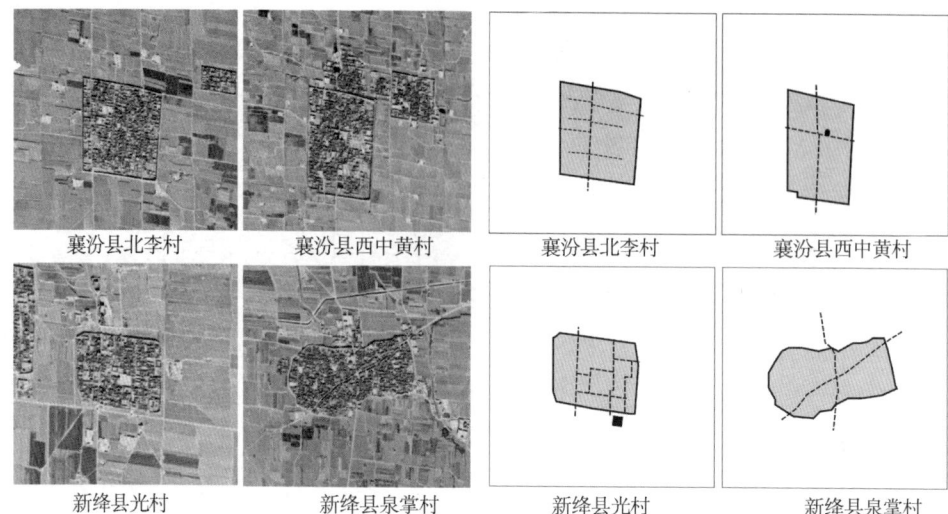

图 3.26 规则网格典型案例
图片来源：左侧为美国锁眼卫星图

平坦地区，近郊处没有任何山川河流等能够倚靠的地势，因此选择了边长约 400 m 的传统正方形的基本轮廓。村落规划严整，南北轴线对称，四周建有城墙与城门，南、北城墙各开有两座城门[1]。

合阳县高原寨村[2]是规模极小、结构极其简单的方形"规则网格"聚落，俗称王家圪垯，选址于金水沟与大峪河之间的平坦台塬上，采用了边长约 200 m 的传统正方形轮廓。村落四周建夯土墙，墙外有壕沟，东西各开一道城门，两门正对的东西轴线是村中最宽的道路，几乎将村子分成南北两部分，次一级道路与其垂直相交，划分出多个矩形用地，矩形宅院整齐排列在用地中，形成一种类似军营的严整布局。

除了选择正方形，许多村落根据人口规模还会选择矩形轮廓。例如襄汾县西中黄村，与光村距离不远，同样选址在汾河西岸的平坦地区，原名西黄墩[3]，最初选址在一个隆起的黄土墩上，村落现在所处地势较低，是由于泥沙堆积使得周围地坪抬高的缘故。整个村落南北长约 600 m，东西宽约 400 m，西南有一个东西长 50 m、南北宽 17 m 的缺角，据当地老人说是因为风水原因。四面城墙在中间各开一门，

---

1 目前城墙、城门尽毁，只留遗址。
2 2014 年 6 月 9 日被陕西省省人民政府公布为第六批省级重点文物保护单位。
3 参见《西中黄村志》第 66 页。

但南北两门与东西两门均不正对，而是各偏了一点，在所形成的十字交点处安排村落的广场与庙宇。

城墙的形状与道路网格各自承担不同的功能要求，因此当城墙因自然地形而起伏变化的时候，整齐有序的街道网格需要随着不规则的城郭作一些调整，尤其是配合城墙边的空间形状，包括城门的数量，开启的位置以及与道路之间的关系。

如果一个网格类型的聚落中出现一条特别不同寻常的道路，那一般是刻意为之，许多与商道官道有关。例如新绛县泉掌村与大孔寨村。泉掌村选址在汾河西岸的平原上，传说是因村东南有五眼泉水，村中心有一眼泉水，分布形似手掌，所以起名泉掌。村墙呈不规则的扁长蚕豆状，有一条非常明显的斜线打破了整个网格布局的平面。这是由于明朝时太原至西安的商道兴起，泉掌村是作为商道上重要的物资贸易集散地而发展起来的，因此村中最主要的巷道是自东北向西南走向的一条斜向驿道，驿道自城墙东北角的东门穿入，从西南角的西门穿出，打破了城墙内部的正交网格体系。

大孔寨村与泉掌村类似，村落由一条东北—西南的斜向主巷贯通，正对南门的南门巷与正对北门的北门巷分别自南北与主巷相交，其他若干东西向小巷与南北支巷垂直正交组成。主巷被村民称为"斜斜街"，整个村落的各巷道基本呈正南北的正交网格，但是"斜斜街"打破了整个网格，使得网格在主巷处进行了扭转变形。产生这种形态的原因是主巷作为牛角川沟通周边村落的官道，形成之初即沿川道方向斜向发展，在东西两端分别修桥跨过了大孔寨村东西的两道沟。官道整个贯穿村落，从东北穿入，西南穿出，村落外围所修城墙开门也跟随主巷走向，聚落格局随之形成。

## 3. 错落沟壑与"有机网格"

与平坦台塬聚落不同，选址为沟壑形态较为复杂位置的村落，会受到土地形态决定性的影响，黄土台塬地貌所形成的密集沟壑为聚落总平面提供了许多曲线特征。值得注意的是，错落沟壑虽然破坏了平坦台塬的完整性，犹如用刀将塬面切割，但形成的豁口与塬面大多保持同一水平面，从宏观上来看并未改变其平原属性，并未在竖向上有过多的高差变化，有别于黄土高原、山地或丘陵等地貌。基于此，生长于此的聚落并没有完全打破平原地区常用的传统"网格"原型，而是将网格与错落沟壑叠加，仍然追求坐北朝南的最佳日照方位朝向，街巷尽量保持正交，几乎未形成曲线街巷或不规则地块，可以说是一种"有机网格"模式（图3.27）。

图 3.27 错落沟壑与"有机网格"案例

例如相里堡村，选址在黄河西岸的台塬边缘，从三维模型可以看出（图 3.28a），整体用地十分平坦，但有三条深沟自东边的崖壁边缘向西，呈指状延伸至村落的中心位置，将村落整体一分为三，村中两条主巷平行于沟壑方向，东西向微偏南，自西向东到达沟边崖壁。宅屋顺着巷道排布，连接为一个整体融入地景，如同将几何形态的四合院切入环境之中，铺满整个台塬边缘，村落的轮廓线在视觉上与自然的黄土台塬浑然一体。

如果忽略建筑，标示出相里堡村中整齐的巷道，以及台塬沟壑的边缘线，则沟壑地形与街巷的相互关系一览无遗，巷道走向并未跟随沟壑变化弯曲，而是仍保持着垂直正交的"网格"，如同将网格正投影在沟壑地形上一般。更奇妙的是，沟壑的天然走向角度也与街巷基本一致，各巷道几乎与沟壑边缘呈正交或平行关系。这说明村落最初选址在这三条沟壑附近的时候，对朝向就已有了预先的考虑，最终形成了村落与黄土沟壑融为一体的有机生长特征（图 3.28b–c）。

如果说相里堡街巷走向与沟壑的关系只是巧合的话，那再来对比一下与相里堡隔黄河相望的万荣北杨村。北杨村选址在黄河东岸的二级黄土崖壁上，村民同样以耕种崖下黄河滩地为生。村落夹在两边的沟壑之间，东南为一条名为百峪沟的深沟，西边是被流水切割为 10 条沟的破碎崖壁，这些沟几乎等长，如裙褶一样

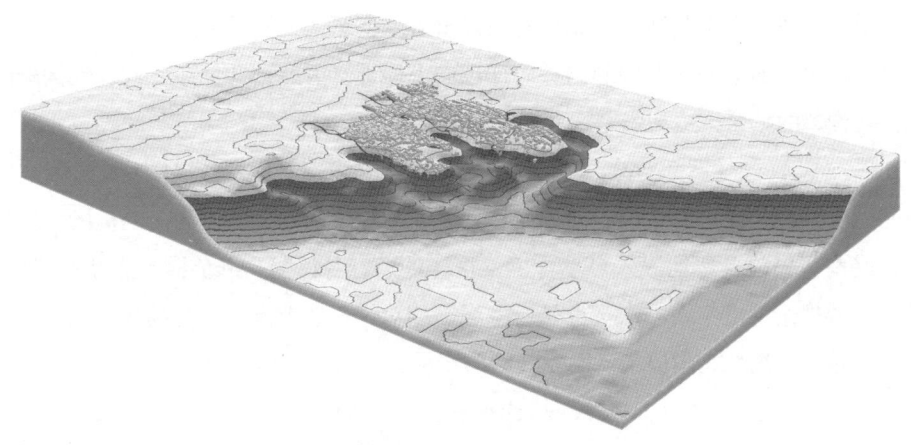

a 相里堡三维模型示意图

b 相里堡总平面示意图

c 相里堡街道走向与沟壑走向示意图

图 3.28　相里堡村
图片来源：a. 西安建筑科技大学人居环境研究中心

密集地平行分布，走向多为西北—东南向[1]。百峪沟与西侧崖壁沟壑的最短间距仅有 350 m 左右，北杨村夹在中间的平坦之地，边缘与沟壑融为一体，呈现与沟壑共生的"有机"形态（图 3.29b）。

从历史卫星图上可以清晰地看到，北杨村同样采取正交"网格"形态原型，将网格与自然沟壑线形叠加，虽然村中宅舍同样是满足坐北朝南的朝向，但与相里堡不同，整个村落为了平行于黄河二级阶地的走向，网格的角度向东偏转了大约 20°，东西街巷走向与村落西侧的沟壑的天然走向完全平行，非常巧妙，看起来就像是沟的延伸。

---

1　自北向南依次为萝卜沟、范村道沟、十八坪沟、柳树沟、风坡沟、羊肠沟、西沟、寺坡沟、哑巴沟、灵吉沟。

前文已述，由于侧蚀及滑塌容易使沟壑延展变宽，大沟又会形成许多支沟，支沟再生出更小的毛沟，毛沟的沟头同样也向上伸延。因此，选址在支沟、毛沟畔的聚落与沟壑的关系会更加紧密，几乎三面临沟。

例如周原村（图 3.29c），如果将生长发育的沟壑比喻为树枝，那聚落大多"挂"在"枝头"，也就是沟壑向原面伸延，与平坦土地相交的支沟、毛沟的沟头位置，这使得聚落自然地嵌入自然环境。这样的选址与格局，既能满足近水的需求，又能有效规避洪涝灾害，沟头也是台塬崩蚀相对较弱的地方，因此越是早期形成的聚落，越是会选址在沟边，借助先天的防御优势，依托地形生长。

又如南长益村（图 3.29d），其选址在太枣沟的次级支沟的一条沟头凹角处。从卫星图中可以看到，太枣沟的沟头处形成一个镜像的"C"形，将整个村落嵌入。村落同样采用正交的"网格"形态，为了与沟壑的长边走向平行，采用南北主巷，院落放弃了坐北朝南的朝向，转为坐西朝东与沟壑垂直正相交，带有一定的"反气候"色彩。由于村落三面环沟，除了拥有开阔的瞭望视野和易守难攻的地势，破碎的沟壑还可以作为天然的防御屏障，因此南长益村只在西面一侧修筑了城墙。

灵泉村（图 3.29e）与南长益村非常类似，但聚落的规模更大。从卫星图中可以看到，村落同样选址在沟头的凹角处，三面环沟，整个村落的建成区嵌入一个镜像的"C"形之中，网格的角度与南长益村不同，三条主巷均平行于沟壑走向。仅需要在西侧一角重点防守，将人工夯筑的城垣与自然的台塬崖壁连为一体，虽然形成的轮廓线是规则矩形与自由曲线的结合，但聚落内部依然呈现标准的正交网格道路体系。

除此之外，为了与沟壑平行，还有主巷打破正交体系的案例，如稷山北阳城村（图 3.30）。由于村落选址在峨眉原上的稷王山至汾河的一条冲沟西畔，东边沟壑形态起伏，形成了几个不规则的短沟深壑，当地人称之为"五沟六斜"，村落契在几个短沟之间。如果将村中三条主巷提取出来，可以发现其中一条东北—西南走向的巷道与李铁河形成的沟壑走向平行，斜穿村落中心，打破了村落的正交街巷体系，另外两条巷道，与突出的东西向延伸的短沟分别呈平行与垂直相交，三条巷汇聚在沟头，使得村落在视觉上与沟壑融为一体。

"有机网格"不只是顺应地形，同时还要利用地形。汾渭平原面临干旱与雨涝

第三章 聚落适地与台塬地貌

a 相里堡村(1973)　　　　　　　　　b 北杨村(1973)

c 周原村(1973)

d 南长益村(1973)　　　　　　　　　e 灵泉村(1973)

图 3.29　黄河两岸与沟壑共生的聚落格局典型案例
图片来源：基于美国锁眼卫星改绘

a 北阳城村卫星图(1967)

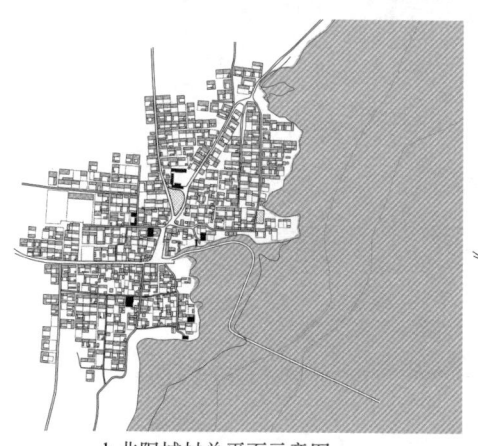

b 北阳城村总平面示意图

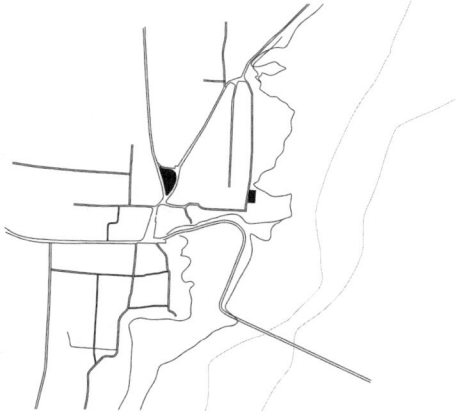

c 北阳城村街巷与沟壑走向关系示意图

图3.30 北阳城村
图片来源：a 美国锁眼卫星图

的不利气候条件，因此除了紧邻如潏水河、北洛河等河谷川道的聚落以外，几乎所有聚落都开挖了蓄水池，形成完整的"巷道—涝池—沟壑"蓄水与排水系统，利用斜坡与沟壑用以防洪排涝，这部分在下一章节详细论述。

除了排水需要利用地形，防御也同样要利用地形。前文已述，因地处军事要塞，黄河两岸战祸匪患频发，多次的农民起义、民族起义引发社会动荡，因此村落大多选址于靠近黄土台塬沟壑边缘，在尽量不占用耕地的前提下，除了拥有开阔的瞭望视野和易守难攻的地势，破碎的沟壑还可以作为天然的防御屏障，许多聚落会结合原壁及沟壑碎片修筑土垣，并会利用地形修建临时逃生的寨子，形成村寨分离，这部分也会在下一章节详细展开论述。

综上所述，黄河两岸的风土聚落在营建之初，从选址与格局开始，一直到街巷走向和建筑朝向，还有建成物之间的组合关系，都会考虑与台塬地貌的适地性，呈现出相嵌自如的状态，犹如从土地中生长出来。在此，借用拉普卜特的一句话："这是群体意识的体现"，因为村民们希望他们的聚落能与土地共生。

## 五、本章小结

本章从分析聚落对自然与社会两大层面的适应性出发，对聚落的选址与格局展开研究探索。气候因素主要关注聚落如何适应黄河两岸的半干旱气候特征，以及如何应对极端条件下的不利气候；场地因素主要分析聚落与地形地貌之间的关系，总结聚落的选址规律；社会文化因素主要从农业生产技术、家族发展以及地景的文化意象等方面，结合聚落的历时性演变与发展，探讨聚落的聚居特征。得到以下几个方面的结论：

（1）在自然环境适应的层面，从环境气候与地形地貌两方面入手。环境气候方面，针对汾渭平原，分析并总结了兼具黄土高原和平原气候的半干旱半湿润气候特征，为了应对干旱与雨涝，干热风与寒潮等不利气候条件，聚落多沿东西走向的、植被茂盛的沟壑北畔阳坡边缘分布，利用自然地势，对季节性雨洪加以利用。地形地貌方面，针对黄土台塬地貌，分析并总结了"原"与"沟"交织的地貌特征，并从聚落命名中总结其"依水傍沟"的选址规律。本书聚焦位于黄河主道与东西两岸、黄河支流与河川谷地、黄土阶地与塬边冲沟三种地貌区的具体案例展开详细研究，系统梳理不同地貌区的聚落选址与格局特征，并发现沿塬边冲沟分布的聚落，由于既临近水源，土质肥沃，便于农耕灌溉，又不像黄河主道及河谷川道水灾频繁，先民在长期适应自然的过程中，还学会了开垦沟坡农田，以及利用地表径流灌溉，这些村落因聚居条件优于其他村落而更容易发展为经济实力强大的宗族聚落。

（2）在社会文化适应的层面，聚焦营生方式与文化象征性两个方面。在营生方式方面，重点分析了集村的耕作半径对聚落选址的影响，以及靠滩吃滩、开垦沟坡和耕商结合三种依托黄土台塬地貌发展出的特殊营生手段。在文化象征性方面，重点分析黄河两岸的聚落的选址与沟壑的密切关系，所导致的人们将吉凶意识代入对地貌认知的文化现象，目的是寻求聚落与沟壑之间的协调与适应，并为地形赋予象征性意象。

（3）在此基础上，研究通对聚落格局与平坦台塬、错落沟壑两种典型地貌的适地性进行分析，是平原地区广泛采用的，既能公平划分土地，又能快速建立秩序，还能有效防御的传统"井"字网格形态原型切入，提出黄河两岸的风土聚落在整体格局上兼具北方平原聚落的共性与黄土高原聚落的特性，因此存在"规则网格"与"有机网格"两种类型。其中"有机网格"是由于在黄土台塬地貌上，虽然错落沟壑破坏了台塬的完整性，但并未改变其平坦开阔的平原属性，因此生长于此的聚落并没有完全打破平原地区常用的传统"网格"形态原型，而是将网格与错落沟壑叠加，街巷尽量保持正交，较少出现曲线街巷或不规则地块，体现出"有机网格"的适地性。

# 第四章　聚落营建与空间秩序

在西方建筑理论界，自古典建筑学时期就将聚落问题等同于建筑问题，将聚落视为与建筑性质相当但放大了的同构体。"城市就像一幢大房子，而房子则像一个小城市"是阿尔伯蒂的名言，虽然他的"大房子"是对文艺复兴城市的想象，但这个想象为我们提供了一种建筑化的聚落场景。与复杂的城镇不同，聚族而居的风土聚落大多是由血缘关系与经济共同体纽带形成的，这种聚居系统更容易呈现出建筑化的聚落场景。

地理学通常会将风土聚落分为散村与集村。对于散村而言，宅屋承载生活的全部场景，聚落仅作为联系空间，人所有的日常活动，无论私密还是公共，几乎都可以在宅屋内部解决，例如福建的土楼、大厝，湘中的大屋，西南的场院等大型宅院组成的村落，每个宅院就像是一个小聚落。但对于集村而言，宅屋只是其中较为私密隐藏的局部，人的日常生活会从宅屋延伸至聚落的其他部分，例如汾渭平原乃至华北平原以小型四合院为主组成的村落，人在居住以外的一切日常生活，几乎都发生在街头巷尾的公共区域，整个聚落就像是一个大宅屋。

对于黄河两岸的风土聚落，本书基于一个基本假说，即不同语缘民系的人们，因秉持着不同的生活态度与生存理念去应对不同的物质环境，会在聚落这座"大宅屋"的营建过程上明确地表达出来，从空间秩序上呈现出可识别性的显著特征，体现聚落的物质结构与社会功能之间的相互关系。因此，本书一以贯之的核心学术理念是：聚落模式是环境因应与文化因应共同作用的结果，具有双重内涵，绝非只是局限在对表层呈现的物质结构与功能性的描述，而是要深入其背后的历史事件、族群结构、组织制度、生活习俗等社会文化层面。

# 一、个案考察：解家村的聚落营建过程

在不同族群繁衍栖居的过程中，宗族组织作为重要的社会组织形态已成学术共识，积累了历史学、社会学、人类学等诸多学科的中外研究成果，其借助族谱、契约文书、碑刻等民间文献等的研究范式也启发了建筑学者，并在我国东南地区形成了一系列跨学科的优秀聚落研究成果[1]。但是，北方地区却因长期被学界认定为"弱宗族"或"残缺性宗族"社会而遭到忽视[2]。更雪上加霜的是，目前北方乡村社会生活延续性几乎已断裂，大多是保存完好却旅游景点化的"空壳"聚落，再加上民间文献的系统性已被破坏，因此，能够满足历史文献与实存现状相互印证的研究样本十分稀少。经过持续三年的田野调查工作，本书锁定了目前保留有较成体系族谱文本与图像的解家村[3]。虽然在现代化的进程中，解家村的面貌几乎已焕然一新，但族谱中记载的聚落布局仍然能够清晰辨认，成为本书研究历史时期黄河两岸聚落营建过程的重要案例。

## 1. 解家村与解氏家谱图

解家村位于韩城市东北方向，明清时期，韩城县作为关中通往东部地区的重要交通枢纽，有着发达的商品贸易、宗族组织与建筑文化。在自然地理方面，解家村地处黄河的季节性支流泌水河所形成的沟谷边缘，村东距离黄河仅 2 km，是典型的黄河沿岸村落。解家村是由解姓主导的单姓村，解姓作为韩城大姓，曾经显赫一时，明清时期，解家村共出了 9 名进士[4]，18 名举人。尤其是明万历至崇祯年间（1572—1644），十三世解自克的五个儿子中出了三名进士，一名举人，一名贡生，"一母三进士，一举一贡生"至今在韩城传为佳话，解氏家族也在这一时期达到鼎盛[5]。

---

1 例如冯江的《祖先之翼·明清广州府的开垦、聚族而居与宗族祠堂的衍变》，何依、孙亮《基于宗族结构的传统村落院落单元研究》，吕峰《宗族聚落的风土空间特征——杭州长河来氏宗族聚居地的建筑人类学分析》，蔡宣皓《历史人类学视野下的清中晚期闽东大厝平面形制——以永泰县爱荆庄与仁和宅为例》等。
2 兰林友. 论华北宗族的典型特征 [J]. 中央民族大学学报，2004（1）：55-59.
3 "解"做姓氏的读音究竟是 xiè 还是 hài 一直存有争议，由于在田野调查中当地方言称其为 hài，因此本书采用这一读音。
4 解家村历史上共有 7 名文进士，2 名武进士。
5 赵爽英. 明清关中宗族组织的形成与发展——韩城解氏的家族命运 [J]. 唐都学刊，2017，33（1）：88-100.

解氏家族目前保留着相对完整的族谱，始修于明嘉靖年间，共修编过五次，分别是明嘉靖四十三年（1564）、清乾隆十五年（1750）、清嘉庆二十二年（1817）、清道光十八年（1838）、民国九年（1920）。目前解氏宗族成员将已有的所有族谱版本影印整理汇总成册，形成《解氏家谱图》[1]（图4.1），其中存录了解家村不同

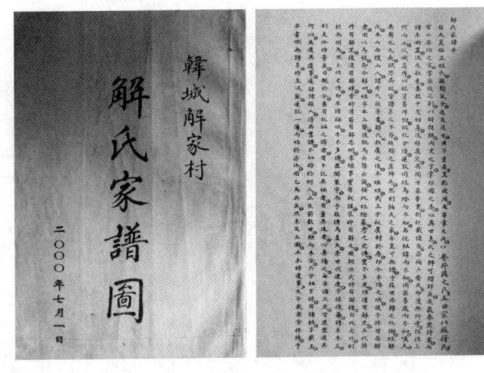

图4.1 《解氏家谱图》书影

历史时期的四幅村图（图4.2），并有多篇文字详细记载了解家村的起源、繁衍过程，族、门、支、派及历史上曾经发生的重大事件，还有围墙、村门、寨（砦）、祠堂、庙宇等公共建筑及构筑物的修建历程，是研究聚落布局与构成的宝贵民间史料。

从风土建成遗产的角度来看，与解家村紧邻，沿泌水河沟谷一线，目前保留有党家村1个国家级历史文化名村，柳枝村、郭庄寨、柳村寨、周原村共4个中国传统村落，以及下甘谷村、留芳村共两个陕西省级传统村落，可以说是一条黄河沿岸的"传统村落带"[2]（图4.3）。这些村落中除了保留有大量的传统民居之外，还有陕西省文物保护单位1处，韩城市文物保护单位5处，大多为寺庙建筑及牌坊构筑物[3]。虽然解家村与周围的这些村落相比，曾经的传统民居及围墙、村门、庙宇、宗祠等已不见踪影，但村落肌理尚存，尤其是1967年的卫星图基本还和村图格局保持一致，那些曾留存于族谱和村民记忆中的建筑及构筑物的基址尚能清晰辨识（图4.4）。

因此，在研究中结合"十里八村"之内，众多村落之间留存实物的相互印证，大致可以推断出解家村的聚落布局及其建筑样貌，并能借助解家村的完整历史资料推衍出黄河两岸风土聚落营建过程中更为普遍性的结论。

---

1 由于原始版本纸张破损严重，目前仅有刊于2000年7月汇总成册的版本，收藏于解家村门口小卖部中。
2 相比于解家村，这些村落虽然保存更为完整，但大多宗谱已丢失或仅有残谱，缺乏完整的历史信息。
3 柳枝村关帝庙（省保），下甘谷村玉皇庙献殿，上甘谷村圣寿寺，郭庄寨三圣庙、府君庙、石牌坊，柳枝村木牌坊（市保）。

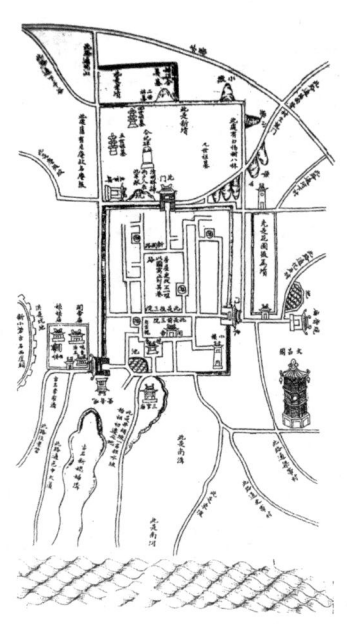

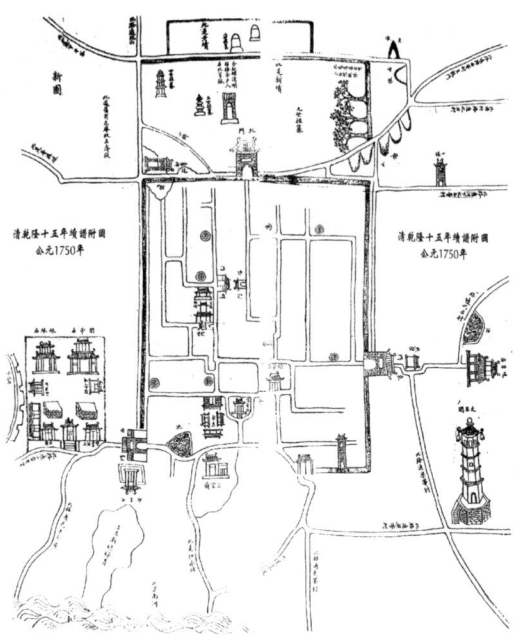

a 嘉靖—康熙时期(嘉靖1543)　　　　　b 乾隆十五年(1750)

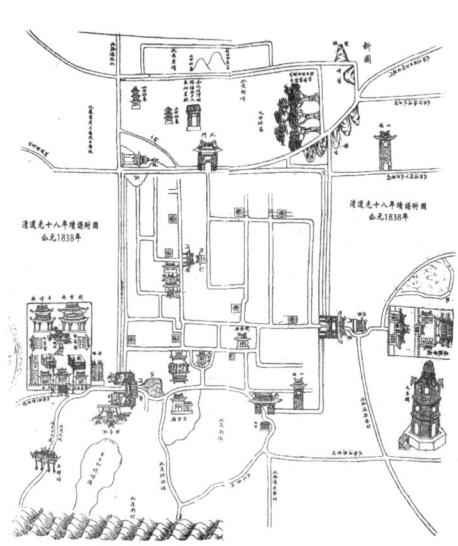

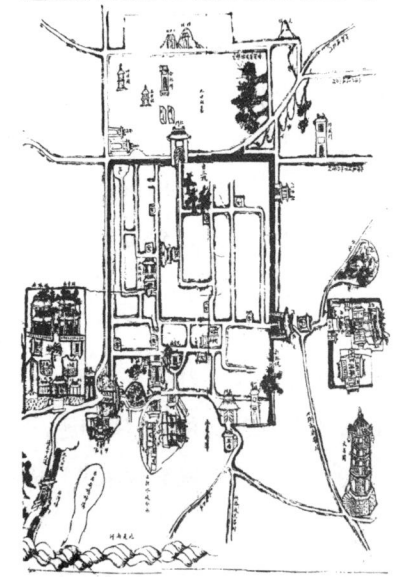

c 道光十八年(1838)　　　　　　　　d 民国九年(1920)

图 4.2　解氏家谱中的明清村图
图片来源：《解氏家谱图》

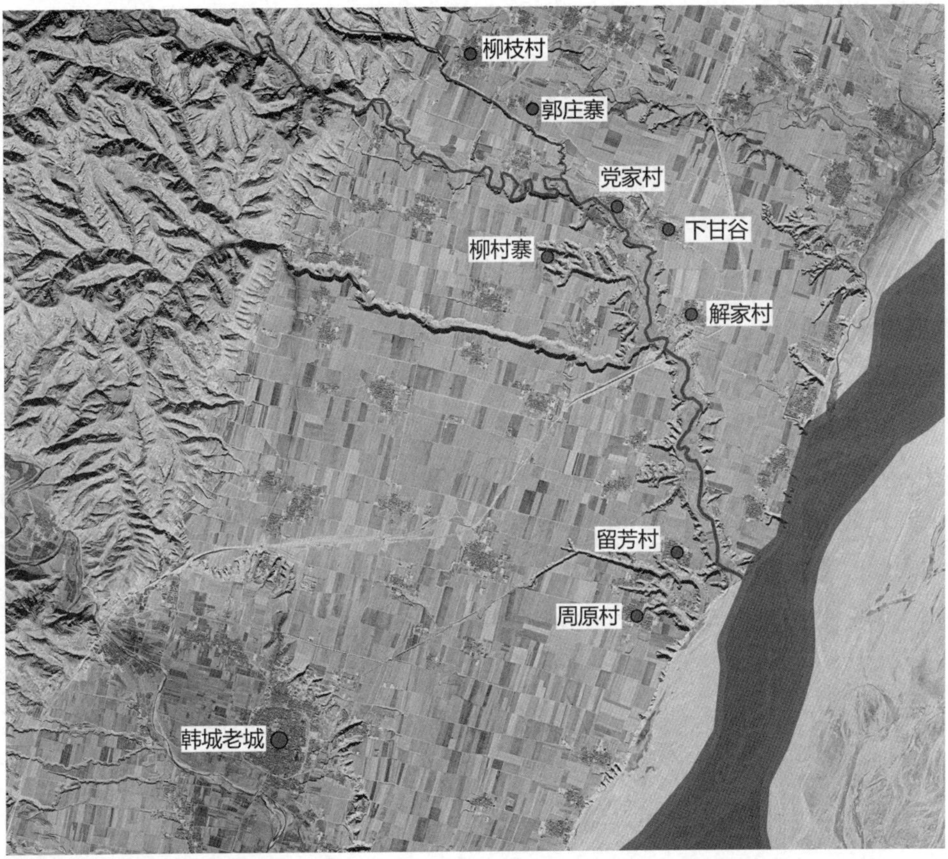

图4.3 泌水河沿线传统村落带
图片来源：根据美国锁眼卫星图改绘

图4.4 解家村的历史卫星影像（左）和现状航拍（右）
图片来源：左图来自美国锁眼卫星图

## 2. 解家村的聚落"理想图式"

同一风土区系的聚落在表象上所呈现的千变万化的物质形态，其本质是同一组织形态根据不同地貌的拓扑变形结果，找出这一基本的组织秩序，发掘表象背后存在的深层结构关系，是本书研究想要达到的目标[1]。

虽然有许多史学家指出，关于族谱的叙事书写，并不一定是真实的史实（historical fact），而极有可能是家族在发展过程中所逐渐建构出来的故事（story）。但本书的出发点并非要做历史考据研究，而是从一个族群对自己家族故事的建构中，能够更加深入地探究到本书想要探寻的"理想图式"，也就是民系族群心中最理想的聚落形态。这种"理想图式"或许是抽象的，但图式所凝结的族群集体意象一直在起作用。甚至可以提出一个假说：同一民系聚落中，存在可识别的有别于其他谱系的基质特征，就是这种集体意向性产生的结果。

本书所探讨的形态原型，是指与乡村社会最基本的生活形态所对应的空间原型，是聚落最初始的形态特征，包括空间、布局、结构及所承载的秩序、象征等观念形态。

《解氏家谱图》中有一段非常引人注目的叙述，生动且详细地描述了解氏五世祖为六个儿子所建的宅院布局以及最初的聚落布局：

> 五世祖讳瑞，字文祥，性通敏端厚，敦德宜，崇礼节，创规模，有闻望于乡，洪武五年（1372）诏有司行乡饮酒礼，众推举为上宾，配张氏，生六子，即建六宅居之，前三院，长子景智居东，次子景渊居中，三子景颜居西，后三院，四子景商居东，五子懋居中，六子广居西，此六院在关帝庙西，观音庙后[2]。

对村图的局部放大（图4.5）可以看到，"六宅"不只出现在文字描述中，在图像中也给予了明确标注，分别为南侧的"此为前三院"和北侧的"此为后三院"。文字描述中前三院自东向西为长、次、三子居住，后三院自东向西为四、五、六子

---

1 参见阿摩斯·拉普卜特著，常青等译. 宅形与文化[M]. 北京：中国建筑工业出版社，2007.
2 引自《解氏家谱图》。

第四章 聚落营建与空间秩序

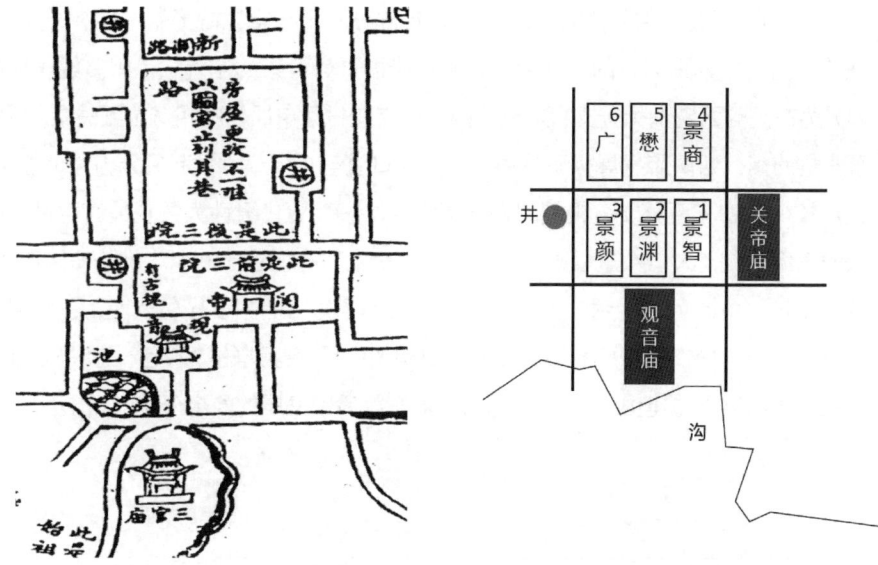

a 清乾隆十五年(1750)村图局部放大　　　　b 解家村的"理想图式"

图 4.5　解家村最初的形态原型
图片来源：a 来自《解氏家谱图》

居住，前三院与后三院，与正南方向的观音庙（坐南向北），东侧的关帝庙（坐北朝南）形成一定的轴线关系，共同形成了解家村最初的形态原型。

"六宅"布局及其与周围庙宇的关系，既体现黄河两岸"哥东弟西"的尊卑礼法观念，又符合四合院坐北朝南所带来的方位观念，即南为前，北为后。可以说这是一个被族群所认可的能够体现宗法、家族、秩序的聚落图式。

虽然关于家谱中所叙述的事件及空间形态的真实性有待考证，但这种言说却是真实存在的，至少是后人在家族发展过程中所建构出来的理想形态，是解氏族群心中关于居住空间的"理想图式"。从图式体现的聚落原初形态可以看到，作为天然防御空间的南侧沟壑陡坎，作为神圣空间的观音庙、关帝庙两座庙宇，作为基本生活设施的一口水井，作为基本居住单元的六个相同形制的四合院，共同组成了黄河两岸风土聚落模式的基本原型。

六个宅院的"井"字形布局方式，也奠定了北方四合院的重复单元形式，对应了北方竞争性分家模式，即经过与母家庭彻底而清晰地分割，每个子家庭均成为独立的家庭实体，单独参与村庄社会活动，并在"诸子均分"原则下构成了以核心家庭为主，且强调各自领域边界的家族组织关系[1]，这部分在下一章宅院形制中还会详述。

在"六宅"中分别居住的六兄弟，是解氏族群最为尊崇的东院六世祖。解氏自第五世起分为东院与西院两个分支[2]，对应了两个房支在村落中居住的相对位置关系。历史上，解家村的东、西两院发展极不平衡，东院人口繁盛，自第六世起又分为六个分支，西院人口较少，没有再分支。根据现存族谱统计，东院历代男性人数在最高时可达西院人数的 3 倍。除了人口数量以外，解氏家族历史上所有的进士和举人均为东院所出，西院从未出过。由此可以看到，由于东院一支占据了村落的主要居住空间，并掌握了构建家谱叙事的主导权，因此家谱上在文字与图像中反复强调的"六宅"，就是东院后人对于祖先居住形态的建构。"六宅"即对应着东院后来发展的 6 个分支（图 4.6）。

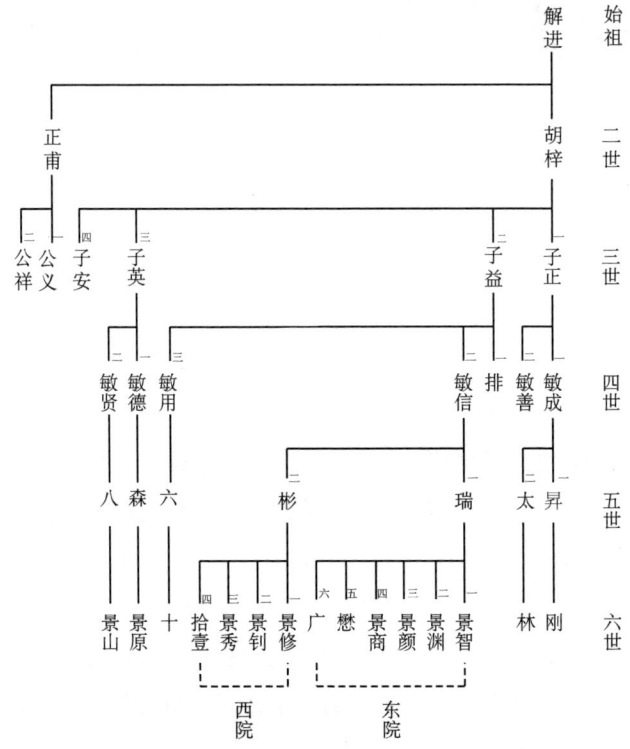

图 4.6　解氏家族前六世谱系图
图片来源：笔者根据《解氏家谱图》信息绘制

---

1　杜鹏，贺雪峰. 论中国农村分家模式的区域差异 [J]. 社会科学研究，2017（3）：86-96.
2　东院与西院是北方地区常见的宗族分支及命名方式。

在此"井"字形布局的聚落图式中，还有两座庙宇作为重要的公共空间影响着聚落的巷道组织与布局关系，分别是观音庙和关帝庙。其中，观音庙背靠南沟，坐南朝北正对六宅，与前三院和后三院所形成的居住区有明显的轴线关系。在农耕文明时代，由于生产力低下，人丁兴旺是所有族群最迫切的需求，因此六个宅院均朝向具有"送子"功能的神灵，观音庙位于聚落最为核心轴线端点的空间。"关帝"作为北方乡村社会最为普遍的神灵，往往承担守护神的职能，因此布局在东方守卫着六宅，作为聚落中必不可少的重要公共建筑，在解家村巷道生长过程中逐渐成为空间形态中的最重要的节点，控制着后续村落街巷组织发展的轴线关系。

## 3. 解家村的营建过程

黄河两岸的风土聚落，大多由最初的一户或数户起步，经过多代的人口增加，扩大规模，村落由最初的简单结构发展为复杂结构。加之黄河沿岸优越的交通区位，因商而富继而鼓励子孙参加科举入仕的家族越来越多，人文蔚起，使得聚落的空间形态日益丰富。

解家村作为汾渭平原黄河两岸风土聚落的一个微观缩影，在族谱中完整展现了一个典型的"耕读传家"村落的发展脉络。几代人对于族谱内容的书写与建构，更是呈现出一个地方家族对聚落的营建过程，从中体现出社会结构与聚落布局之间的对应关系。因此，需要再来详细梳理一下族谱中所呈现出的解家村营建过程。

对于《解氏家谱图》中存录的四幅图像，其中清嘉庆续谱中的一篇"村图说"较为详细地介绍了前两幅村图的来历，"旧图当是嘉靖时，原谱所载，而续谱仍收之"，表明乾隆谱中所附旧图是最初明嘉靖谱中所附村图，显示的是明嘉靖年间的村貌。"其新图，则乾隆年续谱进所写，按这于今，村落涂巷，无甚更移，祠庙屋宇则小有增损，依图加减，既是现在规模，故仍以新图标之，不另作也"，并详细列举了在图上添加的内容，可见新图是嘉庆年间续谱的时候，直接在乾隆谱原有新图的基础上进行添加绘制，因此新图显示的应是清乾隆至嘉庆年间的村貌。道光续谱和民国续谱中的村图均为当时所绘，各自反映了当时的村貌。

四幅村图在聚落整体布局上并无大的变化，仅有一些纪念性建筑的增添，由此可见，解家村的聚落形态在明嘉靖年间（1522—1566），也就是第一次修谱的时候已基本定形。从村图的绘制方式不难看出，巷道、水井、城墙、城门、寨（砦）、涝池、寺庙、祠堂、古树、坟场等公共设施，在聚落布局上起结构功能作用，也是村民对于聚落空间形态认知的群体意向与集体记忆中最深刻的部分。本书通过将家谱文字中记载的聚落具体历史营建信息（表 4.1），与几幅村图中表现的聚落布局与构成关系进行梳理，并结合解家村目前的现状平面图，外加村民口述，通过历史文献与聚落实物二重证据的互相印证，梳理出解氏家族自金元时期到清末民初，"选址—创宅—凿池—修墙—建祠—扩庙—筑寨（砦）—铺路"等一系列聚落的营建过程（图 4.7），发现其中有四个非常重要的时间节点及历史事件，对聚落布局起到结构性影响。

表 4.1 家谱中的聚落营建历史信息汇总表

| 时间 | 历史事件 | 家谱中原文信息 |
| --- | --- | --- |
| 金、元时期（1206—1234） | 始居井头坡 | 山西稷山县迁至韩城，相地北原，因家马始至，即系骡挟货，置田产，营宅舍居于井头坡 |
| 明洪武五年（1372） | 迁到原上，修宅 | 五世祖讳瑞，字文祥，性通敏端厚，敦德谊，崇礼节，创规模有闻望于乡。诏有有司行乡，饮酒礼众，推举为上宾。配张氏，生六子，即建六宅居之。前三院，长子景智居东，次子景渊居中，三子景颜居西；后三院，四子景商居东，五子懋居中，六子广居西。此六院在关帝庙西、观音庙后 |
| 明嘉靖二十二年（1542） | 修筑城墙 | 余村因吴郭，贼乱。明嘉靖二十二年癸卯，筑城墙三面，前据险崖，旧址犹存 |
| 明嘉靖四十三年（1565） | 第一次修谱 | — |
| 万历二十四年（1595 年） | 建合祀碑 | 解自克率三子即三进士共建合祀碑 |
| 明天启元年（1620） | 修筑金城寨（解老寨） | 后又因赵云峰贼乱，至天启元年辛酉，合族公议，始筑老寨，名为金城寨 |
| 明万历、天启年间 | 铺设沟南石条坡 | 沟南北石条坡铺成，修牌坊，南题"衢通龙门"，北题"为善最乐" |
| 明崇祯七年（1634） | 修建文昌阁 | 尝有风水先生言，余村东南巽地修盖一楼，以后科第愈见昌盛。至崇祯七年甲戌，合族公议，建立文昌阁 |

(续表)

| 时间 | 历史事件 | 家谱中原文信息 |
|---|---|---|
| 明崇祯八年（1635） | 贼寇烧毁村中房屋 | 至崇祯八年乙亥，有贼八队领数千人自延安至韩城劫掠村堡甚多。在余村住居四十余天，临行将村中房屋尽行烧毁，火光连天，数日不散。合村人民尽避老寨，始得保。全村中元气至今不能复起 |
| 清顺治九年（1652） | 修筑解小寨 | 后又至□大清顺治九年辛卯，因山中流寇作乱，合族因老寨避贼太远弯，又公议修筑小寨 |
| 清顺治十一年（1654） | 两寨中的人迁回 | 至顺治十一年，奉□上文神道岭，设立兵马。因而流寇平息，余村避居两寨者渐移村中。然缙绅巨家仍居老砦 |
| 乾隆十五年（1749） | 第二次续谱 | — |
| 清乾隆五十年（1785） | 修建合族祠堂 | 始祖祠乾隆五十年，祖茔出资公买本族某旧祠一所，在楼门巷内，坐北面南，另施勔茔以奉始祖及列祖神主，冬至元旦拜祀于此 |
| 清嘉庆二年（1798） | 重修城垣，增设南门 | 村设墙垣，不特藏风聚气，地理宜然，且以资守卫。备盗窃，卫室庐，人事所关，有尤切焉。余村城墙旧谱记其筑自前明嘉靖中，旧址犹存，则其颓坏，固已久矣。嘉庆□年，本族乡约丕祥倡重修议官，赛及族众。各捐资而祥督其役，复筑城墙三面，仍前基址而阔之，不及者尺许。前崖一带亦悉屏以矮墙，足增设南门，以便启闭。由是出入稍有所闲 |
| 清嘉庆二十二年（1817） | 关帝庙扩建 | 惟村东南隅，小楼一座，本系三分解三策已业，昔年因与祖茔有关，公中出资修补，后祖茔又出银十两，遂为官物。其事详见祖茔祭田碑后。今此楼颓毁，不记何年。而基址尚未尽没，族中长老有欲计重建以扶村脉者，故仍载于图，以昭旧迹。俾后之人，有所考焉。其所新增，则楼门巷合族祠堂一所，西什字官房一所，南门一间，西关帝庙内抱亭一座，财神庙，玉帝宫各一座，官房五间，北坡石牌坊一座是也 |

第一个时间节点是明洪武年间，解氏族人从崖下"井头坡"迁至原上，居住方式开始从较为原始的窑居方式转变为房居，这也是黄河两岸聚族而居的聚落最常见的发展方式。

a 金、元时期（1206—1234）：始居井头坡
b 明洪武五年（1372）：自井头坡迁到原上，始名解家村

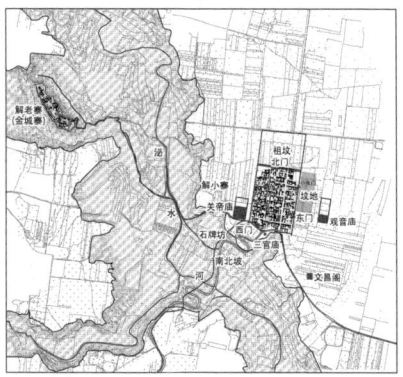

c 嘉靖二十二年（1542）：筑城三面，南据险崖
　嘉靖四十三年（1565）：第一次修谱，绘制村图
d 天启元年（1620）：合族会议，开始修筑金城寨（解老寨）
　崇祯七年（1634）：合族会议建设文昌阁

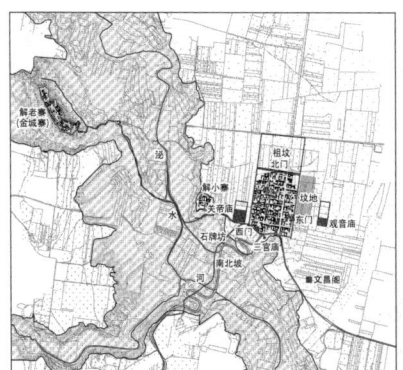
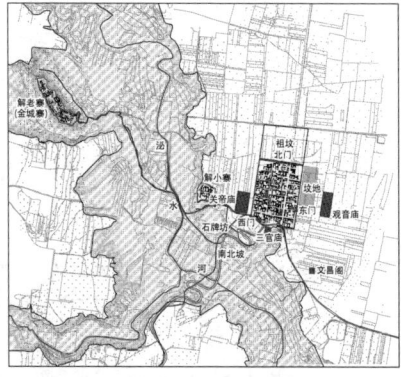

e 顺治九年（1652）：合族会议修筑解小寨
　顺治十一年（1654）：流寇平息，两寨中的人迁回，但富户仍居住在老寨
f 乾隆五十年（1785）：修建合族祠堂
　嘉庆二年（1798）：解丕祥倡议重修城垣，在原来基础上增设南门

图4.7　解家村聚落营建过程图

第二个时间节点是明嘉靖二十二年（1542），因地方匪乱，解家村全族合议，利用黄土台塬的自然地形，结合南面塬边的险崖修筑了西、北、东三面城墙，形成了人为与自然混合的聚落边界。此时解氏宗族发展到第十三世左右，从统计图中可以看到人口数量在此时正好到达第一个平台期，聚落主体布局在这一时期基本定型。

第三个时间节点是明天启元年（1620），陕北爆发了农民起义，社会动荡，解家村经合族商议，在距村落西侧约1 km处，泌水河沟谷中的一处高耸险峻之地，修建用以为族人提供临时逃生地的附属寨"金城砦"，又称"老砦"，自此解家村形成了"村—寨分离"的聚落布局。同时，这一时段也是解氏族人中科举入仕人数最多，族群声望最盛的时期。

第四个时间节点是清顺治九年（1652），因韩城山区流寇作乱，解氏家族认为老寨（砦）的距离过远，不利于村民逃生，于是在村落西门外临崖的地方（西崖头）又修筑了村落的第二个附属寨"小砦"，自此形成了一村二寨的聚落布局。从此之后，虽然有合族祠堂的修建以及一些寺庙的扩建，以及对于城墙城门的修复与增建，但解家村的聚落布局再也没有发生过结构性的变化。

(1) 聚落布局的理想形态

通过梳理营建过程，我们可以发现，除了前文所述聚落布局的"理想图式"，解家村还存在一个家族发展到最鼎盛时期的理想形态。根据家谱中提供的数据统计，解家村在十三世至十五世之间，大约明万历至天启年间（1573—1627），无论是总人口数，还是考取功名的人数，以及在朝为官的人数，都到达顶峰（图4.8），9名进士均出自这一时期，尤其是第十三世解自克的五个儿子，家谱中记载其长子经雅"万历丁酉（1597）举人，辛丑（1601）进士"，次子经传"万历庚子（1600）举人，辛丑（1601）进士"，三子经邦"万历辛卯（1591）举人，乙未（1595）进士"，四子经达"天启元年（1621）举人"，五子经铉"恩选贡生"（图4.8）。万历三十三年（1605）清明，在解氏祖茔，由解自克的儿子们出资，并捐资购买祭田，解自克主持完成了解氏家族的第一次合祀仪式，标志着解氏家族在此时达到了一种相对的理想状态[1]，聚落形态也在这一时期基本定型。

---

[1] 赵英爽在《明清关中宗族组织的形成与发展》一文中，认为这是解氏开始成为宗族村落的标志。

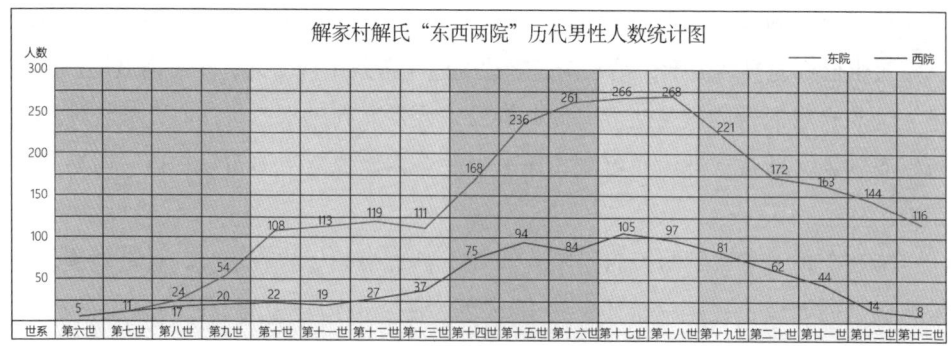

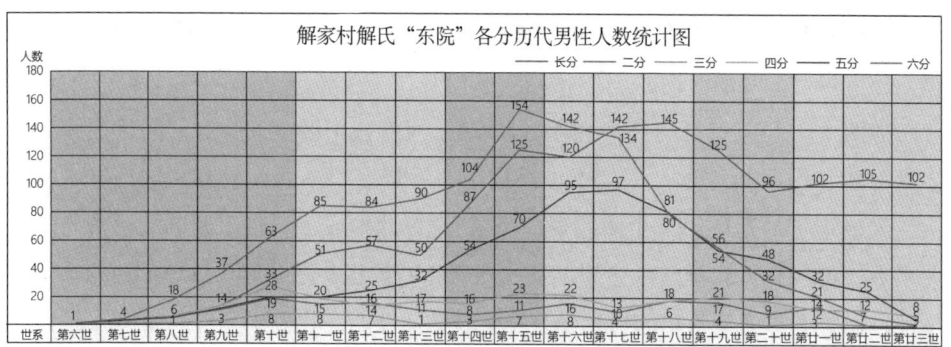

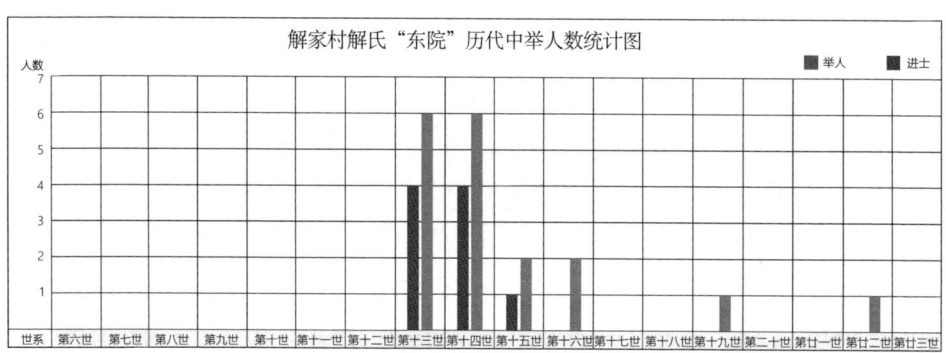

图4.8 解氏家谱数据统计图
图片来源：笔者根据家谱信息自绘

这一时期解家村聚落布局的理想形态主要体现在完成了混合边界、村寨分离、寺庙形成轴线及对外交通四个方面（图4.10）：

首先，解家村聚落边界彻底定型。聚落作为族群的庇护所，除了满足生产生活所必需的水与土地，最重要的就是安全防御。明清之际，晋陕两地社会动荡，黄河

第四章 聚落营建与空间秩序

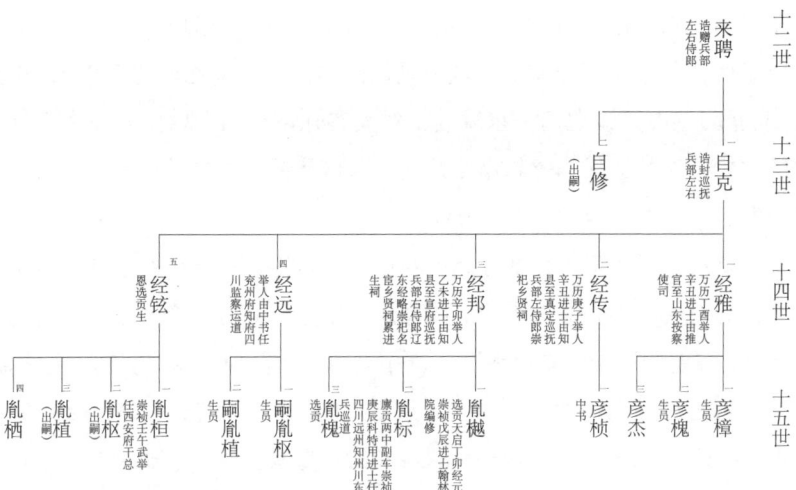

图 4.9 解氏十二世至十五世解自克家族谱系图
图片来源：笔者根据《解氏家谱图》内容绘制

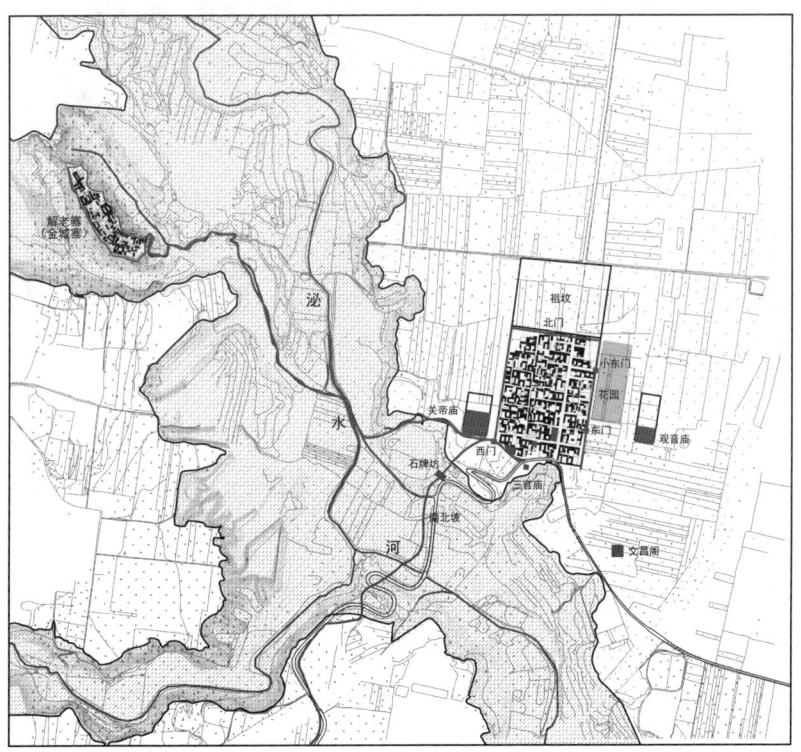

图 4.10 明万历至天启年间（1573—1627）解家村平面复原图

沿岸战争频繁，农民起义蜂起，"版筑自卫"成为民间普遍现象。解家村依托南面险崖修筑了西、北、东三面城墙，城墙呈规则的矩形，南北长约 300 m，东西宽约 250 m，北城墙正中开设北门，东城墙正对大巷开设东门，西门开设在靠近南侧沟坡崖边的位置。这种依托沟壑悬崖修筑人为与自然混合边界的方式，是黄河两岸聚落的典型做法，在本章后续第 3 小节详述。

其次，解家村形成了"村寨分离"的布局。与边界一样，寨子的修筑也是基于防御需求，为村民提供临时逃生避难的场所。解家村共有 2 个寨子，在村图上可以看到，分别为"老砦"与"新小砦"[1]，其中老寨（砦）建于这一时期，又称金城寨。老寨（砦）选址在泌水河西，呈西北向东南走向的窄长形态，东西长约 300 m，南北宽仅约 70 m，两长面临深沟险壑，仅在东边设置有出入口。村中老人回忆，解老寨上曾有几十户四合院，并在崖边修筑了十二孔窑洞贮存财物。这种"村寨分离"的聚落布局也是黄河西岸的典型做法，在本章后续第 4 小节详述。

再次，解家村的街巷布局与寺庙形成了轴线关系。与南方宗族聚落修建大型宗祠不同，北方宗族在村落的建设过程中，是通过修建寺庙来彰显实力。有学者提出，在宗族人口发展到一定阶段，分支较为纷乱无法与居住区对应的时候，地缘关系的村社所形成的民间信仰组织更为重要[2]。解家村庙宇众多，除了村中心控制街巷格局的关帝庙与观音庙外，还有村外围 3 处大型庙院：西关帝庙、东观音庙、南三官庙。虽然各庙的始建时间并无记载，但从多张村图的变化中可以看到对庙宇的整体扩展历程。在这一时期，村中心的观音庙与北门以及南三官庙形成南北轴线，而西关帝庙与东观音庙分别正对东西两门，也与聚落格局形成明确的轴线关系。

最后，解家村完善了对外交通。黄河沿岸有句俗话讲"隔沟不算近，隔河不算远"，生动描述了台塬地貌上沟壑对于交通的阻碍作用。解家村南面紧邻 50 m 深的沟壑，南北通行困难，在这一时期举全村之力修筑了南北坡，坡长约 1.5 km，据老人回忆为了供行人雨雪天上下坡不滑，用石条铺设整坡，险峻的地方修筑砖栏墙，解决了聚落的南北跨沟交通问题。这也是彰显宗族实力的重要举措，坡修好之后周

---

1 以往学者如周若祁、王绚等，均采用的是"村寨分离"来形容黄河两岸的这种聚落布局，但根据我们详细的田野调查与民间文献研究，发现虽然有时候"砦"与"寨"二字可以互通，但收集到的民间历史文献中大多用"砦"字。

2 姚春敏. 清代山西杂姓村宗族祠堂、祖茔及庙宇建设——以碑刻、族谱、村志和田野调查为中心 [J]. 南京社会科学，2017（4）：149-156.

围"十里八村"的村民均会来此跨沟，解氏家族还在北坡坡顶约 300 m 处，修建了一处石牌坊，牌坊南题"衢通龙门"，北题"为善最乐"，是一个聚落发展到理想状态的重要标志。

(2) 日常生活形态的完善

在《解氏家谱图》中关于聚落营建的历史信息中，被反复提及和仔细刻画的，一定是村民集体记忆中最为重视的内容。除了前文所说的"理想图式"，还可以从人类学视角在其中阅读与生活用水和习俗仪式相关的各种信息，进而总结黄河沿岸风土聚落日常生活的理想形态。

村图中有三种非常重要的用水设施被详细标识记录，分别是担水坡、水井、涝池。

担水坡即解家村初始定居的井头坡的别名，最初先民需要爬坡下到沟底的泌水河取水，再爬坡担水回村，取水过程困难。在民国版村图中，随着水井的陆续开凿，图上文字标注"旧担水坡今无"，表明担水坡已经无迹可寻，村民不再需要到沟内汲水。

由于黄河沿岸降雨量小，多为季节性浅河道，地下水位深，生产和生活用水困难，因此通过凿井来取得水源是必要做法。由于水井带来了打井、维修、日常管理和水资源分配等水井事务，因此形成了一定的社区管理意识[1]。从村图中可以看到，解家村的水井数量从最早的 4 口井，到 7 口井，最后增加到 9 口井，大部分都位于可达性高的巷口处，每口井的服务半径约 40 m，供应约 40 户的人畜用水，形成了由汲井而划分的居住组团。

黄土台塬不仅日常气候干旱，而且夏季多暴雨，因此涝池成为聚落必备的生活用水设施，用以收集雨水并防洪排涝。涝池不仅可满足村民日常生活中洗衣洗菜、牲畜饮水、建造房屋以及发生火灾时的消防用水等实用功能，涝池还具有补益风水的重要象征作用，以及美化景观、提供休闲娱乐场所、调节微气候的综合作用。因此聚落中涝池的选址、形状和命名，都是精心设计的结果，作为黄河两岸聚落布局中非常重要的特点，在本章第 5 小节详述。解家村地势东北高，西南低，曾有两个涝池，一个位于村南靠近崖边，正对西门，另一个位于东门外，紧邻观音

---

[1] 胡英泽，凿井而饮：明清以来黄土高原的生活用水与节水 [M]．北京：商务印书馆，2018：24-25．

庙。两个涝池分工明确，南涝池用以积蓄雨水，并对暴雨冲刷台塬边缘起到缓冲作用，东涝池拦蓄东北高处汇聚而来的滚坡水，并与东观音庙结合形成休闲娱乐场所。

对村图的绘制中，除了与生活用水相关的信息，记载最多的就是与仪式活动相关的信息，四组图像中存在三处明显变化：首先，是合族祠堂的出现，以及在合族祠堂的巷口修建的几座门牌楼，将重要的仪式空间限定围合出来；其次，是西关帝庙、东观音庙、南三官庙的不断扩大规模，增加了一些庙舍，并分别增修了戏台；最后，是北门外祖坟区的完善，坟院内增修了戏楼，并修筑了五个土塔，也就是村图中标识的"五墩"，当地村民称其为"三斗两簸箕"，这五个实心土塔，代表解自克中举的五个儿子的功名[1]。为本族中科举之人修筑象征性的土塔，是黄河两岸风土聚落的一种传统风俗，体现了围绕科举制度所产生的仪式活动。

除此之外，还可以在图像中看到一些村落的营建禁忌。例如四个城门由于等级与作用不同，处理方式也不同。西门等级最高，建造也最为华丽，门口有两座石狮子，正对西门的坡被标注为"新媳妇坡"，由此可见最重要的仪式出入口，是迎娶新人要走的门，是村落最重要的主门户。南门与东门的等级次之，两门形式类似，门外都修建有照壁。北门的等级最低，规模也最小，正对祖坟，是举行祭祖仪式的门。

综上所述，通过分析家谱的叙事逻辑及村图的绘制方式，发掘聚落物质空间与社会功能之间的深层关系，发现聚落"井"字原型所呈现的"理想图式"，并通过梳理聚落的营建历程，总结出在家族发展到理想状态时聚落布局所呈现的理想状态（图4.11），同时，从生活用水和仪式活动两方面，进一步探讨黄河两岸村民日常的生活状态。

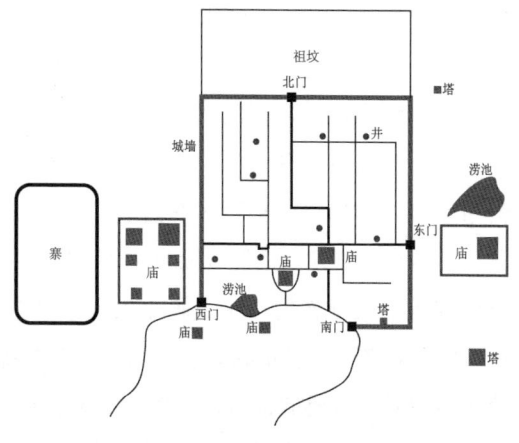

图4.11 解家村聚落图式抽象图

---

1 为中举的人修筑土塔，是黄河沿岸的一种独特的风俗仪式。

本书从解家村这个典型个案出发，扩展到对黄河沿岸现存的传统村落实例，可以进一步论证这种"理想图式"与理想状态的普遍性，即聚落的选址及发展过程是从沟坡到塬边的过程，聚落布局受到家族经济实力与地形地貌的综合影响，但本质上均呈现混合边界、围池而居、村庙系统控制空间秩序、村寨分离、村际的跨沟交通等布局与构成特征。

## 二、混合的边界限定

已有不少学者根据西方人士的在华旅行记述来展开研究，例如描述过北方地区的聚落格局的边界会围绕一圈像是城郭的土墙[1]。传教士李明称陕西的村镇"皆有围墙环绕四周，并有壕沟和铁门。"在清朝民间战火、匪患和政局动荡剧烈的时期，村落自行建立土墙以加强防卫，在华北平原相当普遍[2]。汾渭平原的风土聚落也是如此，在清代《三原县志》[3]中绘制的分境图中（图4.12），用土墙围绕的一个圆圈代表村落，由此可见村落自行建立土墙的普遍性。

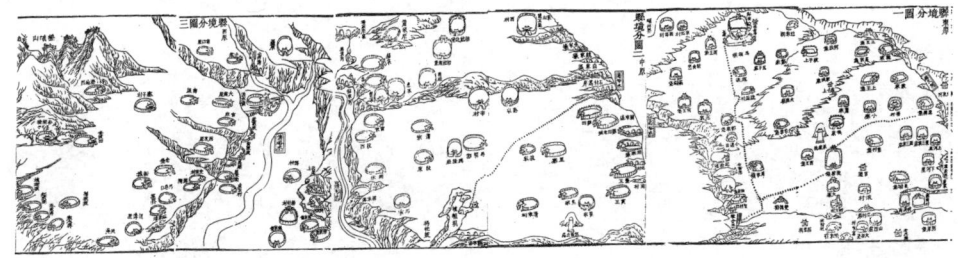

图 4.12　三原县境分图
图片来源：光绪三原县志 /（清）焦云龙修；（清）贺瑞麟纂

黄河两岸风土聚落的边界限定方式有其自身的特点，选址在平坦台塬面上的村落与华北平原上其他地域的村落无异，会修筑人工的土墙。但选址在黄河崖岸、塬边冲沟沟畔的聚落，由于紧邻沟壑，边界形态大多呈现出相对错落的进退关系，与

---

1　平野义太郎：《北中支における农村聚落の鸟瞰》、杨懋春：《近代中国农村社会之演变》，转引自从翰香主编《近代冀鲁豫乡村》，中国社会科学出版社1995年版，第71页。
2　夏春涛. 从《青县村图》看晚清时期的华北村落[C] //. 华北乡村史学术研讨会论文集，2001：28-29.
3　（清）焦云龙修，（清）贺瑞麟纂. 三原县志（光绪版）.

周边地形有机呼应。

总的来说，平坦之处多修建形状规则的土墙，崖坎原边则多将土墙与沟壑连成一体。因此，本书研究范围内的风土聚落的边界限定，除了常见的人为边界（a）与自然边界（b），还有一种独特的"人为—自然"混合边界（c）。

表4.2 研究样本边界类型与人口面积统计表

| 村名 | 边界 | 人口（口） | 面积（ha） | 村名 | 边界 | 人口（口） | 面积（ha） |
| --- | --- | --- | --- | --- | --- | --- | --- |
| 蒲城县山西村 | a | 1 000 | 3.1 | 合阳县高原寨村 | a | 420 | 4.29 |
| 蒲城县大孔寨村 | a | 1 760 | 25.5 | 合阳县南长益村 | c | / | 4.16 |
| 澄城县吉安城村 | a | 358 | 3.6 | 合阳县文王村 | b | / | 9.47 |
| 韩城市西原村 | b | 3 964 | 42.2 | 大荔县大寨子村 | c | 876 | 13.35 |
| 韩城市柳枝村 | b | 2 083 | 37.3 | 河津市樊村堡村 | c | 2 000 | 6.64 |
| 韩城市党家村 | b | 1 508 | 17.7 | 万荣县阎景村 | b | 2 380 | 33.5 |
| 韩城市相里堡村 | b | 3 700 | 28.8 | 万荣县北牛池村 | b | 3 087 | 43.6 |
| 韩城市徐村 | b | / | 12.4 | 万荣县北杨村 | b | / | 18.7 |
| 韩城市王峰村 | c | / | 1.2 | 稷山县马趵泉村 | b | / | 2 |
| 韩城市沟北村 | c | 1 299 | 18.8 | 稷山县北阳城村 | b | 1 600 | 34 |
| 韩城市清水村 | b | 1 680 | 29.23 | 稷山县西位村 | a | 6 300 | 35.4 |
| 韩城市张带村 | b | / | 7.8 | 襄汾县光村 | a | 1 585 | 17.7 |
| 合阳县灵泉村 | c | 1 903 | 8 | 襄汾县丁村 | c | 1 042 | 14 |
| 合阳县东宫城村 | c | 3 980 | 27 | 襄汾县京安村 | c | 2 561 | 28.2 |
| 合阳县行家庄村 | b | 1 765 | 21.9 | 襄汾县陶寺村 | c | 3 250 | 35 |
| 合阳县黑池村 | b | 1 446 | 45 | 襄汾县西中黄村 | a | 3 434 | 25 |
| 合阳县良石村 | b | / | 20 | 新绛县泉掌村 | a | 5 316 | 37 |

## 1. 人为边界与自然边界

对于黄河两岸现存的风土聚落，由于经历从乡村宗法时期、人民公社时期直至改革开放时期的时代变迁,村落的边界早已在扩展过程中改变,许多曾经的村墙、村门早已经残缺不全,甚至只剩下废墟。由于在田野调查过程中收集到了多份族谱与近现代村志中绘制的聚落图像(图 4.13),其中所呈现出的聚落边界非常清晰,为本书的研究提供了重要的历史参照,将其划分为人为边界、自然边界与混合边界三种类型。

人为边界:由人工修筑的,连续的防御性城墙作为边界,这种聚落往往边界简单,轮廓清晰明确,呈现较为规整的形态,主要为前文所说的平坦台塬上的"规则

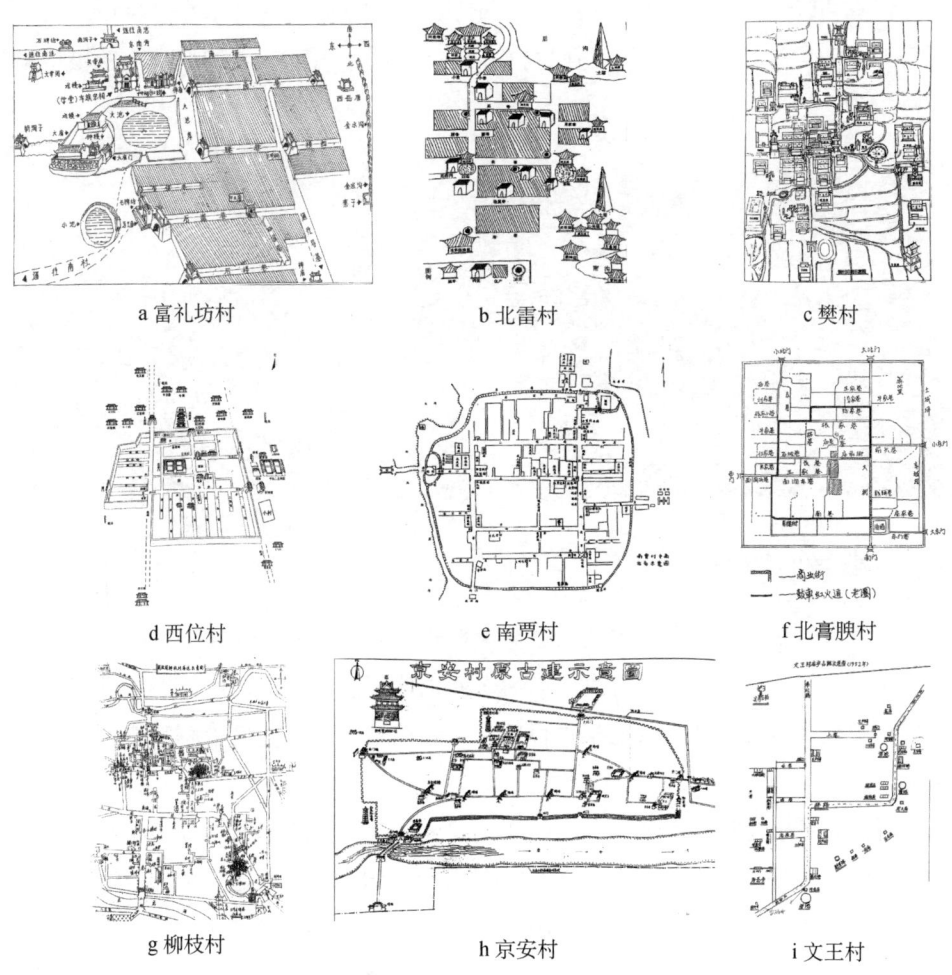

a 富礼坊村　　　　　　　b 北雷村　　　　　　　c 樊村

d 西位村　　　　　　　e 南贾村　　　　　　　f 北膏腴村

g 柳枝村　　　　　　　h 京安村　　　　　　　i 文王村

图 4.13　近现代村志中的村图汇总
图片来源:各村族谱、村志,以及在田野调查中获得手稿

网格"聚落。

　　黄河西岸的人为边界聚落往往规模很小，如合阳县高原寨（图4.14a），位于平坦的原面上，周围不靠近任何沟壑，整个村落规模很小，平面呈长方形，南北长约300 m，东西长约200 m。目前村落四周夯土墙仍保存完好，高约7 m，宽约4 m，东西两面土墙各设有一个砖券门洞，门洞高约4 m，宽约3.5 m，深约9.3 m，寨墙外挖有宽约10 m，深约4 m的壕沟。

　　蒲城县山西村（图4.14b），与高原寨的平面形制几乎相同，整个堡寨规模很小，仅有30户人家，平面呈长方形，东西长约217 m，南北长约144 m，东西两面土墙各设有一砖券门洞，洞深约6 m，堡墙四个角部有角楼遗址，城壕依稀可见。

a 高原寨村航拍　　　　　　　　　　b 山西村航拍

图4.14　黄河西岸人为边界村落航拍

　　与黄河西岸不同，东岸的人工边界聚落规模较大，例如现在绘有村图的南贾村、北膏腴村、西位村等，历史上均为一圈土墙围绕的做法，但村墙在村落的发展过程中已经都消失了，仅能根据民间文献、遗址和村民回忆了解其位置与具体情况。

　　新绛县光村（图4.15e），现全村400余户，村落的轮廓大体呈正方形，东西长约440 m，南北宽约350 m，历史上的土墙现已拆毁。根据村志记载，土墙高约八丈，上宽丈余，车马可以在墙顶环绕行走。东、西两面墙上没有开门，仅在南、北两面墙上各开二门。四座城门均为砖券门洞，门洞高约一丈五，深约三丈，其上建有城楼。蒲城县大孔寨村（图4.15c），由于一条古官道斜着插入基本为正方形的村

第四章 聚落营建与空间秩序

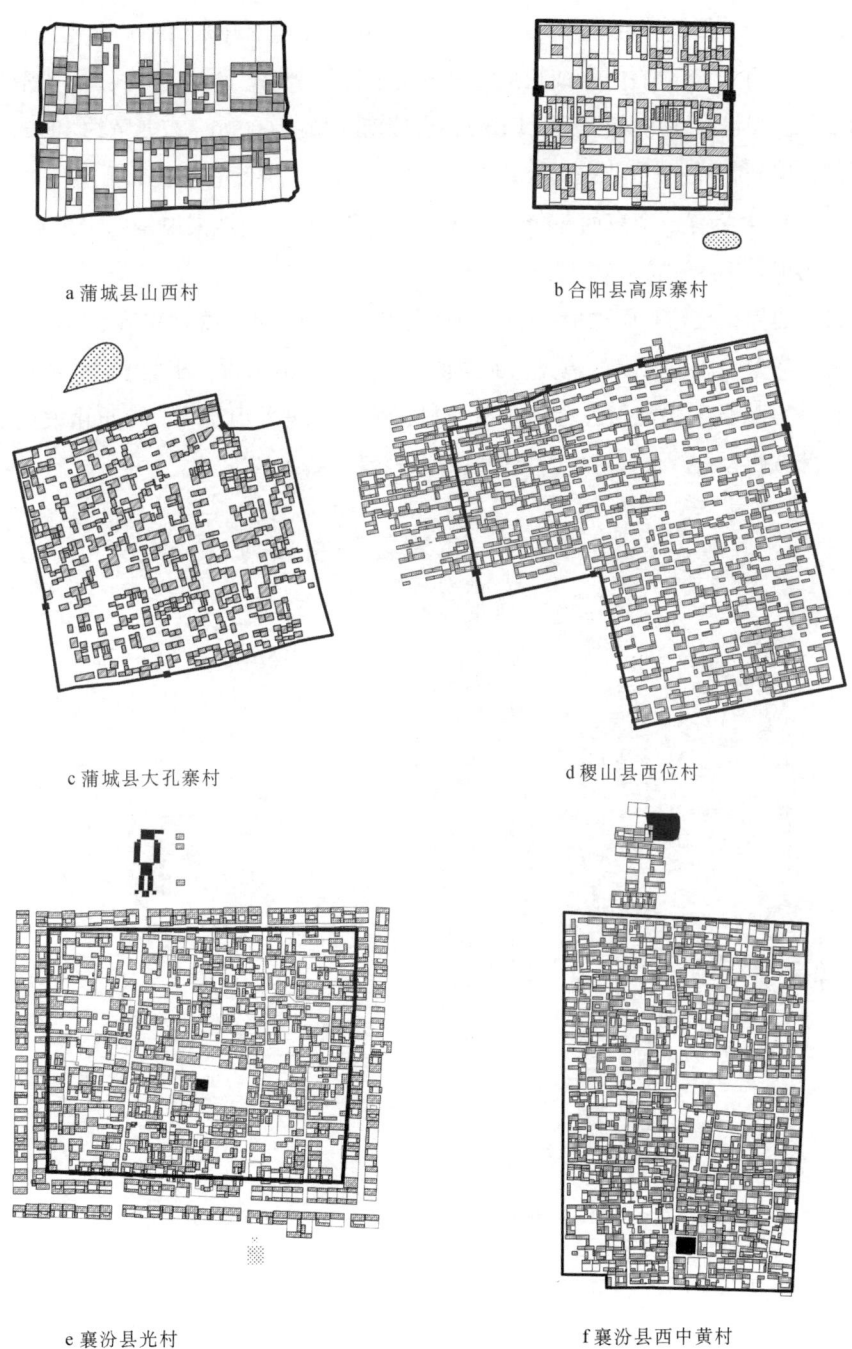

a 蒲城县山西村　　　　　　　　　　b 合阳县高原寨村

c 蒲城县大孔寨村　　　　　　　　　d 稷山县西位村

e 襄汾县光村　　　　　　　　　　　f 襄汾县西中黄村

图 4.15　人为边界代表性聚落示意图

133

落，因此整个方形围墙的东北角形成了一处凹角，在角部开东门，其余北、西、南三面各开一门[1]。这种在方形或矩形城墙一角进行一个豁口的处理方式，在汾渭平原较为常见。襄汾县西中黄村（图4.15f），土墙南北长约600 m，东西宽约400 m。四面墙体在中间各开一门，墙体下宽2.5 m，顶宽0.7 m，共建有800个垛台[2]。在平面轮廓上西南角留有一个东西50 m，南北17 m的缺口，当地人说是基于风水讲究，因西南为申，申为猴，故缺角以避不吉。

自然边界：往往有两种情况：一种是利用黄河两岸的特殊地貌形态，以天然黄土台塬、沟壑、水系限定的边界，如韩城市党家村、清水村、相里堡村，稷山县北阳城村，万荣县北牛池村、合阳县黑池村；另一种是平坦台塬面上自由发展的村落，如韩城西原村、行家庄村，万荣县阎景村等（图4.17）。

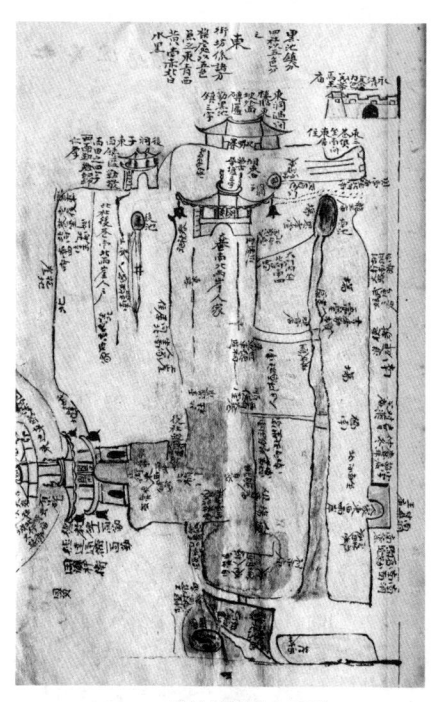 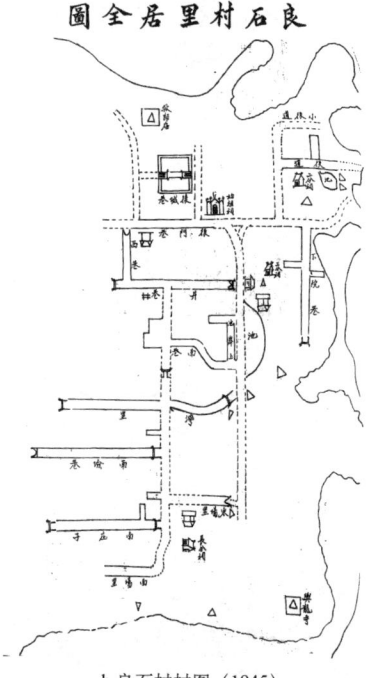

a 黑池村村图（1906）　　b 良石村村图（1945）

图4.16 黑池村与良石村村图
图片来源：a《纯熙堂说谱兼附村图》；b《王氏宗谱》

---

1　参见《蒲城传统村落》内部资料。
2　参见《西中黄村志》，第18—19页。

靠近黄河两岸的自然边界聚落往往规模较大，不修筑土墙，整个建成区的边界较为复杂，形成模糊的边缘空间。村落大多通过在巷口修筑门洞，并结合村中宅院原本的围墙来解决防御问题，其整体边界是开放式的，还有很多村落的边界是通过周围的打麦场或道路来限定，道路形态与地形有机呼应。

合阳县王氏家族的黑池村，现在保留有光绪三十二年（1906）所修《纯熙堂说谱兼附村图》，其中存有一幅绘制很完善的彩色村图（图4.16a）。由于黑池村的村图绘制时间较晚，已经明显带有现代地图的制图逻辑，其中明确标注了聚落西、北、南面的西崖地、北崖地以及南沟等地形，东洞、内洞子、后洞子、北稍门、南洞子共5个门洞，还有南面的场。可以看出，西崖地、北崖地及南边的场，是村落的自然边界，大巷东端头的两层洞楼（东洞楼、内洞子），后巷东端头的后洞子，以及南北大街两端的北稍门和南洞子是村落的门户空间。

王氏家族的另一处村落良石村，现在保留有1945年续修《王氏宗谱》中的里居图（图4.16b）。由于村落东侧紧邻沟壑，制图人用类似等高线的方法描绘了沟壑边缘的走向，作为聚落的东边界。

党家村是典型的选址在原下沟内的自然边界村落（图4.17a），北边界被自然的黄土台塬限定，南边界被泌水河河岸限定，整体形态跟随地形走势，呈现自然增长的有机状态。村落以大巷为中心，因人口增长而增加的新宅院往往接近村落边缘，最外缘则是马房、磨坊或佃户较为简易的房舍。村落在进出村口以及各巷道口都建有稍门，利用台地落差，临街四合院的围墙等将村落封闭起来，形成防御边界。目前，党家村留存有4座稍门，一般高3.5～3.6 m，上层木构建筑，下层砖砌门洞。历史上共建有24座稍门，部分建于清咸丰以前，部分建于咸丰初年。清咸丰以前所建的稍门均分布在村口和主要巷口，咸丰初年增设的稍门主要在通往泌阳堡的路口[1]。

相里堡（图4.17b）的选址南、东、北三面环沟，仅西面与台塬平坦地面相接。有三条深沟自东边的崖壁边缘向西，呈指状延伸至村落的中心位置，将村落整体一分为二，村中两条主巷平行于沟壑方向，东西向微偏南，自西向东到达沟边崖壁，宅屋顺着巷道排布，铺满整个台塬边缘，村落的东边界轮廓线在视觉上与自然的黄

---

1 陕西省韩城市西庄镇党家村志编纂委员会.党家村志[M].北京：方志出版社，2018.

汾渭平原风土聚落模式与谱系

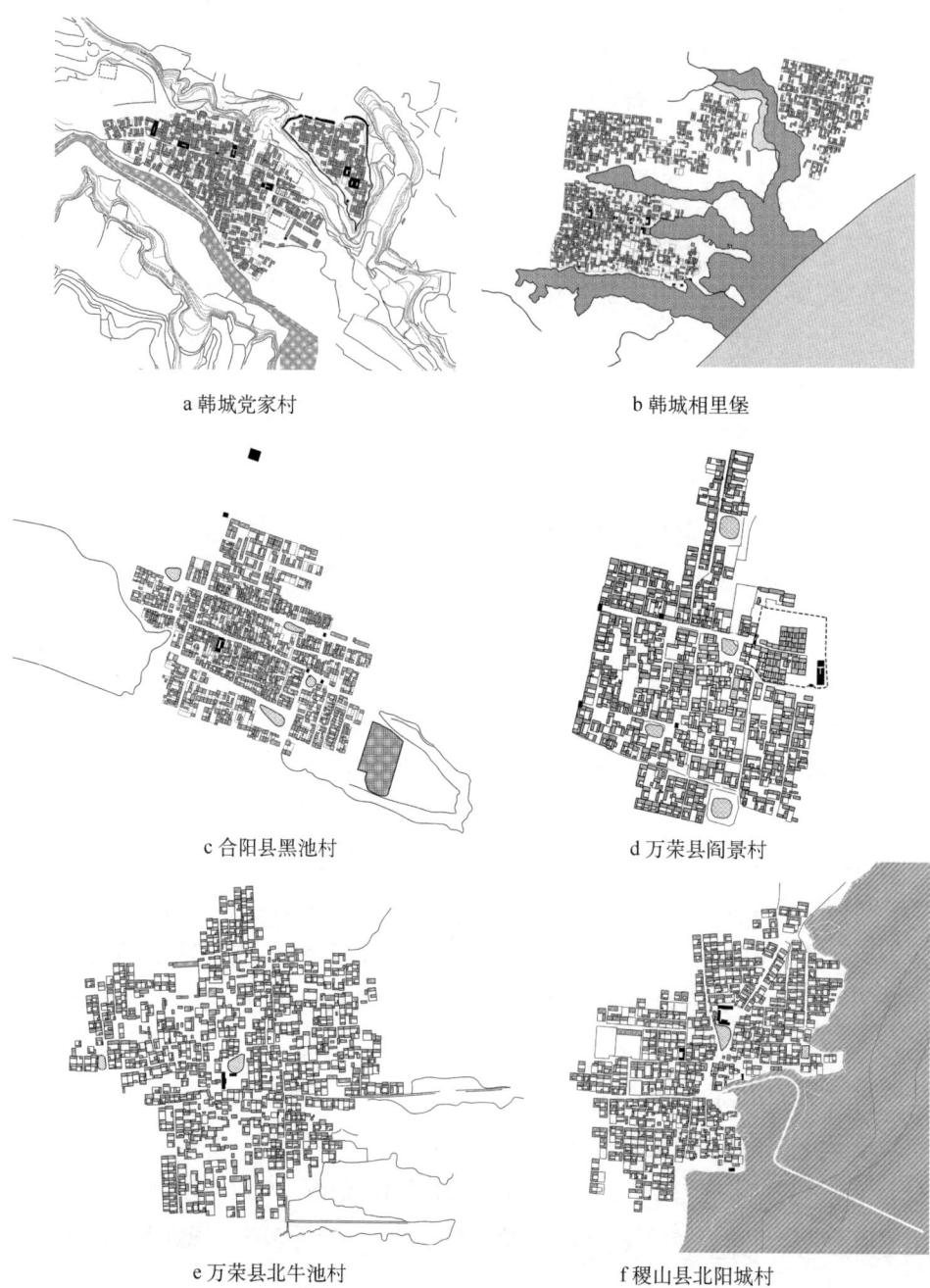

a 韩城党家村　　　　　　　　　　b 韩城相里堡

c 合阳县黑池村　　　　　　　　　d 万荣县阎景村

e 万荣县北牛池村　　　　　　　　f 稷山县北阳城村

图 4.17　自然边界代表性聚落示意图

土台塬浑然一体。两条主巷道均在巷口处修有稍门，用以限定村落西边界。

北牛池村（图 4.17e），村落轮廓线参差不齐，呈现不规则的"星形"[1]。东面以四条放射形的小型冲沟为边界，南面以一条东西向的冲沟为边界，西南面是以前村民修筑的南沟泄水渠道，北面地面平坦，是解氏祖坟的分布区域。由于村落四通八达呈星形，因此各个方向均有进入村落的出入口，据老人回忆，当时北牛池村的村门、巷口的门楼共有十多座，村西有西门楼、洞门楼，村南有南门楼，村东有北门楼和东门等，到了晚上在规定的时辰会关闭门楼以确保村落安全。

此外，北阳城村（图 4.17f）也是典型的自然边界村落，整个李铁河一线的村落大多形态相似，均为紧邻东侧的台原沟壑的边缘线的南北向发展。北阳城村不临沟壑的其余三面各有一条对外巷道，向北通往北辛庄村，向东北通往段壁村，向西通往清河镇，三条道路将村落拉扯为"星"形。作为进出村落的出入口，三个巷口分别修筑西门、北门、东北门，将整个村落的边界限定出来。

## 2. 混合边界的基本形式

混合边界是前两者的综合，即人为与自然的结合，这种类型主要集中在黄土台塬被河流切碎的沟壑地带，将人工夯筑的土墙与自然的台塬崖壁连为一体，形成较规则矩形与自由曲线结合的聚落形态轮廓线。基于村落轮廓边界与沟壑的结合关系，可以将其分为单面邻沟与多面环沟两种类型。

（1）单面临沟的聚落边界轮廓，仅在与沟壑发生关系的一面呈现自由曲线，平坦一面通常呈现开阔方正的形态。

例如襄汾县丁村（图 4.18a），选址在汾河东畔的台地上，整个村落的轮廓线大致呈方形，村落结合地形修筑城墙，西、北、东三面开阔平坦，修建了规整方正的三面城墙，轮廓线接近正方形。南面有一道弯曲的高于村落台地的土岗，虽然土岗本身并不高，但村落的南城墙利用土岗修筑，形成了自由曲线的南部轮廓线。

紧邻沟壑崖壁一侧的交通处理方式主要有三种类型：①村落所邻台塬边缘坡度较为平缓，设置的围墙跟随沟壑崖壁呈现自由曲线，选择较为平坦处设置对外出口，设置跨越沟坡的对外交通；②村落所邻崖壁与沟底的高差大，坡度陡峭，往往

---

[1] 阿·德芒戎在《人文地理学问题》一书中，将被道路交通拉扯为不规则形态的聚落形式称为"星形"，本书借用了这一命名方式。

将崖壁一侧视作"天险",在崖壁一侧不设置交通流线,整个村落的对外交通都集中在平坦地面;③在崖壁陡峭的情况下,设置挖通崖壁的隧道解决从村落到崖底的高差,形成对外交通。

合阳县东宫城村(图 4.18b),是典型的第一种类型。村落位于徐水沟北岸的台塬边缘,北面为一片十分开阔平坦的土地,作为村落主要的农耕地区,修建了较为规整方正的西、北、东三面土墙,西北角留有一个长方形豁口。村南是徐水沟所形成的曲线形的沟缘线,因此村落的南墙利用沿着沟缘修筑,形成了自由曲线的南部轮廓线,南面设有两个门洞,供来往行人出入,其中西边的门直接与跨沟交通相连。

又如依托涧河生长的襄汾县京安村(图 4.18c)、陶寺村(图 4.18d),也是此种类型。京安村的村落四周都有土墙,北、东、西三面较为规整方正,在西南角有一个矩形缺口,南面跟随南涧河地形走势,形成自然的边界线,共有五个城门,其中南门通向太平县城,有一座通惠桥位于南涧河上,是古驿道上的重要桥梁。此种类型在沿河村落极其普遍,离它不远处的陶寺村与其类似,整个村落北、东、西三面以城墙为边界,轮廓线比较方正,南面以南沟为边界,结合沟壑夯筑城墙,轮廓线是自由的曲线,南门连接跨河交通。

韩城市沟北村(图 4.18e),是典型的第二种类型。村落选址于韩城小渠河沟北岸,南临高耸的断崖,整个村落由东西两村组成。西村由人工夯筑的村墙与自然的沟壑共同构成村落边界,因此西村又被称为砦城。东村没有人工夯筑的村墙,利用稍门来管理村落边界。西村整体平面形状呈东西向的椭圆形,西、北、东修筑较为规整的土墙,东西长约 283 m,南北宽约 70 m,墙体高约 10 m,底部宽约 8 m,顶宽约 2.5 m,外侧有宽约 10 m,深约 5 m 的护城壕。设北门与西门,北门为主城门,位于偏东的位置。南面不设门,在悬崖沟畔用青砖石灰浆砌筑一道约 300 m 长的护墙防止人攀登,彻底封闭对外交通。

韩城市郭庄砦村,是典型的第三种类型。村落与沟北村形态类似,但在邻沟一侧修建了解决高差的通道。郭庄砦村位于汶水南塬,北临高崖,整体布局呈长方形(图 4.18f)。与沟北村不同的是,北面邻崖一面设置了一个通过坡道出入的石洞北门(图 4.20),石洞高约 3 m,宽约 4 m,顶部为砖砌圆拱形,石洞路由石砌而成,并修有排水渠。这样北门洞的作用是可以直接跨越高差到达村外沟底,既解决了交通问题,又能满足防御要求。襄汾县的贾罕村与郭庄砦村情形类似,村落南临豁都峪

第四章 聚落营建与空间秩序

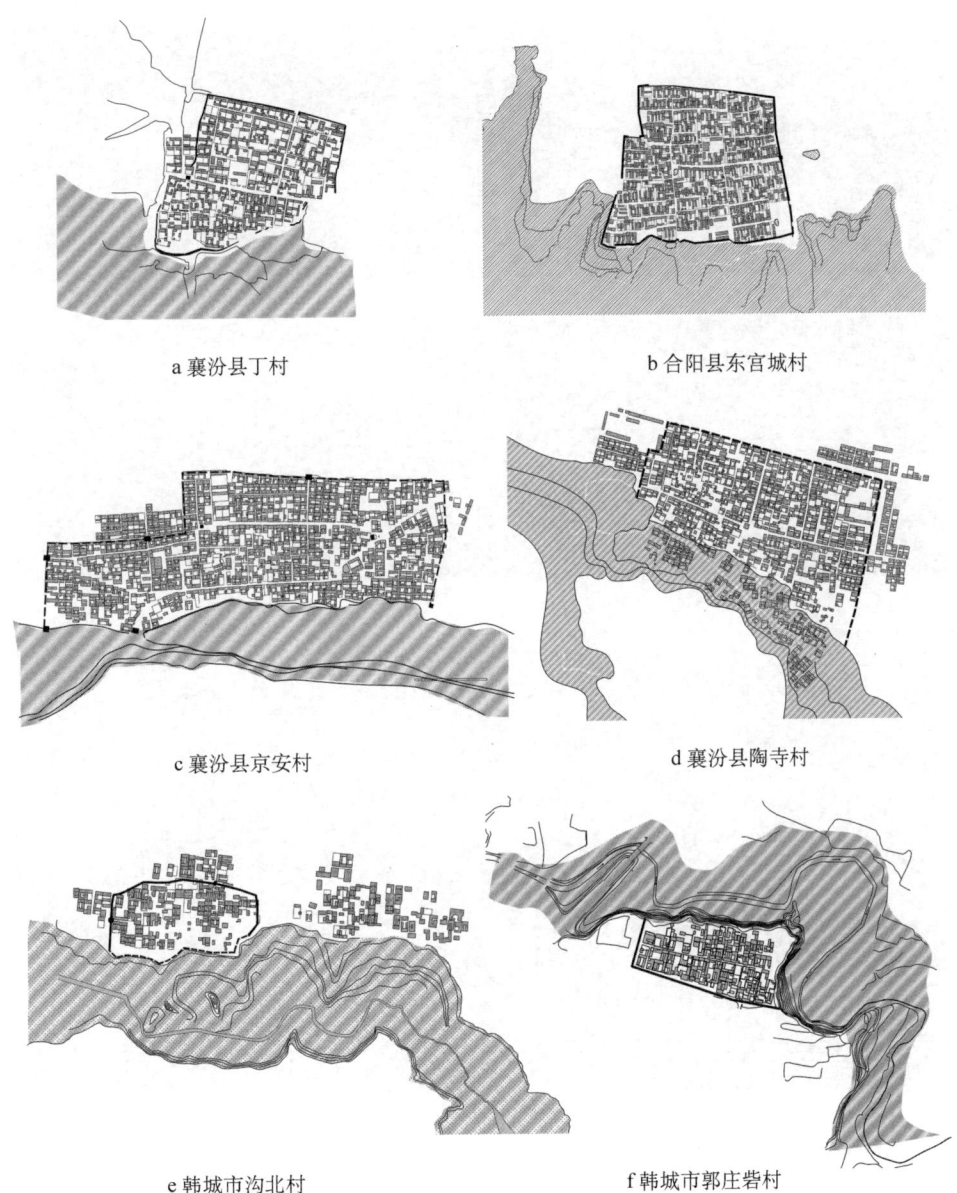

a 襄汾县丁村　　　　　　　　　b 合阳县东宫城村

c 襄汾县京安村　　　　　　　　d 襄汾县陶寺村

e 韩城市沟北村　　　　　　　　f 韩城市郭庄砦村

图 4.18 混合边界（单面临沟）代表性聚落总平面示意图

因泄洪所形成的一条横贯东西的涧滩，因此南面设置的大、小南门均接近涧沟，通过门洞的设计来跨越村内外的沟壑高差。

a 襄汾县丁村　　　　　　　　　　b 合阳县东宫城村

c 襄汾县京安村　　　　　　　　　d 襄汾县陶寺村

e 韩城市郭庄砦村

图 4.19　混合边界代表性聚落航拍

可以看到，为了争取更优的南北朝向，村落大多采取东西走向的主巷道，整个村落东西向较长，因此单面邻沟的聚落大多位于东西走向的沟壑南岸，南北流向的黄河两岸，尤其是汾河两岸有多条大小水系均东西向汇入，因此单面邻沟的聚落较为集中分布。

图 4.20　韩城市郭庄砦村北门实拍

(2) 多面环沟的聚落大多选址在沟壑形态极其复杂的位置,会将大面平整的土地都留给农田用以生产,利用沟壑的天然防御优势,往往只需要在平坦那面修筑一道较短的土墙,就可以将整个村子严密地包围起来,形成完全的防御边界。例如分布在黄河西岸的合阳县灵泉村、南长益村,韩城市梁带村、王峰村,大荔县大寨子村,河津市樊村堡村等。

以合阳县灵泉村(图 4.21a)作为典型案例,村落三面环沟,仅需要在西侧一面重点防守,借助自然的台塬崖壁修筑了人工土墙,形成整体规则矩形但局部自由曲线的边界外轮廓。再如同处黄河西岸崖边的韩城市梁带村与灵泉村形态类似,北、东、南三面被沟壑半包围,仅在西侧夯筑人工土墙重点防御。再如大荔县大寨子村,北、东、南三面环崖,仅西面一面平地,曾有城墙结合崖壁修筑,环绕一圈,整个村落边界呈不规则曲线形。

还有位于太枣沟支沟的沟头位置的合阳县南长益村(图 4.21b)也是相似形态,只是村落规模更小。村落东、北、南三面环沟,大体呈不规则的矩形形态,南北长约 260 m,东西宽约 140 m。借助天然的地势,只需要在西面修筑一道南北走向的土墙,就可以将整个村子严密地包围起来。南长益的围墙始建于明代,清同治年间进行过大规模的维修,整个土墙南北走向,高约 10 m,底部宽约 6.6 m,顶部宽约 2 m,城墙外还有深约 6 m 的壕沟。西南角的城门洞子是村落的主要出入口,北侧还有设置一个小门,用以村民平时去沟坡及沟内耕作的便捷通道以及临时逃生。

由于黄河东岸临汾、运城一带的沟壑密度远小于西岸的韩城、合阳,因此三面环沟的案例主要集中在西岸地区,黄河东岸的村落明显规整许多,但仍然有各种方

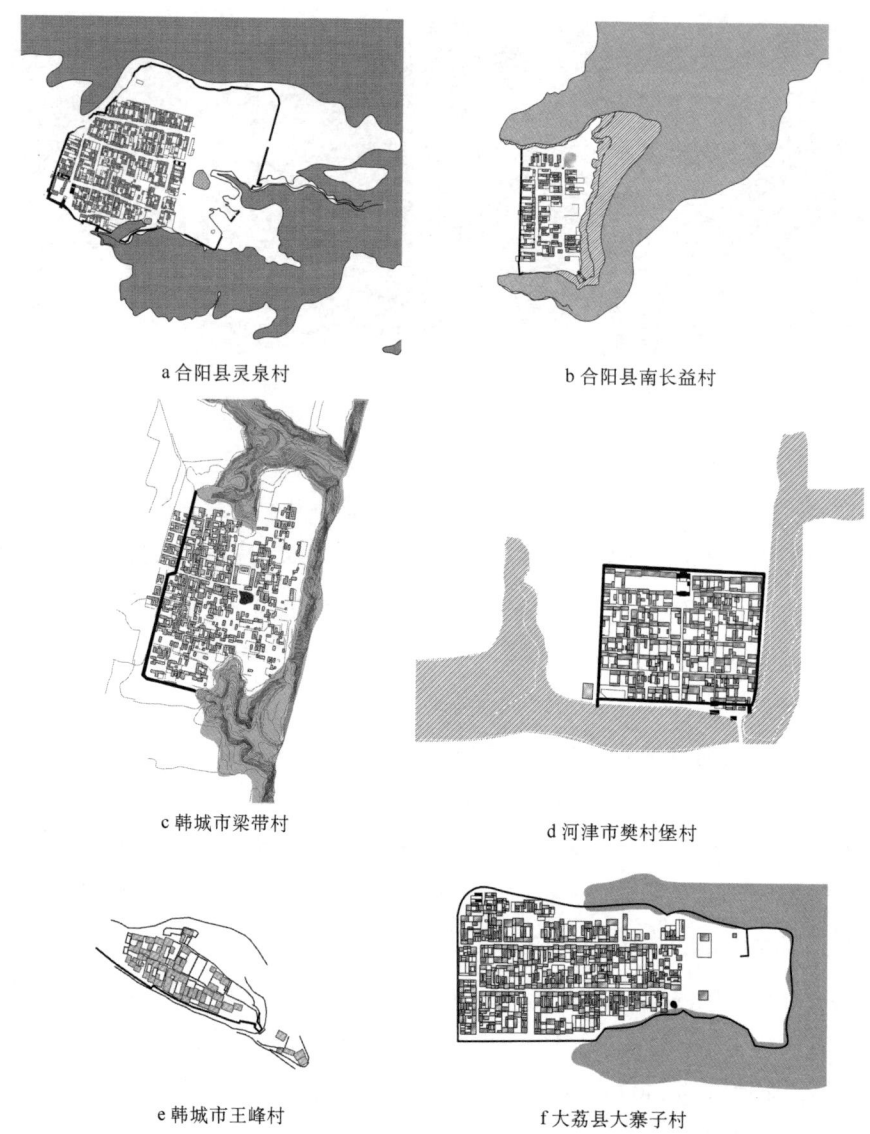

a 合阳县灵泉村　　　　　　　　b 合阳县南长益村

c 韩城市梁带村　　　　　　　　d 河津市樊村堡村

e 韩城市王峰村　　　　　　　　f 大荔县大寨子村

图 4.21　混合边界（多面环沟）典型聚落总平面示意图

式来利用沟壑形成边界。

例如河津市樊村堡村（图 4.21d），村落整体呈规则的正方形，南北长约 240 m，东西宽约 280 m，四周修筑城墙。南面和西面利用沟壑形成天然的护城沟，要到达村落入口，必须在西南角通过一座飞虹桥才能跨越沟壑到达。南墙中段偏东位置开设主门,作为整个村堡的主要出入口,在墙体的西南角正西,留有方形出口,供堡内居民出堡生产劳作。南墙与沟壑留有一定距离形成门前公共广场,场地西南角与东南角与沟壑相接处均修有稍门,称为巽字门与坤字门,作为村落的边界的第二个层次。

## 3. 混合边界的营建过程

实际上,调查所看到的这些"人为—自然"混合边界的村落,其围墙边界并不都是一次成形的。依托汾渭平原黄河两岸悠久的历史,此地的风土聚落一旦追溯营建的历史开端,往往会到非常早期的历史时段,因此许多有墙边界的村子,在历史上大多是基于早期遗留的城池不停地重修、重建,增设城门,加固墙体,才逐渐形成了如此多样性的边界。

例如合阳县东宫城村,在北魏时设置的宫城县治在此,根据现存清光绪二十六年(1900)"重修城池碑记"记载:"本村旧有城基也,修于唐宗室李公确,实修于北魏真宗七年,考之,以承所谓宫城县也。"[1]据考证,自北魏太平真君七年(446),合阳县分宫城县与五泉县,其中宫城县的县治所在地就在东宫城村。北周明帝二年(560),宫城县被撤销,但东宫城村留下了最早的城墙。唐代时曾重修城墙,到清朝末年,城墙年久失修,但由于同治年间回民起义对地方社会造成的侵扰,于光绪十六年(1890)决定在原城墙的基础上重新修建。

对于整个墙体的修建过程,也有碑刻记载。由于村落面积很大,因此工程浩大,分为东西两头同时施工,并选出两名"城长"进行管理,现存有光绪二十六年(1900)"党钦、党光斗统理城工功德碑"。相传当时纪律严明,制度严格,上下工以钟声为号,整个修筑过程历时十年,消耗白银2 200两,于光绪二十六年(1900)完工。[2]

又如韩城市解家村家谱记载:"余村因吴郭,贼乱。明嘉靖二十二年癸卯,筑城墙三面,前据险崖,旧址犹存。"[3]明确记载了村子是在明嘉靖二十二年(1543)年第一次修筑城墙,家谱中又进一步记载:"村设墙垣,不特藏风聚气,地理宜然,且以资守卫。备盗窃,卫室庐,人事所关,有尤切焉。余村城墙旧谱记其筑自前明嘉靖

---

1 合阳县人民政府.合阳年鉴[M].西安:西安出版社,2019: 260.
2 合阳县人民政府.合阳年鉴[M].西安:西安出版社,2019.
3 见《解氏家谱图》。

中，旧址犹存，则其颓坏，固已久矣。嘉庆二年，本族乡约丕祥倡重修议官，惠及族众。各捐资而祥督其役，复筑城墙三面，仍前基址而阔之，不及者尺许。前崖一带亦悉屏以矮墙，足增设南门，以便启闭。由是出入稍有所闲。"[1] 表明嘉庆二年（1798）在原城墙的基础上重修了城墙，并增设了南门，两次营造之间相距了两百余年。

再如襄汾县西中黄村，太平县志光绪版记载[2]，整个墙体分两段完成，先筑土堡，然后又包砌了砖墙。门楼上的匾额题字均为崇祯四年（1631），可见各门楼的完工时间与夯土墙体相同。根据遗留的不同砖雕工程字板，北城西段为康熙乙丑年（1685），东段为康熙庚寅年（1710），东城北段为雍正五年（1727），可以看到从版筑夯土到包砖砌墙历时百年。

除了围墙的墙体并非一次成型，而是多次"修修补补"，许多围墙的边界轮廓线，也在随着村落人口的增长，规模的扩大，在不停地发生变化。下面以襄汾县贾罕村作为典型案例来说明。贾罕村最早的建成区集中在南部涧沟旁，以菩萨白衣庙至大南门为中轴线，东至古牌楼，西至李家巷西崖，南至涧沟岸，北至南大街，东西长约250 m，南北宽约100 m。后来在历史上经历了五次拓展，最终于顺治九年（1652）建成为现在的形态。

根据村民自己手绘的图纸可以看到（图4.22），第一次拓展为向北拓展，根据目前遗留的南北向长约20 m，高约3 m的城墙基，可以推测出原东城墙位置是由

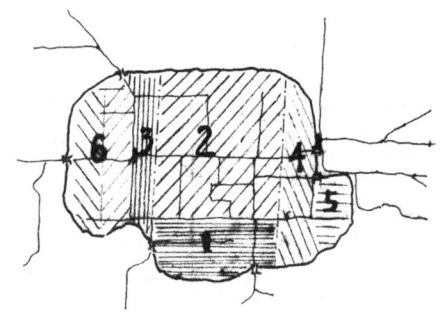
a 贾罕村村落边界轮廓演变图

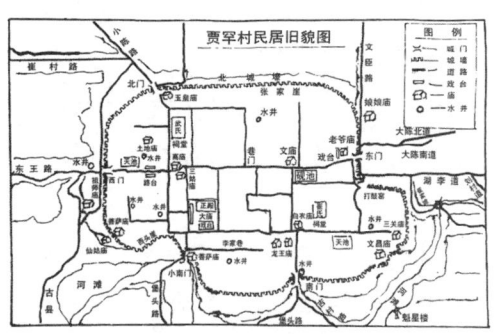
b 贾罕村旧貌图

图4.22 贾罕村村民手绘图纸
图片来源：武七管、崔学文等编《贾罕村志》（2009）

---

1 见《解氏家谱图》。
2 "西中黄距县十里，明崇祯三年（1630）筑堡，国朝康熙五十三四等年通甃以砖。"参见张蒙. 西中黄村志[M]. 太原：三晋出版社，2010: 17-18.

古牌楼向北延伸至现在的北城墙。西城墙由李家巷门经过大庙东侧、武家巷门一直到北城墙；第二次拓展为向西拓宽，根据当地村民建房时发现的古城墙夯实遗迹，推测西城墙向西扩了 80 m，由高庙向南到南崖边上与南城墙相接，向北与北城墙相接；第三次拓展为向东拓宽，向东移动约 100 m，直到如今东城墙的位置；第四次拓展为东南角的城墙拓展；第五次拓展为西城墙再往西扩 70 m 至西门楼[1]。

## 三、围池而居的空间组织

干旱与雨涝频发，是黄河两岸最大的气候特点，由于气候干旱但夏季多短时集中暴雨，黄土台塬地势平缓不利于排水，这使得秋冬春三季缺水而夏季村落内涝，这成为此地人们日常生活面临的主要困境。先民在长期的生存过程中，逐渐学会利用自然地势，遵循自然规律对雨洪加以利用，在整体的聚落格局中形成应对旱涝共存的丰富经验。在人与环境长期的相互作用下，黄土台塬传统聚落逐渐发展出稳定的形态类型，形成一套独特的旱涝"自平衡"系统[2]，呈现出可识别的地域景观特征。

a 韩城市西原村　　　b 合阳县东宫城村　　　c 稷山县北阳城村
d 韩城市张带村　　　e 合阳县行家庄村　　　f 韩城市徐村

图 4.23　黄河两岸风土聚落水池航拍

---

1　参见《贾罕村村志》。
2　徐岚，雷振东. 关中传统村镇旱涝平衡经验及其当代规划启示 [J]. 西安建筑科技大学学报（自然科学版），2017，49（1）：111-117+130.

人工挖凿的蓄水池成为此地的一种独特的生活设施[1]，几乎每个村落中都有1～2个水池，有的甚至能多达5～6个，是在此地聚落营建中控制空间秩序的重要元素。在功能层面，巷道与水池共同形成了一套完整的雨水收集以及泄洪排水系统，既能积蓄雨水解决缺水地区人民的日常生活用水需求，又能有效拦蓄雨洪，是黄土台塬地貌固沟保塬的重要设施。在习俗范畴，水池会与周边纪念性建筑结合，形成整个聚落中最重要的仪式场所和景观中心，而水池的修建及使用规程也在一定程度上影响了聚落的社会组织结构。

## 1. 水池的类型与命名

虽然黄土台塬风土聚落普遍挖掘水池，但不同的蓄水池，功能类型存在一定差异。田野调查中发现，聚落成员对水池不同的命名方式反映了地方不同的风俗习惯，并蕴含了地方对水资源的利用与社会管理的智慧。水池的命名并非只是同一事物的不同名称，同时反映了水池具有多重功能。一般来说，汲井困难的村落开凿水池是为解决人畜的饮水问题，另有一些村落挖掘水池，则是基于泄洪排水的考虑，池水虽不用于人饮用，但为浣洗衣物、房屋建筑、牲畜饮水提供了便利[2]。

水池的命名系统能够体现集水方式。渭北旱塬[3]大多将村中水池命名为潦池、涝池、灌池等，"潦"字意指雨水大或路上的流水，这一命名生动地反映了水池汇集村中各巷道雨水的汇水方式；"涝"字，则反映了水池用于泄洪排涝的作用；灌池一般处于村落边缘，不为存水，只为泄洪。汾河流域则大多将村中水池命名为天池、泊池、池泊、池陂，"天"字生动反映了干旱地区"天降时雨，聚水于内""取之于天，用之于人"的蓄水方式。

水池的命名系统能够体现水池的具体功能。有的水池被称为麻池、麻潢，体现了水池用于沤麻的生产作用；有的被命名为牛泊池、马泊池，体现提供牲畜饮水的作用；还有的被起了带有人文意蕴的名称，如莲池、柳池、黑池、白池、明池等，

---

1 在我国西北黄土高原丘壑区、华北干旱缺水山丘区、西南干旱山区均有凿池积蓄雨水的情况，本书重点讨论汾渭平原的黄土台塬区。
2 胡英泽. 凿池而饮：明清时期北方地区的民生用水[J]. 中国历史地理论丛，2007（2）：63-77.
3 渭北旱塬一般指的是渭河北岸的黄土台塬区。

反映了人文景观作用。民间文献一般将水池称为官池[1]，反映了在社会管理方面，水池的权属是属于一个家族或整个村集体的公共财产，一般会制定严格的用水制度与水池维护制度。

除此之外，开凿水池的形态还有一定的风水讲究，水与"文运""财运"有关，因此许多村落的水池是为了补益风水，例如徐村为了补文运所开凿的水池形似砚台，命名为墨池。可以说，不同主导功用的水池在选址、形状、规模、数量及与巷道组织的关系塑造不同聚落的景观特征。

## 2. 巷—池组成的蓄水排涝体系

无论水池的命名与主导功用有何差异，在缺水的黄土台塬地貌上，池中水的来源都是汇聚雨水与雪水等地表水。例如，徐村涝池的进水口处建有一座牌楼，正面刻写"浩荡难名"，形容修筑水池工程浩大，背面刻写"细流不择"，形容村中的所有水流不分大小均汇入池中。为了充分地利用地表径流，水池无论在选址、规模、形状及进出水口的设置方式上，都与村中巷道紧密结合，巷道在暴雨之时化身为水流通道，基于自然地形高差，与水池共同组成一套完整的"巷—池"蓄水排涝系统。

为了更有利于争取南北向的居住空间，北方风土聚落的主巷道大多为东西走向，聚落的发展历程大都是先沿着一条东西巷道发展，在到达一定长度不利于聚落成员交往和联系时，会进一步发展为"十"字形或"三"字形两种基本原型，水池即与两种基本原型发生相互作用。

基于实地的田野调查，本书选取了汾渭平原上的26个典型传统村落，从总平面的"池—巷"组合关系上看（图4.24），各村大多有2到3个水池，多的能达到6个（表4.3），在规模上往往是"一大多小"。通过分析巷道的组织结构与池子的分布情况，以及与周边大尺度自然环境的互动关系，总结出"多池联动"(a)、"分巷汇水"(b)、"外围拦蓄"(c)三种蓄水排涝模式，其分别对应不同的聚落形态特征。下面将结合具体实例的布局特征展开论述：

---

1 例如，万荣高家庄现存碑刻《重修官池记》（1852）。党家村现存《新修泌阳堡碑记》（1856），描述涝池的位置与尺寸为："西边南，官池一段，东宽二丈，长六丈三。"

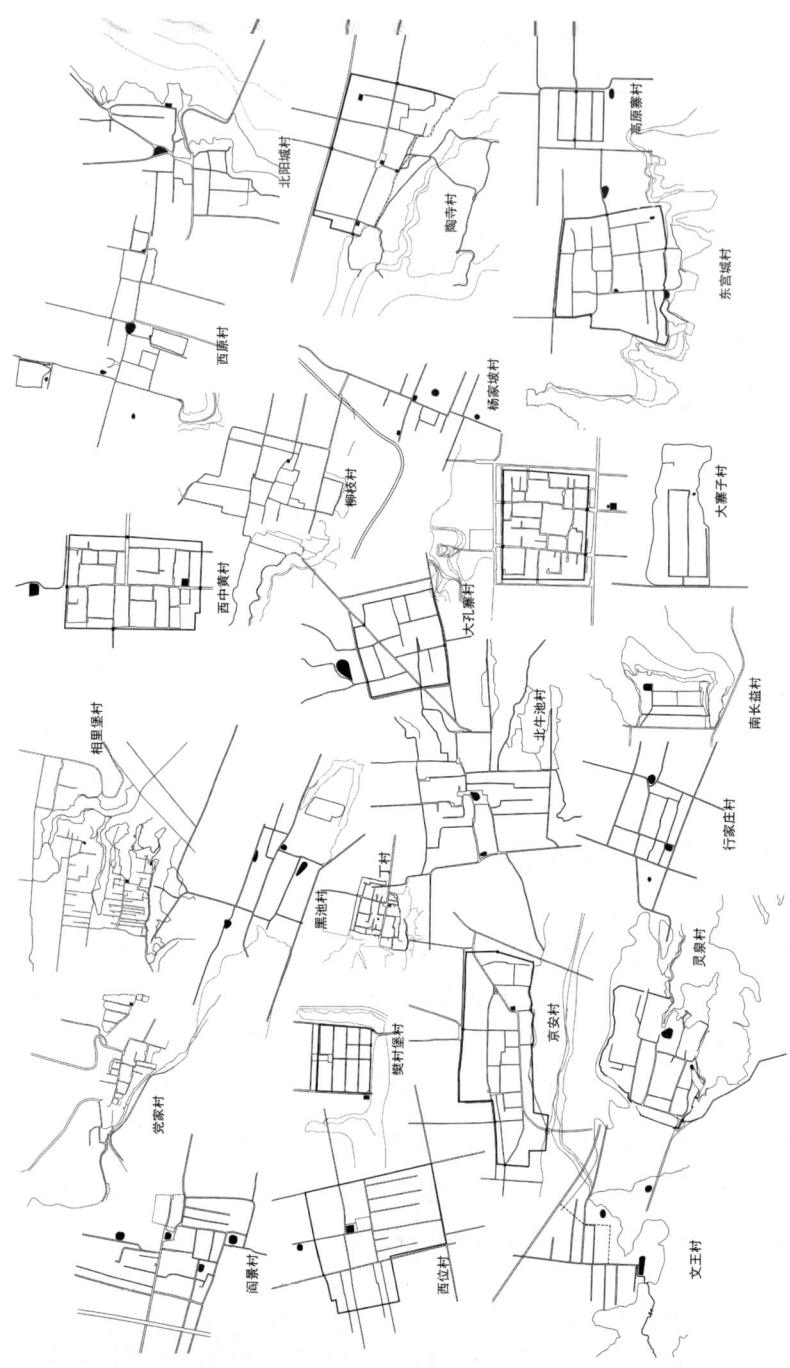

图 4.24 研究样本池巷体系汇总图

表 4.3　池子数量及类型统计表

| 序 | 村名 | 池（个） | 类型 | 序 | 村名 | 池（个） | 类型 |
|---|---|---|---|---|---|---|---|
| 1 | 蒲城县大孔寨村 | 1 | c | 14 | 合阳县南长益村 | 1 | b |
| 2 | 蒲城县吉安城村 | 1 | c | 15 | 大荔县大寨子村 | 1 | c |
| 3 | 韩城市西原村 | 6 | a | 16 | 河津市樊村堡村 | 1 | c |
| 4 | 韩城市柳枝村 | 2 | a | 17 | 万荣县北杨村 | 3 | a |
| 5 | 韩城市党家村 | 1 | b | 18 | 万荣县闫景村 | 4 | b |
| 6 | 韩城市相里堡 | 4 | b | 19 | 万荣县北牛池村 | 2 | a |
| 7 | 韩城市沟北村 | 3 | b | 20 | 稷山县北阳城村 | 2 | a |
| 8 | 合阳县灵泉村 | 3 | b | 21 | 稷山县西位村 | 2 | a |
| 9 | 合阳县东宫城村 | 4 | a | 22 | 襄汾县光村 | 2 | c |
| 10 | 合阳县行家庄村 | 2 | b | 23 | 襄汾县丁村 | 3 | a |
| 11 | 合阳县黑池村 | 4 | b | 24 | 襄汾县京安村 | 3 | a |
| 12 | 合阳县高原寨村 | 1 | c | 25 | 襄汾县陶寺村 | 3 | a |
| 13 | 合阳县文王村 | 3 | b | 26 | 襄汾县西中黄村 | 2 | b |

(1)"多池联动"模式

东西向与南北向两条主巷道组成的"十"字形格局，是村落最常见的巷道组织方式。十字交叉口作为可达性最高的节点，也是水池位置的首选。一村之内往往会开凿有多个水池，不同的水池在选址、规模等方面均会有所配合，形成有主次关系与汇水次序的"多池联动"的模式。其特点主要体现在三方面：一是分区使用的便利性，各水池的排布与各居住片区相对应，在合理的服务半径内解决不同区域的蓄水排水以及用水便利的问题；二是有效预防水患，利用多个水池形成的汇水排水网络，对水流形成缓冲及分流，防止过大水流对村中道路及建筑物造成破坏；三是将建成区内部小的蓄—排水系统与周边自然环进行联动，形成更大的"巷—池—沟"蓄水排水系统。

黄河两岸的传统村落体现明显的同族聚居形态，组团邻里一般由同族构成，并以组团为单位修建水池这类公共设施。如韩城市西原村（图 4.25），全村共有 6 个

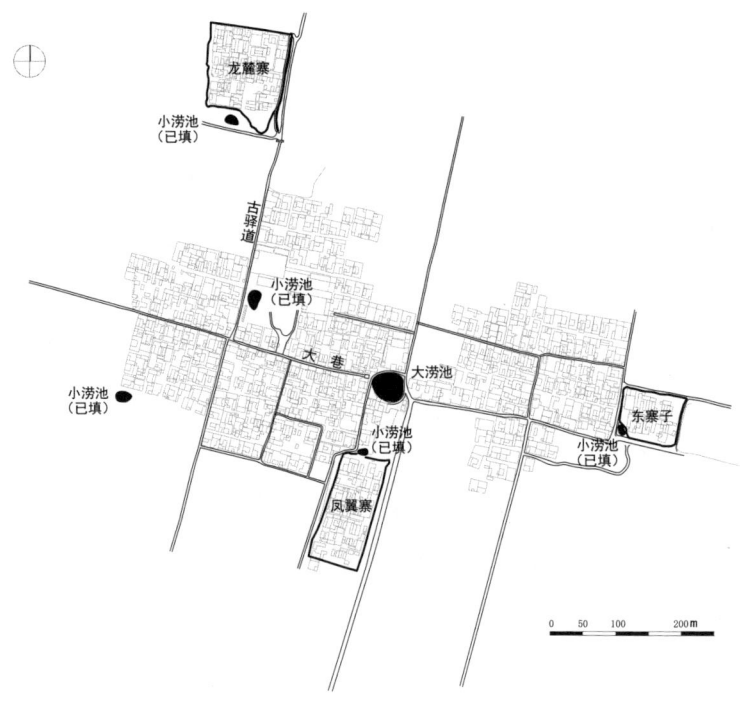

图 4.25　西原村涝池分布示意图

水池，最大的水池位于村中心的十字交叉口处，占地约 4 000 m²，呈不规则圆形，四周岸边采用自然坡式通往池底，村民形象地称其为"锅底形"。另外还有 5 个小涝池围绕在村落周边，分别服务于村落的不同居住片区。由于西原村是典型的"村寨分离"的"一村三寨"类型，吉、张、程三姓分别在村落边缘修建了自己家族的寨子，其中有 3 个水池分别与 3 个姓氏修建的寨子发生关系，分别位于村北程姓的龙麓寨，村南吉姓的凤翼砦，村东张姓的东寨子三个寨门口，方便寨中人取水用水，为不同家族提供了便利的配套服务。

又如襄汾县丁村（图 4.26），全村共有 3 个水池，其中村墙以内的 2 个是在明清时期开凿的。丁村由巷道划分为四个边界清晰的居住组团，北院、中院、南院和西北院，分别居住不同的丁氏族人分支。2 个水池分布在东西主巷沿线上，东池目前保存完好，位于十字街的中心位置，主街路南，主要收集来自北门巷与主街上的水流，呈方正矩形，南北长约 20 m，东西宽约 15 m，深 2～3 m。西池目前已被填平，原在南门巷与主街交会的丁字路口北侧，规模与东涝池接近，主要汇聚来自

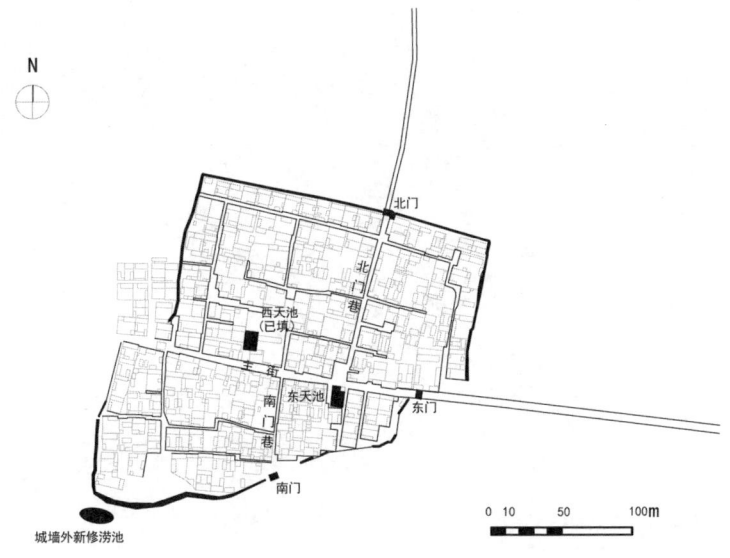

图 4.26　襄汾县丁村涝池分布图

南门巷与主街上的水流。清乾隆《丁氏宗谱》记载："村中有两天池，俱坐落中院，东头一、西头一。天降时雨，聚水于内，饮牛马、濯污衣，以及建房取水、童子沐浴，大有裨益。"[1] 可以看到，2 个池分别方便村落东、西 2 个区域的人取水用水。

在传统农业社会，乡村需要牲畜进行农业生产，牲畜的日常用水量甚至比人还大。由于汲井供牲畜饮水过于费时费力，故牲畜的日常饮水主要依赖水池。在那些无法凿井必须靠水池饮水的村落，往往会有人、畜两类饮水池，将人的吃水池单独分开，进行严格的水源管理。如合阳县行家庄村（图 4.27），共有 3 个涝池，除了西池建于 1974 年，修建时间较晚之外，其余 2 个涝池中，南池正对西套巷，为吃水池，有专人看管，严格禁止洗衣饮牲口，杜绝污染水源的行为。东池位于大巷东头，是洗衣物、饮牲口的生活用水池，池内还养有鱼、乌龟等生物，四周绿树成荫。可以看到，两个池子进行了功能区分，分别满足了不同的用水需求。

黄土台塬区风土建筑的墙体以夯土夯筑或土坯砖砌筑为主，道路也大部分为土路，因此在水流过大的时候，极容易冲毁道路与建筑。加之黄土台塬地貌的典型特点是坡多沟多、土质疏松，为了保证耕地的完整性，聚落往往依沟而建。因此，季

---

[1] 家谱中记载："村中有两天池，俱坐落中院，东头一、西头一。天降时雨，聚水于内，饮牛马、濯污衣，以及建房取水、童子沐浴，大有裨益。"具体参见李秋香.丁村 [M].北京：清华大学出版社，2010：77.

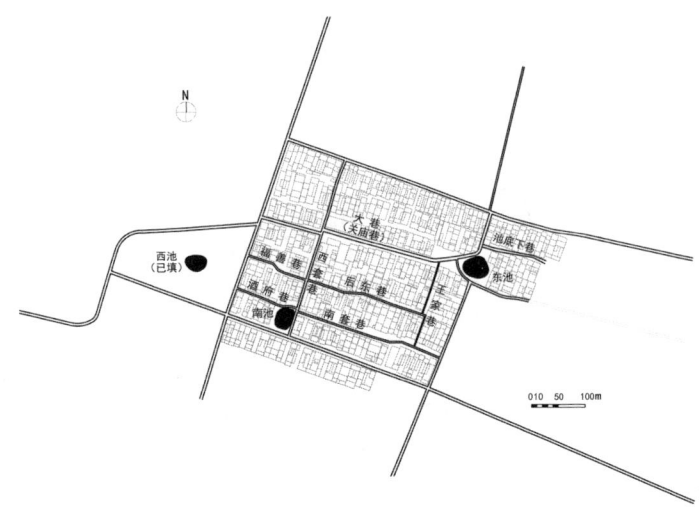

图 4.27　合阳县行家庄村涝池分布图

节性强水流在冲向沟边的时候，极易造成台塬边缘的沟头滑塌，对聚落造成严重的危害。

在调研中发现，许多村落八景都描述了夏季暴雨时水池汇水的场景，如韩城徐村的八景之一"东南蛟龙"，生动描述了徐村因大巷东西距离较长，在夏季暴雨之时，各小巷雨水均汇聚到大巷中，进而汇入东南方向的涝池，由于水势很大，在汇入涝池的时候犹如蛟龙吐水[1]。又如襄汾县贾罕村的八景之一"龙门三击浪"，栩栩如生地描述了村落南北大街由于高程上落差较大，间隔修了三段石坡，大暴雨时雨水沿道路由南向北冲刷，经过三段石坡时犹如三个小瀑布，足见水势之大[2]。因此，水池在数量、规模及选址方面的设置，不仅要积蓄雨水解决用水问题，更重要的是还要达到防御水患的作用。

基于此，"多池联动"模式的另一形态特征是在村中心修建小池，将大池甩在村落集中居住区的外围。通过这种布局方式，可以有效利用村中心小池缓冲水流，减缓暴雨水流的流速，防止冲毁路面与墙体。经过小池缓冲过后的水流最终汇聚入村外大池，大池满溢或决口也不会对村落集中居住区造成影响，而是直接排入与村落紧邻的冲沟，将"巷—池"组成的小的子系统进一步扩大为"巷—池—沟"的大

---

1　同养丁. 话说徐村[M]. 2011.
2　武七管. 贾罕村志[M]. 2009.

系统，形成与周边自然环境的联动。

柳枝村（图 4.28a）选址在汶水与泌水之间，南北皆为水系冲刷形成的东西向沟壑。共有 2 个水池，分别被村民称为上涝池和下涝池。由于地势西北高东南低，上涝池在北部村中心位置，规模较小，约 100 m²；下涝池在村东南角，规模较大，约 300 m²。每逢大暴雨，村西北的水流先流经北巷、西巷汇入上涝池，减缓水流冲击力，上涝池满溢后才会通过老门巷与东巷汇合，流入下涝池。如下涝池满溢，则雨水经东门洞排出，汇入村落南边的老虎沟下游，经郭庄沟最终汇入上一级的泌水

a 韩城市柳枝村　　　　　　　　　　　b 合阳县东宫城村

c 稷山县西位村　　　　　　　　　　　d 襄汾县陶寺村

图 4.28　多池联动模式的代表性案例分析图

河，形成一套完整的排水体系[1]。

东宫城村（图 4.28b）选址在黄河西岸，徐水沟北岸的台塬边缘，共有 4 个水池。村周原有一圈土墙，小雨的时候，每个涝池均由不同巷道的流水汇入，收水量基本均等。由于地势西南高东南低，大暴雨时，村外冲过来的强水流会先突破西门注入村中心的小涝池，形成一定的缓冲和分流，池水满溢后，将雨水分流至南涝池与东涝池。东涝池规模最大，又称大涝池，位于东门外，远离居住核心区，紧邻农田及果园，溢出的水可直接用于灌溉。南涝池位于南门外，紧邻沟壑边缘，对冲入沟中的水流起到缓冲作用，池中溢出的水也可自然排入沟内。而在布局上 2 个在城墙外，2 个在城墙内，也考虑到了在关闭城门防御外敌的时候确保解决人畜用水问题。

在地形较为复杂的黄土台塬边缘地带，聚落的巷道结构会跟随地形进行适应性变化，从"十"字形演变为"X"形或"Y"字形相交的主巷道贯穿整个聚落，大池依然会分布于交叉口处。例如稷山县北阳城村（图 4.29）选址于稷山北麓，李铁河所形成的冲沟西侧。村东紧邻两条带状沟壑，一条跨越李铁河沟的古驿道自东

图 4.29 北阳城村涝池分布图

---

1 柳枝村村志编写组. 古柳逢春：柳枝村文史资料 [M]. 2017.

部沟壑向西贯穿全村,两条自南向北的主巷交汇成"Y"字形与其垂直相交。村中原有大小2个泊池,面积较大的泊池位于"Y"字形夹角处,呈水滴状,南北长约60 m,东西最宽处约40 m,西北角与南部开两个进出水口,西北口较小,南口较大,由于整个村落西北高东南低,超过水位线后,水从南口溢出,因此还有一小型的矩形泊池分布于村西,靠近沟壑边缘,水满溢则自然排向沟内。

(2)"分巷汇水"模式

多条东西向平行巷道组成的"三"字形布局,也是黄土高原聚落极为常见的巷道组织方式。为了方便汇聚雨水,水池一般选在平行巷道地势较为低洼的一端,多个水池分别汇聚不同巷道的雨水,形成几乎互不干扰的"分巷汇水"模式,呈现池子与巷道一一对应的独特聚落形态。此种类型在黄河西岸的韩城、合阳一带极为常见。

例如合阳县富礼坊村,从当地村民对20世纪60年代的手绘村貌图(图4.30)中可以看到,整个村落自北向南依次为后楼巷、后道巷、腰巷、南巷四条东西向平行主巷,全村共有2个池子,都位于平行排列的巷道的东侧,其中面积较大的称为大池,占地约6 700 m²,呈圆形,两个进水口分别与南巷与腰巷对接,收集来自南巷与腰巷的地表水。面积较小的称为小池,正对后道巷,呈圆形,占地约1 300 m²,进水口在西侧正对着后道巷巷口的位置,收集后道巷的地表水。

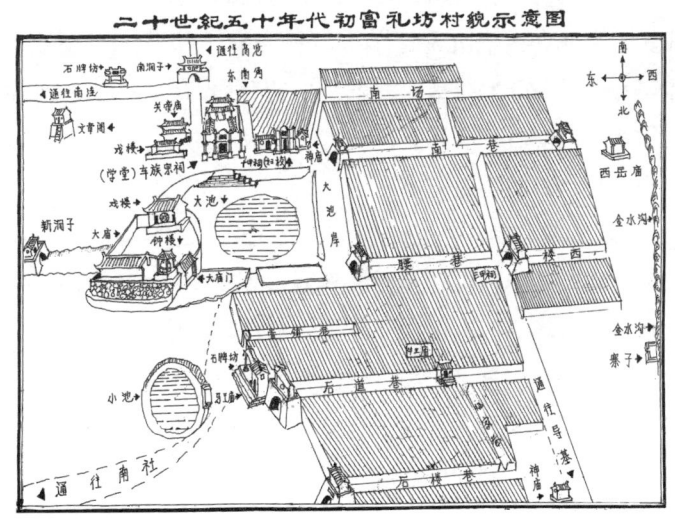

图4.30　20世纪50年代合阳县富礼坊村村貌示意图
图片来源:《车氏族谱》

更为典型的案例是合阳县黑池村与万荣县闫景村（图 4.31a）。黑池村共有 4 个池子，地势西高东低，有 3 个池子分别位于 3 条平行巷道的东侧，自北向南依次为后巷东头的后池，大巷东头的黑池和南场巷东头的南池，还有一个位于村西，是后巷西头的西池。东边 3 个池子分别汇聚对应的 3 条平行的巷道上的雨水，由于东南角地势最为低洼，所以南池的规模相应也最大。

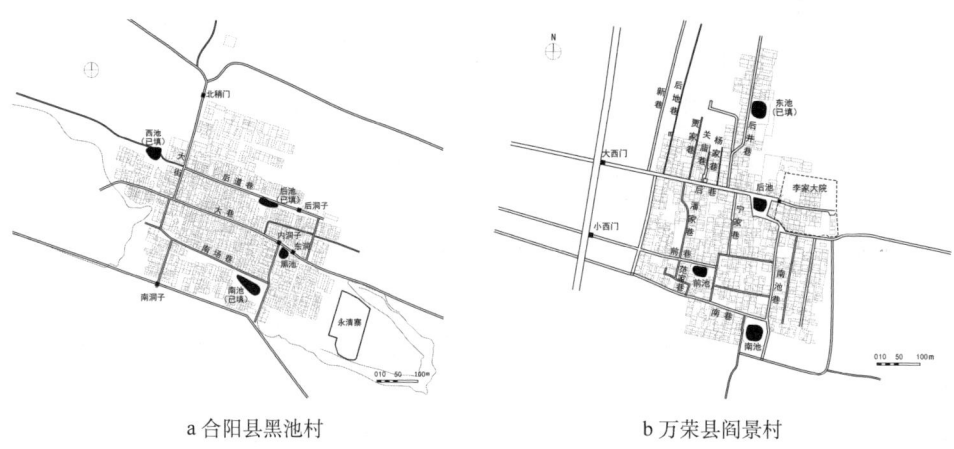

a 合阳县黑池村　　　　　　　　　b 万荣县阎景村

图 4.31　分巷汇水模式的典型案例分析

阎景村共有 4 个涝池（图 4.31b），村落地势西高东低，其中有 3 个分别位于 3 条东西主巷东头，自北向南依次为后巷东头的后池，前巷东头的前池，南巷东头的大南池，还有一个东池位于村北延伸出村外的南北向的后井巷东。水池分别汇聚 3 条东西主巷的雨水，同时各池发挥着缓冲与引导水流的作用。与黑池村类似，由于东南角地势最为低洼，因此南池规模最大。

"分巷汇水"模式除了考虑水池与巷道的关系外，还要综合考虑水池与周围自然环境及地形的关系。黄土台塬区沟壑的侧蚀与滑塌是当地村落面临的最大潜在威胁，大雨冲崩侵蚀，破坏力很大，因此位于台塬边缘紧邻沟壑的村落，水池一般会选址在沟头附近适当距离。这种布局方式既有利于积蓄雨水，又能在池水满溢后直接将水排至崖底，同时能非常有效地防止暴雨水流猛烈冲刷致使沟壑边缘崩塌，防止沟头继续向村落建成区方向延伸造成破坏，蕴含着地方先民长期总结出来的生态智慧。

如位于黄河西岸崖壁边缘的韩城市相里堡村（图 4.32），原有 4 个水池，分别在张家巷、陈家巷和王柳巷的端头，全都分布在沟崖边缘。其中位于张家巷东头的池子，因为台塬边缘的逐年崩塌已经消失，用村民的话是"涝池崩到沟里去了"。这种情况也发生在灵泉村的南涝池，灵泉村的南涝池与东涝池建于同一时期，位于南巷东端头，靠近台塬边缘的位置，汇聚南巷和前巷的雨水，同时防止水流过大冲毁黄土台塬崖岸，但在光绪初年，因遭遇洪水，南涝池被水流冲毁掉入了沟里，由此可见水池对于暴雨冲刷沟壑的缓冲作用。

图 4.32　韩城市相里堡涝池分布图

(3)"外围拦蓄"模式

黄土台塬由于地势过于平坦却存在多级台地，因此季节性洪水是当地产生洪涝灾害的主要原因，当地人将这种季节性暴发的洪水称为"滚坡水"。许多村落会在季节性洪水来向的村落建成区外围修建拦截洪水的涝池。

选址在山麓地带的村落，会在地势较高处修建规模非常大的水池用以拦蓄季节性山洪。如蒲城县的大孔寨村（图 4.33a），由于村落选址在黄龙山脚下，为了在季节性山洪来临的时候缓冲洪流，拦蓄洪水，以防止村落被淹没，同时在北门外开凿了一个规模巨大的涝池，占地约 6 000 m²，呈不规则的水滴形，东西向，西窄东宽。

由于整个村落地势北高南低，而大涝池却一反常态地建在了北边地势最高的地方，还被村民总结成为大孔寨四怪之一"涝池高过北城墙"[1]。

又如西中黄村（图 4.33c），由于村落选址在吕梁山脉东麓三官峪洪积扇南半扇与平地交接的中心地带，每逢雨季便会直面山洪的冲击，因此村民选择在村落的北门外设置一座大涝池，用以拦蓄雨水，减缓山洪的水势。同时修建笔直的道路贯穿南北，将洪水疏导从村落中心穿过。根据村中老人口述，西中黄村的得名，有一种说法即是由于每逢暴雨，掺杂的泥沙的黄色洪水从村落中心咆哮而过，从而得名"中黄村"。

选址在台塬边缘的村落，暴雨时地表水会冲入沟壑形成"滚坡水"。如合阳县灵泉村的西涝池（图 4.33b），由于整个村子处于台塬边缘，地势低洼，因此每逢暴雨时节，村西总会有洪水从西坡冲过来，西涝池的作用便是对滚坡水起到一定的缓冲作用。根据村中老人口述，多年来用"西池满没满"来衡量洪涝险情，夏季若遇暴雨，西池满溢就需要在前巷进行围堵。直至 1994 年，抽黄总干渠[2] 修成，村中西涝池才逐渐失去了防洪排涝的作用被填平。

再如合阳县文王村，原有 2 个涝池，分别位于村东和村南，其中南池正对南北主巷，紧邻沟壑边缘，呈椭圆形，占地面积约 2 400 $m^2$，各东西向小巷雨水汇聚到南北主路最终向南汇入南涝池，水满溢后自然向南排向沟中。而东池位于地势比较高的地方，主要用以缓冲来自东北高坡处的季节性洪水。

除此之外，许多村落为了安全，会举全村之力修筑一圈完整墙垣，由于这一工程耗时费力，因此墙垣内的用地极为珍贵，加之许多村落规模较小，而居住密度较大，因此会将蓄水池选址在城门外，既方便汇聚雨水，又方便村中人取水，还节省了村内的建设用地（图 4.34）。例如合阳县高原寨，仅有 1 个涝池，由于村落规模很小，城墙围绕的建成面积约 4.29 万 $m^2$，全村仅由两条东西向平行的主巷道构成，东城门外有一条南北向官道路过。涝池选址在东门外的城垣东南角下城壕边上，与官道相隔。在涝池与官道之间还修筑了配套的青石条砌成的过水洞，在官道西侧修筑了砖砌的明水渠。地表水利用寨中西高东低的地势，水向东流，出了东门，借助官道顺流南下，同时与北边及东边的水汇聚在一起，再穿过青石条过水洞，最终流入涝池。

---

1　大孔寨村的四怪分别为：寨子修在干梁梁，空空戏楼人来往，斜斜街道半里长，涝池高过北城墙。
2　抽黄灌溉工程指的是以黄河为水源，采取提灌的方式灌溉关中东部地区的水利工程。

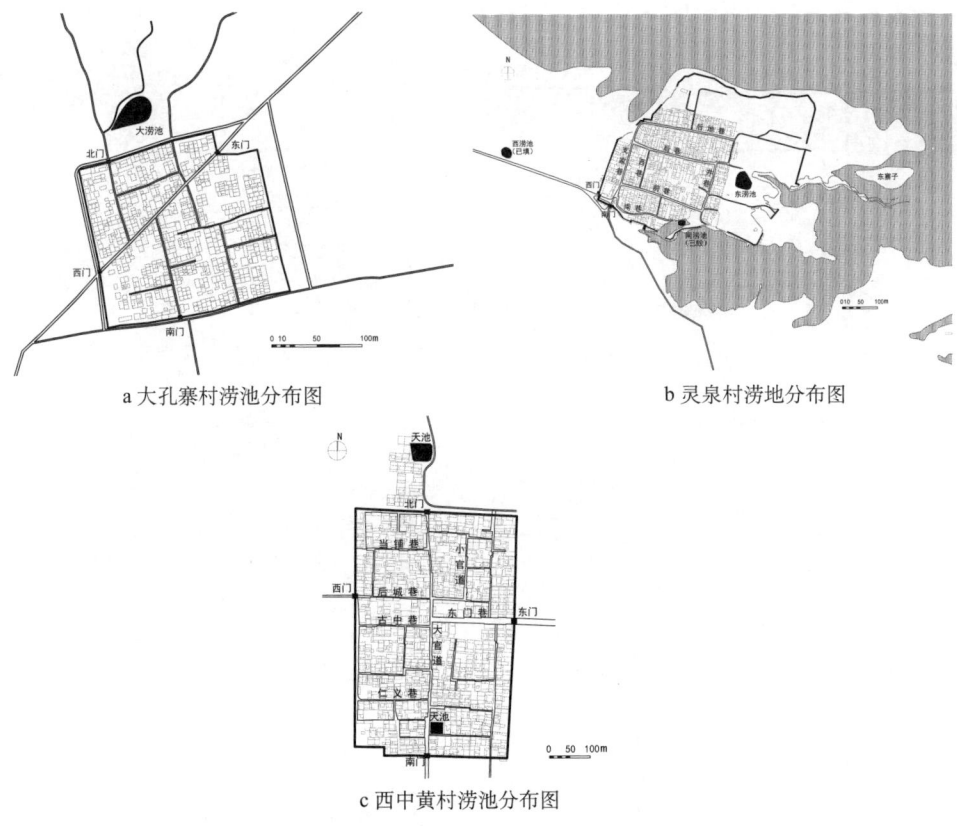

a 大孔寨村涝池分布图

b 灵泉村涝地分布图

c 西中黄村涝池分布图

图 4.33 外围蓄水典型案例示意图

## 3. 池—庙形成的聚落公共中心

在缺水的黄土台塬地貌，水池除了解决饮水或生活用水等各种实际功用，在技术层面实现节水性能优化[1]，还是一处稀缺的旱地水体景观资源，能为村民提供休闲娱乐、景观观赏之处。因此，大部分村落的核心公共空间都是围绕水池展开的，水池旁边会建有龙王庙、池神庙、关帝庙、土地庙等众多庙宇，并配合修建戏楼、影壁、牌楼等。一般祠堂也会选址在水池周边。由于蓄水池池边土地湿润，利于植物生长，池内会有莲花等水生植物，还会有鱼、龟、蛙类等生物，池子周边还会有槐

---

1 吴艺婷，雷振东等.关中民居建筑雨水利用演变规律及优化策略研究[J].世界建筑，2021（9）：22-26+138.

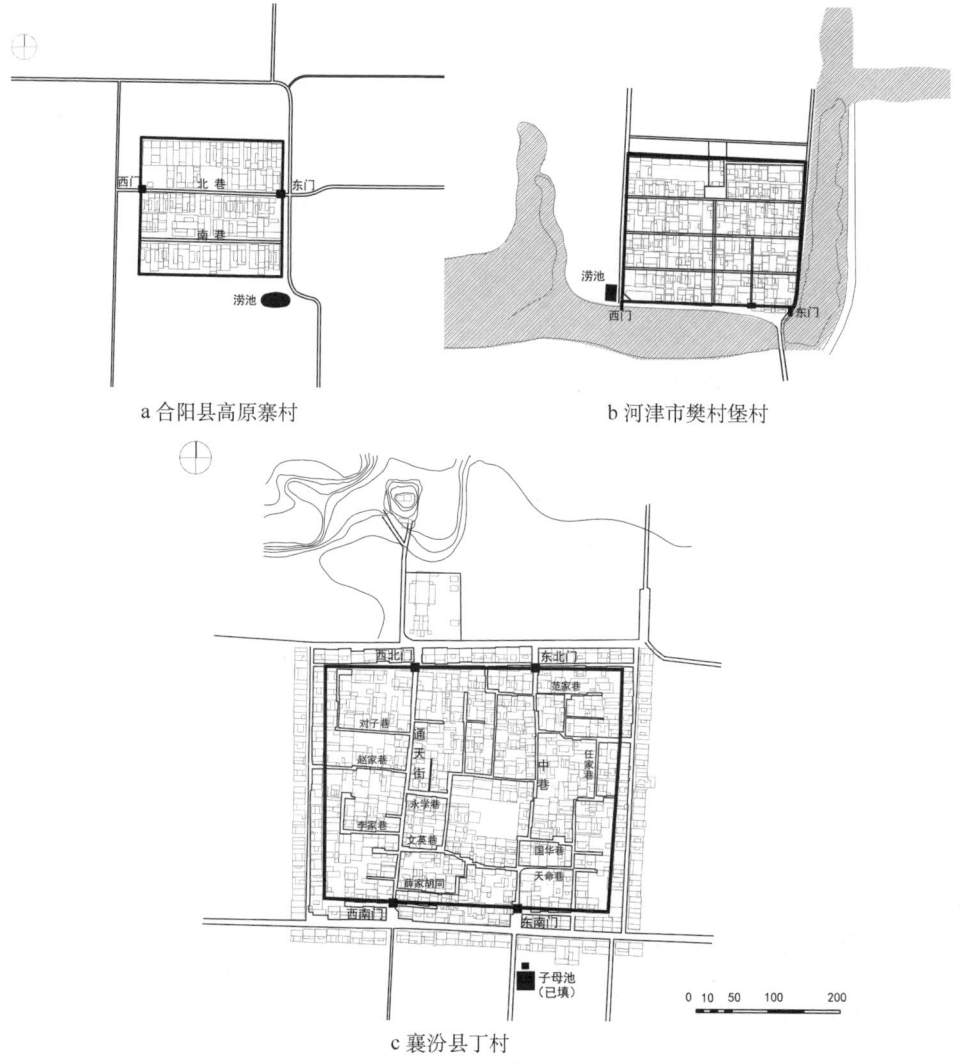

图 4.34　外围蓄水模式（人为边界）的典型案例总平面示意图

树、杨树、柏树等，共同形成一个丰富的开放空间及景观中心，形成了许多与水池相关联的文化习俗，承载独特的地方社会场景。

"池—庙"所组成的公共空间，往往是聚落成员对聚落人文历史环境意象最深刻的部分，控制着他们对聚落数百年发展的空间分布秩序与形态特征的认知。实地调研中发现，无论是现存的民间碑刻、明清历史村图、村民回忆的近现代村图还是村民口述，涝池及其周边建筑共同形成的公共空间总是被极致刻画的对象，反映了从聚落成员的主体视角对"围池而居"聚落形态特征认知的群体意向与集体记忆。

如万荣县高家庄村现存碑刻记载："雨集而常盈，地润者屋亦润，波流而不泄水，蓄者财亦蓄，民安物阜，俗美风清。"[1] 韩城徐村重修水池碑刻记载："浣衣服，沤菅麻，饮马牛，举熙熙然怡情快意于斯池之中，旷怀而晤，则磊落之形，可呼丈，暗淡之色可论交，砼然而坚，确者可攻玉渊，然而深静可涤心，又况且楼台倒影，入乎池塘，星月错落印乎波涨，虽古之愚溪不能过也。"[2] 这些碑刻都详细描画了涝池及周边公共建筑与构筑物共同形成的让人心旷神怡的景观中心。

再如前文所述的富礼坊村村民所绘制的历史村图，村图中详细刻画了涝池及周边的公共建筑的组合关系。大池东北角曾有一座大庙，坐北朝南，占地约 400 m²，庙院南侧为朝北的戏楼，庙院西侧庙门出口处，直接连接涝池的北进水口，有多级台阶可以直达涝池水边，将整个大庙与涝池连为一体。涝池东南角有一座坐南朝北的关帝庙，大池南边正对车氏宗祠一座，以及十甲祠一座，众多公共仪式建筑面朝大池，围绕在大池周边与其共同形成一组丰富的公共空间。

还有韩城柳枝村村民所绘制的历史村图（图 4.35），刻画了上涝池与关帝庙建筑群组成的完整公共空间，以及下涝池与东洞子组成的完整门户空间。虽然现在两个涝池均已被填平，但根据图像及村民口述可大致还原当时热闹的场景。

上涝池（图 4.36a）紧邻关帝庙东门，庙内建有戏台、献殿、正殿，涝池进水口的西南角曾有一株很大的白杨树，据村民回忆树身高约 13 m，直径约 2.5 m，涝池正东建有一座大照壁，宽约 5 m，高约 4 m，涝池南边紧邻老门巷，巷口有一座骑街木牌楼，涝池西侧紧邻卫家祠堂。关帝庙、白杨树、照壁、牌坊、祠堂等公共建筑及构筑物围绕着涝池，共同形成一组景观丰富的公共活动中心，每逢夏季，村民多聚集于此，消暑闲聊，是全村最有活力的地方。

下涝池（图 4.36b）与周边的孙公祠、木牌楼及东门洞组成了村中的另外一组公共空间，也是进出村落最重要的门户空间。巷道穿过东门洞后在下涝池处形成一个

---

1　村志编委会. 高家庄村志 [Z]. 2011.
2　同养丁. 话说徐村 [M]. 2011.

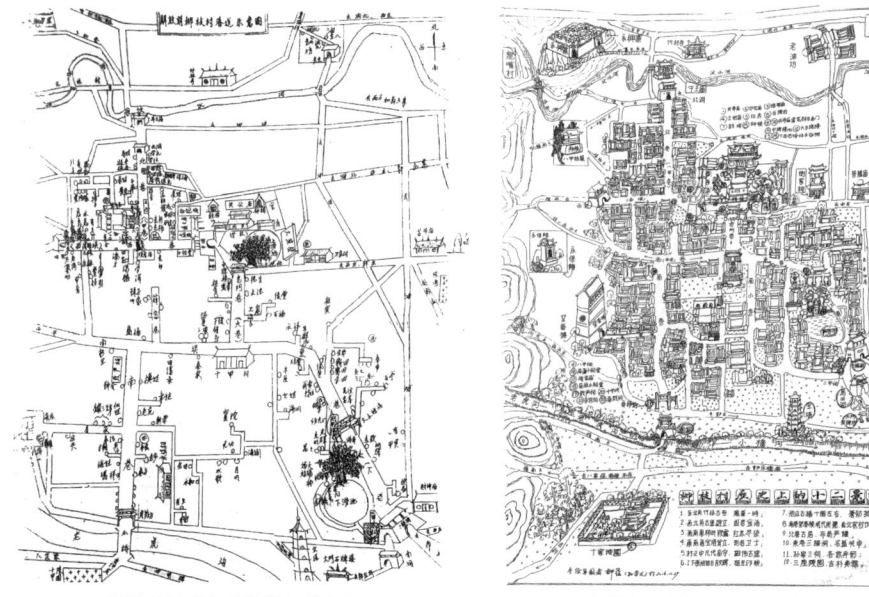

a 柳枝村20世纪60年代村貌图1　　　　b 柳枝村20世纪60年代村貌图2

图 4.35　柳枝村村民回忆手绘图
图片来源：a 根据《柳枝村文史资料：古柳逢春》；b 村民孙学义提供

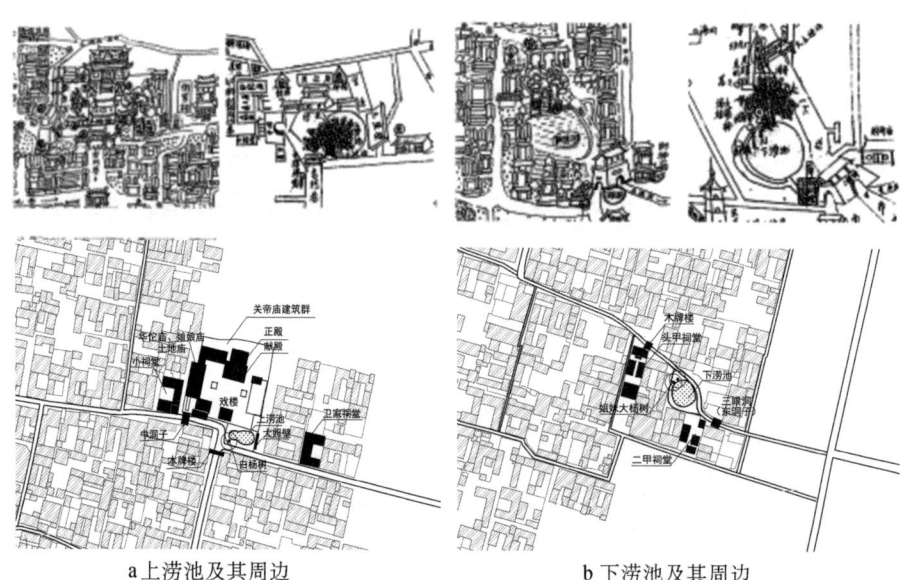

a 上涝池及其周边　　　　　　　　b 下涝池及其周边

图 4.36　柳枝村上下两个涝池分别与庙形成的公共中心
图片来源：上图来自村图

环岛，左右绕涝池再汇到东巷，涝池西边正对木牌楼，过了木牌楼即为孙公祠，旁边还有一座公共井房。下涝池西进水口处曾有两棵白杨树，南北并列，根据村民回忆两树间隔 0.6 m，高约 12 m，被村民称为"姊妹树"。围绕下涝池的这一组建筑及景观构筑物，既形成了村落的门户空间，也是村民休闲避暑的另一处公共空间。

再如韩城西原村，村中心大涝池与玉皇后土庙组成的公共空间目前保存较为完好（图 4.37）。玉皇后土庙[1]位于大涝池正北，坐北朝南，现存献殿、正殿、东

a 西原村涝池及其周边实景照片

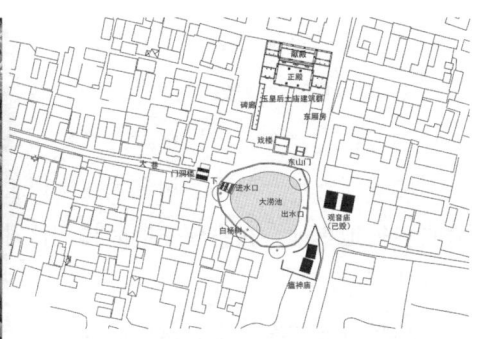
b 西原村大涝池及其周边总平面

图 4.37　西原村的池—庙公共空间

---

1　始建于元代，清嘉庆二十五年（1820）重修，国家级文物保护单位。

西碑房、戏楼、东西门房。戏台背靠涝池，正对献殿，戏台与献殿之间留有较大的观演区供观众聚集。涝池东南角的高地上有座瘟神庙，在布局上与涝池的池岸连为一体。涝池正东有座观音庙，占地 120 $m^2$。涝池西正对大巷东头洞楼，洞口面向大涝池。涝池边曾有多棵古白杨树围绕，现存 4 棵。村中流传的八景，其中一景即描述了涝池"占地五亩砖帮沿，岸边白杨七搂半"，涝池与周围的庙宇群共同形成了西原村最大的开放空间，直到今天依然是村中老人午后休闲乘凉的去处。

结合以上实际案例可以发现，水池周边结合村庙都会布置戏台，在水池形成的宽阔空间与池岸绿树成荫的环境中看戏，曾经是此地独特的社会场景。在田野调查访谈的过程中，许多村民都特意提到了戏台建在水池周围这件事情，他们认为水池会对唱戏起到扩音效果。用现代科学语言来解释，是由于水面会通过声衍射效应使声音传播地更远，在农耕文明时代，这种水池与戏台的组合关系是一种民间生存智慧的体现。

鸟瞰黄河两岸风土聚落的肌理可以感受到，狭窄的院落密匝匝的一片，院落与院落之间紧紧相连，旁无隙地。因此水池与庙宇所形成的开阔场地，在聚落形态中格外突显。除了个别吃水池会被严格保护起来，确保水源的安全，大部分蓄水池均为生活用水池，因此村中发生的各种集体行为与仪式活动，都会利用水池周围的开敞空间进行。例如赶集日的摆摊设点，各种节庆日的赛会与社火等。许多村落都有老人回忆，每逢夏季庙会，聚落成员甚至会在水池内摆擂台举行游泳比赛，每到大年初一，会在水池周围举行社火、游灯仪式等节庆民俗活动。还有一些仪式活动与水池本身的蓄水功能有关，例如当地独特的扫池祈雨仪式，这是由于水池积蓄降雨，黄土台塬地区久旱时节，水池会干涸见底，"扫泊池"成为当地的独特祈雨仪式活动，许多七八十岁的老婆婆会身穿蓝花裙，头戴柳条帽，手拿扫帚，到水池的池底，一边转圈一边扫，来完成一系列仪式活动。

## 4. 围池而居的营建智慧

由于水池的主要功能是拦蓄与汇聚巷道上的雨水，为了充分利用地表径流，水池的形态与巷道走向关系密切，一般为圆形洼地，呈锅底状，也有矩形和其他自然形态。水池设置有进水口和溢水口，进水口一般修筑宽阔的多级石阶步梯直达池底，这样处理既能满足自然汇水的进水口径需求，又能方便人们在不同水深情况下取水用水及池底清淤，是一种充满生态智慧的多功能设计手法（图4.38）。溢水口一般开口较小，设置在有利于泄流的方向，不需要直接与巷道相接，水位线超过后自然漫溢。

a 韩城市徐村涝池　　　　　　　　　　b 合阳县南社村涝池

图4.38　现存涝池实景照片

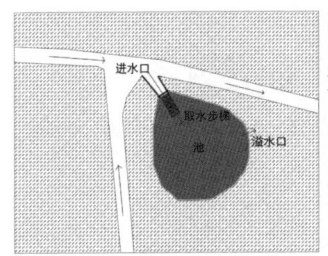

a 黑池村　　　　　　　　b 徐村　　　　　　　　c 相里堡村

图4.39　涝池进出水口设置分析图

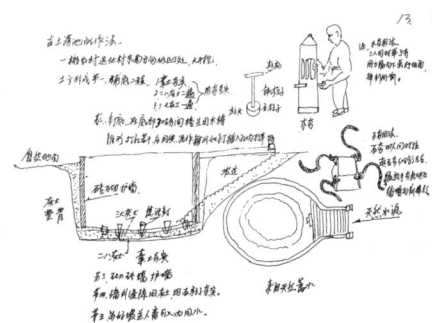

图4.40　相里堡村的排水设施　　　　图4.41　土涝池做法示意图
　　　　　　　　　　　　　　　　　图片来源：匠人手稿

按照水池蓄水的用途，分为两种类型：一是土池，如前文提到的灌池，主要功能是为了拦截雨水防止冲垮沟缘，不采取防渗措施，水长期渗入地下；另一种是最常见蓄水池，要采取防渗措施，对水池周边进行砌护处理，设计并修筑进水口、溢水口，有的还会修建引水渠、排水沟、过滤池等配套设施，提高蓄水能力。

蓄水池进水口的位置与个数会根据池子形态与巷道的组合关系来设置（图4.39），如合阳县黑池村大巷东端的黑池因形状似三角又被村民称为"角角池"，长约40 m，宽约30 m。在西北角设置一个进水口，汇聚大巷自西向东的地表水，修建宽约3 m的台阶方便村民洗衣取水。东北角留有溢水口，水位过线自然溢出，排向村东农田区。又如韩城市徐村大巷东端的墨池，呈不规则状，长约26 m，宽约20 m。在西北角与东北角共设置2个进水口，分别自东西两端汇聚主路与路北两条南北巷道的地表水，修建宽约4 m的石梯与坡道，东边留有溢水口，水溢出后排向南小巷。

还有的水池会修建配套引水渠。如相里堡村南涝池紧邻黄土沟壑边缘，西南角设置进水口，每逢暴雨过后，涝池的水溢出无法顺利排到沟边，造成小范围内涝。因此村民在涝池正东增加了一条宽约5 m、直通沟边的引水渠，引导池东溢水口溢出的水顺利排到沟边，并在沟边排水口处设置了照壁（图4.40）。

如果水池是人畜饮用的"吃水池"，往往还会设置配套的过滤池。如新绛县光村中巷向南出了城门曾有2个涝池，被称为"子母池"，由于造型奇特，还入选了光村八景之一。因大小两个池子中间仅隔半丈车道，之间有暗道相通，又称子母池。小池在大池北面，面积约300 $m^2$，大池面积约2 400 $m^2$，[1] 雨水先汇入北面的小池，满溢后汇入南面的大池，小池对大池的雨水起到沉淀作用，是典型的过滤池，体现了巧妙的生态智慧。

目前在田野调查中所发现的重修水池相关碑刻，如万荣高家庄村"西北旧有一池塘，不知创自何代，而世以继世未之有坠，近年岸崩底罅，如无当卮，村人言念及此未尝不为之增叹也"。韩城徐村清同治元年（1862）重修水池碑记："暨后水浸石落，罅漏不免，处兹土者，能勿兴修葺补苴之思耶，去年村众计议，重修池槛。"襄汾县贾罕村清光绪十二年（1886）重修天池碑记："村中东南旧有天池一方，年深日久，石岸浸塌，水多则溢，水少则干，村人触目。乾村人咸不忧无水之艰难，

---

1 根据村中村民回忆，现在两池均已填平消失。

於是万人同心，共愤捐买用石，四面砌岸，贤匠修理。"基本都提到了水池年久失修的"岸崩底罅"，以及重修的方法主要是"岸以石砌，底以土填"，由此可见蓄水池面临的最大技术难题是防渗漏问题。

传统涝池的地方营造技艺共有五个步骤[1]，分别为：①挖土，②铺底，③钉底，④砌墙，⑤筑坡。其中铺底、钉底、砌墙是防渗的关键性三步。

铺底前，要对池底进行基础清理，之后先将池底素土夯实，再用二八灰土（石灰和土的比例为 2 ∶ 8）夯实两遍，最后还要用三七灰土（石灰和土的比例为 3 ∶ 7）夯实一遍。钉底指的是用胶泥钉处理池底，采用黏土捣砌的方式形成池子的防渗层。具体操作为：先在底部每间隔 30 cm，用锥形木棒锤打竖向孔若干，再将红垆土形成的胶泥制作成锥形胶泥钉，将其插入孔内，用石柱子打平，增加牢固性。红垆土作为土壤的一种类型，其特点是致密、坚硬而且有很大黏性，不易渗水，但又天然透气，可以在池底形成一层有效的防渗层。涝池的边坡一般采用砖护墙，墙外缝用灰土，石柱子夯实。最后入水口处留好石坡或台阶，适应池水涨消时调节洗衣饮牲口的位置，方便人畜入内用水以及清淤时行走。

由此可见，传统的土涝池结构简单，修建方便，就地取材，经济适用。其维护方式也非常简便，在春季蓄水减少或干涸的时候，将沉淀的淤泥挖运走，污泥又能够作为有机肥料，形成完善的生态循环。

## 四、村庙系统的秩序关系

从地方志的记载及田野调查来看，黄河两岸的风土聚落都会有一到两座大庙和数座小庙，根据不同的聚落规模，通常有 20～30 座，最多的可达 70 座[2]。这些庙宇的体量差异很大，有三开间到五开间的大庙，也有一开间的小庙。祭祀对象丰富[3]，对应着农耕时代人们生活的保障需求与精神慰藉，如生子、耕种、招财、牲畜、避免水灾火灾等。赵世瑜总结，北方地区的民间信仰受到官方意识形态的影响较大，

---

1 本书所列的"古土涝池的作法"均基于韩城留芳村刘长松老先生的手稿与口述整理。
2 谢村村志，内部资料。
3 主要为北方常见的关帝庙、观音庙、龙王庙、娘娘庙、玉皇后土庙、财神庙、土地庙、马王庙、法王庙、禹王庙、火神庙等。

独立性不突出，呈现相对正统化与单一化的特点[1]。本书对此并不做过多探讨，而是聚焦在核心问题，即在汾渭平原段黄河两岸的风土环境作用下，庙宇对聚落的空间秩序起到怎样的结构性影响？是否有可识别的、有别于北方其他地区的风土特征？

## 1. 村庙的基本形式

对于晋陕两省的庙宇形制，已有很多学者进行过探讨。王金平基于村庙供奉的内容，将其分为"数神一庙"和"一神一庙"两种类型[2]。其中"数神一庙"指的是把众多神灵安排在一处，整个空间布局上较为自由，没有明显的等级关系；"一神一庙"则采取典型的合院式布局模式，形成轴线关系。根据庙宇的规模与地位，村落中的庙宇可分为正庙和普通庙宇[3]。在调研中发现，黄河两岸的正庙一般为关帝庙，又被村民称为大庙或当村庙，也是在村民心中最为重要的庙，同时也是社庙，承载

a 合阳县南长益村牛王庙　　b 韩城市相里堡村龙王庙　　c 襄汾县丁村观音堂　　d 合阳县赤东村观音庙　　e 稷山县北阳城村观音庙

f 万荣县阎景村三结义庙　　g 襄汾县丁村结义庙　　h 合阳县灵泉村三义庙

图 4.42　单体式布局村庙典型案例

---

1　赵世瑜．狂欢与日常 [M]．北京：北京大学出版社，2017：62-63．
2　王金平，朱赛男．非居住建筑在聚落中的布局与形态特征分析——以晋商传统聚落中的祠堂、村庙、戏台为例 [C] //．第十五届中国民居学术会议论文集，2007：248-252．
3　姚春敏，杨康．清代乡村社庙认定与社神选择——以清代泽州府为中心 [J]．求是学刊，2020，47（5）：170-180．

图 4.43 院落式布局村庙典型案例

着不同村社的祭祀功能。

从庙宇的布局上来看，主要分为院落式与单体式两种类型：

院落式布局多用于村中大庙。一是采用典型的四合院布局，将入口、献殿、正殿置于同一轴线上，厢房左右对称，戏台位于倒座的位置上正对献殿，形成典型的四合院布局，如现存较为完整的韩城西原村玉皇后土庙，柳枝村关帝庙，河津樊村堡村关帝庙，稷山县北阳城村稷王庙，新绛县泉掌村关帝庙，万荣县太赵村稷王庙等。二是借助地形地势，形成自由灵活的院落布局，如现存的合阳县南长益村药王庙。

单体式大多创建较为随意，均未经过官方批准，随时随地可建，甚至是一所陋室，一孔窑洞都可以在塑了神像之后变为小庙。如现存的南长益村牛王庙、井上村观音庙、丁村观音堂、北阳城村观音庙等大多为一开间小庙。也有一些中大型村庙会采用单体式，如闫景村三结义庙、丁村结义庙、灵泉村三义庙等。

## 2. 村庙选址与空间秩序

村庙作为北方风土聚落中数量最多的公共建筑，不仅反映了当地人的宗教信仰与社会观念，还借助庙会形成了很多商贸集市，形成村落中最重要的开放空间节点,对聚落形态的塑造起着结构性的决定作用。本书基于村庙的选址从村落空间秩序所起的作用出发展开研究,发现黄河两岸有三种非常典型的庙宇布局方式:分巷对庙、集中庙院、塬边置庙。

(1) 分巷对庙

聚落的布局受到风水观念的深刻影响,由于风水学认为道路要冲会有煞气,因此一般村落会在所有冲对的巷口处,尤其是丁字口的位置,设置不同类型的村庙,用以趋吉避凶。如果抛开风水讲究的具体内容,单从分巷对庙这种布局形式对聚落整体形态的影响来看,有两种基本类型:一是主巷端头正对大庙,这种组织关系往往会在聚落整体空间形态中形成轴线关系;二是小巷端头正对单体式小庙,造成巷道空间的视觉变化,形成特殊的街角形态。

有学者曾经一针见血地指出,中国东南地区的村落大都以宗祠为中心,依靠家谱文献等,可以通过文本信息对形式逻辑,向仪式、制度以及聚落形态背后的宗族组织关系层层推进研究,但北方以庙宇为核心的村子,却由于缺乏系统性的文献支撑,只能在表象的功能与形式层面展开研究[1]。

由于黄河两岸的聚居历史非常久远,各村的建村年代往往不可考,村中大庙如关帝庙、观音庙、后土庙、禹王庙等多为国家正祀的寺庙。在经历朝代更迭,人口与村落的增减之后,许多庙宇经过多次重修,始建时间早已不可考,究竟是先有村再有庙,还是先有庙再有村均已无法考证。但在田野调查中不难发现,村中最老的、最主要的大巷,往往会在布局上和大庙发生秩序关系,甚至可以说是大庙主导了聚落空间形态的发展。

例如合阳县行家庄村,大巷上原有一座坐北朝南的关帝庙[2],关帝庙正南建有一座坐南朝北的过台戏楼。从结构关系上来看,二者共同形成了村落的核心空间。关帝庙向南正对南池,向东正对东池,通过大巷与西套巷形成了村落的两条重要的轴线关系(图 4.44a)。

行家庄村现存明代天启六年(1626)《重修关圣天尊庙碑记》[3]是我们在田野调查中发现的关于村庙的较早文字记载,碑文中写道:"县邑之东黄河之西,行家庄

---

[1] 张力智. 桃花源外的村落——中国乡土建筑的研究拓展及其意义 [J]. 建筑学报,2017(1):96-101.
[2] 根据村民口述调查,行家庄关帝庙于 1971 年拆除。
[3] 党继生. 中国传统村落行家庄 [M]. 2020.

于庄之中央建一关圣天尊庙,是庙从来远矣,莫知其始。"由此可见,关帝庙的始建时间虽不可考,但至少早于明代天启年间,碑文进一步写道:"迨万历七年,生员党一鼎率众社人等重修正殿三间,三门三间,圣像俱为重新。厥后风雨飘洒,殿宇倾坏,有心者能不测然乎?本庄居士党希安等全发虔诚,谪通会钱,积细成钜,乃于天启五年重葺正殿及三门三间,妆化圣象,外添东西廊房各两间,仍烧砖琉,一切包裹铺砌,其间费用不给又藉众舍资财,而功始落成。"碑文详细记载了关帝庙在明万历七年(1579)重修了正殿,明代天启五年(1625)不仅又重修了正殿,还增加了厢房。根据行家庄《党氏族谱》[1]记载,党姓始祖于明洪武年间(1368—1398),也就是洪武大移民时期,自山西迁居洽川镇,生四子,始祖后来随次子党恭礼移居行家庄。因此按照定居时间推测,无论先后,至少在建村之初这座关帝庙就已经存在了,随着村落人口的增长与发展,庙宇控制着村落空间形态的秩序,形成了重要的南北轴线。

又如韩城市西原村(图4.44b),大涝池正南方现存有一座规模较大的玉皇后土庙,与原本处于村落西边的天园寺[2]分别处于大巷的东西两端,控制着整个聚落布局的秩序。《龙麓程氏世谱》[3]中抄录乾隆年间的《补修玉皇后土庙并建玄帝庙及茸山门戏台碑记》载:"粤稽玉皇后土之庙,由来久矣。其创建之时无缘考据,第验寝殿中梁余三世祖讳威者之所施也。因知天顺七年重为之修焉。"根据碑文中的历史信息显示,虽然庙宇始建时间不可考,但可知寝殿中间的大梁,是程氏三世祖程威布施,因此确定其曾在明代天顺七年(1463)重修,而乾隆年间的这次重修,是三社共同出资。

西原村是程、吉、张三个大姓组成的多姓村,程姓主要居住在村落的西边,根据程氏现存家谱记载,天园寺由程氏五世祖捐资重修。目前玉皇后土庙与天园寺均被文物局定为元代建筑,与程氏家谱所载程氏自元末明初世居西原村几乎同一时间段。因此不难推测,随着人口的发展,村落的空间秩序由玉皇后土庙与天元寺两座大庙主导,沿着大巷东西向延伸发展。

这样的具体案例在黄河西岸还有很多,再如韩城市柳枝村(图4.44c),现存一

---

[1] 行家庄《党氏族谱》现存党继生家中。
[2] 天元寺献殿于1999年被异地迁移到韩城元代建筑博物馆普照寺中。
[3] 程氏于2011年4月重新整理《龙麓程氏世谱》。

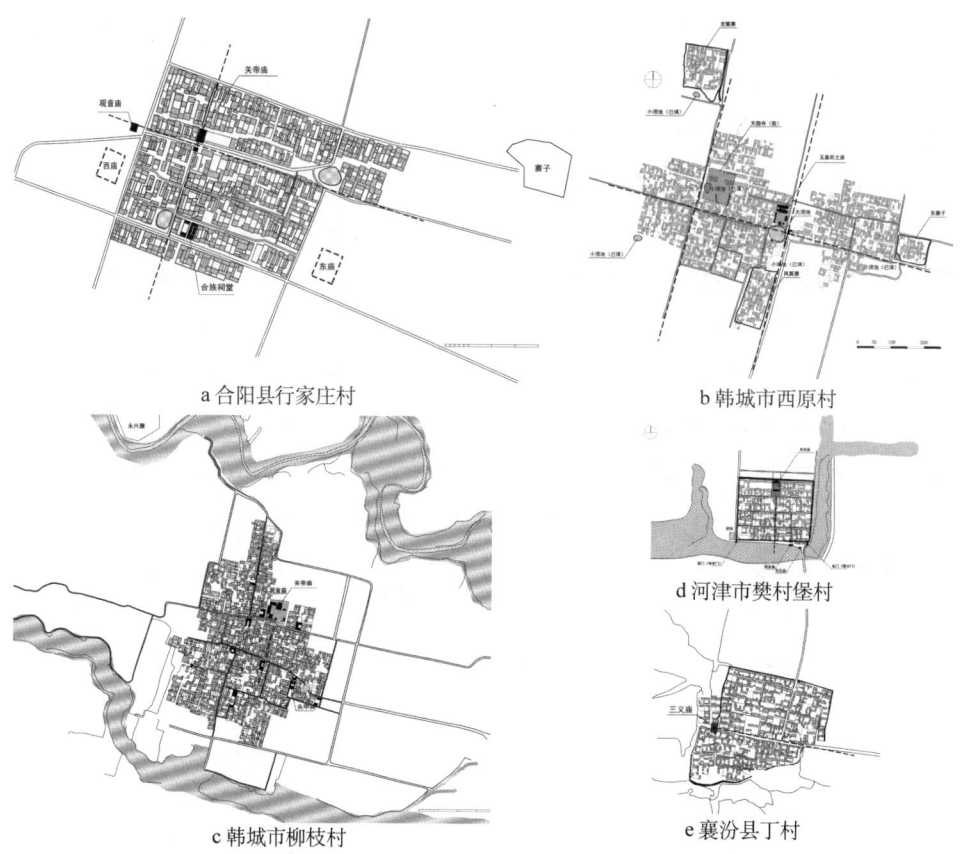

a 合阳县行家庄村　　　　　　　　b 韩城市西原村

d 河津市樊村堡村

c 韩城市柳枝村　　　　　　　　　e 襄汾县丁村

图 4.44　大庙与村落轴线关系示意图

座较为完好的关帝庙，此庙创建于明代嘉靖十四年（1535），后经历三次重修，合院式布局，坐北朝南，正对老门巷。老门巷被当地村民称为神道，这段巷道宽阔平坦，是村落的中心巷道，也是历史上酬神祭祀时抬神楼、闹社火的主要巷道。巷道很短仅有百米，南北都为丁字口，南端正对十甲祠（祠堂），北端正对关帝庙南山门。山门同时是戏台的背面，这是极为常见的庙宇做法，戏台坐南朝北，背对老门巷，东西两侧各一座牌坊式的庙门。

再来看黄河东岸，如河津市樊村堡村现存的关帝庙（图 4.44d），院落式布局呈中轴对称，轴线上由戏台、正殿、春秋楼及两侧的东西配殿组成，平面形制与柳枝村关帝庙类似，戏台背立面正对南北主巷，戏台东西两侧为院门。这座庙宇占据了村中地势最高的位置，坐南朝北正对南北主巷道，背靠北面堡墙，位于整个聚落形态的纵轴线尽端（图 4.45）。

又如襄汾县丁村的三义庙，位于主街的最西端，是一座三开间的单体庙宇，建在高约 1.2 m 的台基上，坐西朝东，正对主街，背靠西寨墙。现存清康熙五十九年（1720）的《重建三义殿碑记》载："是殿也，创始于大元至正二年，重修于明季万历丁酉，迨及后或妆金身或更葺理，考之于碑有明志也。"由此可见，初建的三义殿规模较小，在重修的时候将其扩大。村民说这是一座风水庙，主要是为了挡住村西的煞气，因此选址在东西主巷的最西端。

除了大庙与街巷所形成的轴线关系，在北方地区还有一种极为常见的布局方式，是将单体小庙置于街头巷尾。如万荣县高家庄村的村民回忆整个村落有二三十个丁字路口，巷巷对庙，庙庙有碑[1]。这是由于在风水讲究中，道路冲煞是一种民间很看重的营建禁忌，因此正对路口往往会通过设置庙宇或照墙来化解。

以合阳县灵泉村为例（图 4.46），村中四横两纵的道路网络，共形成 8 个主要路口，其中 6 个路口对庙，还有一个路口正对祖祠。两条东西向主巷的端头各正对一座一开间观音庙，北边东西向次巷的两端分别正对一开间财神庙与马王庙，南边

图 4.45　关帝庙控制聚落空间秩序的樊村堡村

---

[1] 万荣县高家庄村志，内部资料。

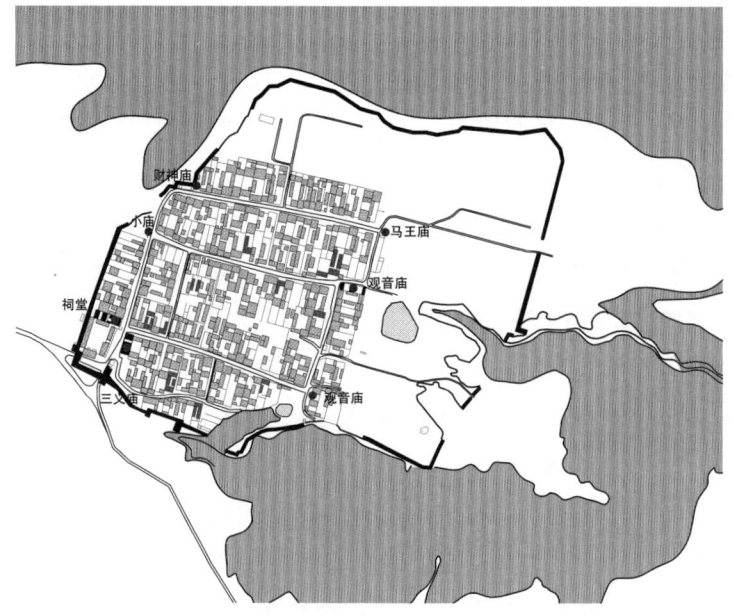

图 4.46　灵泉村村庙分布图

a 襄汾县丁村观音堂

b 襄汾县丁村三义庙

c 河津市樊村堡村

d 河津市樊村堡村

e 河津市樊村堡村关帝庙

f 万荣县上井村

g 合阳县南长益村牛王庙

h 韩城市周原村某庙

图 4.47　分巷对庙典型案例实景照片

东西向次巷的东端头正对五皇庙，西门外一座关帝庙正对西门口[1]。

除此之外，丁村正对北门巷口南口的观音阁，南长益村正对主巷的牛王庙，北阳城村正对巷口的观音庙，赤东村正对巷口的观音庙，上井村观音庙等均为巷口对庙的典型。虽然由于各种原因，各村的庙宇已经逐渐拆毁，但这种习俗作为一种文化基因又被保留下来。在实地的田野调查中，不仅能够看到明清时期留下的村庙与巷道形成"巷口对庙"的布局，还有许多新修的对着巷口的各式小庙。

（2）集中庙院

"庙院"是当地村民对有着完整围墙庙宇的俗称。集中庙院往往将大小多座庙宇集中分布在一个用围墙围合起来的院子里，将掌管不同民间需求的诸多神灵汇聚一堂，用以满足农耕时代人们日常生活的各种祈求。庙院的服务半径往往不仅限于本村，而是覆盖周边一定数量的村社，形成不同大小的祭祀圈。因此，为了避免影响本村的日常生活，庙院选址多位于居住组团的边缘，形成偏离聚落形态几何中心的核心空间。

赵永祥在针对明清关中地区考察后提出在神明普信氛围浓厚的关中地区，社庙的建置有很大随意性[2]，并举例在大荔县双泉乡的关圣庙中，除了主祀关帝外，还有

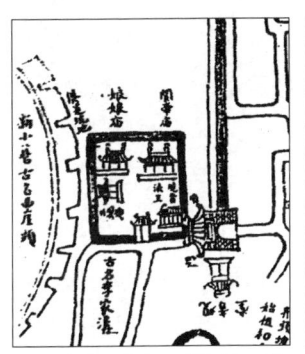 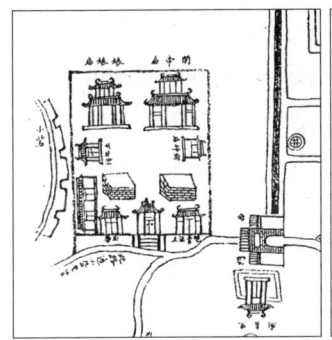 

a 乾隆十五年(1750)续谱旧图　　b 乾隆十五年(1750)续谱新图　　c 道光十八年(1838)续谱新图

图 4.48　解家村西门外庙院发展过程
图片来源：《解氏家谱图》

---

1　目前仅存西门正对的关帝庙以及巷东端正对的观音庙。
2　赵永翔. 村社神庙与日常秩序——以明清关中为例的考察[J]. 山西师大学报（社会科学版），2018，45(2)：67-71.

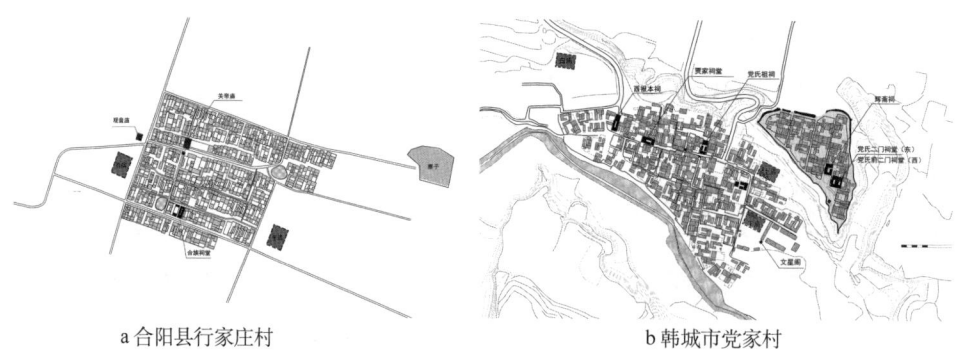

a 合阳县行家庄村   b 韩城市党家村

图 4.49　集中庙院的代表案例

众多庙宇共存[1]。文中并没有提及是将众多神灵塑像安排在一处建筑里，还是将大小庙宇集中布置在一个院落中，但田野调查及民间文献中，集中庙院的布局方式极为常见。

在本章开篇中已述，解家村有三座集中庙院，分别是西关帝庙、东观音庙以及南三官庙。虽然各庙宇的具体修建时间，族谱上并无文字记载，但从多张村图的图像变化中，可以看到庙宇整体的扩展历程（图 4.48）。其中西门外的庙院规模最大，内有关帝庙、娘娘庙、土地庙、财神庙以及两座戏台，院中心种植一棵槐树，外有一圈围墙，形成一个完整的民间祭祀场所。可以看到，在最初乾隆谱所附旧图中，西门外已经形成初步的庙院，院中主要为关帝庙与娘娘庙，并布置了土地庙、法王庙和观音庙。至道光谱所附村图，西门外的庙院内增加了两座戏台，一座财神庙以及附属用房，并新栽植了一棵槐树。

距离解家村不远的党家村原有两个庙院（图 4.49b）。根据村中老人回忆，分别俗称上庙和下庙。我们基于老人口述回忆与实地考察相结合，可以大致了解，上庙为一个合院式庙宇，中轴线上依次分布戏楼、献殿、寝殿（正殿）；正殿为五开间，中间三间供奉菩萨，东稍间为牛王庙，西稍间为土地庙；献殿三开间，正殿以东是一个自成院落的送子娘娘庙。下庙在村落东南角，有完整的围墙，主祀建筑是坐北朝南的关帝庙，正殿和献殿均为三开间，中间隔着狭小天井，东西各开一个圆洞门；庙院内坐西向东另有一座三开间大殿，中间祭祀马王，南边祭祀法王，北边祭祀药

---

[1] 还有左祀二郎、药王、华佗、育婴圣母，右祀三郎、城隍、土地。

王；庙院东北角是一座火神庙，庙院外东南处还有一座财神庙，现仅有围墙尚存[1]。

合阳县行家庄村与解家村及党家村形态类似，原有两个庙院，当地村民俗称为东庙和西庙（图 4.49a）。西庙坐北朝南，面积 8 亩，中轴线上自南向北依次分布为山门、过殿、正殿；过殿与山门之间，东侧为西向小庙两间，分别为太阳庙、太阴庙，西侧为东向戏楼一座；正殿三开间，供奉玉皇大帝、送子娘娘、张仙、月老神像，正殿两侧配殿。这种形式的出现，与村社制度有关，不同的庙院一般归属于不同的社并举行各自的仪式活动[2]。

（3）塬边置庙

在黄土台塬地区，切割破碎的沟壑蔓延在大地上，形成了将自然力量表现得十分强烈的地景。而台塬边缘隐藏的情境是："当你往沟壑深处走去，你将会更接近神明。"因此，作为农耕时代聚落中的精神性场所，许多村庙会巧妙地占据地形制高点，利用塬顶、崖边、陡坎等特殊地形修建祠庙，因借地势凸显视觉感受与空间体验。

合阳县南长益村的药王庙是目前保存最为完好的典型案例（图 4.50）。药王庙位于南长益村东北角的沟壑边缘，三面环沟，沟深陡峭。采用合院式布局，整个院落依地势而建，现存牌坊、正殿、次殿、后殿、三层砖塔及小庙。其中三券门的石牌坊位于最北侧，紧接着的三大殿，正殿为三开间硬山顶，次殿供奉药王孙思邈，后殿有神龛，最后是一座三层砖塔，高耸在台塬的最边缘，砖塔后有小庙一座，供

图 4.50　合阳县南长益村药王庙

---

1　党康琪. 党家人说党家村 [M]. 1999: 48–49.
2　党继生. 中国传统村落行家庄 [M]. 2020.

奉送子娘娘。整个院落突出在台塬边缘的峭壁上，占据了一条狭窄的土塬，两侧与村落的围墙相衔接，达到了人工与天工的完美融合，让人叹为观止。在黄土台塬地区，这样处理村庙与自然地形关系的聚落原本有很多，但可惜的是随着时间发展大都已经消失殆尽。

除此之外，临沟而建的聚落还会在沟边设置各种小庙用来拱卫着村落的建成区。如合阳县文王村（图4.51a），村落选址三面环沟，历史上曾在东南角沿着沟壑边缘自东向南顺序排列文王庙、关公庙、龙王庙、马王庙、地神庙、魁星楼、高庙、观音庙等，形成村落的心理边界。

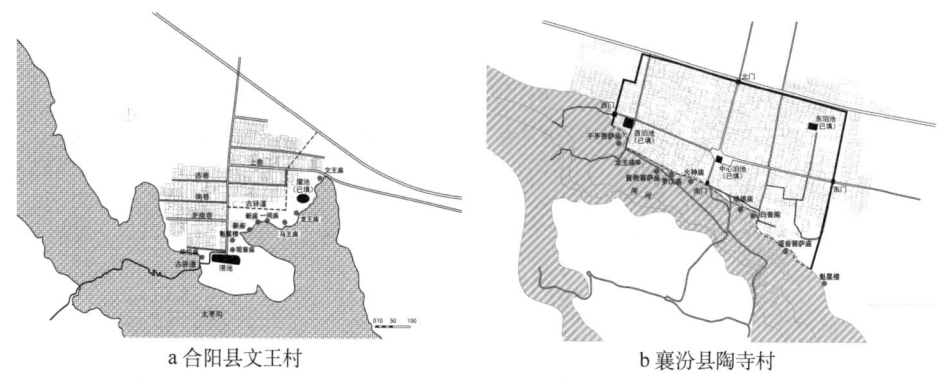

a 合阳县文王村　　　　　　　　b 襄汾县陶寺村

图4.51　塬边置庙的典型案例

又如襄汾县陶寺村（图4.51b），历史上村南的沟崖上曾经坐落有九座神庙[1]，一排庙宇错落有致，形成村落的南边界，被当地人称为"九凤朝阳"[2]。像这样的村落还有很多，韩城留芳村，结合村南沟壑走向，曾经在周边地势险要处建五庙"五峰"[3]，可惜这些村庙如今均已拆毁。

将一连串的小庙置于台塬边缘，形成了独特的人文景观与黄土地貌有机结合的地方风土特征。这些小庙不仅是观览胜景的绝佳之地，还是村民对于村落环境的心理边界，在农耕时代给予生活在其中的人以心理慰藉。

---

[1] 由西向东依次为：千手菩萨庙、龙王庙、普救菩萨庙、罗汉庙、火神庙、娘娘庙、白音阁、观音菩萨庙、魁星楼等。
[2] 襄汾县三晋文化研究会.襄汾古村落（第一卷）[M].2015: 36-37.
[3] 由东至西依次为文昌阁、九郎庙、菩萨庙、娘娘庙、黑虎庙和观音塔。

## 五、村—寨分离的防御分区

汾渭平原黄河两岸的风土聚落，存在一种非常特殊的分区形式，即在本村主体之外另行修建用以躲避战乱的小型防御设施堡寨，周若祁[1]、王绚[2]等前人学者均将其称为"村寨分离"聚落。

### 1. 村—寨分离的典型形态

在"村寨分离"的布局中，村落本体形态大多为经纬交错的"井"字网格状街巷构成骨架，狭长四合院规则排布组成居住组团，街头巷尾布置祠堂、村庙、戏台、涝池等公共设施形成节点空间。根据村落本体是否设防，呈现出"村—寨"和"堡—寨"两种模式，并在数量上有一村一寨、一村多寨和多村一寨等不同类型。

"村—寨"模式，是指村落本体并不设防。这种类型的村落本体往往面积规模较大，边缘曲折复杂，沿村落四周整体建墙并不经济，因此会选择另行择址修建较小规模的寨子用以临时逃生。同时村落本体会在各巷口修建防止盗匪进村的稍门（哨门），当地人俗称"洞子""洞楼"，通过对稍门的开闭，对居住组团内部进行社区化管理，用以非战时期的有效防御。韩城的西原村是"村寨分离"中"村—寨"的典型案例，目前保存较为完好。西原村规模较大，地势平坦，历史上在各大小巷口共筑有15个稍门。如图4.52中色块所示，东、西、南三个方向的高地分别有程、吉、张三个不同姓氏家族在不同时间段修建的寨子。其中东寨子修建的时间比村落本体还要早，东西长80 m，南北长68 m；西寨子（龙麓寨）始建于金泰和年间，南北长150 m，东西长120 m；南寨子（凤翼寨）修建时间最晚，存有丰富的民间文献记载，建于同治八年（1869），南北长180 m，东西长81 m。三个寨子均对着村落方向开门，最终形成村寨分离，一村多寨的聚落形态。

"堡＋寨"模式，是指村落本体设防的同时，仍在本体之外再建寨。此种类型的村落往往经济实力雄厚，但村落居住区的规模较小，且大多四面临沟，方便将人工夯筑的城垣与天然地形结合，而临时逃生的寨子则起到双重保险的作用。例如合

---

1 周若祁,张光.韩城村寨与党家村民居[M].西安：陕西科学技术出版社,1999.
2 王绚,传统堡寨聚落研究——兼以秦晋地区为例[D].天津：天津大学,2006.

a 村—寨模式代表聚落西原村平面肌理图

b 堡—寨模式代表聚落灵泉村平面肌理图

图 4.52 村寨分离典型聚落

阳的灵泉村（图 4.52），由于三面环沟，仅需要在一面重点防守，人工夯筑的城垣沿沟而筑，墙高 9 m，墙基宽 6 m，顶宽 2 m，每隔 60 m 修有城垛，西南角修筑 2 个城门，并修有瓮城。至清光绪二十二年（1896），开东门，在距村落本体东侧 1 里处，选择了一处孤岛式的土峰，修建临时逃生的东寨子，最终形成"村寨分离"，一堡一寨的聚落形态。

形成这种"村寨分离"的防御分区是有着深厚的历史成因的：汾渭平原段黄河两岸一直是兵家必争之地，作为中原王朝的边陲地区，历来是汉民族与北方少数民族的战争频发之地，众多政府行为建造的军事堡寨、卫所、屯营也对民间产生了极大的影响。而明清时期爆发的几次大规模的农民起义对民间造成了极大扰乱，政府逐渐放宽对民间修筑堡寨的限制。由于大部分聚落的建设经历了长期的岁月，随着战争局势的变化及村落自身发展的需求，村落本体是否设防，修建堡寨的数量变化并无定式。有的是先建寨后有村，有的是先建村后陆续建寨，有的是多村共建一寨之后其中一村又另外建寨，还有的是村与寨最终各自发展为相互独立的村落。

汾渭平原段黄河两岸的风土聚落在历史上有过四次建寨筑堡的高潮：第一次是明末天启、崇祯年间（1620—1643），由于晋陕大旱，陕北爆发农民起义，地方政府以防寇为由，放松了对民间建寨筑堡的限制，较富裕的村子开始筑堡自卫；第二次是清道光三十年（1850），太平天国农民起义引发社会动荡，民间开始大量修建堡寨；第三次是清同治年间（1862—1873），因关中地区爆发了大规模的回民起义，地方政府全面放开对民间建寨的限制，鼓励筑堡自卫，黄河西岸几乎每个村子都修建了躲避临时灾难用的寨子，是韩城、合阳、大荔一带村落建寨的最高峰时期；第四次是民国初年（1912），北部黄土山区及黄河滩盗匪横行，许多村落修建堡寨或重修原有堡寨以自守。

前文作为个案分析的解家村，是黄河西岸韩城目前有记载的修筑堡寨最早的沿河聚落，其历时四百多年（图 4.53），在建村之后，陆续为村落本体修筑村墙，并修建了两个寨子，是"村寨分离"的典型案例。解家村选址于泌水河北岸的沟壑边缘，南面临崖，明嘉靖二十二年（1542）因贼乱，由于解氏为官人数较多，地方政府特批允许其在村落边界了西、北、东三面城墙；明天启元年（1620）因赵云峰贼乱，合族公议修建了金城寨，又称解老寨，寨子的选址在泌水河南岸的一处孤峰上；清顺治九年（1652）因山中流寇作乱，村中人觉得金城寨位置太远逃生不便，又在离村比较近的地方修筑了解小寨。从图中可以看出其村落本体位于沟壑边缘的平地之上，而两个寨子则分别选取了河谷中的险峻之地，随着历史的发展，解家村最终形成了一堡二寨的"村寨分离"的聚落形态。后来流寇平息，村中避居两寨的村民虽然逐渐迁回村，但很多富户仍然居住在解老寨，随着时间推移，解老寨逐渐脱离解家村发展成为一个独立的村落。

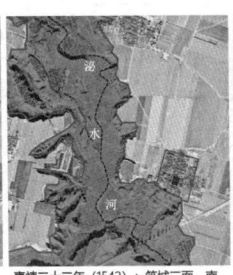

图 4.53　解家村的"村—寨"营建过程
图片来源：笔者改绘自锁眼卫星图

　　黄河东岸的稷山县北阳城村（图 4.54），在村落本体之外共建有三个堡寨，其中杨家会堡是村中杨姓家族迁到此处最早的祖居地，堡寨选址在三面临沟的险峻之处，据当地人口述，建寨时间比北阳城村落本体的建设年代还要早，是先有寨再有村的典型案例。段家会堡则是在明末崇祯年间，也就是第一次筑堡高潮期修建的，是村中段姓为自己家族修筑的临时避难堡寨，寨子的背面隔沟与杨家会堡相邻，建在一座独立的土山上，四面临深壑，寨内临时挖窑洞居住。东头堡子则修建于明末清初，是王姓和冯姓合力修筑的寨子。北阳城村在经历了不同的历史发展时期之后，最终形成了一村三寨的"村寨分离"聚落形态。

　　河津市的樊村堡村与常好堡村（图 4.54），则是堡寨最终与村落分离，各自发展为独立村落的典型。根据县志记载，樊村堡原是樊村中的富户在明崇祯元年（1628）修建的防御性堡寨，早期称"金汤堡"，选址在樊村的北面，东南两面环沟，需要通过一座桥进入堡寨中，堡寨形态呈规则的矩形，随着时间的推移，逐步

a 稷山县北阳城村的一村三砦（堡）　　b 河津市樊村与樊村堡村，常好村与常好堡村

图 4.54　村—寨分离的历史过程
图片来源：改绘自美国锁眼卫星图

变成了独立的村落。而樊村堡东侧紧邻的长壕堡[1]（今常好堡）与其发展历程相似，长壕堡原是长壕村（今常好村）在明崇祯三年（1630 年）修筑的防御性堡寨，时称"保全堡"，至清代逐渐成为独立村落。

## 2. 寨子的基本形式

　　日本学者青木正夫根据对韩城各"村寨分离"式聚落的研究，按地形将"村—寨"关系分为平地型、（准）崖上型、（准）孤岛型与崖缘型。"村寨分离"，意味着主体生活仍在原村落中，而寨子作为村子的附属部分，完全是以防御为目的修筑，因此规模往往比原村落小很多。经济实力雄厚的村落会修筑规模稍大的堡寨，并在寨中修建四合院住宅以及水井、涝池、碾坊等生活服务设施用，在功能上几乎与普通村落无异，由于是一次性建设，更能体现传统风土聚落的规划思想与空间观念，如韩城党家村的泌阳堡、解家村的解老寨和解小寨、西原村的凤翼寨，河津樊村的金汤堡（今樊村堡村）等。而经济实力较弱的村落，修筑的寨子往往规模很小，选址也多为难以维持长期居住需求的绝地险境，纯粹为临时使用，平日里基本闲置，因此仅在寨中修建临时避难的厦房以及水井等生活必要设施。

---

1　于 1949 年更名为"常好村"与"常好堡村"，沿用至今。

a 党家村泌阳堡　　　　　　　　　　　　b 西原村凤翼砦

c 行家庄泰安堡　　　　　　　　　　　　d 黑池村永清寨

图 4.55　寨子的基本形式

韩城市党家村的泌阳堡,"村—寨"关系属于崖上型,目前保存完好,是在寨中修建四合院的代表性案例。党家村位于泌水河谷地,原本地势较为低洼,被称为"党圪崂",泌阳堡建于清咸丰六年(1866 年)捻军起义时期,选址在原村东北部高起的土原边上,用地呈不规则的三角形,东、南两面邻崖,总占地约 36 亩,与村落本体组成"下村上寨"的位置关系。根据现存"新筑泌阳堡碑记"记载,修筑泌阳堡最初是由村中富户倡议,筹集资金,购买新的土地,进而完成对城墙、城门、城壕、巷道、井、涝池等公共基础设施的修建,这部分是全村合力完成,有钱出钱,没钱的以劳力相抵。在公共基础设施修建完毕之后,为了公平起见,采取抓阄或投壶的方式确定不同位置的宅基地的所有权,之后由各户自行出资在分得的宅基地上修建自家宅院。从平面布局来看,泌阳堡内有三条平行的南北向主巷,自西向东横列,依次变长,每条巷子直通到底,便于管理与防御。寨子入口靠近南侧边缘,同时也是整体地势最低点,围绕入口形成利于人群聚集的开放空间,布置涝

图 4.56　党家村村寨关系图

池，并围绕涝池修建小型村庙和祠堂等祭祀建筑。

韩城市西原村的凤翼寨（砦），"村—寨"关系属于平地型，是寨子中修建四合院的另一个代表案例。西原村位于平原地段，凤翼寨（砦）位于村南，用地呈南北方向的矩形，东南地势较高，西北地势低洼，与西原村地处同一标高，四面修筑城墙进行防御。此寨子规模较小，占地约 28 亩，根据现存的"修筑凤翼砦碑记"与"凤翼砦册序"记载，城墙高约 13 m，厚约 3 m，有 222 个雉叠，仅有西北方向设有一个能够防火的铁甲门，除去公共用地以外约 14 亩共划分了 35 块宅基地，修建了 47 户院落[1]。

合阳县行家庄的泰安堡，"村—寨"关系属于孤岛型，是寨子中仅修建临时避难房屋的代表案例。行家庄地处黄河西岸，靠近夏阳渡，历史上曾是秦晋官道必经之路，泰安堡建于清同治回民起义时期，选址在村东北方向的黄河西原崖壁处一座

---

1　结合现存各碑记中对宅基地的详细记载，可以发现对堡寨土地进行统一规划的时候，宅基地的划分均遵从了"窄院"的基本形制，面积均在 200 m² 左右。短边约 10 m，长边约 20 m 的矩形用地，是堡寨内宅基地尺寸的基本模数，后面第 3 小节将会详述。

孤岛式的土峰岗上，三面环沟，仅有西面一侧有一条弯曲小径可以抵达，西面修夯土墙，其他三面利用劈峰顶挖的土围堰，总占地面积仅 2 亩。堡内地势南高北低，南端高台处正对寨门位置，建关帝庙一座，在精神信仰上以求关帝守护，其他三面建有厦房、灶房、磨房等数十间，中间有水井一眼，用以满足村民临时避难的基本生活需求。

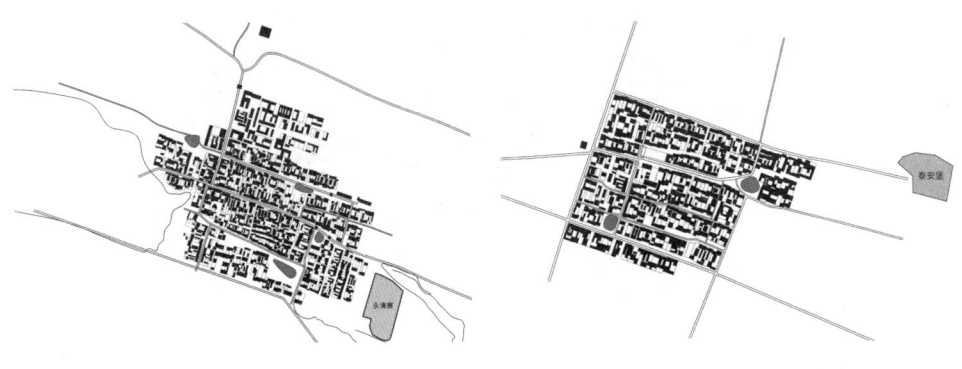

a 合阳县黑池村村寨关系图　　　　　　b 合阳县行家庄村村寨关系图

图 4.57　村寨关系典型案例

　　合阳县黑池村的永清寨，"村—寨"关系属于平地型，是寨子中仅修建临时房屋的另一种代表案例。永清寨始建于元代，清道光年间曾修复，寨子规模很大，占地 63 亩左右，东西长 269 m，南北宽 156 m，四面为高差 10 m 左右的悬崖，西边和东边各有通过吊桥才能进入的入口。永清寨的独特之处在于，修建时借助地势只在西边三分之一地势较高处夯筑了土墙，作为生活和操练的地方，土墙内修建大仙庙，作为人们的精神卫所，同时也兼做临时避难的用房。而土墙之外的三分之二面积均为农耕用地，以备寨中民众长期困守，满足基本的生活需求。

## 3. 寨子的营建过程解读

　　对于内部修建四合院的寨子，无论是从前期为建寨筹集资金和相地选址，还是到对寨中巷道、祠堂、村庙和水井、涝池等公共基础设施进行规划建设，再到对宅基地的分配，最终由各户自建宅院，都有详细而周密的计划，现存的许多碑刻从亲历者视角描述了整个过程，为我们的历史场景重现提供了可能。

　　例如党家村上寨泌阳堡存有于咸丰六年（1856）竣工之时的"新筑泌阳堡碑

记""查（本）堡甲牌碑记""堡中地亩粮石分数条规碑记"[1]。还有徐村清同治十年（1871）的"同居砦创筑边墙碑记"，上白矾村光绪元年（1875）的"创筑保安砦碑记"，西原村清同治十年（1871）的"创建凤翼砦碑记"与光绪十年（1884）的"凤翼砦册序"，马庄村民国元年（1912）"天保同心会建筑凤麓砦碑记"[2]等。这些碑刻详细的记载了堡寨（砦）之内的城壕、街巷、用水等公共设施和每分宅基地的具体位置及尺寸，个别还有附图，从中可以得知修筑寨堡的实际操作过程中的诸多细节，若用今天的术语，可以说是当年寨子的详细规划图纸与建筑设计导则。

虽然已有研究成果均采用了"村寨分离"的叫法，但通过民间历史文献的阅读，却发现现存碑刻中均写作"砦"而非"寨"字，如同居砦、保安砦、凤翼砦、凤麓砦等。康熙字典中虽然对"砦"的解释是"同'寨'，守卫用的栅栏、营垒"，并未对两字做出区分。但通过进一步访谈当地村民，能够发现在他们的认知中"寨"主要建于平地，但"砦"一定是建在地势高的地方，且规模较小，耗费财力较少，甚至不一定有完整的围墙，其防御性主要是利用险峻的地势来达成。历史碑刻记载的一些细节中也可以佐证这一点，如徐村"村中父老思其回匪破砦之由，因无边墙，极难守御。于是不惜财物，复发诚心，割东南硷下一带地基，遂筑其边墙"[3]，由此可见，同居砦最初是没有边墙的，但由于防御力弱，后续又增修了边墙。

"堡"与"砦"的不同之处在于，康熙字典将"堡"解释为"土筑的小城"，体现了其坚固且形态规整的特点，结合著名的晋系湘峪古堡、厦门古堡、张壁古堡等具体案例，可知"堡"的规模往往较大，并筑有高大坚固的围墙，在给寨子命名的时候，用"堡"字往往能够体现一族的财力与寨子的坚固雄伟。

民间资料所记载的历史往往是百姓自己的"历史记忆"，而不一定是"历史事实"[4]，但创造了一种生动的场景，用以帮助我们理解过去。通过对现存筑寨碑记中所记载内容的梳理，可以发现除了记叙特别详尽的碑刻或砦册以外，最常见的内容是：建寨的起因、选址、筹措经费及筑寨过程。

许多碑记都生动描述了筑寨之前"遂望邻村之砦堡，托亲戚而止栖，或典债而

---

1 在《韩城村寨与党家村民居》与《韩城文物志》中均有抄录。
2 除了"创建凤翼砦碑记"目前存于韩城市西原村玉皇后土庙碑廊内，其余均在《韩城文物志》中有抄录。
3 徐村清同治十年（1871）的"同居砦创筑边墙碑记"。
4 历史人类学强调，历史与记忆的互动是非常重要的，并非所有的事件都留存在记忆中，而是根据其社会重要性的逻辑被记忆。

居处……或露居于峻岭，或穴处于高崖，隐牛马于沟壑，藏衣物于窨窖"[1]，"老弱避居邻砦，壮者逃奔他乡……又有掘地斩崖凿窟，秘为躲藏者"[2]，由此可见自家村落没有筑寨的村民，就只能先躲避在邻村的寨中或直接逃到沟壑深处。但是这样的避难仍然造成很多损失，导致"岭居者，弃家而奔窜，临崖恐吓，穴处者，舍性命而坠落，衣物为之一空，骡马尽为所掳"[3]。面临这样的困境，对比"临村有砦堡者，不过登城守御，而财物一无所失焉……祸无止息，必计长久，他人宇下，岂安身之所乎"[4]，不得不痛下决心修筑自己村落的堡寨，由此可见，修筑堡寨是一种历史悠久的逃生方式。

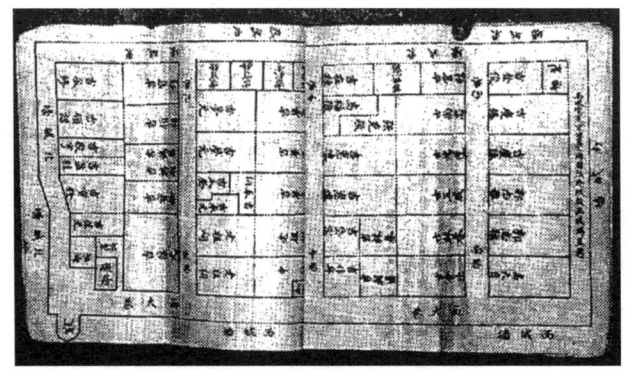

图4.58　凤翼砦册中附图
图片来源：青木正夫《中国陕西省韩城地区的聚落及住宅研究》

在下定了筑寨的决议之后，要做的就是择址和筹措资金。韩城地区的村落因商而富的较多，但与山西的巨贾相比还是财力有限，与在村落四周修筑一圈城墙相比，借助地势修筑小型的寨堡就显得非常经济适用。在选址方面倾向于有三个方向邻沟，仅留一个方向重点防守的地形，如上白矾村保安砦"于村东震方，相地二十余亩，东邻峻崖，南阻深沟，北跌高磴，惟正西数十丈，地势特平，筑工尚较易矣"，西原村凤翼砦"况村南巽地，素好南城，东南地势高耸，成城甚易，西北

---

1　上白矾村光绪元年（1875）"创筑保安砦碑记"。
2　西原村光绪十年（1884）"凤翼砦册序"。
3　上白矾村光绪元年（1875）"创筑保安砦碑记"。
4　上白矾村光绪元年（1875）"创筑保安砦碑记"。

虽卑陷，而有志竟成"。均反映了对于筑寨工程是借助地势，主要在平坦一面修筑城墙。

筑寨的经费来源往往公私兼有，一种是村中富户集资，例如西原村凤翼砦"乃集合地主，每亩议价银二十两"，这种方式寨中土地归属集资者，出劳力的本村之人允许避难；另一种是用公共财产，如上白矾保安砦"始卜庙中之官柏，货银两而建，厥功继祈祠会之余财，竭祀典而成。兹举又于入口门窦地亩，马牛照数出资，计物拨银而成，功不患无资矣"。还有一种是"因时度事，计官筹私"，如徐村"至于资斧之出，或官中施舍，或照户摊纳"，公共经费与私人经费都有。

在筹措经费并购置好土地之后，就开始着手筑寨。筑寨的主要工程是平土方、夯筑城墙与修建城门。由于以夯土为主，因此"备锸畚、兴土功"挖运泥土是最主要的劳作内容。对于夯土技艺来说，调配土是最重要的一个环节，需要将水与土按照比例调好，因此用水量很大。但黄土台塬干旱缺水为筑寨带来了困难，因此碑刻中记载最多的是在建设过程中如何克服用水问题。如马庄村"奈土性干燥，工难猝行，未几天降霖雨，不数日又雨，同仁拮据不惮苦而负担车载"[1]，记载了由于及时降雨解决了夯筑的需求，并渲染了工程的艰辛。又如上白矾村记载在夯筑墙体的时候，"借灌田之水以润燥"，"南河之堰有成渠，取下流之水而上升，北崖之畔搭轱辘，当时人谋之工有如此者"[2]，细致描述了先民在崖畔用工具汲取灌溉用的渠水，为此还专门搭建了取水设施。

党家村的泌阳堡与西原村的凤翼砦是现存碑记中记载最为详尽的两个堡寨，其中泌阳堡存有"新修泌阳堡碑记""查（本）堡甲牌碑记""堡中地亩粮石分数条规碑记"共3篇碑记，凤翼砦存有"创建凤翼砦碑记"与"凤翼砦册序"共2份民间文献，其中还存有一份砦图，加之两寨的保存都相对完好，尤其党家村泌阳堡更是韩城保存最为完好的堡寨，为田野调查与历史文献的对照研究提供了珍贵的样本，有助于我们重建与"再现"当时聚落营建的"历史现场"。

"新筑泌阳堡碑记"的碑文分为两部分，第一部分叙述了筑堡的起因是咸丰年间的西捻军起义在河东山西猖獗，出于忧患意识以及政府鼓励民间自行修建堡寨以自卫。第二部分详细记录了城壕、城巷、潦池等公共设施用地和每分宅基地的

---

[1] 马庄村民国元年（1912）"天保同心会建筑凤麓砦碑记"。
[2] 上白矾村光绪元年（1875）的"创筑保安砦碑记"。

具体位置及尺寸，采取分条目的记录方式，以巷子为单元进行总述。每条巷子先叙述以其为坐标可以定位的公共设施的具体尺寸，再分别对巷子两侧的宅基地进行方位编号和分配记录，最后对修筑堡寨外围公共用地的尺度进行记录。

"凤翼砦册"是记录凤翼砦具体情况的一本小册子，除了一篇序言以外，还附有砦图绘制城墙、城门、内外城壕、官巷、官房以及宅基地。"凤翼砦册序"全文分为两大段：第一段同样叙述了修筑堡寨的起因，是由于同治年间的回民起义，从华阴各县爆发并逐渐波及韩城，初期吉家人临时躲避在同村其他两姓氏家族修筑的寨子中，在回民起义对韩城的影响愈演愈烈之际，吉家决定出资修建自己的堡寨；第二部分详细记录了堡寨的选址、造价和工期，还有修筑完成后如何划分宅基地，宅基地的具体面积以及如何通过抓阄、投壶等方式进行宅基分配。

(1) 统一的规划策略

根据对两份文献的解读，可以发现堡寨的营建过程是基本一致的，均为村中富户发起，筹集资金，购买新的土地，进而完成对城墙、城门、城壕、巷道、井、潦池等公共基础设施的修建，这部分是全村或全族合力完成，有钱出钱，没钱的以劳力相抵。

泌阳堡和凤翼砦分别为不规整用地与规整矩形用地。党家村在泌水河谷地建村，原本地势较为低洼，被称为"党圪崂"。泌阳堡选址在党家村的东北部的台塬边上，用地呈三角形，东、南两面邻崖的险要地形，与党家村组成"下村上寨"的位置关系。西原村则位于平坦台塬上，凤翼砦选址在村南，用地呈南北方向的矩形，东南地势较高，西北地势低洼，整体相对平坦，与西原村几乎为同一标高（图4.59）。由于村与寨的相对位置差异，泌阳堡在台塬底面挖可供上下通行的倾斜隧道直通塬顶，而凤翼砦在靠近村落的西北方修筑了寨门。

关于堡寨的空间形态，"凤翼砦册序"中有详细描述："西北袤延平，东西长十八丈，雉叠二百二十有二，门一西北，出铁甲之虑贼火也，池广二丈，……城内共得地十七亩一分，除西城下官巷广一丈，余三面广狭不同，东西三横巷各广六丈，此外以三分七厘作院地一方，……城中官房三间，碾坊一座，其地基一分八厘，凿井一眼，地基三厘。"

结合凤翼砦现存的砦图以及田野调查可以得知，凤翼砦共占地28亩（约1.9 ha），西北角设出入口，城内共有17亩1分（约1.14 ha），三条平行的东西向短巷与城墙内侧环线垂直相接，形成标准的"目"字形结构，其中西面的南北向巷道宽1丈（约3.3 m），中间有三条东西向的横巷，长约6丈（约20 m），对整体用地进行网格式均分，并修建了一座三开间的官房，一座碾坊，共占地约120 m²，集中位于寨子的西北角靠近入口的地方，还开凿有一口井占地约20 m²。

可以看到，由于是统一规划，集中建设而成，与自然演变的村落相比，堡寨（砦）的布局结构显得异常规整、紧凑、有序。泌阳堡虽然是不规则用地，但路网规划与凤翼砦类似，巷道均为平行组织关系，结合城墙内侧环线，呈现"目"字结构，每条巷子直通到底，堡内有三条平行的南北向主巷，巷宽均为1丈（约3.3 m），从西向东依次横列，依次变长，入口靠近南侧边缘，同时也是整体地势最低点，围绕入口形成利于人群疏散的开放空间。由于泌阳堡规模较大，在入口处还布置了涝池，并围绕涝池修建小型村庙和祠堂等公共建筑。

（2）宅基地的基本模数

在公共基础设施修建完毕之后，一般会采取相对公平的方式[1]确定不同位置宅基地的所有权，类似于我国20世纪90年代集资建房之后的分房或选房环节，宅基地选定之后会由各户自行出资在分得的基地上修筑宅院。

"新修泌阳堡碑记"详细记录了每分宅基地的具体位置及尺寸，结合对实物的调查分析，可以相对准确地还原当时的宅基地划分方式：泌阳堡占地面积约36亩（1亩等于667 m²），除去公共用地面积，共划分了30块宅基地，其中有2块是祠堂用地——北巷一号与北巷二号，分别为用以修建祠堂的党二门合户用地与党氏前二门合户用地，均位于潦池东侧。通过梳理碑刻中对这些宅基地的描述，可以划分出四种类型尺寸（图4.59，表4.4）。

表4.4 党家村泌阳堡中宅基地相关信息统计

| 序 | 巷 | 编号 | 产权人 | 朝向 | 面积（m²） | 类型 |
|---|---|---|---|---|---|---|
| 1 | 中巷 | 东边北一号 | 党遵礼 | 坐北向南 | 430 | 长条形 |
| 2 | | 东边二号 | 党紫云 | 同上 | 430 | 长条形 |
| 3 | | 东边三号 | 党建章 | 坐北向南 | 60 | 不规则形 |

---

1 例如抓阄或投壶。

(续表)

| 序 | 巷 | 编号 | 产权人 | 朝向 | 面积（m²） | 类型 |
|---|---|---|---|---|---|---|
| 4 | 中巷 | 西边北一号 | 党心泰 | 坐西向东 | 426 | 方形 |
| 5 | | 西边二号 | 党大半 | 同上 | 426 | 方形 |
| 6 | | 西边三号 | 党遵命 | 同上 | 426 | 方形 |
| 7 | | 西边四号 | 党心一 | 坐北朝南 | 406 | 不规则形 |
| 8 | 东巷 | 东边北一号 | 党遵圣 | 坐东向西 | 210 | 分离型 |
| 9 | | 东边二号 | 党绳先 | 坐东向西 | 440 | 方形 |
| 10 | | 东边三号 | 党遵铭 | 同上 | 420 | 方形 |
| 11 | | 东边四号 | 党遵周+党长世 | 坐东向西 | 420 | 方形 |
| 12 | | 东边五号 | 党腾云 | 同上 | 420 | 方形 |
| 13 | | 东边六号 | 党挥齐 | 同上 | 420 | 方形 |
| 14 | | 西边北一号 | 党遵圣 | 坐西向东 | 220 | 分离型 |
| 15 | | 西边二号 | 党绳先 | 坐西向东 | 420 | 方形 |
| 16 | | 西边三号 | 党遵模 | 同上 | 420 | 方形 |
| 17 | | 西边四号 | 党遵典 | 同上 | 420 | 方形 |
| 18 | | 西边五号 | 贾文明 | 同上 | 420 | 方形 |
| 19 | | 西边六号 | 贾文理 | 坐西向东 | 420 | 方形 |
| 20 | 西巷 | 东边北一号 | 党开弟+党双宝 | 坐东向西 | 440 | 方形 |
| 21 | | 东边二号 | 党遵祖+党光烈 | 同上 | 440 | 方形 |
| 22 | | 东边三号 | 党遵范+党遵孝 | 坐向西南 | 550 | 不规则形 |
| 23 | | 西边北一号 | 党尊敬+党康选 | 坐西向东 | 462 | 方形 |
| 24 | | 西边二号 | 党天赐 | 坐西向东 | 484 | 方形 |
| 25 | 南巷 | 北边一号 | 党之学 | 坐北朝南 | 506 | 方形 |
| 26 | | 南边一号 | 党之学 | 坐南朝北 | 515 | 方形 |
| 27 | 北巷 | 北巷一号 | 党前二门 | 坐北朝南 | 420 | 不规则形 |
| 28 | | 北巷二号 | 党二门 | 坐北向南 | 420 | 方形 |
| 29 | | 北巷三号 | 党向南+党指南 | 坐西朝东 | | 方形 |
| 30 | | 北巷四号 | 党遵教 | 坐向东南 | | 不规则形 |

图 4.59　党家村泌阳堡宅基地划分示意图

首先，是方形宅基地。堡内用地的中心区域用地充裕，因此可划分出较多规则形状。在泌阳堡的 30 块宅基地中，共有 21 块方形宅基地。根据统计，虽然每块地都存在有几尺的差异，并不完全是标准正方形，但大部分的边长均在 6 丈左右，长度以 6 丈一，6 丈三，6 丈六居多，仅有一块地的长边达到了 7 丈，总体来说换算成米的话大约是 20～24 m。也就是说，寨中划分的方形宅基地标准面积为 400～500 m²。从表中可以看到，有 6 块方形宅基地的产权人是两个，但即使产权只属于一人，结合田野调查，我们发现后续各户在自家宅地基盖房的时候，均会将方形宅基地一拆为二，修建两个并排的窄四合院。

其次，是长条形宅基地。堡内共有 2 块长条形宅基地，分别为中巷东边北一号和中巷东边二号两块用地，均为坐北朝南，宽三丈，长十二丈八，换算成米的话大约为宽 10 m，长 43 m，面积约 430 m²。结合田野调查可以发现，两块长条形宅基地在南北方向拼接为一个完整的街道界面，几乎将中巷的东侧用地全部占满。而在后续各户在宅基地上建房的时候，均修建了两个首尾相接的两进窄四合院。

再次，是分离型宅基地，这种宅基地属于同一户人家，却被巷道一分为二。例如东巷属于党遵圣的东边北一号后标注"与西边北一号为一分"，可见二者是作为同一块宅基地进行分配，是两个几乎面积相等的矩形用地分置在巷子两边，虽然同样是出现了两次名字，但党之学的南巷北边一号与南边一号是属于两块宅基地。两块分离型的宅基，均为长边 21~22 m，短边约 10 m，总面积在 210~220 m² 之间的矩形用地，在后续建房的时候，修建了两个对门的四合院。

最后，是不规则形宅基地。在边缘处共有 5 处不规则宅基地，其中西巷东边三号地和北巷四号地，为形状最不规则的两块用地，因为位置偏僻，周围的空地很多，允许其盖房的时候"听其自便"，可随便使用。根据统计，所有不规则用地的面积也在 400~500 m²。在盖房的时候，大部分不规则用地在尽量占满用地的前提下，都采取了与方形基地一样的方式，修建了两个并排的四合院。

由于凤翼砦规模较小，根据文献记载，总面积约 28 亩，除去公共用地以外还剩约 14 亩，共划分了 35 块宅基地，居住了 47 户。因用地较为规整，因此采用最为方便的网格式均分，简单以"三分七厘"（约 200 m²）为一整院作为标准宅基地面积单元。结合泌阳堡的数据可以基本确定，200 m² 左右，短边约 10 m，长边约 20 m 的矩形用地，是修建一座当地常规四合院的基本模数。

## 4. 村—寨组合在黄河两岸的差异

本书在研究样本中选取若干保存较为完好的案例，将其平面形态中比较重要的要素进行抽象提取。

从图 4.60 中可以看到，与村--寨分离相对的，主要为村堡合并，或称为独立成堡。靠近黄河河道的韩城、合阳存在大量的村—寨分离聚落，偶尔出现不规则形态的村堡合并聚落；黄河东岸的河津、万荣等靠近河道及冲沟的地方，村寨分离也有所分布，但在数量上远不如河对岸。稷山、襄汾较少出现寨子，主要是村堡合并，

第四章 聚落营建与空间秩序

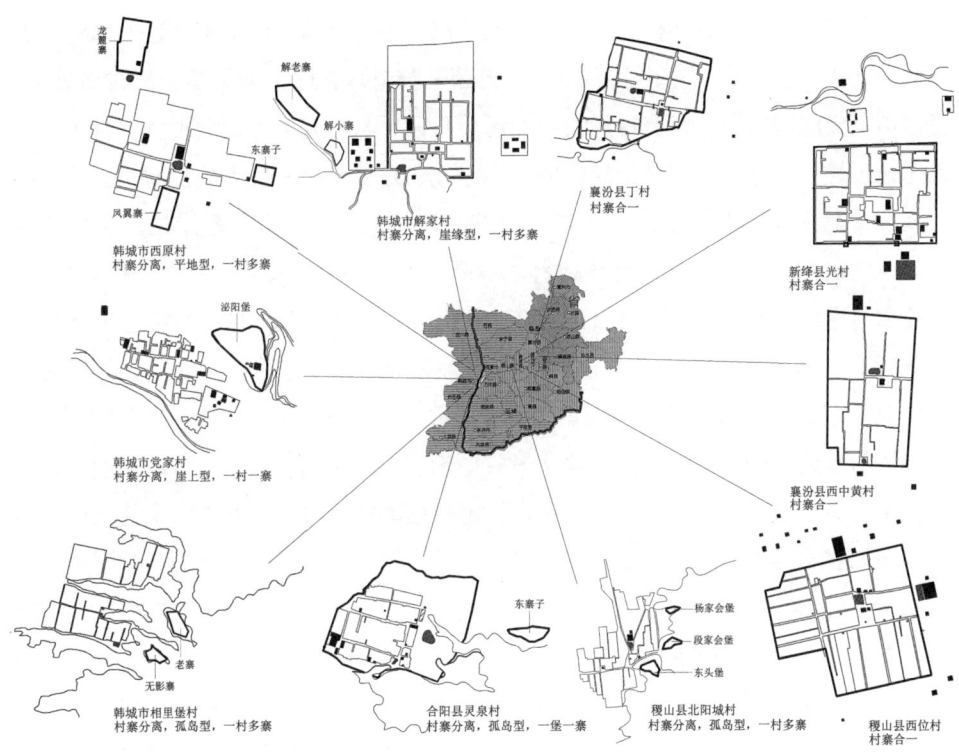

图 4.60 黄河两岸风土聚落村—砦的地理分布

且形态规整，与晋中及晋东南堡寨聚落的形制更为接近，呈现明显的从官话区向晋系过渡的趋势。造成这种分布规律的原因有三方面：

第一，黄河东西两岸的地貌特征虽大致相同，但沟壑密度存在显著差异，因此聚落形态的边界限定方式也从西岸的自然边界向东岸的人工边界逐渐过渡。西岸因发源于黄龙山的水系众多，沟壑密度较大，韩城被切割为 16 块原面，合阳被切割为 3 块，虽然整体平坦，但原的边缘呈现丘陵化，原与沟的相对高差可达 70~120 m，为修建临时避难的堡寨提供了天然地形，分布于台原边缘的聚落大多因地形之便，采取"村寨分离"形态进行有效防御。东岸除了黄河河岸形成的黄土原在黄河的冲刷下边缘丰富，越往东则土地形态越开阔平整，峨眉原面积较大且形态完整，仅有孤山和稷王山两处地形起伏，沟壑密度较小，缺少"村寨分离"聚落所需要的险要地形。

第二，黄河河道的摆动有向东侵袭的总体趋势，导致黄河东岸"村寨分离"聚落分布较少。由于清代韩城、河津、荣河段河道主要向东移袭，黄河东岸靠近河道的许多村落在清代受灾频繁，经历了多次迁移，因此村落的经济实力远不如对岸的韩城与合阳。在田野调查中我们发现，万荣、临猗现存的沿河聚落大都村名悠久，但村落建成时间较短，没有经历较长的历史阶段，从形态上无法呈现一个村子的完整生长过程。另外，清末同治年间的回民起义，是黄河沿岸最大规模的一次筑寨高潮期，但起义军主要波及的范围是关中核心地区，并未对黄河东岸造成实质性影响，因此山西一侧沿河聚落整体防御性不高，大多还保持着开放的自然边界形态，直到离河道较远的平坦地区稷山、襄汾、新绛一带，修筑寨墙的村子才逐渐增多。

第三，"村寨分离"与"村寨合一"两种布局的风土聚落，存在明显的历时性差异与村落的经济水平差异。根据田野调查及民间文献的记载，现存"村寨合一"形态较为规整的聚落，村墙的修建大多成形于明崇祯年间的第一次筑堡高潮期，此次农民起义，对晋南的影响大于关中，目前晋南的堡寨聚落，寨墙大多建于这一时期，例如襄汾县的丁村、西中黄村以及新绛县光村等。而"村寨分离"的寨子则主要修建于同治回民起义的第三次筑寨高潮期，无论贫富村落均修建了逃生堡寨，目前韩城、合阳、大荔所留存的堡寨遗址大多建于这一时期。

修筑"村寨合一"的独立成堡聚落，耗时耗财，例如丁村族谱中记载"此城始于明崇祯戊辰年，落成于崇祯癸未年，余家现有筑城簿记可考"，说明修建堡墙足足用了16年，无论是时间还是金钱均花费巨大；而西中黄村的耗时更久，太平县志光绪版"明崇祯三年筑堡，国朝康熙五十三四等年通甃以砖"，从夯筑土堡到后期的包砖，整个过程历时约有百年。相比之下，修筑"村寨分离"的寨子则省财省时，能够非常高效地解决危机，例如西原村修筑凤翼寨有碑刻记载"择吉日起工于九月既望……至十一月下浣，工未半……追戊辰四月而告成矣"，仅用时约8个月；而上白矾村修筑保安寨则耗时更短，碑刻记载"仅百日间而是功已粗就矣"，马庄村修筑凤麓寨的碑刻也记载了"百有余日，大功毕举"，可见百日左右是较为常见的修筑时间。因此，两种"村—寨"组合的修筑时间与修筑成本的差别，分别对应了黄河两岸不同的社会环境与经济发展水平。

## 六、本章小结

针对黄河两岸风土聚落的布局与构成，本章首先从个案的聚落营建历史出发，选择保留有系统性族谱的韩城解家村作为个案剖析入手,基于对《解氏家谱图》中的图像及文字信息释读,总结族群所建构的聚落布局"理想图式",梳理出解氏家族从聚落选址到空间建构的完整历程,厘清黄河两岸明清时期的风土聚落的营建过程与空间秩序特征。其次,针对聚落的混合的边界限定、围池而居的空间组织、村庙系统的秩序关系、村寨分离的防御分区四个突出空间秩序展开深入剖析,总结最能凸显黄河两岸谱系的基质特征。得到以下几方面结论:

(1) 通过分析个案族谱中的历史信息,总结族群心中关于居住空间所建构的"理想图式",图式呈现了由作为天然防御空间的塬边沟壑陡坎,作为神圣空间的观音庙、关帝庙两座庙宇,作为基本生活设施的一口水井,以及作为基本居住单元的六个相同形制的四合院,共同组成的黄河两岸风土聚落"井"字形布局原型。并通过历时性分析,进一步得出黄河两岸风土聚落的聚居过程与聚落空间建构,在受到家族人口规模、经济实力与地形地貌的综合影响下,本质上呈现混合边界、围池而居、村庙秩序、村寨分离的布局与构成特征。

(2) 由于兼具北方平原地区的共性与黄土高原的特性,黄河两岸的风土聚落在边界处理上呈现人为与自然结合的混合边界。将人工夯筑的土墙与自然的台塬崖壁连为一体,有单面邻沟与多面环沟两种类型。单面邻沟的聚落仅在与沟壑发生关系的一面呈现自由曲线,平坦一面通常采用开阔方正的布局;多面环沟的聚落仅在平坦那面修筑一道较短的土墙,在布局上就可以对整个村子形成防御边界。

(3) 由于应对干旱与雨涝频发的不利气候条件,黄河两岸风土聚落在布局中存在另一种特殊的构成要素——涝池。无论是作为骨架的巷道,还是作为核心公共仪式建筑的祠庙与其他文化标识物,均与涝池发生关系,形成了独特的池—巷组成的蓄水排涝体系和池—庙组成的地方社会场景,呈现出围池而居的布局特征,具有极强的地域可识别性。其中涝池与巷道在布局上形成了多池联动、分巷汇水、外围蓄水三种模式,除了将涝池与各居住片区相对应,解决不同区域的蓄水排涝以及用水便利的问题,同时将聚落建成区内部循环的子系统与周边自然环进行联动,形成更大的巷—池—沟蓄水排水系统。

(4) 庙宇除了有分巷对庙、集中庙院等北方农村地区常见的布局形式,由于黄河两岸沟壑纵横的地貌特征,还存在塬边置庙的布局特点。在其他标识物方面,作为最基础生活设施的井,作为街巷标识物的牌楼,作为人们娱乐中心的戏台,以及与科举社会相关的文昌阁均为对聚落布局起到重要作用的构成要素。

（5）为了应对历史上的社会动荡，黄河两岸风土聚落存在"村寨分离"的防御分区特征。寨的特点是规模小、费时费资少、利用险峻的地势来达成防御性。根据村落本体是否设防，呈现出"村—寨"和"堡—寨"两种形式。寨子中又分为富户的集资建设新村型堡寨（修建四合院）与纯粹的防御逃生型堡寨（临时居住）两种类型。其中建四合院的寨子中宅基地的基本模数为 200 m² 左右，短边约 10 m，长边约 20 m 的矩形用地。

（6）村寨分离聚落主要分布在黄河两岸靠近黄河主道及塬边冲沟的地方，再往东的平坦台塬则会采用"村堡合并"的形式，与晋中及晋东南堡寨聚落的形制更为接近，整体分布规律呈现明显的从关中向晋系过渡的趋势。

# 第五章　聚落居俗与宅院形制

对于以集村为主要形态的黄河两岸风土聚落，住宅不能脱离于聚落，而是整个社会和空间体系中的一部分。同时整个聚落体系包含了住宅的物质空间及附着在其中的生活方式，聚落布局及其他部分的使用也会影响其中的住宅形式，二者互为因果。本书在探讨风土聚落中的住宅的时候，借用人类学的观察方法，并非只将建筑用途视作"功能"（function），研究其物质本体的空间形态（space），而是将建筑空间视作制度控制下的"习俗"（convention），深入研究其组织方式的制度形态（institution）。而这种制度的产生与所处的文化历史及社会环境密切相关，体现了不同的"语缘民系"在应对物质局限与文化变数时做出的居住方式上的选择。

基于以上认知，本章针对关中—汾河片风土聚落的社群结构进行分析，总结族群在生活、生产、习俗、制度、气候等"环境—文化"上的因应结果。聚焦田野调查中发现的有别于他地的住宅特征，将传统建筑类型学对平面形制与空间秩序的分类研究与人类学的文化阐释相结合，发掘构成此地风土聚落最基本单元的形制特征。

## 一、聚落的街巷肌理

鸟瞰黄河两岸风土聚落的肌理，可以直观感受到，狭窄的院落密匝匝地连成一片，院落界线分明，朝向基本一致，院落与院落之间紧紧相连，旁无隙地（图 5.1）。肌理作为聚落的空间形态表征，从表层看，是建筑、街巷、开敞空间等各种构成要素在三维空间上呈现的视觉组织效果，从深层机制看是族群的社会结

汾渭平原风土聚落模式与谱系

图 5.1 聚落肌理图

构、经济发展、文化习俗等综合作用的空间结果。

如果运用格式塔图底关系理论的分析方法，将调研的具体案例中实体的部分表现为图（figure）用黑色表示，空间虚体的部分表现为底（ground）进行留白，就能够清晰直观地识别出由实体组成的群落形态，以及空间虚体的骨架形态。从图底关系上可以看到，黄河两岸风土聚落的骨骼是非常清晰的，东西通达笔直的巷道居多，巷与巷之间大多保持清晰明确的垂直正交关系，与沟壑也同样保持正交或平行关系，具有较强的可识别性。但建筑群落则呈现小尺度规律性的布局，建筑与建筑之间的排布非常密集，并在方向上保持最常见的正南北方向性，没有出现任何明显的向心性等特殊方向性，主要是与沟壑走向保持垂直或平行。

为了争取最优的南北向居住空间，汾渭平原段黄河两岸的风土聚落以东西走向的横巷为主，宅院的入口设置在窄面，随着聚落规模的扩大，大都是先沿着一条东西横巷发展，在到达一定长度不利于聚落成员交往和联系时，会继续增加东西横巷形成"三"字形，或增加南北主街形成"十"字形或"丰"字形等基本形态，并再根据村落的规模不同，进一步发展为网格状复杂系统。前一章主要从与蓄水排涝的关系对巷道的空间秩序进行了解析，本章针对巷道与聚居单元进一步解析。

（1）由多条东西向平行巷道组成的"三"字形布局，是地势呈东西倾斜的聚落最常见的街巷布局形式。位于中间的一条会被约定俗成地称为大巷，或中巷，是村中最核心的主干道，也是聚落发展演变过程中最早形成的巷道。一般是南北两侧狭窄四合院的短边紧邻巷道，东西向并排延展，逐渐形成规则完整的街巷肌理。

根据现有实例统计，随着聚落的人口增长与规模扩大，大巷长度往往在到达 300~400 m 时，便会向北向南各新增一条平行的东西向巷道，北边的一条往往会被村民称为后巷，或后道巷，符合由于四合院"坐北朝南"所带来的南为前，北为后的方位观念。南边的一条往往会被称为南巷、南道巷，或南场巷，之所以用"场"字，是由于南面阳光充足，没有房屋的阴影遮挡，因此聚落最南端往往会是一片平整开阔的打麦场。

在田野调查中还发现，黄河西岸合阳一带的村落，许多南北向的街巷并没有名称，村民告诉我们南北向的是路，不是巷子。由此可见，巷子在当地人的观念中是一种有具体指向的概念，一般为东西走向，且两侧都为居住建筑。

例如合阳县黑池村（图 5.2a），由三条东西向平行主巷以及一条南北向的道路组成，自北向南依次为后道巷、大巷、南场巷，均东西长约 400 m。其中，由于南北向的道路较宽，两侧有铺家，村民称其为街道而非巷道[1]。三条巷道西端均与南北街道垂直相交，其中大巷是村中最主要的巷道，最初村落即沿此巷发展。

又如大荔县大寨子村（图 5.2b），同样由三条东西向平行的主巷构成，自北向南依次为北巷、中巷、南巷，长约 370 m，其余若干南北向支巷与其垂直相交。所有住户分列主巷两侧，南北向布局，整齐排布。因地形原因，南巷较短，为邻崖的巷道，仅巷道北侧有住户。

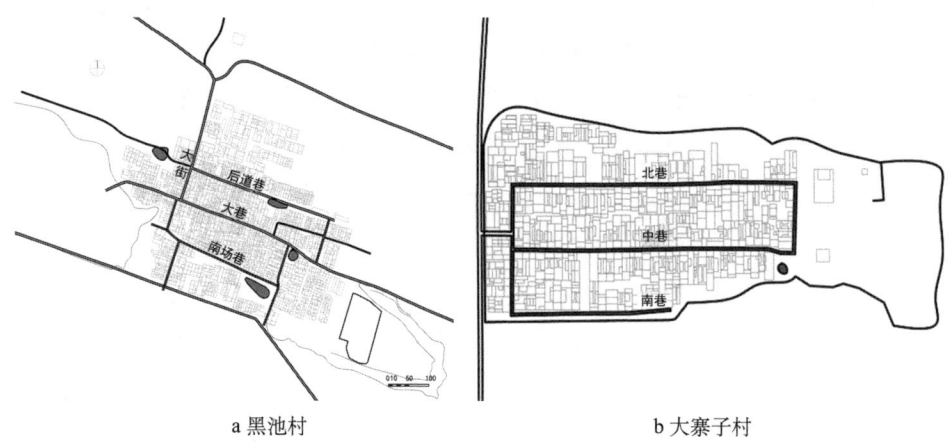

a 黑池村　　　　　　　　　　b 大寨子村

图 5.2　三字形巷道组织居住的典型案例

（2）由一南一北两条巷道正相交组成的"十"字形布局，也是地势呈南北倾斜的聚落最常见的街巷布局形式。彭一刚在最早将研究视野拓展到村镇形态的时候，提到了"十"字街的形式，他认为聚落的形态和它的规模有直接的关联，十字街的村镇正处于城市的雏形阶段[2]。目前现存的这种类型案例往往有一圈城墙，十字巷道与不同的城门相通，在居住形态上确实与城邑更为接近。

例如陶寺村（图 5.3a），东西—南北两条街巷组成十字大街，分别通达四个城门，其中东西向主街一横两纵，北城墙外一条主街为主要生活走道，其余支巷平直状如棋盘，规则有序。又如丁村，由东西向与南北向的两条主巷呈十字相交，其他支巷与之垂直相交组成。村中心主街从东门自东向西直达尽端，在主街北侧，一条

---

[1] 村民口述实录见附录。
[2] 见彭一刚.《传统村镇聚落景观分析》[M]. 北京：中国建筑工业出版社，1994.

第五章 聚落居俗与宅院形制

a 陶寺村　　　　　　　　　　　　　b 西位村

图 5.3　十字形巷道组织居住的典型案例

直通北门的巷道称为北门巷，正对北门巷南口，在主街南侧，往西还有一条南北巷道，向南直达南门，称为南门巷。

随着聚落规模的发展，街巷肌理也会变得更加复杂，在巷道肌理上可以看出聚落的发展过程。例如西位村（图 5.3b），村落由西北门内的南北向大街与大东门内的东西向大街，将整个老城墙范围内分为三个片区。东北区是村落早期发展的核心区域，北门与小东门正对的南北与东西巷道形成十字交会。南部与西北区域为后期发展形成，居住密度大，分别由多条平行巷道组成，南部由九条平行的南北向巷道组成[1]，西北部由五条平行的东西巷道组成[2]。

## 二、聚落的社群结构

黄河两岸的风土聚落，是以血缘关系为基础的家族模式[3]与以信仰社区为单位的村社模式共同作用的结果，用以灵活应对随着聚落人口增长带来的杂居与混居问题[4]。在聚落刚形成之初，大多为聚族而居，基于血缘关系形成一定的群落组团，房支与组团之间可以找到对应关系。但随着人口增长，支脉逐渐混乱，混居现象越发

---

1　自东向西依次为一条巷、二条巷、三条巷、四条巷、段家巷、李家巷、沙巷、小李家巷。
2　自北向南依次为麻园巷、北头巷、南院巷、西井巷、场巷。
3　之所以用家族模式，为的是与华南地区的宗族（包括族产、族谱、祠堂）进行区分。
4　姚春敏. 清代山西杂姓村宗族祠堂、祖茔及庙宇建设——以碑刻、族谱、村志和田野调查为中心［J］. 南京社会科学，2017（4）：149-156.

明显，组团与血缘之间的对应关系被打破，因此在清代中期以后，由地缘形成的"社"逐渐取代了宗族组织对村庄的管理。"社"作为基层社会组织，是黄河两岸风土聚落非常重要的地缘社会组织方式[1]，对宅院群落的布局形态起到了重要作用。

对应到宅院群落布局的物质空间形态上，本书将其分为三个层级，从小到大依次为：住宅单元—族居组团—信仰社区[2]。其中住宅单元是由核心家庭组成的居住区基本细胞；族居组团大多由以血缘关系为基础的同族构成，在形态上通过巷道串联，并以族为单位修建公共设施如水井（井房）、碾坊、稍门等；信仰社区[3]对应"社"，是更高一级的组织单元，大多根据居住方位进行划分，用以举行春祈秋报、迎神赛社等民间信仰仪式，具有劝农、教化、互助、治安等方面的社区管理职能，有时也以"社"为单位修建公共设施。

## 1. 住宅单元

住宅单元的形式与聚落的形态互为因果，这也是北方集村由小型四合院构成，而南方如福建、湖南、四川等地的散村多见大型宅院的原因之一。对于黄河两岸的风土聚落来说，住宅在形式上体现出的最直观特点是重复单元所形成的均质肌理。

与北方其他地区相比，此地宅院的布局特点是面宽窄，平面呈狭长的矩形，又被学者称为"晋陕窄院"[4]。面宽一般为三开间 10 m 左右，整个院落进深多在 20～30 m，在群落上呈现出很强的重复性，主要为纵向重复单元"进"的增加，如一进院、两进院、多进院，以及横向的重复单元"跨"的增多，如东跨院、西跨院。对于住宅的基本特征，将会放在下一节展开详细论述。

此地四合院呈现出的群落肌理，是基于整齐划一的宅基地所形成的。上一章节探讨聚落营建特征的时候，就已提到汾渭平原段黄河两岸聚落的村—寨分离布局，其中的堡寨，由于建设时间较为晚近，且多为一次建设成型，因此存有较多碑刻记载其中的宅基地划分情况，为宅基地的布局研究提供了支撑。

---

1 赵世瑜.明清华北的社与社火——关于地缘组织、仪式表演以及二者的关系[J].中国史研究，1999（3）：134-142+144-152+154.

2 信仰社区一词，在许多社会学论文中均采用，主要集中在华南地区的研究成果，如郑振满《神庙祭典与社区发展模式——莆田江口平原的例证》，陈春声《信仰空间与社区历史的演变——以樟林的社庙系统为例》；李翠玲《社神崇拜与社区重构——对中山市小榄镇永宁社区的个案考察》等。

3 这里的信仰社区，指的是我们在调研过程中，各村村民都提到的一村之内的"社"的划分。

4 侯幼彬.中国建筑艺术全集：宅第建筑（一）（北方汉族）[M].北京：中国建筑工业出版社，1999.

图 5.4　东宫城村聚落航拍

例如西原村凤翼砦中目前保留的光绪十年（1884）"凤翼砦册序"记载，此寨（砦）占地约 28 亩，除去公共用地以外还剩约 14 亩，共划分了 35 块宅基地。由于凤翼寨（砦）整体为规则形用地，进行了网格式均分，以"三分七厘"（约 200 m²）为一整院，作为标准宅基地模数。

宅院的朝向及宅门的位置也是影响宅院群落布局方式的关键因素。由于北方流行八宅派风水，除了家中曾有人做官的设置等级较高的中门以外，"坎宅巽门"被认定为最优宅形，即坐北朝南，东南方向开门（图 5.5）。进而演变为无论朝向如何，宅院正面右位开门为最标准的平面形制。宅院组合方式受制于宅基地形状，主要为修建并排院落，直接朝东西向的巷子开门，或者在并排宅院南侧留一段门前短巷，多个宅院均向短巷开门，短巷再连通南北巷道，形成了基本的群落组织关系。

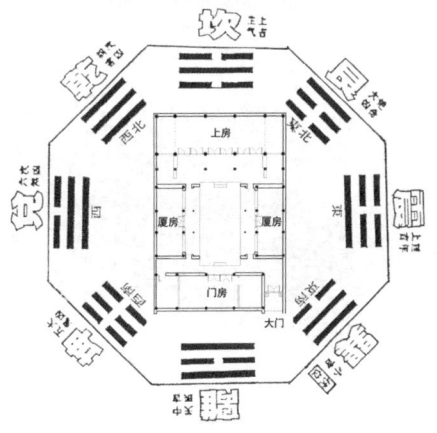

图 5.5　巽位开门的示意图
图片来源：根据王其亨《风水理论研究》改绘

## 2. 族居组团

族居组团是构成宅院群落的中观层级，在聚落最初发展的时候，受血缘的影响，组团一般由同族构成，根据实际调查案例中居住组团的划分方式，可大致分为基于巷道划分居住组团与依托巷道发展居住组团两种范式（图5.6）。

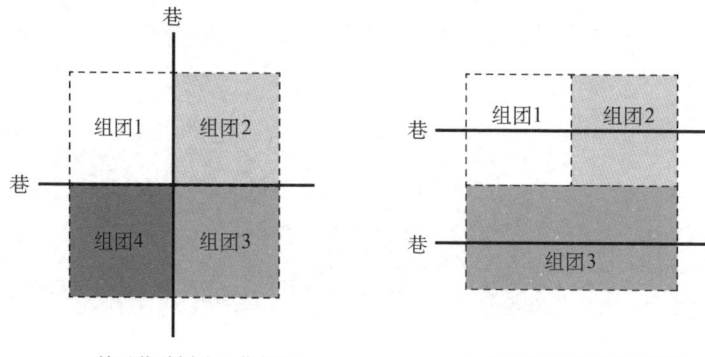

a 基于巷道划分居住组团　　b 依托巷道发展居住组团

图 5.6　族居组图与巷道的两种关系

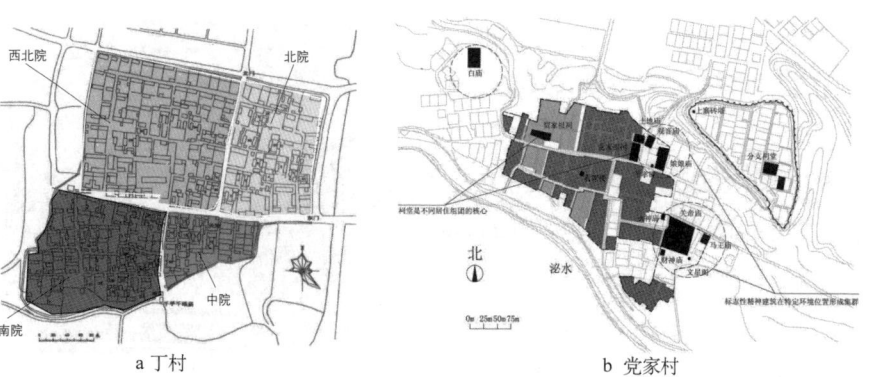

a 丁村　　b 党家村

图 5.7　族居组图两种模式代表性案例
图片来源：a 李秋香《丁村》；b 张涛《韩城传统县域人居环境营造研究》

基于巷道划分组团，边界较为清晰，因此不同组团彼此之间的亲缘关系更远，往往一条巷道的两侧分居不同姓氏，或相同姓氏的不同分支。襄汾县丁村（图5.7a）[1]是典型单姓村以巷道划分支系，村落由三条平直的主巷将整个聚落划分为四

---

1　李秋香. 丁村[M]. 北京：清华大学出版社，2007.

个边界清晰的居住组团，分别为北院、中院、南院和西北院，居住不同的丁氏族人分支。其中北院是建造年代最早的居住区，中院与北院为一脉，而南院则被中院、北院视作族群中的他系。南院是丁村居住组团中宅院最为精美的区域，西北院较为特殊，除了丁姓以外，还有其他小姓，因此存在很多小地名，建筑质量参差不齐。新绛县光村是典型的多姓村以巷道划分不同姓氏组团，村落由四个居住组团分居村落四角方位来组成的"四菜一汤"住区形式，分别居住四大姓，西北为赵家，西南为薛家，东南为蔺家，又由于蔺家势力比较大分为前蔺、后蔺，王家居东北角[1]。

依托巷道发展组团，边界模糊，不同组团彼此之间的亲缘关系较近，各组团插花分布。韩城党家村（图 5.7b）是典型的依托巷道发展，作为党氏与甥舅之亲贾氏组成的两姓村，共分为贾氏一族与党氏三支共四个居住组团。组团用地由村中大巷东西串联，贾氏一族居住在村西北，党氏二门位于中部大巷两侧，党氏长门居住在东南部，党氏三门居住在东部，四个组团之间并没有巷道划分，而是由巷道串联形成珠串状，边界交错不甚清晰。从居住组团的方位关系也可以看出不同族群的发展情况，党氏二门是党家村中人口与经济最为繁盛的一支，居住片区处于村落主巷两侧最中心位置[2]。

但这两种划分方式并不是二元对立的，例如襄汾县北膏腴村，当地流传四大家族"张半村、王两巷、路家两巷又两角，屈家占在东南角"。从歌谣来看，虽然整个村子被一条南北主巷与三条东西支巷划分为四个院，分别为东院、西院（又叫中院）、南院（又叫前院）、北院（又叫后院），以直通大北门与南门的大街为界，东侧为东院，西侧为前、中、后三院，前院包括南巷、小庙巷等，但后院包括张家巷、路家巷、窦家巷、王家巷等姓氏家族所居巷道[3]。

## 3. 信仰社区

信仰社区则是凌驾于同族居住组团之上的层级。"社"源于自元代开始推行，在清末定型的村社制度，是普遍存在于晋陕乃至华北地区的民间信仰组织。"社"一般会突破同族居住的边界，基于方位与规模对聚落进行切分管理，较大的村落往往

---

1　薛林平，曾宸. 光村古村 [M]. 北京：中国建筑工业出版社，2014.
2　周若祁，张光. 韩城村寨与党家村民居 [M]. 西安：陕西科学技术出版社，1999.
3　北膏腴村党支部和村委会. 北膏腴村志 [M]. 2008: 49.

由多个社构成，从而形成多个信仰社区。如黑池村现存的《纯熙堂说谱兼附村图》[1]中绘制村图时写道："黑池镇分四社，以五色分之，东青西黄南赤北白水黑。"由此可见，黑池村按照居住方位划分了四个社，每个社都有一个主巷道，例如"北社后巷""南社后巷""西社南巷"等。下面将以行家庄村为具体案例进行分析（图5.8）。

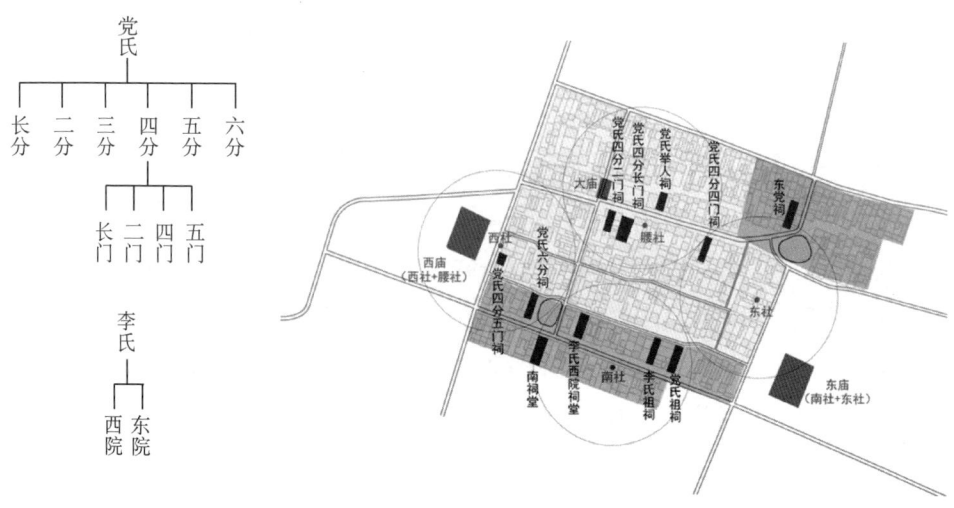

图 5.8　行家庄"族—社"群落管理模式示意图

首先，行家庄村为党、李两姓村，整个村子以同族血缘关系形成的族居邻里，依托东西向的巷子两侧发展，由大巷（关帝巷）作为主巷串联了党氏四分二门，与党氏四分长门、党氏四分四门三个较大组团，而小组团沿小巷发展，如党氏四分五门居住福善巷，党氏六分居住酒府巷，李姓居住在南道巷，东党[2]居住在村西北。

其次，整个行家庄划分为四个社，分别为东社、腰社、西社、南社，四个社同样依托东西主巷，但主要以居住方位划分，分别有自己的井以及碾坊等社区内部的公共生活设施。村落东西各有2座大庙，其中东庙由东社和腰社管理，西庙由西社和南社管理，行家庄有名的跳戏班子也分别归属于不同的社，各社的戏班子仅为本社提供祭祀仪式与民间活动演出[3]。

---

1　具体图像见附录。
2　另一支党姓。
3　党继生.中国传统村落行家庄 [Z]. 2020.

可以看到，在整个村落的居住区域，小宗族的血缘关系所形成的族居组团与地缘关系的信仰社区共同作用下，层级清晰，形成"族—社"化的群落管理与居住模式。

## 三、宅院的基本特征

> 本研究聚焦于住宅，是因为它们最清晰地表现了空间形式与生活模式的关联。
>
> ——阿摩斯·拉普卜特《宅形与文化》

### 1. 基本范型：窄院

在汾渭平原，建筑学者们很早便发现了与北方其他地区四合院不同的合院类型。例如林徽因与梁思成在考察晋汾古建筑的时候，即描述了山西的四合院在布局比例上与北京四合院不同[1]。这种特殊的合院类型主要分布在晋中、晋南以及关中地区。侯幼斌首次突破行政边界，将山西与陕西两省的四合院统称为晋陕"窄院"[2]。

先要明确的一个概念是窄院之"窄"。宅基地规模普遍狭长，整个院落进深多在 20 m，深者可达 30 m 以上。"窄"主要是指内部庭院形成的狭长逼仄的空间感受[3]。如果对比一下北方其他地域的住宅单元，通过内院空间的长宽比的比较研究，可以发现其他区域的内院均比较方正，而汾渭平原段黄河两岸的合院更为窄长[4]。关于晋陕窄院的成因，学界历来是从避暑防晒、防风保温和地广人稀导致宅基地有限这三种原因进行解释[5]。

晋陕四合院延续了北京四合院"一正两厢"的基本范型，但又有其鲜明的形式

---

[1] "在平面上假设正房向南，东西厢房的位置全在北方'通面阔'的宽度以内，使正院成一南北长东西窄，狭长的一条，失去四方的形式。"具体见林徽因，梁思成. 晋汾古建筑预查纪略 [J]. 中华民居，5（3）.
[2] 侯幼斌，中国建筑艺术全集：宅第建筑（一）（北方汉族）[M]. 第 1 版. 中国建筑工业出版社，1999.
[3] 注释：一般民居分析中常用的院落整体长宽比比值并不能体现出窄院的空间特征。因为很多整体长宽比比值很大的院落由多进合院组成，但每一进院落并不显得窄。
[4] 张启龙. 晋系风土建筑区划及风土合院环境因应特征初探 [D]. 同济大学，2013.
[5] 侯幼斌认为："为什么把住宅的内院做成这么狭长的比例，可能有多方面的缘故。一是遮阳避暑。这些地区夏季都很炎热，采用窄院可使内廷处于阴影区内，东西厢和正房的日晒也可以得到适当遮挡，较为阴凉。二是防阻风沙。缩小庭院宽度，两厢靠拢掩护正房，相互遮挡，可以避免正厢房和庭院被风沙直接吹刮。三是紧缩占地。晋中南和关中地区，人口密集，地少人多，商品经济也相对活跃，城镇宅院沿街巷两侧布置，宅基划分在宽度上控制较紧。"

特征。同样是"一正两厢"的平面布局，不同于北京四合院在正房两侧通过增加耳房来调节院落宽度（图5.9a），晋陕四合院没有耳房，正房面宽即为院落宽度，东西厢房的位置完全压缩在正房面宽以内，形成"工"字形范式，因此打破了四合院正方形的几何形体，长宽比例增加，形成窄门面，大进深的平面布局，因此被称为"窄院"（图5.9b）。

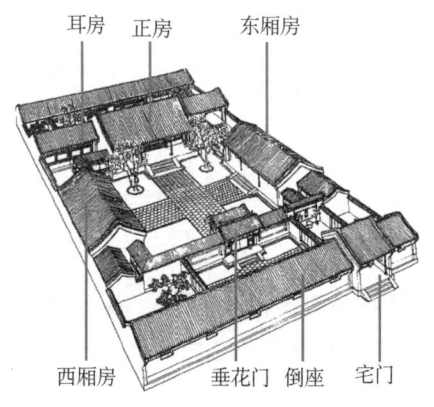 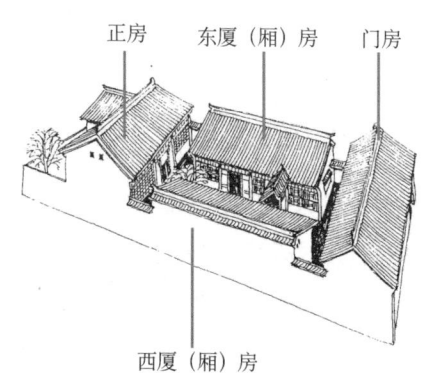

a 北京四合院基本形式　　　　　　　　　b 晋陕窄院基本形式

图 5.9　北京四合院与晋陕窄院对比图
图片来源：a 侯幼彬《中国建筑艺术全集：宅第建筑（一）（北方汉族）》；b 张璧田，刘振亚.《陕西民居》

a 大荔县北贝村马哲民宅　b 凤翔县刘淡村马宗仁宅　c 西安市三益村于家老宅　d 西安市车丈沟村张百万宅

e 西安市马厂村郭家大院　f 旬邑县唐家村唐家大院　g 蓝田县下杨寨村杨家老宅　h 万荣县阎景村李家大院

图 5.10　晋陕窄院航拍

第五章　聚落居俗与宅院形制

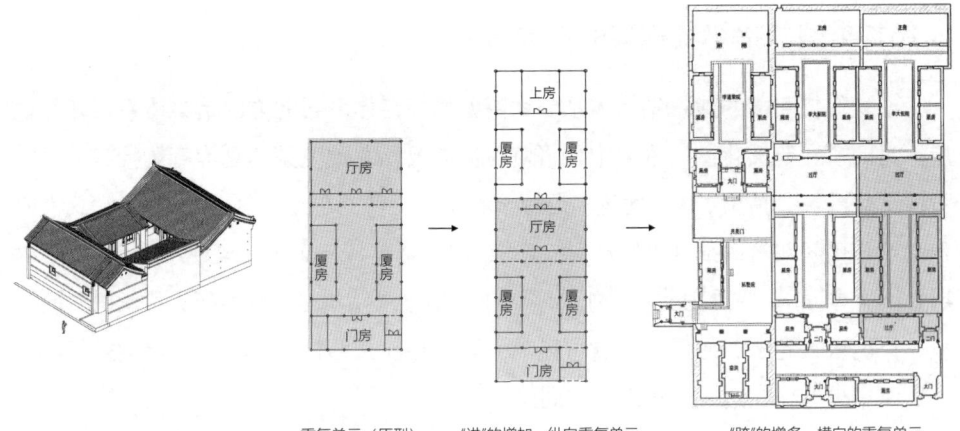

重复单元（原型）　　"进"的增加，纵向重复单元　　"跨"的增多，横向的重复单元

图 5.11　进的增加与跨的增多
图片来源：笔者根据《山西省古村镇历史建筑测绘图集》改绘

当地百姓将四合院的正房称为"厅房""上房"，倒座称为"门房"，厢房又称"厦房"或"东西厦子"。从平面形制来看，正房面宽一般为三开间 10 m 左右，而左右厢房背墙与正房面宽平齐，开间数随人口规模与宅基长度变化而自由增减。左右厢房为双坡屋顶的，被称为"四檐八滴水"，属于富裕的村落才会修建的方式，相邻院落间需要为厢房的后坡檐留水道的宽度，一般仅留一尺宽，但更多的做法还是两侧为单坡屋顶，将两院背墙修筑在一起，各有一坡对向自家院内，水道修到墙顶后，会先汇入厅房与门房和左右两厢之间缝隙上方的筒槽内，再分别下泄到自家院中。

无论是贫困小户还是富商大户，从最简单的一进院到由十几个四合院组成的大型宅院，晋陕窄院既能满足小家庭的居住形态，也能满足大家族的聚族而居形态（图 5.10）。其最大的布局特点是始终存在一个基本单元，从院落组织上呈现出重复性，即纵向重复单元"进"的增加，如一进院，两进院，多进院；以及横向的重复单元"跨"的增多，如东跨院，西跨院（图 5.11），这符合北方竞争性分家的特点，即经过与母家庭彻底而清晰地分割，每个子家庭均成为独立的家庭实体，单独参与村庄社会活动，并在"诸子均分"原则下构成了以核心家庭为主，且强调各自领域边界的家族组织关系[1]。

---

1　杜鹏，贺雪峰. 论中国农村分家模式的区域差异 [J]. 社会科学研究，2017（3）：86-96.

## 2. 结构类型：抬梁式构架的在地特征

朱光亚将我国的建筑结构体系分为南方的穿斗体系与北方的抬梁体系，并在他所探讨的"建筑文化圈"框架中，将黄河流域及以北地区整体划为直梁抬梁体系的黄河文化圈[1]。"抬梁"这一建筑术语源于建筑史学者的总结与创造，涵盖了官式大木作建筑与民间建筑两部分内容[2]。抬梁式结构的基本特征集中在梁柱承重，以及梁的层叠两个方面[3]。在受力构件的组合形式上，抬梁式结构是"柱承梁，梁承檩"的关系，梁的根数越多，房屋进深就可以越大。与穿斗式结构体系相比，抬梁式可以做到厅堂中央无柱，形成开敞的大空间。

就构架的檩数差异来说，在北京四合院体系影响下的北京、河北、山东等地的民居，在梁架做法上官贵人家宅院大多符合清工部《工程做法则例》的做法，普通人家与则例中的"小式做法"类似，大多采用五架梁、六架前檐廊或四架、六架卷棚。但是汾渭平原与这些地区不同，晋陕窄院体系的风土建筑进深尺度偏小，因此最高规格的厅房以三架梁居多，尤其是较多采用三架带前廊的形式，即两根柱子上承三架梁，并在架前多接一架，加檐柱承托形成前檐廊。五架廊及五架带前廊则出现在规格较高、进深较大的商贾大院的厅堂及正房中。当地人将三架梁称为"硬撑架"，将超过三架梁的抬梁式构架形象地称为"云朵架"。

就构件名称的差异来说，对于柱的叫法，放在横梁上的短柱在各地叫法有所差异，黄河两岸的韩城、合阳与万荣一带统一称其为余柱，关中中部蓝田与西部凤翔、旬邑一带称为童柱，本书将其统称为余柱。梁的叫法，汾渭平原将其称为栿，如果是两层梁，从下到上分别是大栿、云栿。栿是宋《营造法式》对梁的称谓，由此可见汾渭平原构造做法的古老。值得注意的是，韩城地区非常特殊，不将梁称为栿，而是称为櫼，两层梁从下到上分别为大櫼、小櫼。在访谈中发现，工匠只知发音，并不知道具体是哪个字，因此本书采取了《景福殿赋》中"櫼栌各落以相承，栾栱夭蟜而交结"所用的櫼字，櫼究竟是描述景福殿的梁、柱还是枓，学者们一直

---

1 朱光亚. 中国古代木结构谱系再研究[C] //. 全球视野下的中国建筑遗产——第四届中国建筑史学国际研讨会论文集《营造》第四辑），2007: 397-402.
2 白颖, 孙迎喆. 术语与中国建筑史研究——"穿斗"与"抬梁"的史学史考察[J]. 建筑学报, 2019 (12): 68-72.
3 刘敦桢. 中国古代建筑史[M]. 北京: 中国建筑工业出版社, 1980.

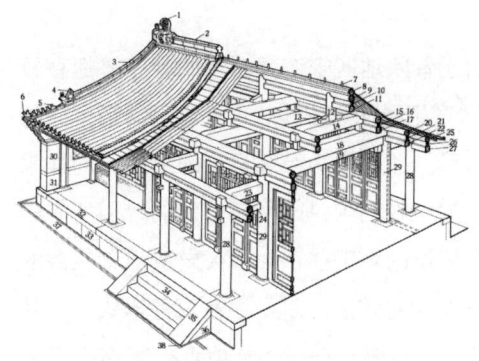
a 北京四合院常见抬梁式木构架做法

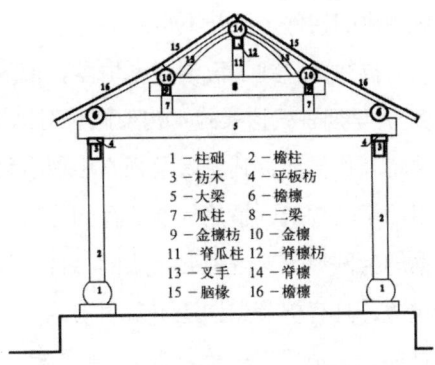
b 河南民居抬梁式木构架做法

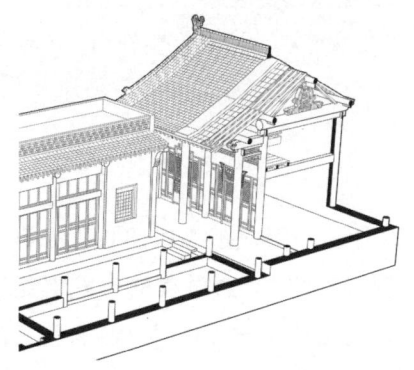
c 汾渭平原厅房常见抬梁式木构架做法1

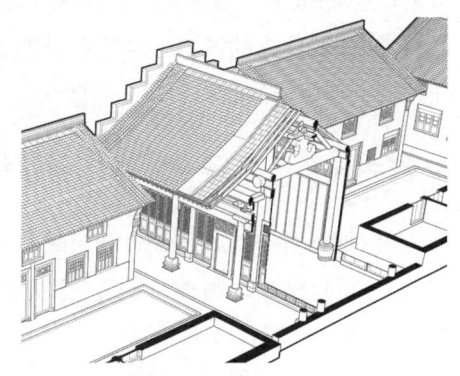
d 汾渭平原厅房常见抬梁式木构架做法2

图 5.12　北方地区抬梁式木构架做法比较
图片来源：a 贾珺《北京四合院》；b 左常满等《河南民居》；c.d 研究团队绘制

没有达成共识，但韩城地区对于梁的这一特别称谓，充分说明了韩城地区的木构架做法的古老传统。

　　就构架的构造节点差异来说，北京四合院体系的厅堂大多为五架梁，即两层梁，梁大多采用方形，檩的下部有垫板和枋，即"一檩三件"（脊檩、脊垫板、脊枋），一般通过彩绘来进行装饰，雕刻较少[1]。自东向西，至河南地区四合院与北京四合院有明显差异，脊檩节点构造简化了"一檩三件"，而是采用随檩枋紧贴檩条下皮的方式，节省了垫板。同时，开始出现一些更古老的做法，例如脊瓜柱多由两侧的叉手支撑，用以提高脊瓜柱的稳定性，偶尔脊瓜柱与脊檩相接处会安放类似丁华

---

[1] 贾珺. 北京四合院 [M]. 北京：清华大学出版社，2009.

抹颏栱的构件，但并不常见[1]。

再往西，到了汾渭平原地区，或许是由于晋陕地区宋金元时期的寺庙等遗存较多[2]，早期官式抬梁式木构架做法对当地民居产生了深远影响，也或许是汾渭平原的独特匠作传统，其宅院及祠堂中留有许多古风。厅房作为等级最高的房屋，同样采用抬梁式构架，虽然目前遗存的宅院主要是清中晚期到民国初期营建的，但所有的梁均为圆形，无论是五架梁的瓜柱，还是三架梁的脊瓜柱，大多会做成雕刻精致的柁墩，且脊檩节点构造不采用清式"一檩三件"的做法，而是存在两种形式：一种是简化了清式"一檩三件"，无垫板，随檩枋紧贴檩条下皮，脊檩直接落在一个巨大的雕花柁墩上，随檩枋插在柁墩上端；另一种是采用更复杂、更古老的与宋式《营造法式》接近的做法，保留有类似叉手、丁华抹颏栱、襻间、顺脊串、补间斗栱等与记载中相似的构件与节点做法。

## 3. 群组关系：满足农业生产全流程

农耕时代，由于土地集中在少数富裕阶层手中，形成了靠雇佣长工来进行农业生产的模式，因此促成了各家族独立进行农业生产全过程的宅院群组形制。一组宅院群组除了有主人居住院落以外，还由长工居住院落、牲畜院、麦场院、大车院等主要部分组成，并随着生产生活功能的增加，还会设置书房院、私塾院、花园院、伙房院，甚至是染房院、柴房院等。在整个群组的面积占比中，主人居住的院落相对来说较少，需要有大量的面积提供给农业生产作业。

但由于土改过后，许多不住人的院落被分割后改变了使用功能，留存的实物不多，因此目前对于汾渭平原宅院群组的研究较少。根据田野调查以及各类民间村志记载，目前保留较为完好，或根据居民口述可以大致还原的案例有：阎景村李家大院、丁村建筑群、光村薛家院、南贾村楼院里和西岸院、周原村张氏九连院、西位村花楼门、西中黄村七椽院和旗杆院、北膏腴村张家九连院等。

---

1 左满常等.河南民居[M].北京：中国建筑工业出版社，2012：194-197.
2 刘瑞.陕西元代建筑大木作研究[D].西安：西安建筑科技大学，2009.
　徐新云.临汾、运城地区的宋金元寺庙建筑[D].北京：北京大学，2009.

第五章 聚落居俗与宅院形制

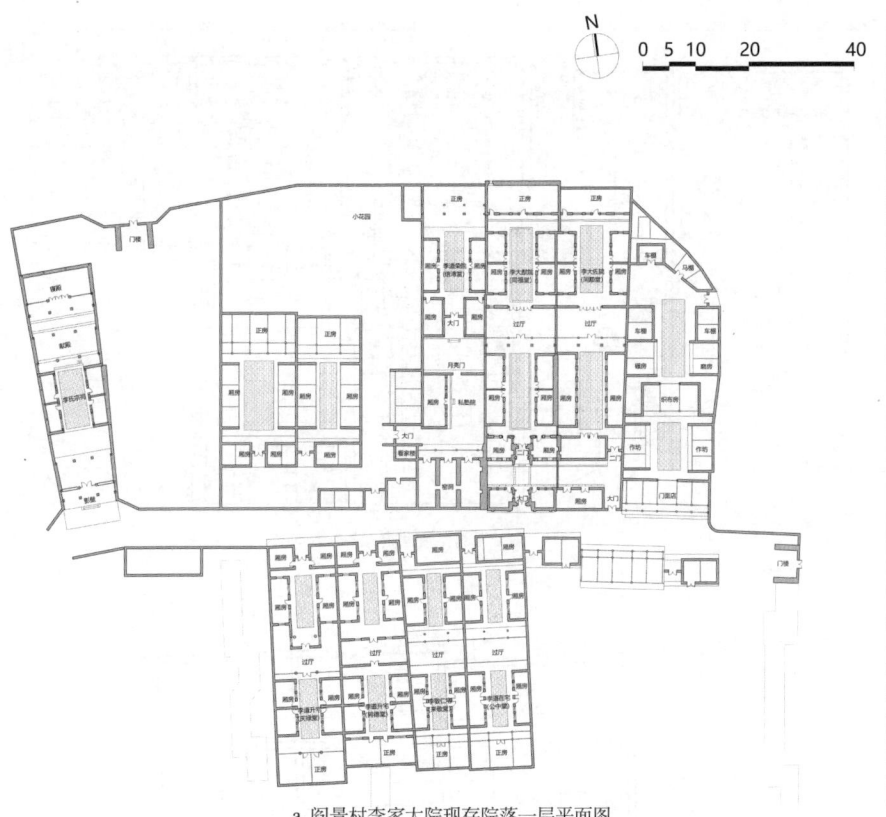

a 阎景村李家大院现存院落一层平面图

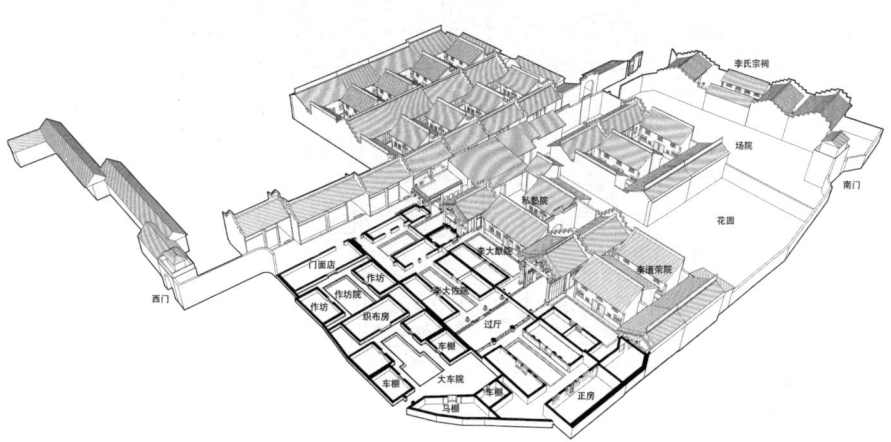

b 阎景村李家大院现存院落部透视图

图 5.13 李家大院
图片来源：研究团队绘制

215

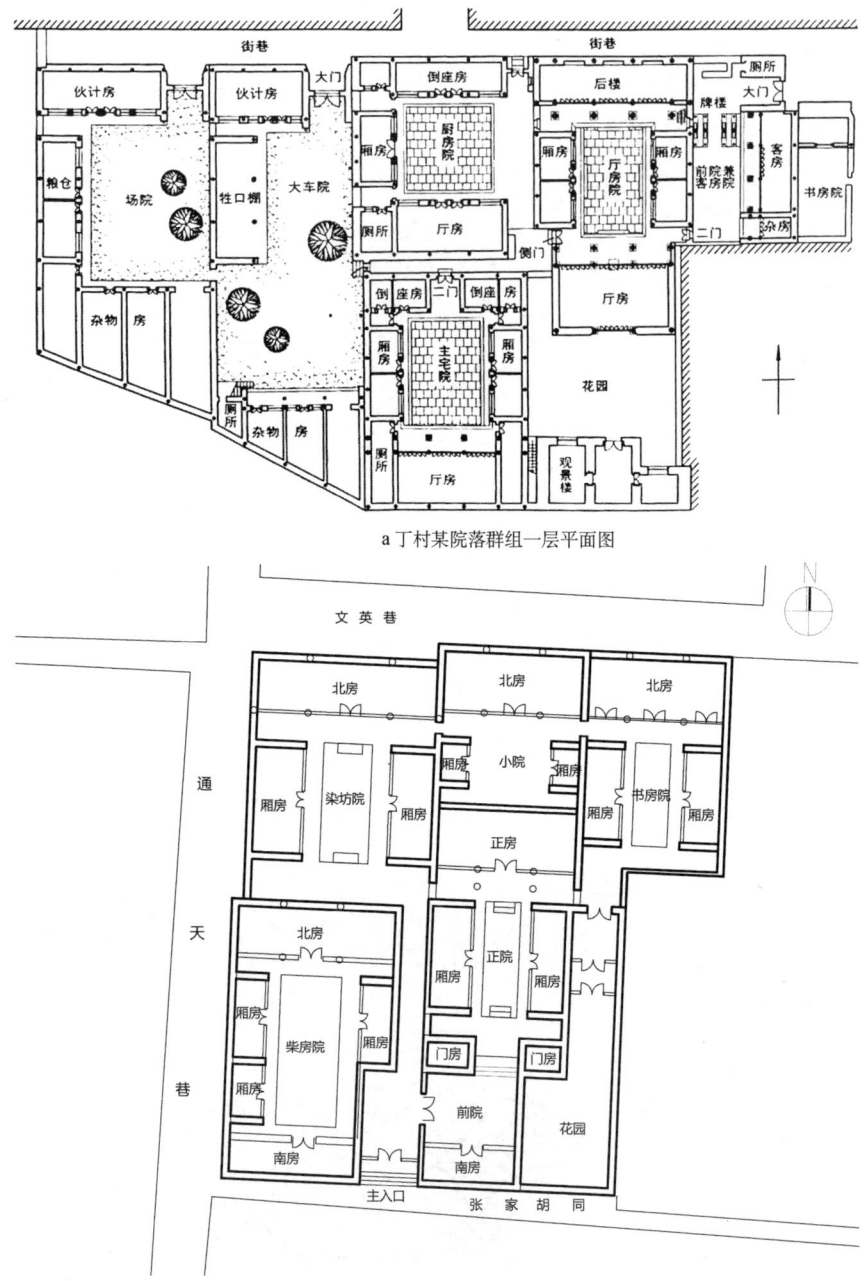

a 丁村某院落群组一层平面图

b 光村薛家新院一层平面图

图 5.14 宅院群组代表性案例
图片来源：a 李秋香《丁村》；b 笔者改绘自薛林平等《光村古村》

例如阎景村李家大院历史上曾先后建成 20 组四合院和祠堂，共占地 125 亩，目前保存有 11 组院落（图 5.13）。整个宅院群组位于阎景村的东边，外围设有一圈墙垣，作为主入口的西门正对阎景村后巷，门内为院落群组的主巷，主巷南侧靠近西门有一组二进院落，前院为作坊院，后院为大车院，作坊院内主要为织布坊，大车院内除了车棚以外，还有磨坊、碾坊、马棚，大车院有直接单独的对外出入口，不需要经过主要的西门与南门。主巷中段有一组院落为私塾院，私塾院的侧门直接与小花园相连。李家宗祠位于整个群组的最东端，相对独立，与主要居住区中间隔有一大片空场，是作为打麦场的场院，直接正对南门，同时也是李氏家族的私人练兵场，因此这片空场与居住区没有流线穿插，可以直接对外，方便生产与防御，展现了一幅完整的农耕时代的生产生活场景。

丁村内也有许多不同的院落群组，如西南角的一组宅院群组由 5 列并排的院落组成[1]，自东向西依次为门房院、厅房院、花园、厨房院、主宅院、大车院以及场院，整个群组中用于主人居住的院落只有 3 个院子，其余均为附属用房（图 5.14a）。又如光村薛家新院由 3 列坐北朝南共 5 个院落组成[2]，主入口位于南面，群组平面形制为偏正套院，由正院和东西两个偏院组成，正院为主人院，主轴线依次分布有三道门，偏院均为辅助功能用房，西偏院是染房院和柴房院，东偏院是书房院（图 5.14b）。

在田野调查中我们还发现，当地百姓习惯称某个宅院群组为 ×× 院、×× 门或 ×× 里。例如南贾村的楼里院与西岸院是院落群组的典型代表[3]，根据村志与村民口述，南贾村楼里院由 3 列坐北朝南的院落组成，占地约 10 亩。主院为两进院，门房与厢房之间设置由木牌楼形成的二道门，将院落分为前院与中院。厅房为高大的五开间，东西各三间厢房，穿过厅房进入后院，最北端的上房为四层楼房。西偏院为内宅院和花园，主要居住内眷，东偏院的前院为书房院，后院为伙房院，为整个家族提供饮食。书房院同样有五开间厅房，以及五开间南房。在书房院与伙房院的东边，有一条通道直通三列院落背后，是一处宽阔的场院，场院西建有三间贮草房，北边是长工房以及牲畜房，有直接的对外出入口（图 5.15a）。

---

1 李秋香. 丁村 [M]. 北京：清华大学出版社，2010: 65.
2 薛林平，曾宸. 光村古村 [M]. 北京：中国建筑工业出版社，2014.
3 陈长录. 平阳古村落襄汾南贾 [Z]. 2008: 29-34.

西岸院在楼里院西边，规模相对较小，由主院、场院、牛院和书房院组成。主院为坐北朝南的两进四合院，后院西厢房与过厅接合处开小门，通向书房院和牛院。主院西侧为一条宽敞的通道，南口设有二层门楼，与主院连为一体，将公共流线与私密流线分开，外来人员可以不经过主院，直接进入书房院、牛院、长工房和麦场（图5.15b）。

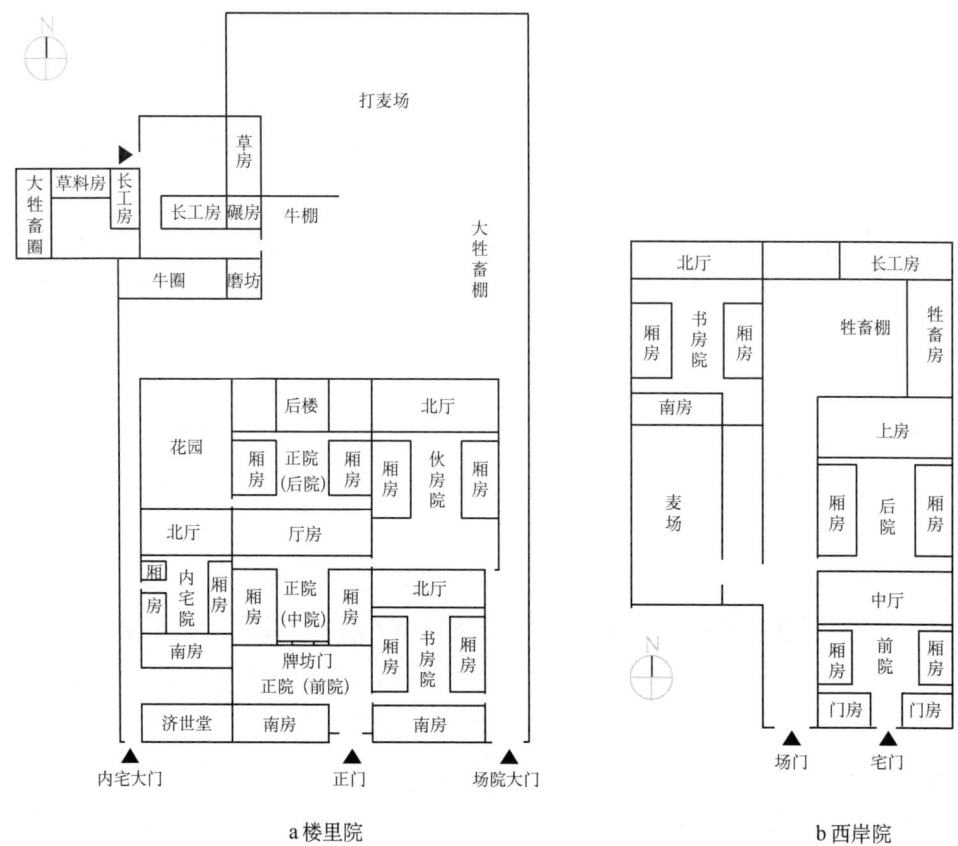

图5.15 南贾村院落群组平面示意图
图片来源：笔者根据《南贾村志》中村民手绘改绘

在"耕读传家"的儒家思想影响下，汾渭平原段黄河两岸几乎每个较大家族的宅院群组中都会建立专门的书房院或私塾院，为家族后代创造良好的读书环境。书房院一般建在群组中较为宁静的角落，例如光村薛家新院，书房院位于东北角。由于旧时大户人家的私塾院还会对外开放，因此许多书房院会相对独立并设置直接的对外出口，例如南贾村的西岸院，书房院位于西北角，与主院落之间隔着大片的空场，进入书房院可以不用经过主院。

黄河两岸即使以经商为主的家族，也绝对不会弃农，因此场院是宅院群组不可或缺的重要组成部分。韩城地区的民谚："三分院子七分场"，即描述了一个完整的居住单元总共占地1亩（约667 m²），其中用于居住的院子占地3分（约200 m²）[1]，而场院需要占地7分（约467 m²）。在调研中发现的良石村现存民国分家单中记载："其余官物西场地五分，磨子壹合代磨房，推拟壹件，此准四分均官"，表明场地以及磨房属于官物，是公共财产不进行分割。由于场院是专门用来打场、晾晒粮食的院子，因此往往家族共用，即使分家也不分场院。

场院的布局形态多样，主要跟随用地的具体情况，有三合院，也有两边建房的院，还有许多场院就只修建了围墙，在旁边小院中修建配套用房，如碾坊、磨房及家族雇佣的长工房，供佣工住宿以及使用的厨房等。场院旁边一般还会设置有大车院以及牲口院，这是由于对于一个家族来说，无论是务农还是经商，对车辆、牲口的需求都很大。

场院、大车院、牲口院等都是因乡村农业生产生活形态而衍生出的宅院附属组成部分，旧时人们对这些院落的建造虽然没有主院那样讲究，但也十分重视，由于大车院和场院有独立的出入口，因此往往修建非常气派的大门。

例如丁村三十四号院[2]，建于清嘉庆年间，整个院子由一处三合院及大车院、场院组成。院门楼直接对外，进入院门楼需要穿过开敞的大车院及场院。场院沿围墙修建一圈杂物房、牲口棚。主院为三合院带偏院，有一座大门楼，没有门房，只有东西厢房以及厅房，西偏院为厨房以及客房（图5.16）。

通过分析以上具体实例可以得知，这样的宅院群组类型在黄河两岸非常普遍，群组的整体布局与农业生产的作业管理息息相关。由于大户人家拥有大量的土地、生产工具和生产资料，因此雇用了多名长工，有时候甚至与贫困阶层的一个完整家庭发生雇佣关系。贫困阶级依附于富裕阶级赚取生活资料，这种宅院群组的形制，就是这种社会关系与生活生产形态的集中体现。

---

1 占地3分的院子往往采取宽10 m，长20 m的宅基地，形成了前文所述的最常见的窄院。
2 李秋香. 丁村 [M]. 北京：清华大学出版社，2010: 65.

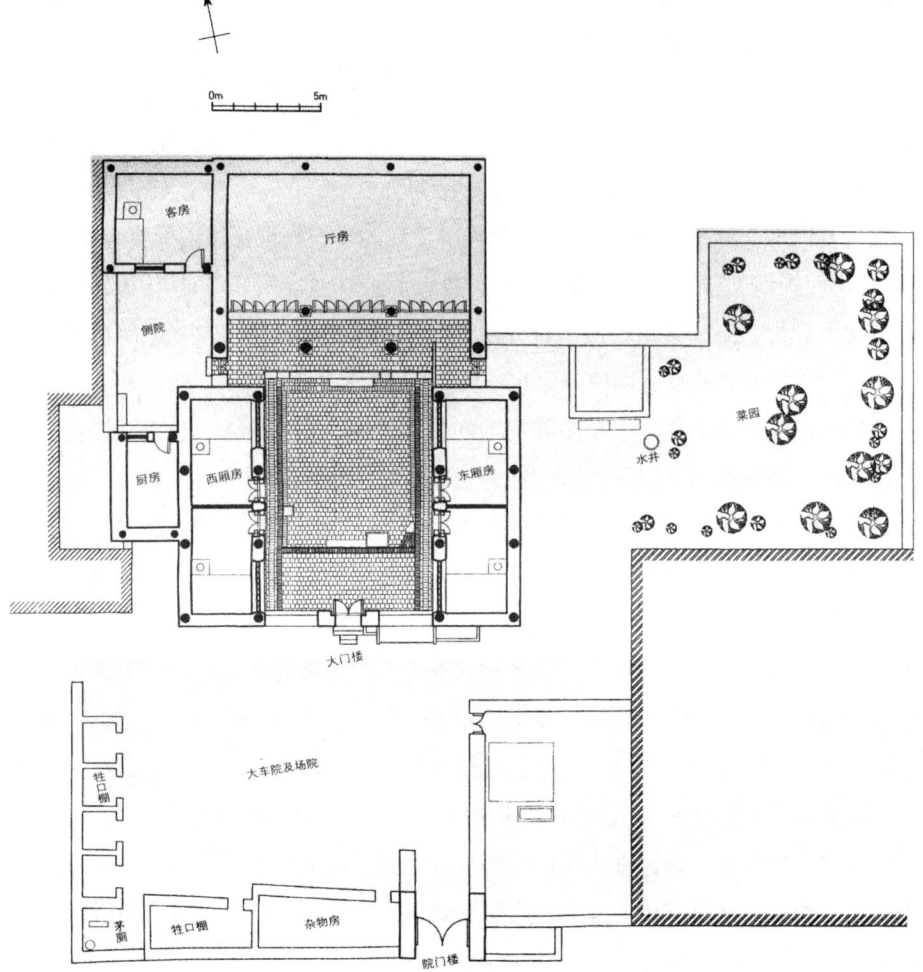

图 5.16　丁村三十四号院
图片来源：李秋香《丁村》

## 四、"上首厅房"的宅形特征

梳理已有研究不难发现，对于晋陕风土建筑宅形式特征的论述焦点，主要集中在探讨如何适应半干旱地区生态环境的气候决定论视角，一旦进入社会文化层面，大多只能以晋商文化，装饰艺术，八卦方位、天人合一等内容为抓手，研究稍显薄弱。笔者在持续两年的田野调查中，发现在横跨晋陕两省的汾渭平原黄河沿岸，存在一种非常独特的"上首厅房"宅形——作为神圣空间的厅房取代了高等级的居住用房，占据了传统"一正两厢"四合院正房的位置，形成了以神圣空间为主导的宅形。这一特殊现象体现出了"反气候"居住模式、并在实用性之外体现出的对仪典空间象征性的重视，展现了在某种社会机制下的理想居住模式，为研究关中—汾河片风土聚落的社会文化与宅形之间的关联性提供了一个可行的切入点。

"前堂后室"是我国北方地区从官式建筑到风土建筑均采用的仪式空间序列，体现出长幼有序、内外有别、男尊女卑的礼制观念。其中"堂"作为民居中的仪式空间，在汾渭平原一般被称作"厅"，其在整个四合院空间序列中所处的位置，在不同的村落呈现出在前端的"前厅后楼"与在末端的"上首厅房"两种完全不同，甚至是截然相反的形式。

## 1. 厅房：纯粹的仪式空间

厅房，是黄河两岸窄院中纯粹的仪式空间。窄院的主要特点为沿纵轴布置房屋，将厅房作为前后各院落的连接体，形成纵向发展的狭长平面形制[1]。因此厅房是整个宅院的中心坐标，控制着四合院的空间序列。当地居民会根据厅房的位置差

图 5.17 厅房实景照片

---

1 张壁田，刘振亚.陕西民居[M].北京：中国建筑工业出版社，1993.

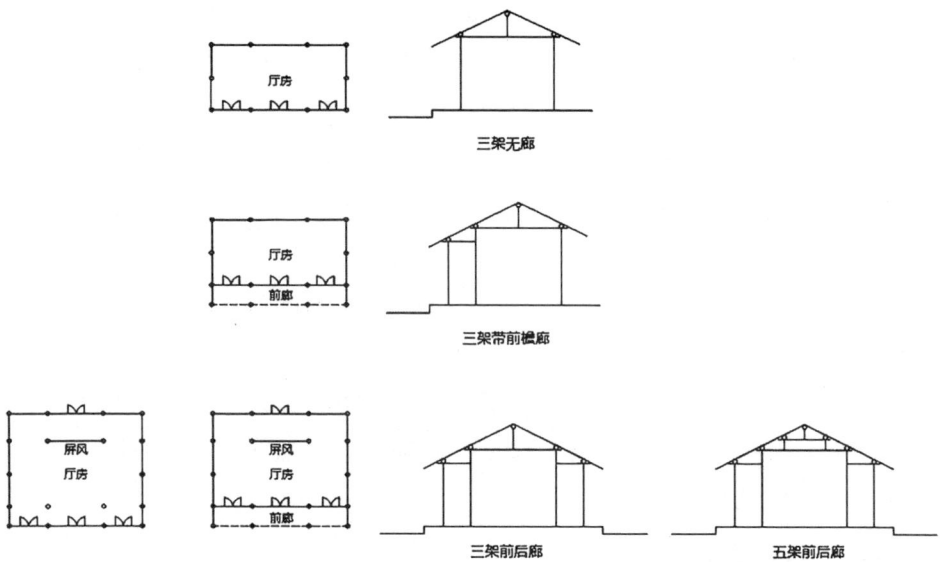

图 5.18 厅房的平面与剖面示意图

异,对其有不同的称谓,位于首尾两端被称为"厅房",位于多进院落的中间被称为"腰厅""过厅"。

厅房除了具有接待重要客人的"客厅"作用以外,还具有家祠的功能,平日里供奉祖宗牌位或神佛画像,是全院最为神圣之处,用以举行婚嫁、丧葬、寿辰等各种仪式。同时,厅房是黄河晋陕沿岸居民在财力允许的情况下追求的最高等级空间,往往在建造的时候会竭尽所能展示其高大与华丽,即使常民百姓财力有限,也不会降低厅房的规格,而是选择先不建厅房,在院中保留房基的位置,转而先建两侧的东西厦房以满足最基本的居住功能,待日后慢慢积累财富再补足厅房建筑。由此可见,厅房所显露的财富,并不只是具有经济上的意义,还被赋予了更多象征的价值。

厅房位于纵向轴线上,是整个院落中建造等级最高的单体建筑,雕饰华丽,结构用材粗壮整齐。清乾隆以前建造的厅房多为悬山式,例如丁村以及党家村现存的案例,清乾隆以后所建基本都为硬山式。木构架为北方民居惯用的抬梁式,其特点是柱上搁梁,梁上搁檩,梁上用矮柱支起较短的梁,层叠而上。以三架无廊、三架带前檐廊的形式居多,即两根柱子上承三架梁,并在架前多接一架,加檐柱承托形成前檐廊。三架带前后廊和五架前后廊较少,多出现在规格较高、进深较大的富商大院中。

第五章 聚落居俗与宅院形制

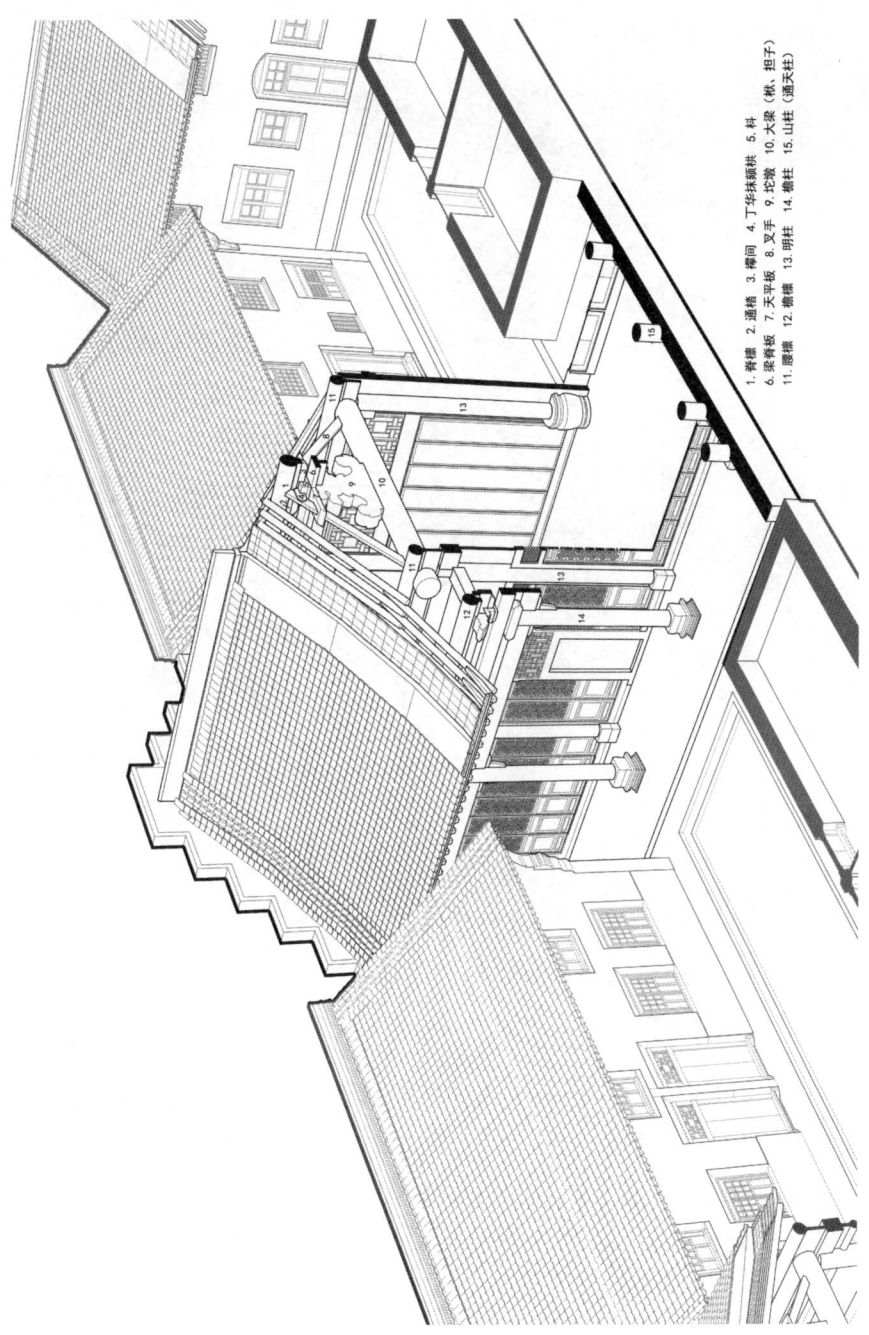

1.脊檩 2.通椽 3.柳间 4.丁华抹颏栱 5.斗
6.梁脊板 7.天平板 8.叉手 9.驼峰 10.大梁（枕、担子）
11.腰檩 12.檐檩 13.明柱 14.檐柱 15.山柱（通天柱）

图 5.19 李家大院厅房
图片来源：研究团队绘制

223

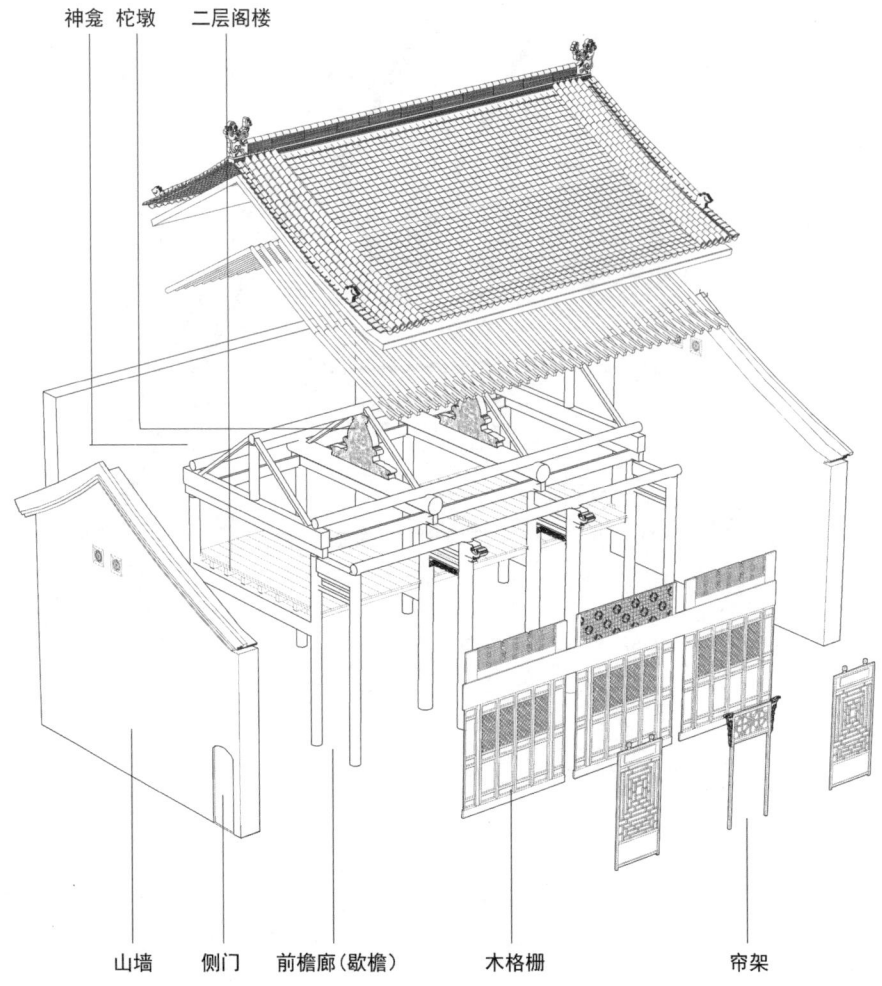

图 5.20 厅房常见做法详解

站在院中可以看到厅房的当心间正对庭院,两侧稍间则被厦房完全遮挡,狭长的庭院形成强烈的一点透视,处于透视灭点处的,是厅房当心间后墙正中设置的神龛。如果是一进院,厅房处于空间序列的首尾处,神龛往往嵌入厅房当心间的后墙,用以供奉祖先牌位,龛前放长条供桌,桌上摆放香炉和供品。如果是多进院,厅房处于空间序列的中间,又被称为"过厅",为了设置神龛,在后檐金柱间做太师壁,太师壁前放置祖先牌位。整个厅房的室内空间庄严肃穆,严整气派,不兼作其他用途(图 5.21)。

图 5.21 厅房内实景照片

由于窄院中的庭院狭窄，在举行仪式的时候略显局促，当地百姓解决这一问题的方法是将厅房的外立面设计为方便拆装的活动门扇。厅房不采用传统民居中常见的"一明两暗"式布局，而是完全不分隔的三个开间，形成通畅的大厅空间，外立面均做落地的屏风门，每个开间 4 扇或 6 扇屏风门，当地人俗称"木格子""格子门"。在平日里，仅开启当心间最中间的两扇门，在门扇上安装与之配套的雕刻精美的"帘架"或称"门罩"，用来悬挂门帘，将其作为日常生活的出入口。

其他开间的门扇长期保持闭合状态，但由于采用镂空的木格栅，完全可以满足日常的采光及通风需求。在厅房中举行重要仪式活动的时候，会将所有活动门扇拆卸，使得厅房的正立面完全打开。重要宾客在厅房中就座，普通客人在院中摆放酒席招待，偶尔还会请戏班子来院子中演戏，戏台就利用厅房正对的门房，卸下的屏风门挡在后面就是一个简易的临时戏台[1]。这种方法巧妙地将厅房的室内空间转换为半室外的灰空间，与室外的庭院连通，成为举行仪式以及宴请宾客的整体开放空间。

## 2. 从前厅后楼到上首厅房

"前厅后楼"是中原地区传统四合院住宅最常见的基本形制，例如在河南省博物院建筑明器馆内收藏有一座出土于陕县的明代宅院明器，该宅院为三进院，前两院正房为厅房形式，后院正房为两层楼房。再如上海震旦博物馆收藏有一座宅院明器，该宅院为二进院，前院正房为厅房形式，后院正房为两层楼房（图5.22）。这些明器的单体建筑比例虽然略有失调，但院落布局关系清晰可信，无论院落进数多少，均由前部开放的厅房公共空间与后部私密的楼房居住空间两部分组成的，整体符合最原始的"前堂后室"基本原型。

汾渭平原居民对宅院形制的口头总结为"南厅北楼巽字门，东西厢房并排邻"。指的是此地的四合院多符合八宅派风水，在院落的相对"巽位"开门，厅房作为仪

a 陕县出土明代建筑

b 震旦博物馆馆藏

图 5.22 前厅后楼宅院形制的明器
图片来源：a《河南民居》

---

1 李秋香.丁村[M].北京：清华大学出版社，2010.

第五章 聚落居俗与宅院形制

图 5.23 前厅后楼的后楼实景照片

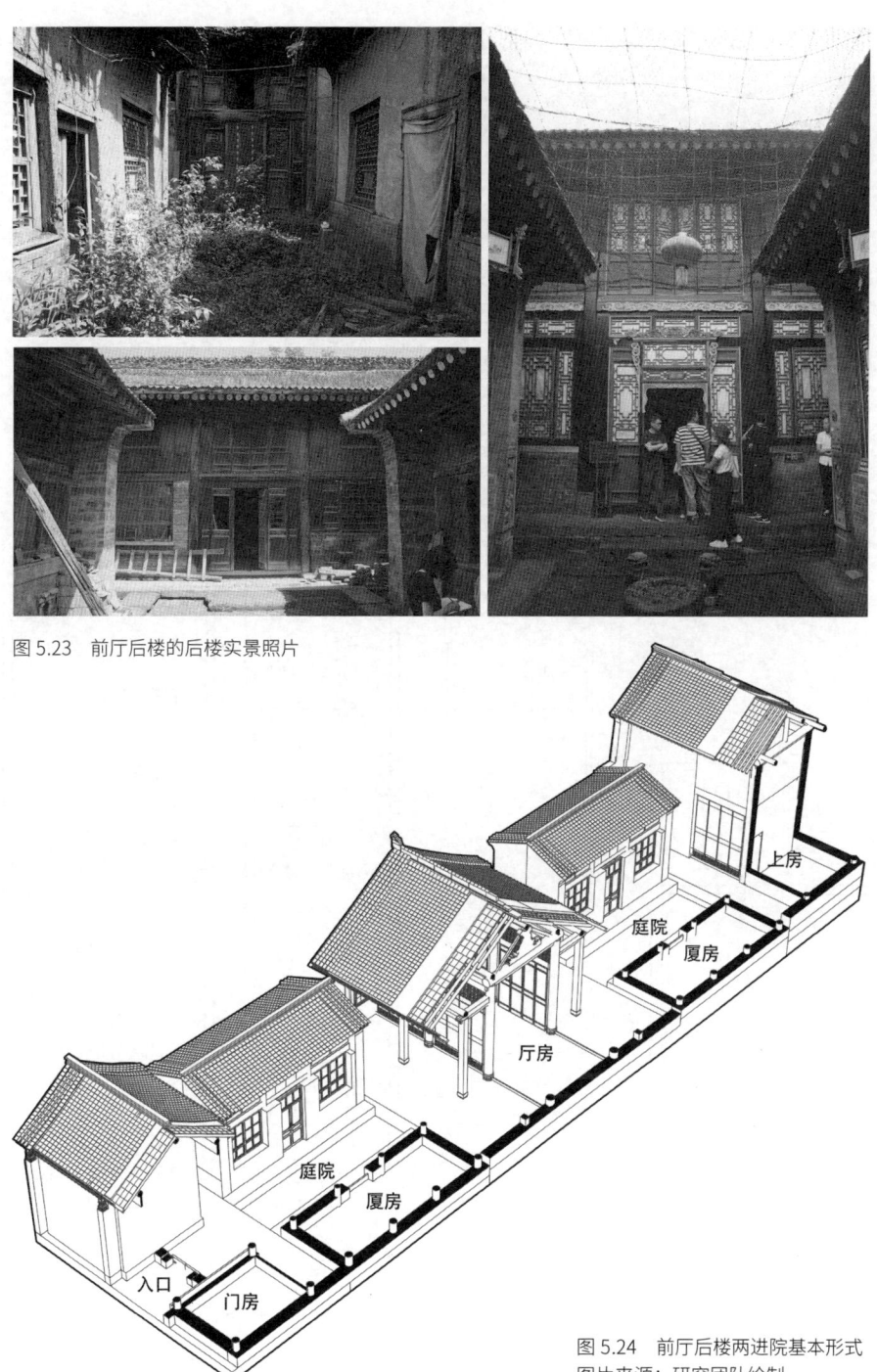

图 5.24 前厅后楼两进院基本形式
图片来源：研究团队绘制

式空间要处在序列前端,上房[1]是等级最高的居住空间处在序列后端,且依照当地"连升三脊"的讲究,上房的屋脊要比厅房高,因此会把上房修成带阁楼的一层半高或两层高的楼房。

汾渭平原考究一些的民居会修建成二进院,沿纵轴依次为门房、厅房和上房,厅房处在中间位置连接前后两院。前院是对外会客与举行仪式的空间,后院是私密的居住空间,一般宾客不进入后院,女眷不进入前院。用地比较充足的时候,前院修建由门房、两侧厦房和厅房围合成的庭院空间,与后院之间设置二门,如西安市兴隆巷42号高培支旧居;前院内门房与厦房之间有时会设置二道门,对庭院空间

a 凤翔县刘淡村马宗仁宅　　b 西安市高培支旧居　　c 西安市于家老宅　　d 蓝田县东场村罗君武宅

图 5.25　前厅后楼宅形案例
图片来源:图 b《西安民居》(第二册)

---

1 当地百姓习惯把处于四合院中轴线最尽头的房屋称为上房或北房,此名称本身没有功能属性。

a 凤翔县马宗仁宅　　　　b 西安于家老宅　　　　c 蓝田罗君武宅

图 5.26　前厅后楼宅形的案例航拍

与门房之间再进行一次限定，增加空间层次，如西安市三益村于家老宅。用地较为局促的时候，则压缩门房与厅房之间的过渡空间，前院只设门房和厅房，不设两侧厦房，门房和厅房之间形成横向的狭窄庭院，如蓝田县东场村罗君武宅。

更考究一些的高门大户则会修成多进院，沿纵轴方向，在厅房之后又增加退厅、后厅等公共空间，将公共仪式空间进一步加强扩张以及功能细化。退厅主要用来招待女宾，将"男女大防"的儒家礼法体现得更加明显[1]，为了使用方便，退厅往往紧连正厅布置，存在两种布局形式：一种是两厅相联，将退厅布置在正厅后 2 m 到 3 m 处，在退厅和正厅之间形成小型天井，用以采光通风，如三原县周家大院、吴家大院；另一种是在退厅和正厅之间设置两侧厢房，增设一层庭院，如三原县某宅。这种布局是富商大院最为常见的形式，退厅比正厅的建筑等级要低，这种类型主要分布在西安周边，黄河两岸较为少见。

可以说，在"前厅后楼"的布局关系中，无论沿纵向轴线有多少进院落，每进的厅房名称如过厅、退厅、女厅、客厅、祭堂、私塾、花厅等有多么复杂，真正的居住空间还是只集中在最后一进院落。因此，无论院落进数多寡，都是由前部公共开放的会客及仪式空间与后部私密的居住空间两部分组成的，整体符合最原始的"前堂后室"基本原型。

但在汾渭平原段黄河两岸的风土聚落中，这种多进院落并不常见，而是以一进院居多。当物质条件压缩到只能满足最基本需求的时候，居住者的生活方式决定了如何来选择宅形，常见的有两种类型：一种是极力保持"前厅后楼"的宅形，将厅房置于倒座的位置上，或者直接取消厅房，确保后楼居住形态的完整性；另一种类型则是出现了"上首厅房"的宅形，将厅房置于最上端正房的位置上。

---

1　张钰曌，陈洋，王西京. 历史文化语境下的西安民居类型化特征研究[J]. 建筑学报，2016（S1）：135-141.

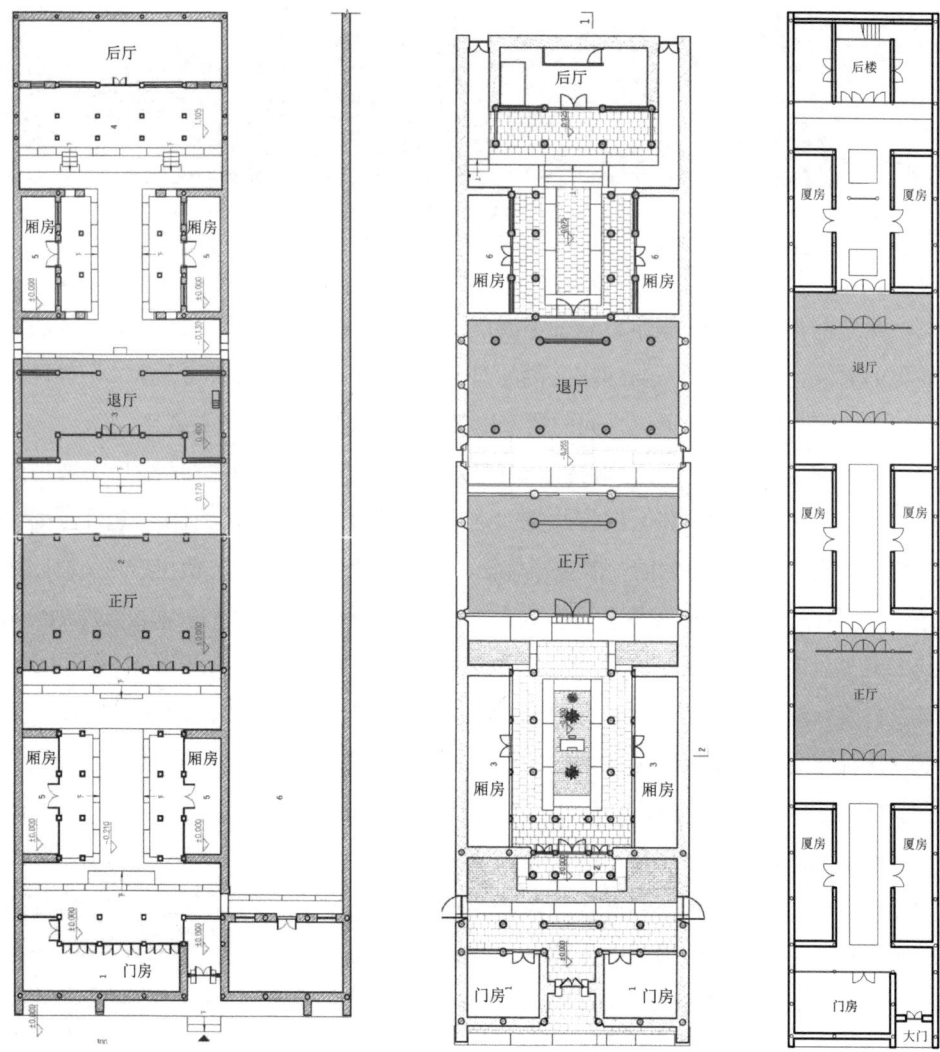

图 5.27 前厅后楼式多进院形制案例
图片来源：图 a.b：《陕西古建筑测绘图辑（泾阳·三原）》；c：笔者据《陕西民居》改绘

"上首厅房"是黄河两岸居民对四合院形制的口头总结，当地村民认为"厅房为首，门房为足，左右厢房为两臂"[1]。对于四合院的"人体结构说"，已有学者做过

---

1 陕西省韩城市西庄镇党家村志编纂委员会，党家村志 [M]. 北京：方志出版社，2018，100.

相关探讨[1]，认为一正两厢的布局很像人的身体与手。从分析图（图 5.28）中可以看到，上首厅房的表现方式体现了当地居民的空间观念，即厅房必须要处在人体头部的位置，厅房要修在上房的位置。

"上首厅房"与"前厅后楼"的本质区别在于，当只有一进院落的时候，甚至是当用地促狭到只能建三合院的时候，流线最上端的房子到底是什么属性，究竟是世俗空间还是神圣空间。用笔者在调研时候当地百姓的话来简单说明，即上房究竟是居住家中长辈，还是供奉老祖先。

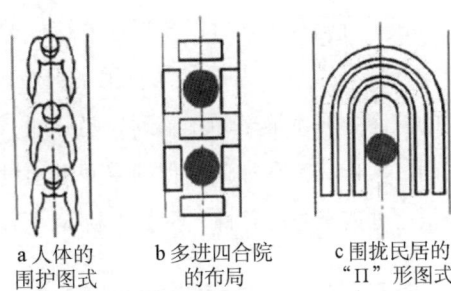

图 5.28 合院建筑中的人体图式
图片来源：《中国传统四合院建筑的发生机制》

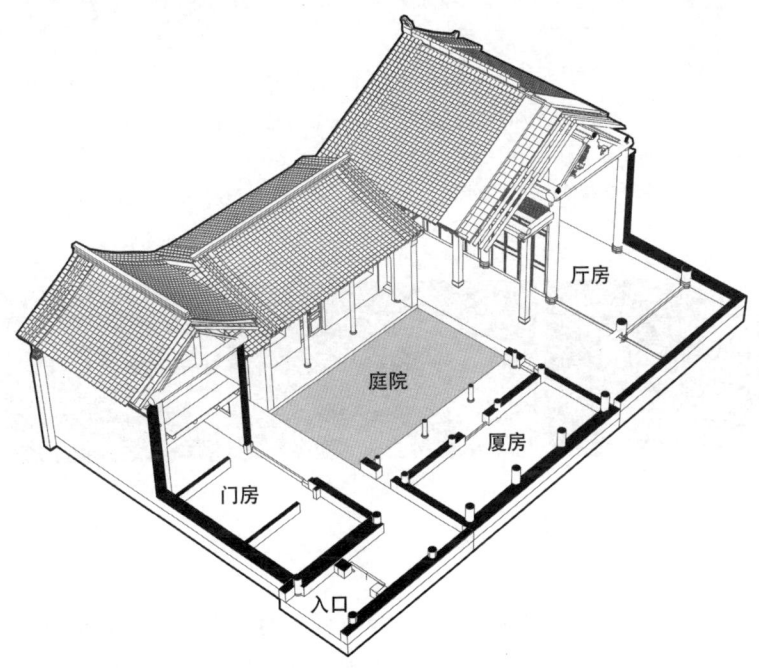

图 5.29 上首厅房的基本形式
图片来源：研究团队绘制

---

1 张玉坤，李贺楠.中国传统四合院建筑的发生机制[J].天津大学学报（社会科学版），2004（2）：101-105.

在田野调查中，可以发现很多这样的案例，例如韩城市党家村、张带村、清水村，襄汾县丁村、大荔县马哲民宅、合阳县东宫城村雷宅等（图5.30）。甚至更极端的状态，在用地空间压缩到只能修建三合院的时候，会取消门房，仅修建一道墙及门，但仍然会在如此局促的空间中建设宽敞高大的坐北朝南的厅房，确保全院最神圣之处的空间完整性，例如丁村8号院（图5.33）。

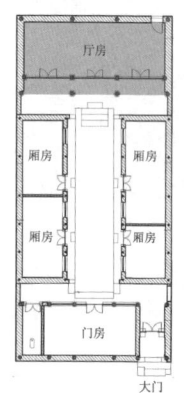 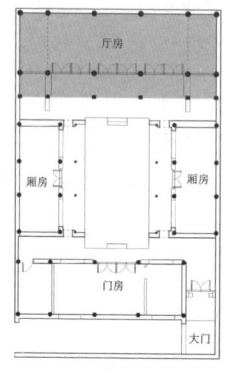 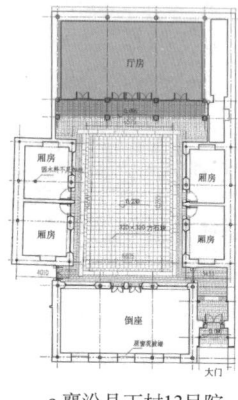 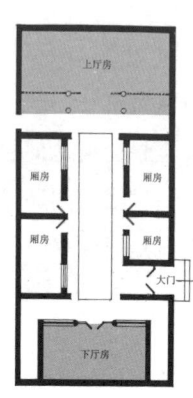

a 韩城市党家村民俗馆　　b 韩城市张带村敢恕第　　c 襄汾县丁村13号院　　d 韩城市党家村党根怀宅

图 5.30　上首厅房式宅院形制案例
图片来源：图 a：笔者据保护维修工程图纸改绘；图 c《山西古村镇历史建筑测绘图集》（上册）；图 d《韩城村寨与党家村民居》

a 大荔县马哲民宅　　　　b 韩城清水村某宅　　　　c 合阳县东宫城雷宅

图 5.31　上首厅房宅院形制案例航拍
图片来源：笔者调研拍摄

拉普卜特重视生活方式带来的几乎"反气候"的居住方式[1]。笔者观察到，当厅房置于轴线最上端的时候，"反气候"地占据了坐北朝南的最好朝向，那么原本常见的由长辈居住的上房就必然要让位，使得整个院落用于居住的房屋等级明显降

---

[1] 他认为这表明在农人社会中的建造者，有一些"非理性"的需要和驱动力，包括礼仪、宗教信仰（禁忌）、声望、地位等，具体参见拉普卜特著，常青等译. 宅形与文化 [M]. 北京：中国建筑工业出版社，2007.

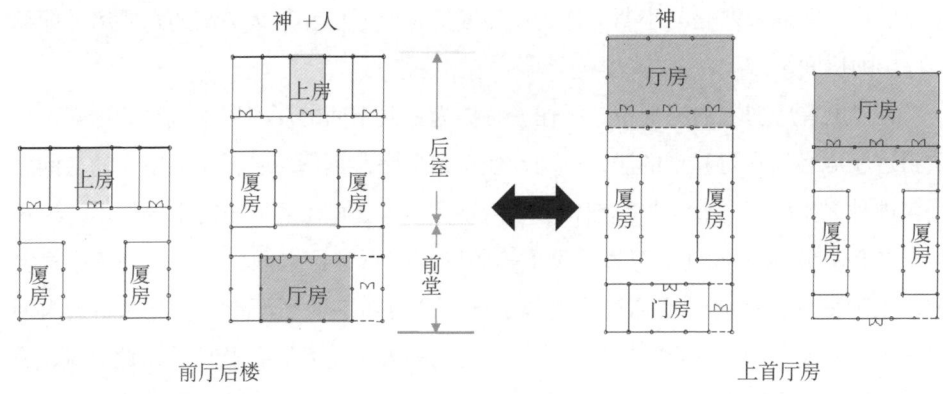

图 5.32 前厅后楼与上首厅房对比示意图

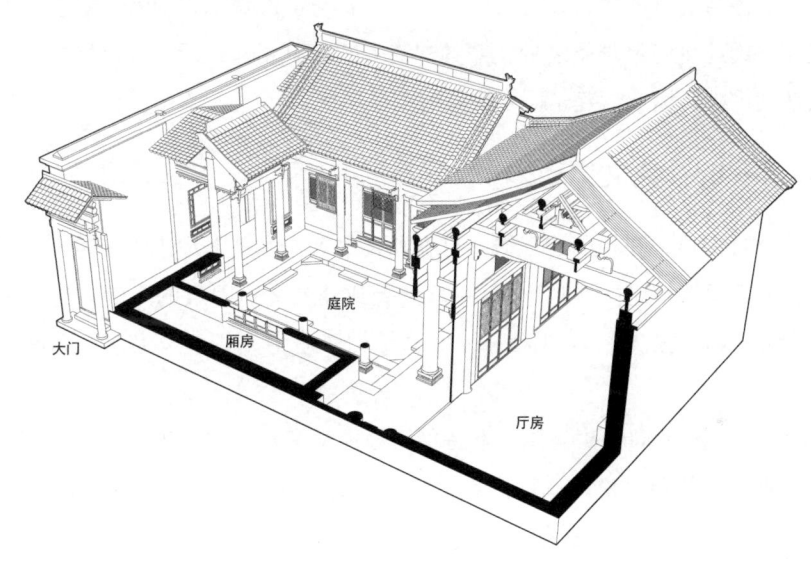

图 5.33 丁村 8 号院
图片来源：研究团队绘制

低。有的地方长辈虽然还是住在中轴线上的房屋，却是被安置在门房（倒座）里。按照当地人的说法，是为了方便长辈来管理所有家庭成员，长辈从尊者变成了管理者的角色[1]。还有一些地方长辈是与小辈一样居住在东西厦房中。有的地方中轴线上的房屋均不住人[2]，南房（门房）接待客人，北房（厅房）供奉祖先，只有东西厢房

---

[1] 根据田野调查，韩城党家村党庚德，西原村吉振清，徐村同养丁，合阳行家庄党继生等人口述。
[2] 例如调研中，合阳县中轴线上的房屋均不住人。

用以居住，因此长辈是与小辈一样居住在厦房，但居住在等级最高的东厦房，即靠近厅房的房间。

在"上首厅房"的宅形中，居住者将作为公共空间的厅房置于流线的尽端，导致到达厅房必须穿过私密的居住空间，使得整个院落消解了"前堂后室"的空间序列与内外之别。可以说，"上首厅房"放大了神圣空间在宅形中的主导作用，模糊了传统儒家礼制中内外、尊卑、宾主等的区别，不进行空间分区，而是将家祠合一，某种程度上使得住宅拥有了类似于祠堂甚至庙宇的平面形制。党家村老人回忆，曾有外地人初到党家村惊呼："为什么这儿的人住在爷爷庙里？"[1] 由此可见，将一正两厢的四合院正房做成高大通透的厅房，此种做法在农村地区并不常见。

前厅后楼与上首厅房，体现了两种生活方式与价值观念，前者注重居住生活的宗法秩序，因此全院最神圣之处，兼具神与人的双重属性；后者注重祭祀仪式需求及公共活动需求，因此营建了一个完整的神圣空间。

## 3. 上首厅房的社会文化动因

拉普卜特提出，在相同的气候、材料和技术等物质条件约束下，住宅形制取决于特定人群对于理想生活的定义。同时会受到社会文化因素的影响，这些因素包括社会组织、宗教信仰、文化禁忌、家庭结构、营生方式以及人与人之间的社会关系[2]。

选择限度（criticality）是拉普卜特借用地理学家索尔的"生存模式"理论提出的一个新概念。简单来说，就是住宅的形式是在各种可能性中选择的结果，选择限度越高，对技术的依赖就越强，形式上就会越不自由，而选择限度越低，越低级，形式上反而会呈现多样性。对应到住宅形式，所呈现的不受物质客观条件支配而变化多样，是因为建筑的选择限度相对不高的原因。拉普卜特用这一概念说明，由于建筑的选择限度较低，因此社会文化因素更为突出。

既然是人类选择了宅形，那拉普卜特进一步论述，选择哪种住宅形式，则由人的基本需求决定。并总结了基本需求中最重要的几个方面：像是追求舒适这种笼统

---

1 党康琪. 党家人说党家村 [M]. 1999: 48-49.
2 参见拉普卜特著，常青等译. 宅形与文化 [M]. 北京：中国建筑工业出版社，2007.

的基本需求、家庭、女性的地位、私密性以及社交。他对于不同的方面，列举了许多有趣的原始部落、穆斯林社会或东亚中国、日本社会的例子。在这一时期，正是美国人类学家在世界各地田野调查的热潮期，拉普卜特从人类学的角度出发，更关注族群的家庭结构、社会结构、仪式象征中反常又奇特的现象，这种对人类社会多样性的调查形成了他全文论述的基础。本书借鉴其论述方式，从人类学的视角对汾渭平原段黄河两岸"上首厅房"宅形这一独特现象进行论述。

(1) 祭祀仪式

将宅舍的局部奉为神圣空间，是一种普遍存在的文化禁忌现象[1]，而在我国的四合院空间中，正房由家中长辈居住也是最为普遍的一种符合尊卑礼法的文化现象。"祠居合一"多见大型宅院，如鄂东大屋、湘中大屋、福建土楼等[2]，但汾渭平原在窄院这种紧凑的四合院布局中，仍然将一整个厅房作为神圣的象征空间，并夺取了家中长辈的居住特权，这一现象生动反映了由于不同文化对于仪式的重视程度不同，导致具有象征意义的空间的大小与做法也呈现不同。

汾渭平原段黄河两岸各村落很重视家祭，也就是由各家单独致祭的仪式活动，与庙祭的全族活动不同，主要在各分支祠堂以及各小家庭在宅院中举行的祭祀仪式。而"上首厅房"正好能够满足每个小家庭在自家住宅中的祭祀需求。根据田野调查，厅房主要承担三个与祭祀相关的主要功用：供奉木主、悬挂神轴、丘柩浮厝。

由于尚未入祠的祖先，只能以木主的形式供奉在家中厅房，因此厅房最重要的作用是日常供奉木主，一般会在后墙上有一个专门的神龛。家祭的祭祀时间为每年各家的先人忌日，以及各节日[3]，祭祀仪式较为简单，在各主前举行，根据家谱记载，主要为焚香燃烛，献面食，蒸食，拜跪，奠酒，拜跪一般需要行四拜礼。端阳、中秋、腊八等节准备角黍、月饼等节日祭品。

儒家思想认为"君子之泽，五世而斩"，五世以上，必须要毁木主，改为绘制在神轴（当地又称容轴、爷婆轴）上祭祀。例如合阳县良石村小四分现存家谱记载"本四分一支，无支祠，而有容轴。每值年节，悬奉一次。东西院轮年，悬轴设

---

1 拉普卜特著，常青等译.宅形与文化[M].北京：中国建筑工业出版社，2007.
2 谭刚毅，任丹妮.祠祀空间的形制及其社会成因——从鄂东地区"祠居合一"型大屋谈起[J].建筑学报，2015（2）：97-101.
3 正月元日、十五日，三月清明日、五月端阳日，八月中秋日，十二月初八日。

祭",证明了神轴在未修祠堂的时候,起到祠堂的象征意义。因此,在没有修建祠堂,祖先无法入祠,但又已经超过了五代的时候,便绘制在容轴上,每年年祭的时候,由各家轮流在厅房中悬轴设祭。

祭祀的时候,需要献礼,并以酒食款待六十岁以上的老人。由于窄院中的庭院狭窄,在举行仪式的时候略显局促,当地百姓解决这一问题的方法是将厅房的外立面设计为方便拆装的活动门扇。厅房不采用传统民居中常见的"一明两暗"式布局,而是完全不分隔的三个开间,形成通畅的大厅空间,外立面均做落地的屏风门,日常仅开启当心间最中间的两扇门,在厅房中举行重要仪式活动的时候,会将所有活动门扇拆卸,使得厅房的正立面完全打开。这种方法巧妙地将厅房的室内空间转换为半室外的灰空间,与室外的庭院连通,成为举行仪式以及宴请宾客的整体开放空间。

a 木主　　　　　　　　b 神轴　　　　　　　c 祭祀图

图 5.34　祭祀仪式相关

除此之外,汾渭平原段黄河两岸有"丘柩浮厝"的习俗,即把灵柩存放,以待日后安葬。根据党康琪老先生回忆,韩城方言将其称为"丘",即丘棺。这种习俗在明清时期非常普遍,但黄河两岸的丘棺是停放在厅房里。由于当地在外做生意的人较多,家中没有主事的人,会等在外做生意的人回来再下葬,或者是等待合葬。

例如党家村"合兴发"商号的大经理党玉书死后,他的灵柩在家中厅房存放了十四年[1]。又如丁村生于1928年的丁星垣老人的回忆,他小时候家中成年男性都外出经商,老人过世,外面的人很难及时赶回来,就会将棺木用石灰封闭,停放在厅房

---

1　党康琪.党家人说党家村(续集)[Z].1999: 82-84.

里，等待家里主要人员凑齐才安葬，由于一两年中家中陆续有人去世，厅房中会同时停放两三口待葬的棺材，尸体停放时间过长会散发异味，小孩子都十分害怕不敢进去[1]。即使今天，在田野调研的时候，居住者提到厅房依然会略带神秘的说："那是老先人居住的地方。"

(2) 家庭结构

家庭是住宅的基本需求，家庭结构影响宅形。由于北方主要为分裂型小亲族，随着一个家族的人口不断壮大，为了满足不同小家庭的生活需求，院落就会不停地复制扩展，形成重复单元。

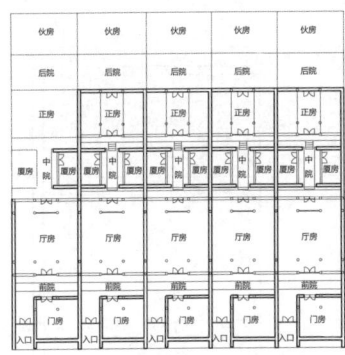
a 杨家老宅平面图

b 杨家老宅航拍

图 5.35　蓝田下杨寨杨家老宅（五连院）

如前一章所述个案解家村家谱记载"建六宅居之，前三院，长子景智居东，次子景渊居中，三子景颜居西，后三院，四子景商居东，五子懋居中，六子广居西"[2]。又如下杨寨杨家老宅，由五个重复的两进四合院并列组成，又称"五连院"，五个院子分别居住杨姓的五兄弟。再如闫景村李家大院，保存最为完好的4组是李家第十五代李道升为了方便为四个儿子分家所建造的宅院[3]。

由此可以看到，当单一纵向轴线的院落无法满足家庭人口居住的需求时，会修

---

1　李秋香.丁村[M].北京：清华大学出版社，2010：65.
2　见韩城市解家村《解氏家谱图》。
3　庆禄堂则创建于清光绪二十九年（1903），院主为李道升，同德堂、同顺堂、同福堂分别是李道升为其四个儿子（李大辅、李大佐、李大猷、李大全）分家另外建造的三座宅院。

建多个规模相当的并列四合院，来满足在人口发展过程中家族的分化，各院之间以高墙分隔、通道门互相连通，均有自己的厅房，以及独立的对外出入口，使得各小家庭既保持联系又各自独立。

除此之外，厅房的布置还与聚落的社会关系密切相关。例如单姓村或两姓村，往往对住宅内部的私密性要求较低，人们主要在整体聚落中社交，如涝池畔、街头巷尾、庙等，厅房主要是祭祀用的仪式空间，房内家具均为祭祀陈设。但杂姓村或城市郊区的富户，由于并没有形成家族规模，因此对单个住宅内部的私密性要求极高，社交会在住宅内部发生，厅房作为主要的对外起居空间，摆放太师椅等招待客人用的家具。

图 5.36　凤翔县马宗仁宅里的二道门

### （3）女性地位

拉普卜特强调，虽然女性的地位也属于家庭系统的一部分，但女性对于宅形的影响非同一般。女性在家庭中的地位会产生形式上的不同，尤其是对于空间私密性的追求[1]。在传统"前厅后楼"宅形中，较为严格地区分了"男性的领域"与"女性的领域"，其中厅房是对外的，属于男性的，厅房与后院之间往往还会修建二道门，以区别内外，要求女性深锁后院，防止外人闯入，如凤翔县马宗仁宅。

---

1　拉普卜特著.宅形与文化[M].常青等译.北京：中国建筑工业出版社，2007.

例如靠近关中地区的蓝田杨家老宅每个院子的中轴线上自南向北依次为门房、厅房、正房（楼房）。每个厅房均为三开间通间，厅房后穿过二道门才到达居住院落。房主回忆自己的祖母："当年回民起义时候，祖母连夜跟家人一同出逃，但路上走散了，天亮了坐在村口哭，找不到回家的路，因为她几乎大门不出二门不迈。"这种回忆很具有代表性，即在"前厅后楼"的宅形中，后楼才是属于女性的领域。更考究一些的高门大户则会在厅房之后又增加退厅，将公共仪式空间进一步加强扩张及功能细化，而退厅又称女厅，主要用来招待女宾，将"男女大防"的儒家礼法体现得更加明显[1]。

但是黄河两岸商品贸易发达，许多村落半农半商，男性长年在外经商，与单纯务农的家庭相比，留守在家的女性地位普遍较高，无论是黄河西岸的党家，还是黄河东岸的闫景村李家，均有女性主持家族事务的记录。如党家村主要在河南南阳瓦店镇经商，家谱记载党家"南院"辈分最高的薛氏，曾主持修德堂的分家仪式；再如李家大院寡妇王和君，在丈夫去世后独自打理生意，成为传奇女性。

因此"上首厅房"宅形虽然对外部空间强调私密性，却完全不在乎对内的私密性，几乎不会修建二道门，人们一旦进入院内，即可一眼看到气派的厅房正立面，厅房的当心间正对庭院，两侧稍间则被厦房完全遮挡，狭长的庭院形成强烈的一点透视，处于透视灭点处的，是厅房当心间后墙正中设置的神龛。整个庭院不区分内外，两侧厦房住人，外来者对于庭院的内容一目了然，女性坦然地与客人见面。

"上首厅房"宅形主要存在于黄河晋陕沿岸；往西至西安周边，主要为"前厅后楼"的多进院落及没有厅房的三合院；再往北至晋中地区，在普通百姓住宅中几乎没有厅房，即使采用厅房也是中间过厅，两侧分隔为独立的房间，较少采用完整开敞空间。这一反常又独特的现象背后，所反映的是汾渭平原段黄河两岸的社会文化。

## 4. 上首厅房的地理分布规律

以完整的四合院庭院计 1 进院，取消两侧厦房的二合院庭院计 0.5 进院（图 5.37），根据前文所述厅房在四合院中位置的差异，可将窄院的纵向重复单元分为五

---
1 张钰曌，陈洋，王西京. 历史文化语境下的西安民居类型化特征研究 [J]. 建筑学报，2016（S1）: 135-141.

种基本类型：a. 前厅后楼 1 进院；b. 前厅后楼 1.5 进院；c. 前厅后楼 2 进院；d. 前厅后楼加退厅 2.5 进院；e. 上首厅房 1 进院。可以看到，c 是最完整的序列单元，由门房—两厦—厅房—两厦—楼房组成，也是最为常见的二进四合院的基本形制；d 是厅房之后又增加退厅，将仪式空间进一步加强与细化的形制；b 是在用地条件受限时，仍能满足前堂后室的极限做法；a 和 e 是四合院的基本单元，分别是晋陕窄院前厅后楼与上首厅房两种平面形制的基本原型。

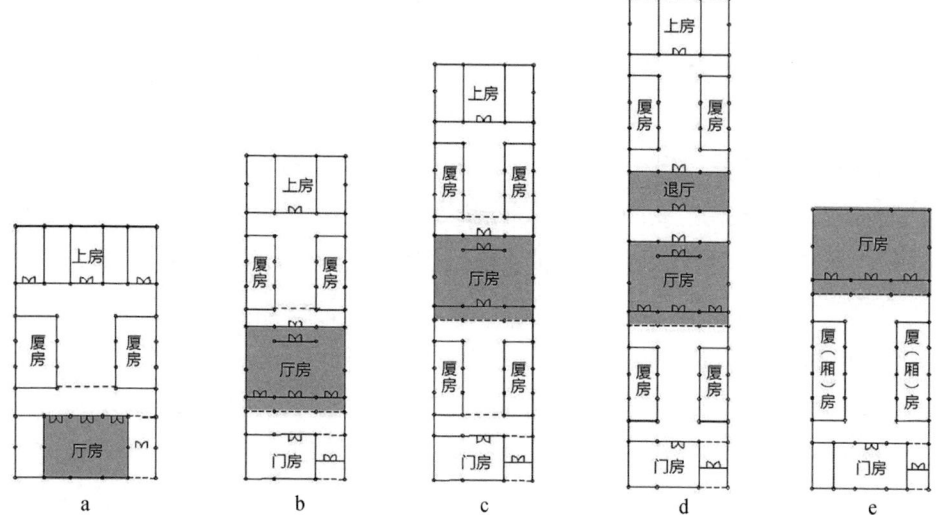

图 5.37　厅房位置在宅院形制中的序列类型图

表 5.1　汾渭平原合院式风土建筑调查表

| 序号 | 名称 | 类型 | 序号 | 名称 | 类型 |
| --- | --- | --- | --- | --- | --- |
| 1 | 万荣县阎景村李家大院* | c、e | 7 | 新绛县西庄村家氏 3 号宅 | e |
| 2 | 襄汾县丁村民居* | c、e | 8 | 稷山县杨赵村罗家大院 | a |
| 3 | 襄汾县京安村郭氏宅院 | e | 9 | 绛县周家庄周氏宅院 | a |
| 4 | 新绛县光村 12 号* | e | 10 | 临猗县北马村王东顺宅 | e |
| 5 | 新绛县光村蔺氏 3 号院* | e | 11 | 临猗县尉庄村王万年宅 | e |
| 6 | 新绛县西庄村家氏 1 号宅 | e | 12 | 闻喜县回坑村张鸿飞宅 | e |

(续表)

| 序号 | 名称 | 类型 | 序号 | 名称 | 类型 |
| --- | --- | --- | --- | --- | --- |
| 13 | 稷山县北阳城村八办旧址* | e | 33 | 澄城县郑家坡民居 | e |
| 14 | 万荣县太赵村李迎元宅* | e | 34 | 合阳县行家庄村李静慈宅 | e |
| 15 | 稷山县北阳城村朱德路居 | a | 35 | 合阳县东宫城村* | a、e |
| 16 | 芮城景耀月故居 | d | 36 | 合阳县灵泉村* | c、e |
| 17 | 渑池县苏秦村5号院* | c | 37 | 彬县程家川村某宅* | b |
| 18 | 义马市石佛村李家大院* | c | 38 | 渭南市经开区焦家大院* | c |
| 19 | 西安市三益村于家老宅* | c | 39 | 富平县莲湖村某宅* | c |
| 20 | 西安市马厂村郭家大院* | c | 40 | 韩城市张带村敬恕第* | e |
| 21 | 西安市车丈沟村张百万宅* | c | 41 | 韩城市相里堡村* | e |
| 22 | 西安市高家大院* | d | 42 | 韩城市柳枝村* | e |
| 23 | 西安市高培支旧居 | c | 43 | 韩城市党家村* | c、e |
| 24 | 蓝田县东场村罗君武宅* | b | 44 | 韩城市柳枝村张宅* | e |
| 25 | 蓝田县下杨寨村杨氏老宅* | b | 45 | 蒲城县林则徐故居 | c |
| 26 | 蓝田穆家堰村某宅* | b | 46 | 三原县孟店村周家大院* | d |
| 27 | 周至县东火村雷俊鼎宅* | c | 47 | 泾阳县蒋明杰民居 | c |
| 28 | 凤翔县刘淡村马宗仁宅* | a | 48 | 泾阳县安吴村吴家大院* | d |
| 29 | 凤翔县周家大院* | c | 49 | 旬邑县唐家村唐家大院* | c |
| 30 | 陇县老县城牛家老宅* | a | 50 | 潼关县梁家城子梁宅* | a |
| 31 | 陇县老县城徐家老宅* | a | 51 | 潼关县水坡巷沈宅* | a |
| 32 | 大荔县北贝村马哲民民居* | e | 52 | 庆阳市正宁县罗川村某宅* | a |

将具体的调查实例（表 5.1）[1,2] 放入整个汾渭平原的方言地图中进行统计，在分析图（图 5.38）中将前厅后楼的 4 种类型用不同形状图标、上首厅房用圆形图标进行标注，可以较为直观地看出这两种类型的大致地域分布规律以及与方言区划的关联：前厅后楼的做法在汾渭平原各地区都普遍存在，但上首厅房最为集中的地区是本书的研究核心黄河两岸关中东部及晋南地区，即中原官话区汾河片（底图中靠右灰色区域），而在关中中部及西部、山西中部及北部，基本看不到这种做法。造成以上地域分布的原因有多种：

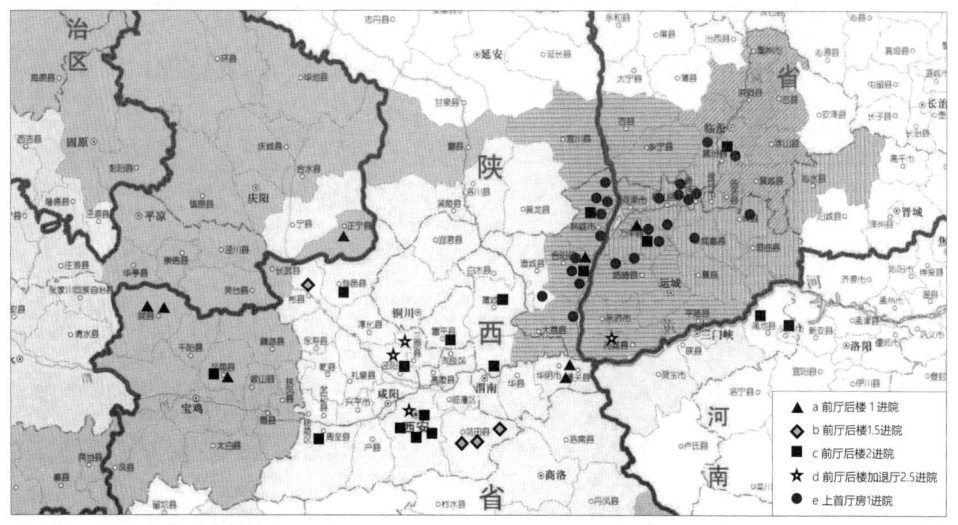

图 5.38　厅房位置地理分布图
图片来源：笔者根据《中国语言地图集》改绘

首先，汾渭平原存在一个强大的文化中心——长安，从汉唐时期的全国中心到宋代以后的区域中心，整个汾渭平原的文化发展具有明显的向心性，其中心文化的强大辐射直达晋南与豫西[3]，因此最能体现宗法礼制的宅院形制（类型 b、c、d）均

---

1　存在两种不同类型的，为传统村落或建筑群组。
2　带 * 标者为调研小组实地调查案例；未带 * 标者为钟龙刚《运城民居》（三晋出版社 2011 版），王金平、徐强等《山西民居》（中国建筑工业出版社 2009 版），林源、岳岩敏《陕西古建筑测绘图辑（泾阳·三原）》（中国建筑工业出版社 2018 版），王西京、陈洋《西安民居》（西安交通大学出版社 2016 版），陕西省文物局《陕西第三次全国文物普查丛书·渭南卷》（陕西旅游出版社 2012 版）等出版物中的案例。
3　张晓虹. 文化区域的分异与整合：陕西历史地理文化研究 [M]. 上海：上海书店出版社，2004：357-358.

集中在西安及其周边,而那些相对更简单的、更原始的形制(类型 a)则分布在较为偏远的地带。文化发达体现为匠作系统的发达,匠作的发达必然带来宅院形制的丰富,例如西安南部长安区细柳、炮里一带被称为工匠之乡,细柳镇的姜仁村被称为匠人村,西安钟楼大梁上"大吉大羊工匠"的字样表明其为细柳镇大吉村、大羊村工匠建造完成[1]。

其次,陕西关中地区自西汉设三辅以来,政区一直分为东、中、西三个部分,由于西部凤翔府自始至终较为独立,关中人至今仍习惯将关中平原西部的宝鸡称为西府,把宝鸡一带的方言称为西府话,将与之相对的关中其他地区方言称为东府话[2],这一现象与语言学家对中原官话区进行细化的秦陇片与关中片的分界线基本吻合。关中地区西部由于经济落后与交通不便,住宅以满足日常居住功能为主,留有更多更为原始的做法(类型 a);东部地区在明清时期商品经济发展迅猛,财富积累与人文蔚起带来对公共仪式空间的需求,因此在用地面积受到限制时逐渐突破了前堂后室的基本原型,仪式空间成为整个四合院的主导(类型 e)。

再次,经济发达会带来匠作的发达,陕西韩城与山西万荣,在明清时期均为匠作极其发达的地区,明嘉靖时韩城的木工郭文英参与营造北京城,闻名京师,官至工部右侍郎,相传韩城的几座庙宇均为他带领团队主持修建[3],至今韩城各村仍有很多老木匠;晋南地区更是有"万荣出匠人"的说法,万荣县至今仍是山西古建筑维修公司最多的地区。因此,上首厅房的做法主要集中在黄河两岸,应与此区域发达的商品贸易所带来的经济繁荣密切相关,这一区域的四合院无论大小均建厅房,我们推测其中一个重要原因是修建厅房需要大量的木材,并对匠作技艺要求很高,和当地工匠系统发达的市场供需互为因果。

最后,晋陕商人对汾渭平原风土建筑的影响不容忽视。明初关中地区陕西商帮因边境贸易勃兴,有明一代势力曾凌驾于山西商人之上[4],陕商尤其以泾阳、三原一

---

1 王西京,陈洋.西安民居:第1册[M].西安:西安交通大学出版社,2016:152.
2 西府指凤翔府,今宝鸡一带;东府指同州府,今渭南一带。但由于自北宋以来,凤翔府与西安府分离,自此在相当长一段时间内与中、东部地区分属不同政区,因此中、东部在语言、风俗上趋于一致,语言学家在研究陕西省内方言的时候,习惯将中、东部方言合称为东府话。
3 当地传说韩城古城内五营庙(东营庙、西营庙、南营庙、北营庙、中营庙)为郭文英所修,但仅为传说,并无史料记载。
4 李刚.陕西商帮史[M].西安:西北大学出版社,1997:1.

带为主,可惜在清同治回民起义时期民宅大院大多被拆毁,晋南修建厅房的现象应该是受到关中核心区风气的影响。进入清代以后,晋商因票号的雄厚实力后来居上,晋中大院的建筑营建习俗又开始向关中发散影响。便捷的晋陕官道带来了汾渭平原段黄河两岸密切的人口往来,将关中与晋南密切联系起来,使黄河两岸地区形成了彼此相互影响并向周围发散的匠作谱系核心区。

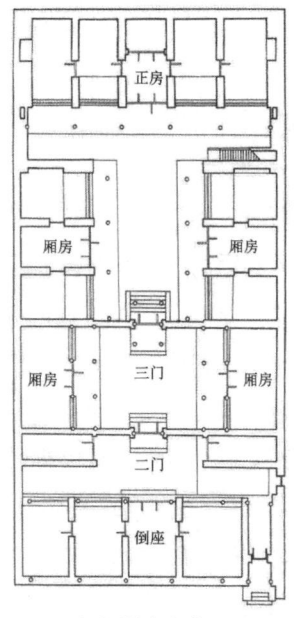
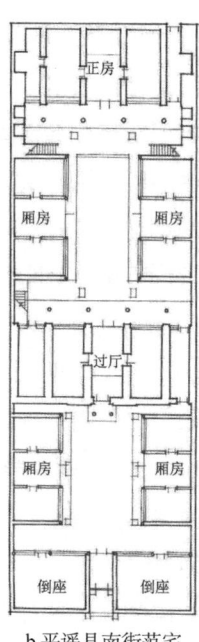

a 平遥县城仁义街民居　　b 平遥县南街范宅　　c 榆次区常家大院二门实景照片

　　　　　　　　　　　　　　　　　　　　　　　d 祁县乔家大院过厅实景照片

图 5.39　晋中四合院民居典型案例
图片来源:ab《山西民居》

　　如果我们再把目光往北与晋语方言区并州片(晋中)的窄院进行对比,会发现极少使用厅房,其二进、多进四合院中的上房大多用来居住,没有厅房这种纯仪式空间。其空间形制的常见做法是通过在中轴线上设置二道门、三道门来区分各进院落,如平遥县仁义街民居(图 5.39a)、常家大院(图 5.39c);只在形制等级极高的民居建筑群中出现用过厅分隔内外两院的现象,如曹家大院、平遥县范宅(图 5.39b)、乔家大院(图 5.39d)。但仔细观察这类过厅的营建做法与平面形制可以发现,其较多采用房窑结合的形式,过厅被分隔成多个房间,仅当心间作为敞厅

244

使用。

在基地面积紧张的情况下，并州片的四合院更注重居住功能。长辈居住在整个四合院中形制等级最高的房屋上房中，上房通常采用房窑合建的方式，带外檐廊，外廊柱子粗壮，雕饰华丽；室内采取一明两暗布局，明间做堂屋（厅堂），承载对应厅房的仪式功能，用以供奉祖先牌位，两侧暗间作长辈的卧室，室内设炕；倒座有时候会用作南厅，来满足对外的会客功能，符合原始的前堂后室原型。

可以看到，虽然晋陕高等级民居建筑跨越地域呈现出较为统一的形制，但大量的普通民居还是具有鲜明的地域差异。汾渭平原关中—汾河片所构成的是一个与晋语方言区不同的风土建筑区系，二者之间存在一个明显的过渡地带，即黄河两岸的韩城、合阳、大荔以及晋南的运城、临汾所在区域。

## 五、"祠—宅同构"的宅形特征

我国南、北方的乡村聚落社会结构存在巨大差异，南方普遍为聚族而居的宗族型村庄，而北方多为分裂型的小亲族型村庄，因此北方地区的乡村聚落很少见大型宗祠。汾渭平原的同族聚居并未形成如华南宗族的基层社会影响力，而是存在众多零散的、形制简陋的祠堂，用以祭拜祖先。虽然目前实物遗存较少，但随着田野调查的深入，会发现黄河晋陕沿岸村落的祠堂建设在清代曾非常普遍，尽管规模很小，但数量却很多，许多村落的祠堂可达10～20个之多。这些祠堂多为改造老宅或购买已有宅基地修建，建筑形制采取与住宅单元相同的空间原型，即单进或多进四合院，无论从体量上还是肌理上均完全融入居住组团，呈现出"祠—宅同构"的特征。

### 1. 族谱碑刻中的祠堂形制

黄河两岸传统村落中的祠堂拆毁的居多，现存实例也大都经过修复，格局并不完整，通过长时间对族谱及碑刻资料的收集分析，我们发现其中有许多在田野调查中没有发现的祠堂形制。因此，本书将选取有族谱及碑刻等民间历史文献记载的几个案例，结合村民口述及现存实物，对其进行复原分析。

由于黄河两岸的乡村地区并不富裕，加上历代战乱导致亲人离散或外迁，在田野调查中发现的与祠堂相关的碑刻，多为重修碑刻，即原本祠堂较为简陋，家族发展到一定阶段，族人决定重修；或创建支祠碑刻，即家族发展到一定阶段所创建的分支祠堂。这些祠堂多为与住宅形制近似的四合院，中轴线上的建筑承担祭祀功能，两侧厢房承担配套服务功能，通过增加中轴线上建筑的数量，来增加祭祀空间的层次。

陈志华在《宗祠》一书中，总结一般规模的祠堂会包含三个部分，从前到后，一是大门门屋；二是拜殿，或称享堂、祀厅，是举行祭拜仪式的地方；三是寝室，专供祖先牌位的地方。冯江对于广府祠堂的研究总结，中轴线上除了头门、中堂、寝堂以外，还会有拜亭、牌坊等[1]。

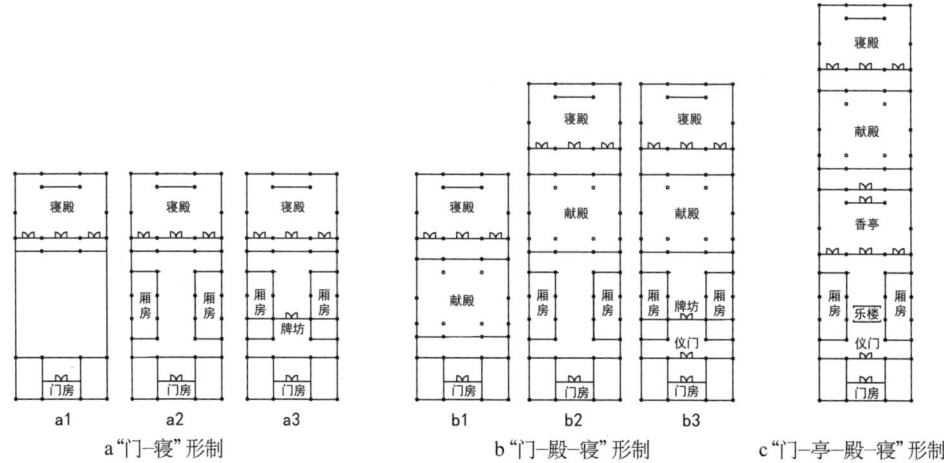

图 5.40 祠堂的三种形制示意图

虽然称谓有所不同，但黄河两岸聚落的祠堂也主要由这几种元素组成。从民间文献记载可以看到，当地将大门门屋惯称为门房，拜殿称为献殿、享堂，寝室又称正殿、寝殿、正寝、正堂[2]、主房[3]，此外还会有香亭、牌坊等。除了门房，两座重要建筑当地人都习惯称之为"殿"，也与目前大部分家谱中文字记载采用"家庙"的

---

1 冯江. 祖先之翼：明清广州府的开垦、聚族而居与宗族祠堂的演变（第二版）[M]. 北京：中国建筑工业出版社，2017：142-143.
2 梁带村碑文《梁带村卫氏家庙建祠始末小记》（1757）中记载："仅建立正堂三间而门面缺"。
3 黑池村族谱《纯熙堂说谱兼附村图》（1906）中记载追远堂"门房主房各三间"。

称谓相匹配。基于四合院进数的多寡，目前发现的主要有三种形制："门房—寝殿"组成的一进四合院；"门房—献殿—寝殿"组成的二进四合院；"门房—香亭—献殿—寝殿"组成的三进四合院（图 5.40）。

(1) "门—寝"的基本形制

由"门房—寝殿"组成的一进院，是黄河两岸聚落中最常见，也是最基本的祠堂建筑形制。这种形制由大门和寝殿组成，有的会在两侧修建厢房形成四合院布局，有的只有院墙与院门。其中，寝殿通常是会在后墙设置专供祖先牌位的地方。这种形制没有专门举行祭祀仪式的室内空间，一般仪式会在寝殿内举行，或直接在庭院中进行。

例如韩城市柳枝村现存《十甲创祠碑记》（1713）[1]，是笔者在田野调查中所搜寻到的最早的关于祠堂形制的文字记录，文字开头先概括了柳枝村的宗族谱系关系，并阐明了党氏族人建十甲分支祠堂的主要原因，更为宝贵的是，该碑文较为完整地展现了十甲祠堂的营建过程：

> 祠堂地基虽倡众，制于村中正街，未获众卒志。此余父每以艰于财不能继志，为长叹者也。适癸未岁有便银四两，我衡祖六世孙景，七世孙钦及琰，向余父言曰："存此经理以为建祠资乎？"余父欣然曰："诺。余老矣，吾家公直能干，无出汝三人右者，勉之。功成，当立石以志。"越十年，癸巳已获三十余金，景等倡众议，先建祖庙门墙厢室，渐次而增，不足者派于丁众，咸欣然乐输趋事。建重簷三间，自春徂夏，甫六旬而告竣。始祖正位于中，二世列次左右，瞻视肃然。

这段文字，将柳枝村十甲祠堂的营建过程描述得很详细生动，体现了营建祠堂的艰辛。可以看到，从购置地基到最后完成建设，形成门墙、厢房、三开间寝殿[2]的一进四合院式布局，整个跨越了十年的时间，由于筹集资金较为困难，甚至采取先修门墙"渐次而增"的方式。这也是黄河两岸聚落祠堂的普遍情况，即早期只有地基，房屋非常简陋，很多就一间陋室而已，后来随着家族发展或族人倡议才逐步完善。

---

[1] 柳枝村村志编写组.古柳逢春——柳枝村文史资料 [M]. 2017.
[2] 碑文中的"重簷三间"指的应是寝殿。

又如韩城市梁带村现存清乾隆二十二年（1757）《卫氏家庙建祠始末小记碑》[1]，描述的祠堂营建过程与柳枝村十甲祠非常相似：

> 雍正岁乙卯，余父谋诸叔四祖，置地基二分，许至乾隆戊午并力合凑，仅建立正堂三间而门面缺，如心实耿耿焉，时以为憾……先是二门叔怀义卒无祠，遗滩地二亩，又有房价银两，除葬用尚馀二十四金，遂建门面一间，耳房两间，费几五十金，前数充用不敷者，余独任之。不两阅月工已竣。

从碑文中可以看到，最初于雍正乙卯年（1735）已经购置地基二分（约 133 $m^2$），但到了乾隆戊午年（1738）年，只修建了三开间的正堂（寝室），还没有门房，直到乾隆二十二年（1757）年，才又增建了门房以及门房的耳房。

又如合阳县黑池村现存《纯熙堂说谱兼附村图》（1906）中的"家庙记"，是我们在田野调查中所搜寻到关于祠堂形制最完整的文字记录，将村中的若干祠堂均进行描述，其中有三处是由门房与寝殿组成，再结合现存图像资料（图 5.41），可以大致还原当时的祠堂形制：

> 春秋祀，坐北向南，紧邻东洞，上房门房各三间，尚未入主，主在世德祠；追远堂，临西池坐南向北，主房门房各三间，民粮七亩；本门，坐西朝东，主房三间，厦房四大间，门房穿廊三间。

再如行家庄村现存《党氏老六分建家庙碑记》（1834）[2]，以及《党氏六分家谱》（1934）等民间文献。其中，碑刻记载："遂于丁亥春买地五分而立三毛四系，坐坎向离，寝室三间，奠厥北，前门三间，峙其南，而两廊尚也。"结合六分家谱中绘制的六分祠堂庙图像资料，我们可以清晰地还原当时的祠堂形制为坐北向南，寝室为三开间，门房也为三开间，东西两侧有廊，形成标准的"门—寝"形制。

---

1　韩城市文物旅游局.韩城市文物志[M].西安：三秦出版社，2002.
2　党继生.中国传统村落行家庄[M].2020：231.

第五章 聚落居俗与宅院形制

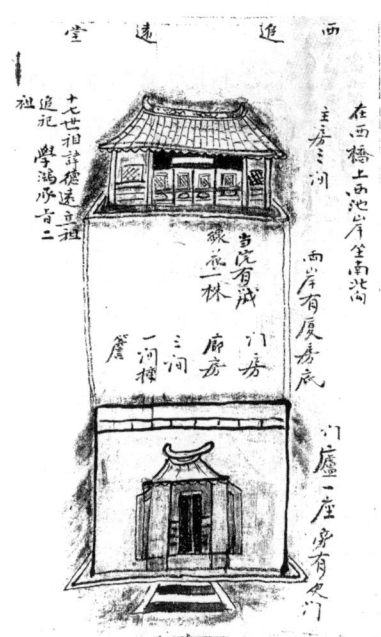

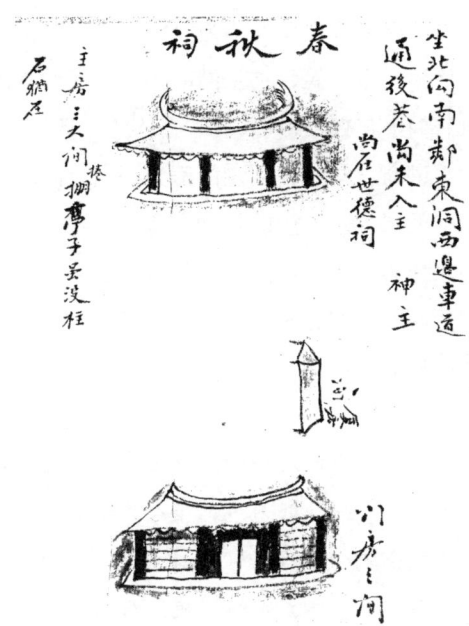

图 5.41 黑池村西追远堂与春秋祠图像
图片来源：《纯熙堂说谱兼附村图》

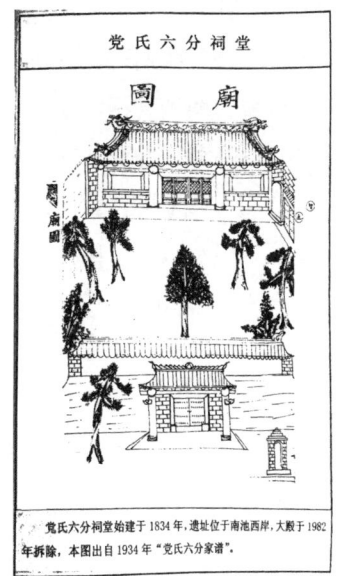

图 5.42 行家庄村六分祠堂历史图像
图片来源：《党氏六分家谱》

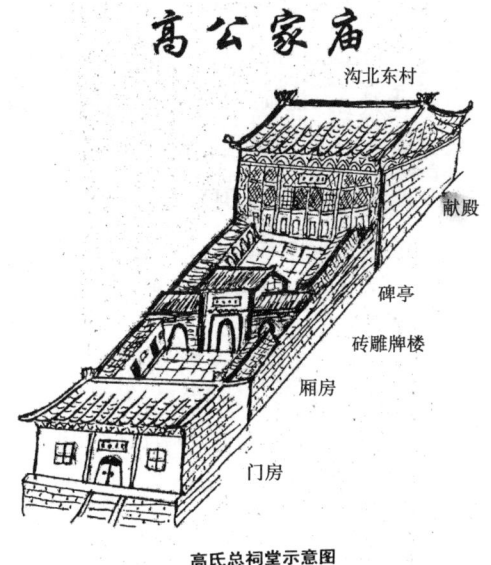

图 5.43 沟北村高氏祖祠历史图像
图片来源：《千年沟北村》

249

以上族谱碑文反映了当时汾渭平原黄河两岸村落修建祠堂的普遍现象，由于地方经济落后，在筹建祠堂的时候资金相对缺乏，因此祠堂形制也大多因陋就简，一般只有门房与寝室，形成"门—寝"一进院形制，仅满足最基本的祭祀需求。

　　再讲究一些的，会在门房与寝殿之间增加二门，即在一进院的基础上又增加了一个空间层次。二门的处理方式有多种，有的就是门，有的则通过设立石牌坊或木牌楼来作为二门。例如韩城县沟北村高家祠堂，是通过增加一个石牌坊的方式来划分前后两院。沟北村道光二十八年（1848）《重修祖祠碑记》[1]详细记载了重修高家祠堂的时候对于祠堂形制的完善：

> 余村中旧有祠堂而寝室未就，门楣亦缺，且未及入主相，前辈创建或亦有志未逮，欤迤迟延至今岁百余年，而栋宇墙垣半圮毁矣。余村父老因思重新而慨然为继，志述事之举，于是仍其旧规，内修寝室，甫安门庭，兼增碑亭两所，牌楼一座，而主于是乎始入。

　　与前文提及的柳枝村、梁带村的祠堂一样，最初都是旧祠堂或旧地基，但一直没有足够的经费来修建，在重修的时候才完善了寝室，增加了大门、碑亭、牌楼等。结合村志中收录的村中老人绘制的手绘图像以及现存实物，我们可以看到，高家祠堂坐北朝南，从前到后依次为门房、两侧厢房、砖牌楼、两侧碑亭、献殿。大门门额题字"高公家庙"，进门后东西厢房各三间，院中有砖砌三门洞的牌楼一座。穿过牌楼有东西碑廊各一座，内有石碑若干。寝室是三开间，内部牌位背墙自西向东依次绘制韩城八景图和二十四孝图。可以看到，高家宗祠是通过在门房与寝殿之间修建了一座石牌楼作为二门来划分院落层次，形成"门房—二门—寝殿"的二进院。

（2）"门—献—寝"形制

　　由"门房—献殿—寝殿"组成的二进院布局（图5.40b），则是常见的最为标准的"门堂寝"三段式祠堂形制。献殿又称享堂[2]，是举行祭祀仪式或宗族议事的地方，大多不设门墙，由于采用开敞式布局，所有构架外露，因此往往是整个中轴线中

---

1　参见《千年沟北村》。
2　献殿是当地人口述常用的词汇，而碑文中尊崇程朱理学的往往写为享堂。

装饰最为华丽的建筑。这种标准类型是目前遗存实物最多的，下一小节会详细论述。

例如合阳县灵泉村现存民国十二年（1923）《重修党氏祠堂碑记》[1]先描述了祠堂的设立准则与祭祀需求，再描述了祖祠的破败状况，进而详细地追溯了祖祠的建设及重修始末[2]。

从碑文中可以看到，灵泉村的党氏祖祠是在后期家族繁盛后重修的。又如万荣县闫景村李家大院中的李氏祠堂目前保存完好，是标准的"门房—献殿—寝殿"组合形式（图5.40b）。清光绪十三年（1887）《李氏创建祠堂记》载：建正室三间，享堂、门房如之，东西庑各四间，下如竹苞，上如松柏。描述了祠堂本身并非标准的矩形，而是不规则的梯形形态，由于两座祠堂都有实存，在下一小节将会详细阐述。

图5.44 行家庄村党氏祖祠
图片来源：《党氏合族家谱》

由"大门—二门—献殿—寝殿"组成的三进院布局（图5.40c），则是在标准的"门堂寝"三段式祠堂形制的基础上，又将门房与献殿之间增加了二道门，二门一般是采用石牌坊的形式，进一步丰富了轴线序列上的空间层次。

例如行家庄村光绪癸卯年（1903）的《党氏合户宗谱》中存有一幅家庙图（图5.44），是一个非常完整的"门房—二门—献殿—寝殿"三进四合院布局的祠堂，在门房与拜殿之间增加了一个仪门以及石牌坊。结合村民口述[3]，可以得知这幅图像描绘的为党氏祖祠，又称党户祠堂。村民回忆整个祠堂坐北朝南，宽约12 m，长约

---

1 党建芳.历史文化名村灵泉村[M].2016: 38-54.
2 祠堂之建亦莫知始，仅有明天启间碑碣，清乾隆间重修上梁文而已。追至光绪间，历年既久，上雨旁风，渐见倾圮。岁戊申，十世孙联封等，慨出巨资，复邀合族劻勷，于是朽者易之，旧者新之，经营部署，几费苦心。功幸告竣，适值沧桑，迁延十余年，碑未暇立，族长令柱文叙其崖略，勒诸贞珉，俾前人孝思不至淹没。
3 见附录关于行家庄党继生先生的口述实录。

70 m，中轴线上从前向后，依次建有山门、仪门、砖牌坊、献殿、祭殿（寝殿）。山门前有八字墙，两侧墙上分别有砖雕"风竹、雨菊"。山门后有仪门（礼门），仪门与砖牌坊之间有水塘，水塘上有小桥。山墙与砖砌牌坊之间的庭院，东西两侧各有四开间厢房，厢房北山墙与三门砖牌坊相连[1]。可以看到，在整个布局中，砖牌坊将门房与献殿之间的院落又划分了一个层次，与晋陕窄院中用二门来划分院落层次的方式类似。

（3）"门—亭—殿—寝"形制

由"大门—香亭—献殿—寝殿"组成的三进四合院布局，是目前在文献调查中发现的最高规格的祠堂形制，是在标准的"门堂寝"三段式的基础上，在献殿前增加一个香亭，也就是三座高规格建筑连续分布，将举行祭祀仪式的空间又增加了一个层次，扩大了整个祭祀仪式活动的场地。

黑池村现存《纯熙堂说谱兼附村图》（1906）中"家庙记"中的顺德堂与世德祠两座祠堂均为"大门—香亭—拜殿—寝殿"形制。顺德堂作为黑池村的祖祠，是黑池村所有祠堂图像中形制规格最高的一座（图5.45a），族谱中文字记载：

顺德堂，坐南向北，边有小巷。正殿五间，捲棚、香亭各五间，乐楼一座，两边厦房各两大间，门房五间，大门外中间挂骁骑将军，匾门前旗杆一对，石狮子一对。

图像文字记载：顺德堂，三进五开间，坐南朝北邻小巷，乐楼一座，门房五间，石狮子一对，旗杆一对，乐楼匾内面写云霞共远，外面磨古重光。

从文字以及对应图像可以看到，中轴线上的建筑均为五开间，从前向后，依次为门房、乐楼、香亭、捲棚、正殿。门房当心间做门道，门前有一对旗杆，以及一对石狮子，西侧有一个焚币炉，穿过门房进入院内，东西两侧各有两开间厦房。门房正对的是一座过台戏楼，平时不唱戏的时候，人可以从戏楼中间自由通行，唱戏的时候会在通道处搭上板子形成完整的舞台。穿过戏楼是一座五开间香亭，香亭一般又称拜亭、仪亭，应该是供祭享之用，是祭祀仪式的时候摆放贡品以及进香的场

---

1　党继生.中国传统村落行家庄[Z].2020.

所。由于目前在调研中未发现实存，因此不确定具体做法，在冯江的广府祠堂研究中，通常采用特别的屋顶形式，类似于官式建筑中的抱厦，或者是通面阔地与献殿形成勾连搭。香亭后紧接着是一座卷棚[1]，由于香亭与卷棚两个描述都不太清楚，从图像看应该是中间为开敞的献殿，用以摆放祭器与祭品。卷棚之后是正殿，正殿即寝室，从图像看是常见的宅院中五开间厅房样式，用以供奉祖先的神主。

世德祠的规格略低于顺德堂，谱中文字记载：

> 坐南向北，东边有车路。正寝香亭卷棚各三间，两旁厦房各三小间，中间花墙一座，门房三间，两边过大门，悬秉铖宣献匾额。图像上文字记载：世德祠，坐南向北，上三进各三间，上两进道光二十一年壬寅建，下一进雍正元年建，道光七年重修，六世移立祖追下参安二祖并孟玄电定宪列祖位祀以五世祖讳，允中祀堂未妥，从子祀堂，当院花墙一座，两边厦

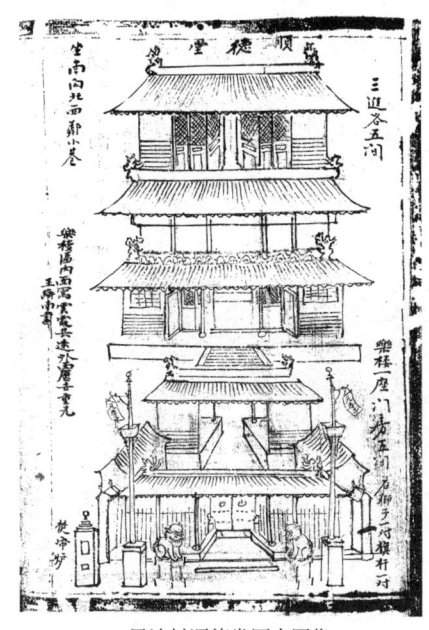

a 黑池村顺德堂历史图像

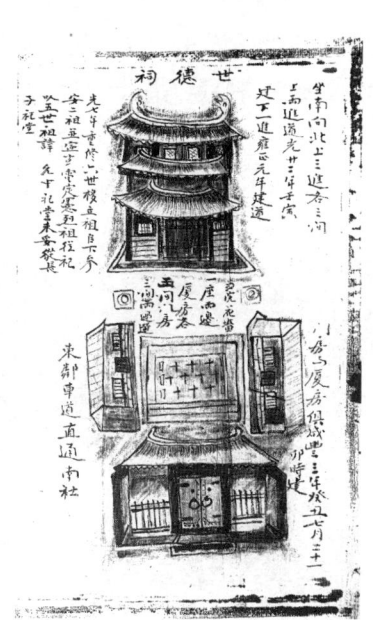

b 黑池村世德堂历史图像

图 5.45 "门—亭—殿—寝"形制典型案例
图片来源：《纯熙堂说谱兼附村图》

---

1 族谱上采用"卷棚"这一称谓。

房各两间，门房三间两过道，门房与厦房俱咸丰三年癸丑七月二十一卯时建，东邻车道直通南社。

世德祠与顺德堂一样是三进院，中轴线从前向后，依次为门房、花墙、香亭、卷棚、正殿。与顺德堂相比没有戏楼，以花墙来进行了第一进院的分割，中轴线上的重要建筑均为三开间。从图像上的文字也可以看出，由于民间经济并不富裕，高规格的祠堂往往并非一次性修建完成，世德祠的上两进建于道光二十二年（1842），下一进则是雍正元年（1723）建造，道光七年（1827）重修。可见最初也只是"门—寝"组成的一进院，后来逐渐又往南增加了两进院落，将整个窄院拉长，扩展为高规格祠堂形制。

## 2. 实存的祠堂建筑特征

前文主要讲述了家谱碑刻等民间文献中的祠堂，接下来看一下目前较为完整的祠堂遗存实例。其中，满足最基本的祭祀需求的"门—寝"一进四合院，以及"门—殿—寝"三段式二进四合院实存较多。

"门—寝"一进四合院目前保存较为完好的有韩城市党家村的党氏祖祠、贾氏祖祠、党氏二门祠堂、党氏辉斋祠堂，柳枝村的孙公祠，合阳县南社村雷氏祖祠等。

a 党家村党氏祖祠

b 党家村贾氏祖祠

c 党家村二门祠

d 党家村辉斋祠

e 柳枝村孙公祠

f 南社村雷氏祖祠

图 5.46 实存"门—寝"一进院祠堂实景照片

党家村的党氏祖祠（图 5.47），建于清康熙三十八年（1699），俗称"老户"[1]。整个院落与前文所述的"上首厅房"宅院形制近似，包括房屋名称的叫法也遵循当地民居对宅院的叫法，将大门称为门房，只不过开中门，将寝室称为厅房。门房为三开间，中间设置大门，其余两间分列在大门两侧做门房使用。大门两侧立有一对石狮子和一对旗杆。进入大门之后，可以看到，为了突出寝殿的主体位置，两侧厦房层高较低。寝室为三开间，五架梁带外檐廊，全部采用能开启的格栅门。进入寝室，正面中央是雕刻精美的墙柜式神主楼，嵌入后墙两柱之间，用于安放祖先牌位。

党家村的贾氏祖祠也保存完好，建于清康熙四十九年（1710），俗称"贾户"，与党氏祖祠形制几乎相同，也是由门房、厢房和寝室组成。坐西朝东，宽 11 m，长 25 m。门房为五开间，明三暗五，中间三开间为门廊，另外两间为守门人用房。上房为寝室，建在有明显高差的高台上，三开间，抬梁式构架，三架梁带外檐廊，不同的是将格栅门安装在外檐柱之间，将两个柱子留在了室内限定空间，同样后墙有一座内嵌式的神龛突出在背立面。

柳枝村的孙公祠（头甲祠）与其他几座祠堂略有不同，中轴线上依次分布有门房和寝室，没有拜殿，但寝室前为祭拜仪式留有一处空场地，但由于经济原因一直未修建建筑。此祠堂有两个特别之处，一是大门内部有仪门，只有祭祀的时候才开，平时关闭；二是寝殿进深约 6.5 m，后面有约 2 m 进深的通间完整夹层用以布置神龛，前面用整面的格栅门来塑造一个建筑正立面的形象，非常鲜明地展现了将献殿与寝室两者结合在一起的处理方式。

南社村雷氏祖祠目前只保留有门房与寝殿，根据村中老人回忆，应有厢房，格局应与孙公祠相同，由门房、两厢、寝殿组成的一进合院式布局，这是农村地区最常见的祠堂形制，例如相里堡某祠堂、闻喜县李氏宗祠、河津市魏氏宗祠等，均为此种形制。

"门房—献殿—寝殿"二进四合院目前保存较为完好的有合阳县灵泉村的党氏祖祠、二门祠堂，万荣县闫景村李氏祠堂，韩城市党家村西报本祠等（图 5.48）。

例如灵泉村党氏祖祠是门堂寝三段式的典型。门房做法与党家村各祠堂明显不

---

[1] "老户"是指党姓是最先居住在党家村的姓氏。

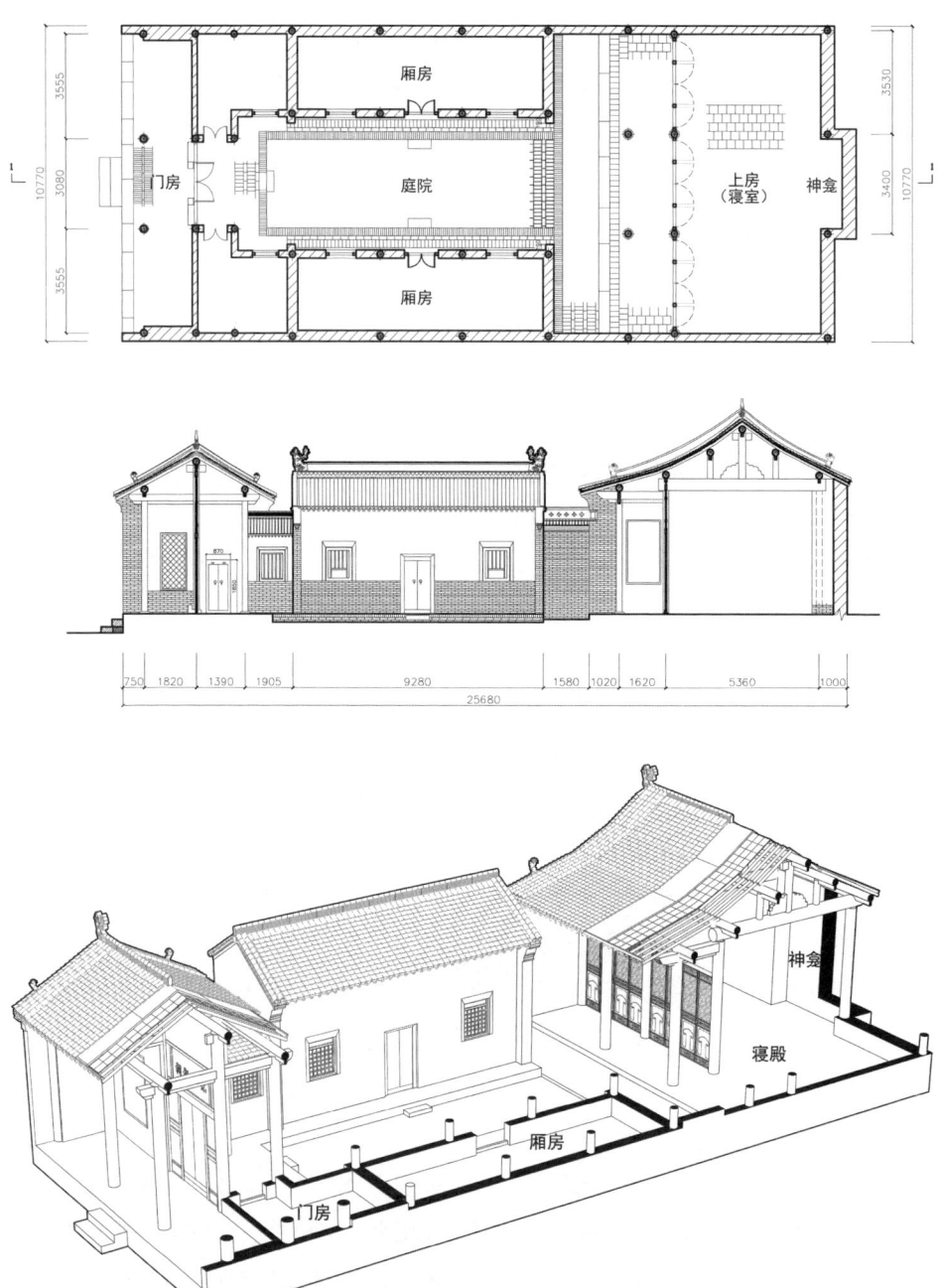

图 5.47 党家村党氏祖祠
图片来源：研究课题组绘制

a 灵泉村党氏二门祠　　b 灵泉村党氏二门祠拜殿　　e 灵泉村党氏祖祠拜殿　　f 阎景村李氏祠堂拜殿

c 阎景村李氏祠堂　　d 灵泉村党氏祖祠

图 5.48 "门—殿—寝"二进四合院实存案例

同,大门中开,筑八字墙,开间 2.9 m,进深 4.1 m,门道两侧连接耳房,一侧耳房放祭品,一侧耳房置水井。进入门内,两边各三开间厢房,梁头下端悬垂莲柱,中间为拜殿,其后为寝室,供奉祖先神位,两座建筑前后紧挨,之间仅留有一狭窄天井,拜殿为三开间,五架梁,前后均做格栅门,祭祖仪式的时候将格栅门卸下,与寝殿连成一体。寝室为三开间,五架梁带前檐廊,后面为封裹檐,柱在厅内,在距后檐墙半米的中间两柱间做一个神龛,龛内为祖先牌位,平日关闭,祭祀打开。

　　灵泉村南祠堂形制与祖祠不同,虽然也是门堂寝三段式,但是整个院落没有厢房,仅由门房、拜殿、寝室三座建筑依次相连,布局非常紧凑,三个建筑之间仅留狭窄天井。门房三开间,中间做门道,两侧门房,做法与居住宅院类似;拜殿三开间,当心间正中挂着"南祠堂"牌匾,三架梁,雕花坨墩置于大梁之上,雕刻精美;寝室也为三开间,进深与献殿相差不多,均为 5.5 m 左右,五架梁,梁架做法较为简单。

　　又如阎景村李家大院李氏祠堂,建于清光绪十三年(1887),是目前保存得非常完好的门堂寝三段式祠堂,门房与拜殿之间的庭院有东西厢房。整个院落坐南朝北,呈梯形布局,从门房到寝殿面宽逐渐增加。门房为三开间,中间一间做门道,没有附属用房。进入门内,左右为四开间厢房,厢房山墙距离门房有约 5 m 的距离,与后面的拜殿紧挨。拜殿三开间,正中一间上面挂着"昭祖念先"牌匾,做法与灵泉村南祠堂类似,是一个敞厅,三架梁,梁架雕刻精美。拜殿之后紧接着寝室,两殿之间仅留 1.1 m 左右狭窄天井,寝室为三开间,三架梁带外檐廊,后墙为封裹檐,沿着墙裙砌筑一个平台,平台上为祖先牌位。

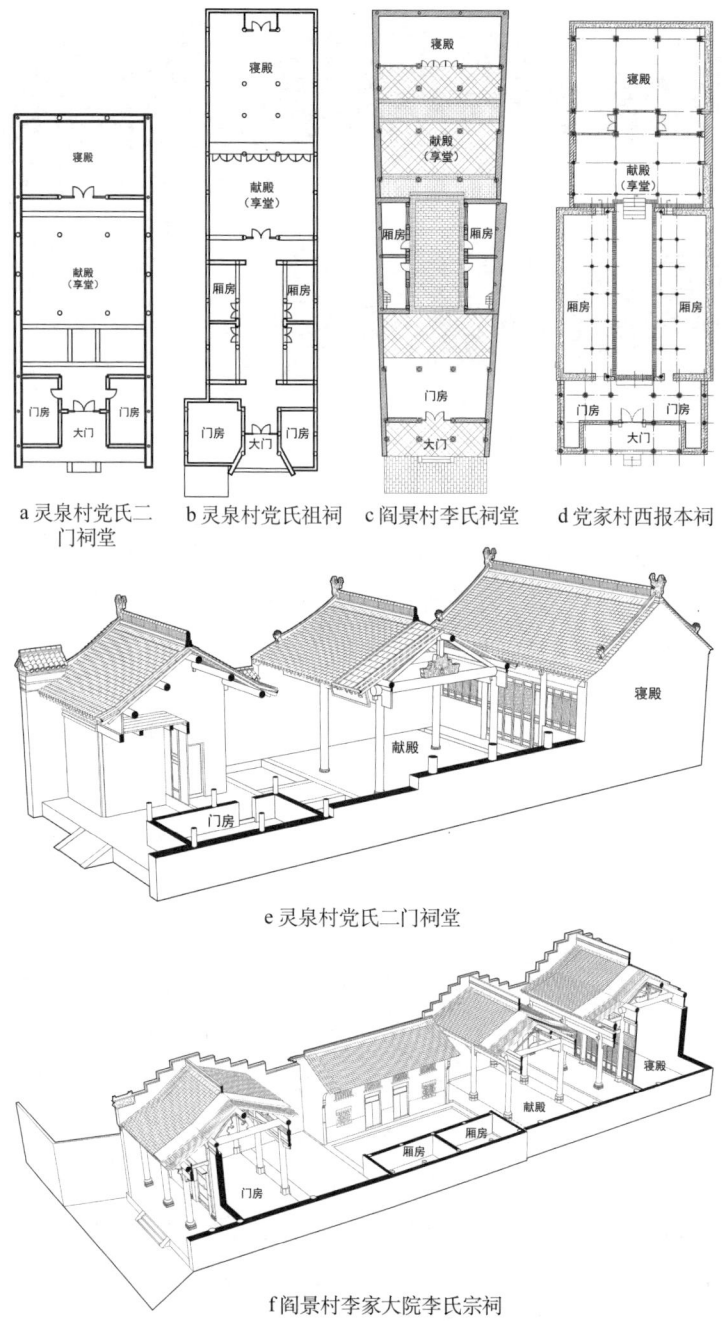

a 灵泉村党氏二门祠堂　　b 灵泉村党氏祖祠　　c 阎景村李氏祠堂　　d 党家村西报本祠

e 灵泉村党氏二门祠堂

f 阎景村李家大院李氏宗祠

图 5.49 "门—殿—寝"形制典型案例剖透视图
图片来源：研究团队绘制

再如党家村的西报本祠是党家村唯一的"门堂寝"三段式祠堂，中轴线上由门房、卷棚、寝殿组成。门房及寝殿的做法与其他祠堂类似，门房为明三暗五，中间三间做门廊，左右厢房与门房直接相连，厢房六开间，带前檐廊，整个建筑与门房相通。寝殿为三开间，三架梁带前檐廊，寝殿进深约 6.8 m，与厢房之间有一进深仅约 2.2 m 的卷棚（献殿），与厅房一样修建在高台上，两者屋顶之间的缝隙还设置有一处披檐用以防雨，使得卷棚与厅房之间的空间完全风雨无阻。

## 3. 祠—宅形制的同构性解析

祠堂多为改造老宅或购买已有宅基地修建，建筑形制采取与住宅单元相同的空间原型，即单进或多进四合院，目前并未发现院落群组，因此无论从体量上还是肌理上均完全融入居住组团，在聚落格局上较少起到控制空间秩序的作用。反观当地的住宅建筑，前文已述，同样存在一种由祭祀空间主导的"上首厅房"宅院形制，某种程度上也拥有了类似于祠堂的平面形制。

下面将从祠堂选址与规模、宅院布局与功能流线、建筑造型与装饰做法三个方面来对其祠—宅同构现象进行解析。

### (1) 祠堂选址与规模

黄河两岸风土聚落的祠堂数量很多但规模很小，目前没有发现多路院，均为单路单进四合院或多进四合院。并没有大型祠堂，即使祠堂的规格再高，也就是将一路院子不停地延伸加长。

以合阳县黑池村为例，现存清光绪三十二年（1906）《纯熙堂说谱兼附村图》中"家庙记"章节，详细记载了黑池村王氏家族历史上的 7 个祠堂。除此之外，今人所编著的《黑池村村志》记载黑池村原有 24 座祠堂。其中除了族谱记录的 7 座祠堂，目前村中老人能够清晰回忆确定其位置的还有 13 座。

表 5.2　黑池村家谱及村志中祠堂信息统计表

| 序 | 祠堂 | 族谱原文摘录 |
|---|---|---|
| 1 | 顺德堂（祖祠） | 坐南向北，边有小巷。正殿五间，卷棚香亭各五间，乐楼一座，两边厦房各两大间，门房五间，大门外中间挂骁骑将军，匾门前旗杆一对，石狮子一对 |

(续表)

| 序 | 祠堂 | 族谱原文摘录 |
|---|---|---|
| 2 | 春秋祀 | 坐北向南，紧邻东洞。上房门房各三间，尚未入主，本主在世德祀 |
| 3 | 世德祀 | 坐南向北，东边有车路。正寝香亭棬棚各三间，两旁厦房各三小间，中间花墙一座，门房三间，两边过大门，悬秉鉞宣猷匾额 |
| 4 | 敬先堂 | 北社后池岸，有场地一段，民地六亩 |
| 5 | 诚敬堂 | 临街有穿店一所 |
| 6 | 西追远堂 | 临西池，坐南向北。主房门房各三间，民粮七亩 |
| 7 | 本门（纯熙堂） | 坐西向东。主房三间，厦房四大间，门房穿廊三间 |
| 序 | 祠堂 | 村志描述其具体位置和情况 |
| 1 | 育德堂 | 位于后道巷，坐北向南，旧有正寝、香亭、献殿各三开间，共给所、汤馔所、乐亭各一间，账房、储藏室各一间，大门外有砖围花墙，曾为黑池粮站仓库，黑西大队占用，现为黑西社区处 |
| 2 | 思孝堂 | 位于黑池大仙庙巷，坐北向南，正对南池，旧有正殿、献殿、拜庭三大亭，门房之后有两间厢房及大门，曾被黑东四队饲养室占用 |
| 3 | 孝先堂 | 又名"五云堂"，位于南场巷，坐南朝北，曾为黑池公社，1979年后背黑东大队占用 |
| 4 | 广德堂 | 位于南场巷孝先堂对面，坐西向东 |
| 5 | 续古堂 | 位于果子市南，坐西向东 |
| 6 | 东育德堂 | 坐北向南，曾被黑东三队饲养室占用 |
| 7 | 东追远堂 | 又名"绿门祠堂"，坐南向北，1966年至1976年曾被黑东大队占用，1982年拆除 |
| 8 | 厚德堂 | 坐北向南，位于顺德堂后东邻 |
| 9 | 士德堂 | 位于南场巷，曾被六队饲养室占用 |
| 10 | 继孝堂 | 四分祠堂，位于原黑池中学坡下，坐北朝南，门前建有4米高的花墙，曾被黑东二队饲养室占用 |

(续表)

| 序 | 祠堂 | 村志描述其具体位置和情况 |
|---|---|---|
| 11 | 无名堂 | 位于黑东、黑西两村分界地，坐北向南有2座祠堂，五十年代曾为黑池大队部和学校占用 |
| 12 | 无名堂 | 位于黑水池以北，双碾坊西侧 |
| 13 | 无名堂 | 位于东插巷，现东巷中段，黑水池西南 |

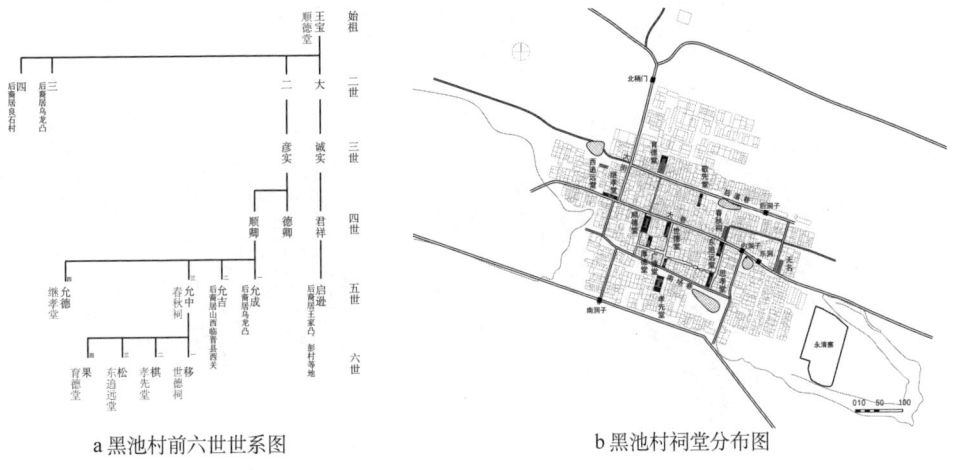

a 黑池村前六世世系图　　　　　　　　b 黑池村祠堂分布图

图 5.50　黑池村祠堂相关内容
图片来源：根据相关家谱绘制

　　这些文字与图像详细地展现了黑池村王氏家族所修建的祠堂位置及祠堂建筑的格局，结合家谱中的世系关系（图5.50），可以较为清晰地还原不同祠堂的建设顺序及与家族人口发展之间的关系。其中顺德堂为王氏祖祠，坐落在大巷中段；春秋祠与继孝堂分别为王氏留在黑池村的三分与四分的分支祠堂，分居大巷东西两端，其中三分居东，四分居西，符合当地"哥东弟西"的方位尊卑观念；世德堂、孝先堂、东追远堂与育德堂是王氏三分之下又分四门后的四个分支祠堂。除了世德祠与东追远堂在大巷中段，育德堂与孝先堂分别在后道巷与南场巷。

　　这7座祠堂是黑池村最早设立的祠堂，也从侧面佐证了黑池村最初由中间的大巷沿东西向发展，后来才向北和向南发展出后道巷与南场巷。从家谱以及村志的描述中可以看到，这些祠堂的规模都很小，"主房三间，厦房四大间，门房穿廊

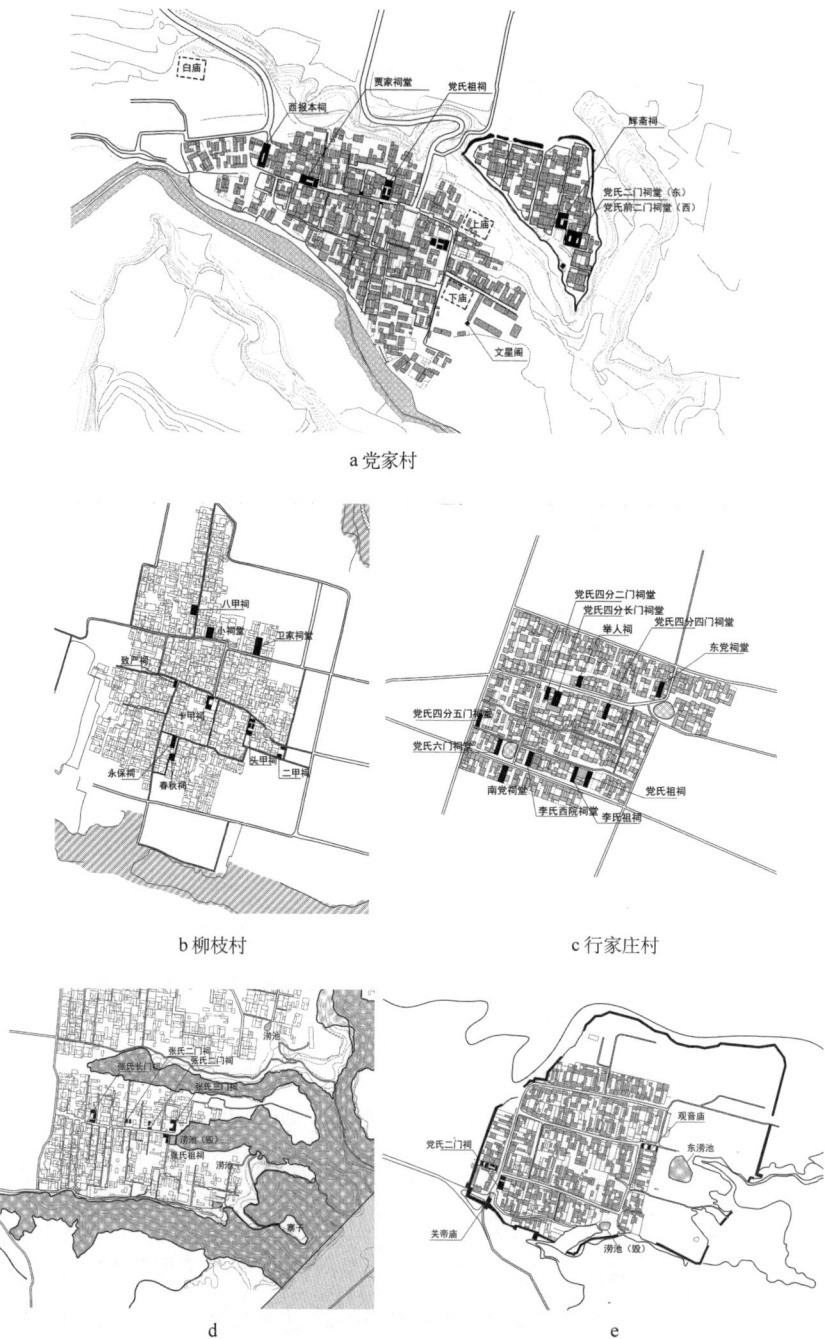

a 党家村

b 柳枝村

c 行家庄村

d

e

图 5.51 典型案例祠堂分布示意图

三间。"

梳理已有案例不难看出，目前现存的祠堂占地面积很少有超过 1 000 m²，大部分面积约 200 m²，例如党家村现存党祖祠宽约 10 m，长约 25 m，贾氏祖祠宽约 10 m，长约 24 m，二门祠堂宽约 10 m，长约 20 m，均为一进院落；闫景村李家祠堂宽约 10 m，长约 43 m，为两进院落。无论是面宽还是进深均采取与住宅完全一样的窄院基本范型，多为单进或多进四合院。

(2) 宅院布局与功能流线

前文已述，窄院的最大特点是通过厅房来连接前后不同的院落，左右厢房的背墙与正房面宽平齐，开间数随着宅基地的长度可以自由增减。对照到祠堂形制上，则是中轴线上的建筑承担祭祀功能，左右厢房承担配套服务功能，通过增加中轴线上建筑的数量，来增加祭祀空间的层次，左右厢房同样可以根据宅基地的长度自由增减，甚至可以取消。

从祠堂院落的布局上来看，"门房—寝殿"组成的一进院是满足最基本祭祀需求的祠堂形制，寝殿作为供奉祖先牌位的地方，处在四合院的最上端，这种形制与"前厅后楼"住宅的形制几乎相同，布局非常简单。

门房是进入祠堂内部的入口，不仅具有仪式性，也是整个中轴线序列上的第一座重要建筑。南方地区的祠堂大门一般会建设的等级较高，但黄河两岸祠堂的门房却往往比较低调，与住宅无异，开中门，双坡硬山顶，雕饰较少。目前发现的主要有三种形式：第一种是三开间，中间沿着正脊落墙，前部三开间整体敞开，例如党家村党氏祖祠；第二种是凹肚式立面，五开间的两侧稍间封檐落墙，形成耳房，中间三间整体开敞，例如党家村贾氏祖祠；第三种是三开间的与开中门的民居立面一致，仅明间向内凹入，较为封闭，例如柳枝村孙公祠。

祠堂的寝殿是安放祖先牌位的建筑，当地又称主房，是空间序列上的最后一座建筑。殿内会设置神龛，龛内设置神主楼，有的会在后墙上做单独的凹进空间，如党家村党氏祖祠，贾氏祖祠，还有的会利用后部明柱与檐柱之间的空间做单独的神龛，如灵泉村党氏祖祠，还有的会直接利用后部明柱与檐柱之间的通面阔空间做一整排神龛，例如柳枝村孙公祠。

从住宅院落的布局上来看，最常见的"上首厅房"一进院满足了以小家庭为单位的日常生活与仪式需求，厅房作为供奉祖先牌位的地方，与祠堂的寝殿一样处于流线的最尽端，也就是最上端，整个布局与祠堂无异。

住宅的门房同样是正面最重要的建筑，有做官的人家会开与祠堂一样的中门，寻常百姓家一般是开巽位门（往往是西南门），利用三开间或五开间门房的一个完整开间，入口向内凹进，大门通常设置在门房进深的 1/2 或 1/3 处，通常会对此处凹进空间进行特殊处理，雕饰往往会比祠堂还要华丽，彰显宅主的财力。

住宅的厅房与祠堂的寝殿作用完全一样，同样是安放祖先牌位。会在背墙上设置凹进去的神龛及神主楼，由于安放的牌位因世系数而少于祠堂，对神龛的需求没有那么大体量，因此不会采用整体通面阔的空间。

(3) 建筑造型与装饰做法

"祠—宅同构"现象还有一个显著特征，即祠堂与住宅的建筑与装饰做法是一致的。走在黄河两岸的风土聚落中，如果不仔细辨别大门的匾额，或是请当地百姓指出，是很难区分祠堂与住宅的，二者在门面上趋向一致。

汾渭平原的宅院在建筑外观造型上有一种非常独特的虎头墙，即自硬山垂脊延伸出来的高耸的一片高耸的矩形墙体，当地人对它有很多叫法，如马头墙、虎头墙、火檐墙、山花墙、墀头墙等。如日本建筑史学家伊东忠太曾经到中国多次考察，在他对于中国古建筑的调查记录中，有一条他对于西安的印象，便是建筑的前面左右有高出屋顶的复杂装饰墙壁。

这种虎头墙不像徽州、江西或湖南的马头墙、广府锅耳墙那样将整个山墙延伸高出屋面，而是顺应屋面坡度升起跌落，并延伸出房屋主体，将出檐部分两侧的砖墙砌高出屋面，形成一个突出的长条形高耸墙体。墙体下部会做成拱券门洞，将联排的宅院串联成为连续空间。高耸的墙体窄高，位置极其突出，是砖雕装饰的重点。

封火墙的出现，一般是为了解决住宅连续布置，屋面相连的防火防盗问题。但根据田野调查发现，汾渭平原住宅四合院的门房中使用这种山墙形态的民居数量很多，但并非每户都用。除了住宅之外，在并不需要封火墙的单体建筑如祠堂、村庙、戏楼也都普遍运用。由此可见，此种墙体明显已经从功能性发展为装饰性，是房主极尽雕刻彰显财力的细部构件，也是体现地域特征的装饰构件及做法。因此，并不能从装饰做法上来区分住宅建筑和祠堂建筑，比如韩城地区无论祠堂还是住宅均不采用虎头墙，但合阳地区无论祠堂还是住宅均采用虎头墙。

第五章　聚落居俗与宅院形制

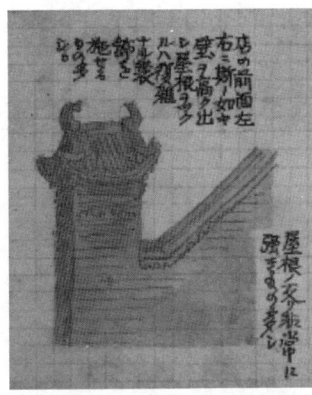

图 5.52　伊东忠太手稿
图片来源:《伊东忠太见闻野帖》

图 5.53　虎头墙的实景照片
图片来源:《合阳记忆》

图 5.54　有虎头墙的祠堂与住宅建筑实例

265

综上所述，黄河两岸风土聚落中的祠堂与住宅，无论从尺度与规模，还是布局与流线，或是造型与装饰都趋向一致。因此，在整个聚落的空间秩序中，祠堂虽然是公共性的建筑，却并没有如寺庙一样起到一定的结构性控制作用。

## 六、本章小结

本章节重点研究了黄河两岸风土聚落的聚居单元，这是聚落的基本组成部分。借用人类学的观察方法，并非只将建筑用途视作"功能"（function），研究其物质本体的空间形态（space），而是将建筑空间视作制度控制下的"习俗"（convention），深入研究其组织方式的制度形态（institution）。研究内容首先从聚落的社群结构出发，总结"住宅单元—族居组团—信仰社区"三个层级，并进一步对住宅单元的基本特征进行解析，从"窄院"的基本范型与满足农业生产全流程的群组关系出发，针对此地独有的"上首厅房"住宅形制与"祠—宅同构"现象进行解析，发掘不同的"语缘民系"在应对物质局限与文化变数时做出的居住方式上的选择。

1. 汾渭平原段黄河两岸的风土聚落，是以血缘关系为基础的家族模式与以信仰社区为单位的村社模式共同作用的结果，共有三个层级：住宅单元—族居组团—信仰社区，是以灵活应对人口增长带来的杂居与混居问题。其中住宅单元是由核心家庭组成的居住区基本细胞；族居组团大多由以血缘关系为基础的同族构成；信仰社区对应"社"，是一种基于居住方位的地缘划分。

2. 汾渭平原最基本的居住形式是"窄院"，此地的四合院宅基地规模普遍狭长，整个院落进深多在 20 m，深者可达 30 m 以上。"窄"主要是指内部庭院形成的狭长逼仄的空间感受，与北方其他地域的住宅单元相比，内院更为窄长，由于正房面宽即为院落宽度，东西厢房的位置完全压缩在正房面宽以内，形成窄门面，大进深的平面布局，形成"工"字形基本范型。

3. 汾渭平原段黄河两岸的宅院群组，基于农耕时代生活生产习俗，形成了满足各家族独立进行农业生产全过程的基本模式。在整个群组的面积占比中，主人居住的院落相对来说总面积是比较少的，其余需要有大量的面积提供给农业生产作业。为了满足家族的人口发展，宅院群组会将几个多进院重复并列布置，各院之间以高墙分隔、通道门互相连通，各院均有独立的对外出入口，使得各小家庭既保持联系又各自独立，这种小型四合院满足了北方小亲族社会结构的演化历程与人口扩展进程，因此形成了各种如五连院、七连院、九连院等连院形式。

4. 汾渭平原段黄河两岸风土聚落的宅院特征，主要体现在"厅房"位置上，形成了两种典型类型。一种是前厅后楼形制，其特征是无论院落进数多寡，都是由前部公共开放的会客及仪式空间与后部私密的居住空间两部分组成的，符合"前堂后室"基本原型。另一种是上首厅房形制，其特征公共开放的厅房处于流线的尽端，到达厅房必须穿过私密的居住空间，整个院落没有明显的内外之别，不符合"前堂后室"原型。前者更注重宗法秩序，后者更注重仪式需求及公共活动需求。

5. 汾渭平原段黄河两岸的同族聚居并未形成如华南宗族的基层社会影响力，但在聚落形态上存在大量规模较小的祠堂，多为改造老宅或购买已有宅基地修建，建筑形制采取与住宅单元相同的空间原型，具有明显的同构性。中轴线上的建筑承担祭祀功能，两侧厢房承担配套服务功能。主要是通过增加中轴线上建筑的数量，来增加祭祀空间的层次。基于四合院进数的多寡，主要有"门房—寝殿""门房—献殿—寝殿"和"门房—香亭—献殿—寝殿"三种祠堂形制。

6. 前厅后楼的做法在汾渭平原各地区都普遍存在，但上首厅房最为集中的地区是黄河两岸的关中东部及晋南地区，即方言区中的中原官话区汾河片，而在关中中部及西部、山西中部及北部，基本看不到这种做法。进一步论证关中—汾河片民系聚落的营造谱系与晋语方言区不同。

# 第六章 结语

## 一、主要结论和收获

本书基于一个基本假设,即"语缘"作为仅次于血缘的文化纽带,在地方聚居群体中的表现形式为使用同一或相近方言(dialect)的人群之间的关系,与血缘相近人群之间的关系可以类比,都是地域风土(vernacular)的重要组成部分,一般而言其聚落之间也存在着形态上的密切关系。基于这一前提,以覆盖汾渭平原的中原官话区关中片与汾河片作为分区参照,聚焦黄河两岸现存的传统村落,选取 34 个典型样本为研究对象。通过聚落与环境、聚落本体、聚落作为文化载体层层递进,在传统建筑史学方法的前提下,结合文化地理学、人类学的研究范式,基于形态学与类型学分析方法,最终获得关于汾渭平原风土区系的划分、关于黄土台塬风土聚落选址与格局的适地性、关于关中—汾河片风土聚落可识读的、相对固化的模式三个基本结论(本书的主要研究结论及关系框架参见图 6.1 所示)。

### 1. 关于汾渭平原的风土区系划分

与南方基于移民形成的各民系方言区相比,北方官话区的各层级区划边界更为犬牙交错,与学界既有的已达成共识的文化地理区划并不完全重合,因此不能直接以方言区划为单一区划参照,而是要综合地理概念以及聚居方式进行叠加研究。本书综合了地理格局、历史行政区划、文化区划、建筑类型分布、聚落类型分布后提出了本研究的风土谱系区划方案。

# 第六章 结语

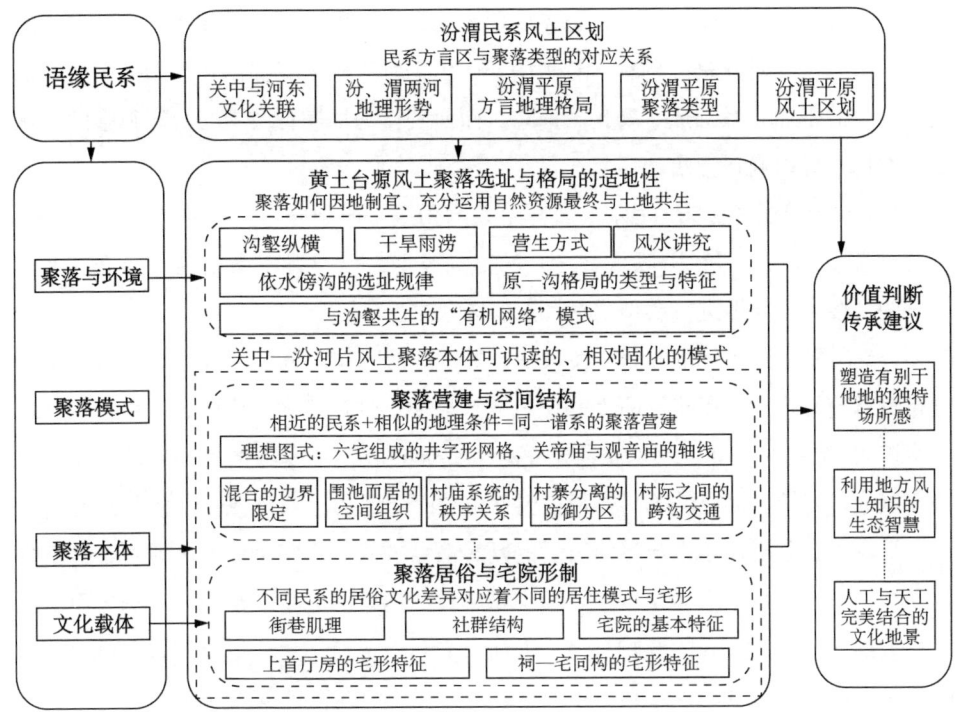

图 6.1 本书的主要研究结论及关系框架

（1）在自然地理格局方面，整个汾渭平原主要为黄土台塬地貌与河谷平原地貌。由于东部接近黄河两岸为汾渭平原南北向最为宽的地带，因此这一区域的黄土台塬与河谷平原的地貌差异并不大，呈现为较规律的由宽阔平坦的黄土台地组成的多级阶地，而西部由于较为狭窄，与北部黄土山区的衔接有明显的断裂，以山地地形为主，划分出东部的黄土台塬区与西部的黄土山地区。

（2）在历史行政区划方面，自秦设河东郡以来，河东一直是相对完整的行政区划，并多次与关中东部隶属相同的一级政区，尤其在两汉时期更是跨越黄河与关中同属中央直接管辖的核心区。而关中自西汉设"三辅"以来，西部凤翔府一直与东部的西安府、同州府分区而治，属于另外的一级行政区，将凤翔府与西安府、同州府区别开来。

（3）在文化区划方面，已有学者均为针对陕西与山西两省分开研究，陕西关中被划分为凤翔亚区与西同亚区，其中西同亚区是整个关中经济文化最为强盛的地

269

区。而山西晋南为河东文化区，也是山西地区经济发展最好，农业生产最为发达的地区。虽然已有研究是分别针对晋陕两省，但仍有许多学者提出了晋南与关中东部因历史上的密切联系形成了文化共同体，而西安作为早期行政中心具有很强的文化辐射性也一直影响到晋南。

（4）在建筑类型分布方面，已有学者均将汾渭平原划分为"窄院"类型分布区，与北部黄土高原（即晋语区核心区）的窑洞类型，以及晋东南山区（晋语区上党片）的"楼院"类型进行类型学意义上的区分。

（5）在聚落类型分布方面，在对初步基于"形"作为分类标准的风土聚落类型分布进行统计之后，得出在汾渭平原上数量最多，分布最为集中的，是由窄四合院（"窄院"）组成的"井"字网格状聚落，主要分布在汾渭平原的中、东部，而其他由窑洞或房窑结合形成的聚落类型主要分布在西部地区，以及靠近边缘山区地带。

综合以上分析，本书借用语言学的既有命名方式，将整个汾渭平原划分为秦陇片与关中—汾河片两大风土区系。其中跨越黄河两岸的关中—汾河片，一方面受到了强大的文化中心长安的影响，另一方面又受到了晋商文化所形成的晋系风土的影响，呈现出一种过渡性，而其中体现过渡性最强的地方就是黄河两岸。

## 2. 关于黄土台塬聚落选址与格局的适地性

本书针对汾渭平原段黄河两岸台塬区风土聚落与地貌相嵌自如的状态进行分析。首先，分析黄土台塬地貌"塬—沟"交织的土地形态与"干旱—雨涝"频发的气候压力所形成的环境特质；其次，分析地方村民适应黄土台塬的营生方式以及赋予台塬地貌独特的文化象征性；再次，分析聚落选址与地形因应，梳理"依水傍沟"的选址规律，详细对选址于黄河主道与东西两岸，以及黄土阶地与塬边冲沟的具体案例展开研究，并针对聚落与台塬上"塬—沟"的关系进行分类研究；最后，进一步针对聚落选址与格局的适地性分析，提出汾渭平原段黄河两岸的风土聚落在整体格局上兼具北方平原聚落的共性与黄土高原聚落的特性，形成与沟壑共生的"有机网格"模式。

（1）在台塬地貌的自然与社会因应方面，聚落的选址与格局首先需要适应黄河两岸最重要的两大环境特质，即黄土台塬沟壑纵横的地形约束，以及干旱雨涝频发的气候压力。由于聚落需要既防水患又依赖水资源，因此遵循"依水傍沟"的选址规律，即黄河两岸聚落倾向于选址在黄河主道东西两岸，以及台塬上因流水冲刷形成的各冲沟沿岸。邻近沟壑不仅地下水位埋深较浅，而且借助地形方便排涝，又能够尽量将完整土地留给农业生产，以最大限度提高生产效率并保障安全，还能借助沟壑的复杂地形进行防御，并获得文化意义上的心理暗示。同时，会通过修建引水渠等水利设施，因势利导地利用季节周期性雨洪对农田灌溉，解决黄土台塬农业生产的用水灌溉问题。

（2）在山水格局的类型与特质方面，由于台塬整体平坦，高低起伏都是由不同标高的台塬平面与沟壑相互作用形成的，因此台塬与沟壑是塑造此地聚落山水格局的基础。其中平坦台塬上的聚落与华北平原的一般聚落没有明显差异，但聚落一旦与纵横沟壑发生关系，就呈现出极强的可识别性，体现了平原地带儒家文化所形成的秩序井然的格局，在遇到黄土台塬交错纵横的地形地貌之后的独特面貌。本书将其山水格局基于与"原—沟"的关系分为：原面无沟、原面望沟、原边临沟、原边环沟、原下沟内五种类型，其中前两种为将选址在平坦塬面上的聚落，后两种为选址与纵横沟壑相关的聚落。

（3）在聚落整体格局的可识别性方面，黄土台塬地貌所形成的密集沟壑为聚落形态提供了许多曲线特征，但错落沟壑虽然破坏了平坦台塬的完整性，从宏观上来看却并未改变其平原属性，并未在竖向上有过多的高差变化，有别于黄土高原、山地或丘陵等地貌。因此生长于此的聚落没有打破平原地区常用的传统"网格"形态原型，而是将网格与错落沟壑叠加，仍然追求坐北朝南的最佳日照方位朝向，街巷尽量保持正交，几乎未形成曲线街巷或不规则地块，形成一种与沟壑共生的"有机网格"模式。

## 3. 关于关中—汾河片聚落可识读的、相对固化的模式

由于黄河两岸人口的相对稳定，在长期进化过程中，由于相近的民系与相似的地理条件共同作用，关中—汾河片聚落在营建上呈现出作为同一谱系因应地方风土环境形成的相对固定的、可识别的聚落模式。本书分别从聚落营建与空间秩序、聚落居俗与宅院形制两个方面展开论述。

针对聚落营建与空间秩序，首先从田野调查中获得的典型个案的历时性研究出发，解析从聚落选址到空间建构的完整营建历程，总结族群所建构最初聚落布局的

"理想图式"，以及历史上族群发展到最鼎盛时期的理想聚落形态。其次回到实存风土聚落案例的共时性研究，针对聚落混合的边界限定、围池而居的空间组织、村庙系统的秩序关系以及村—寨分离的防御分区四个突出构成特征展开深入剖析，尤其是物质结构与社会功能之间的相互关系，取得了以下成果及结论：

（1）通过典型个案的历时性分析，总结两种不同阶段的聚落"理想图式"，分别为家谱叙事中所建构的"井"字形原型与宗族发展到鼎盛的聚落理想形态。其中家谱叙事所建构的"井"字原型由作为天然防御地形的南侧沟壑陡坎、作为祭祀空间的观音庙与关帝庙两座庙宇、作为基本生活设施的一口水井、作为基本居住单元的6个相同形制的四合院共同组成，是一个被族群所认可的能够体现宗法、家族、秩序的聚落"理想图式"。族群发展到鼎盛时期的聚落理想形态主要体现在边界限定、村寨分离、寺庙轴线及对外交通4个方面。

（2）在边界限定方面，呈现人为与自然结合的混合状态。最常见做法是将人工夯筑的土墙与自然的台塬崖壁连为一体，形成不规则矩形与自由曲线结合的聚落形态轮廓线，有单面邻沟与多面环沟两种类型。其中单面邻沟的聚落仅在与沟壑发生关系的一面呈现自由曲线，平坦一面通常采用开阔方正的布局；多面环沟的聚落仅在平坦那面修筑一道较短的土墙，在布局上就可以对整个村子形成防御边界，因地制宜地利用了黄土台塬的地形。

（3）在空间组织层面，呈现围池而居的形态特征。由于应对干旱与雨涝频发的不利气候条件，无论是作为骨架的巷道，还是作为核心公共建筑的祠庙与其他文化标识物，在布局上均与人工开凿的蓄水池发生关系，形成了独特的"池—巷"蓄水排涝体系和"池—庙"公共开放空间，具有极强的地域可识别性。其中涝池与巷道在布局上形成了多池联动、分巷汇水、外围拦蓄三种模式，除了将涝池与各居住片区相对应，解决不同区域的蓄水排涝以及用水便利的问题，更是将聚落建成区内部循环的子系统与周边自然环境进行联动，形成更大的"巷—池—沟"蓄水排水系统。

（4）在村庙系统的秩序关系层面，除了有分巷对庙、集中庙院等北方农村地区常见的控制性秩序关系，还具有塬边置庙的布局特点。这是由于在黄土台塬地区，切割破碎的沟壑形成了将自然力量表现得十分强烈的地景，许多村庙会巧妙地占据地形制高点，利用塬顶、崖边、陡坎等特殊地形修建祠庙，因借地势凸显视觉感受与空间体验。

(5) 在防御分区层面，为了应对历史上黄河两岸频繁的社会动荡，关中—汾河片风土聚落存在一种特殊的村—寨分离形态特征。寨（砦）的特点是规模小、费时费资少、利用险峻的地势来达成防御性，并根据村落本体是否设防，呈现出"村—寨"和"堡—寨"两种形式，并在数量上有一村一寨、一村多寨和多村一寨等不同类型。村—寨分离聚落主要分布在黄河两岸靠近黄河主道以及塬边冲沟的地方，再往东的平坦台塬则会采用"村堡合并"的形式，与晋中及晋东南堡寨聚落的形制更为接近，村寨关系的整体分布规律呈现明显的从关中向晋系过渡的趋势。

针对居俗仪式与宅院形制的相互影响，对关中—汾河片风土聚落的社群结构进行分析，总结族群在生活、生产、习俗、制度等与社会环境的因应结果；并进一步聚焦田野调查中发现的，有别于他地的宅形特征，将传统建筑类型学对平面形制与空间秩序的分类研究与人类学的研究方法相结合，深入分析宅院形制特征，取得了以下成果及结论：

(1) 在聚居结构层面，整个村落的居住区域是将以血缘为纽带的家族模式，与以地缘为组织单位的村社模式综合在一起的混合模式，形成了三个层级：住宅单元—族居组团—信仰社区，用以灵活应对人口增长带来的杂居与混居问题。其中住宅单元是由核心家庭组成的居住区基本细胞；族居组团大多由以血缘关系为基础的同族构成；信仰社区对应"社"，是一种基于居住方位的地缘划分。

(2) 在宅院形制层面，汾渭平原最基本的居住形式是"窄院"，此地的四合院宅基地规模普遍狭长，整个院落进深多在 20 m，深者可达 30 m 以上，"窄"主要是指内部庭院形成的狭长逼仄的空间感受，与北方其他地区的住宅单元相比，内院更为窄长，由于正房面宽即为院落宽度，东西厢房的位置完全压缩在正房面宽以内，构成了窄门面，大进深的平面布局，形成"工"字形基本范型。

(3) 在宅院群组层面，体现出基于农耕时代生活生产习俗，满足各家族独立进行农业生产全过程的居住模式。通常一组宅院群组除了有主人居住院落以外，还有长工居住院落、牲畜院、麦场院、大车院、染房院、柴房院等生产性辅助功能，并随着生活生产功能丰富，还会设置书房院、私塾院、花园院、伙房院等。在整个群组的面积占比中，主人居住的院落相对来说总面积是比较少的，其余需要有大量的面积提供给农业生产作业。

(4) 关中—汾河片的宅院有别于他地的形制特征，主要体现在"厅房"位置上，形成了两种典型类型：一种是前厅后楼形制，其特征是无论院落进数多寡，都是由前部公共开放的会客及仪式空间与后部私密的居住空间两部分组成的，符合"前堂后室"基本原型。另一种是上首厅房形制，其特征公共开放的厅房处于流线的尽端，到达厅房必须穿过私密的居住空间，整个院落没有明显的内外之别，不符合"前堂后室"原型。前者更注重宗法秩序，后者更注重仪式需求及公共活动需求。

（5）黄河两岸的家族聚落在祭祀仪式主要分为庙祭、家祭、墓祭，分别对应着风土聚落中不同的仪式空间场域。其中庙祭对应合族祠堂，家祭对应着各分支祠堂以及小家庭在各自宅院中的祭祀空间，墓祭对应着坟院。出于对家祭的重视形成了"祠—宅同构"的宅形特征，上首厅房形制中作为神圣空间的厅房取代了高等级的居住用房，占据了传统"一正两厢"四合院正房的位置，形成了以仪典空间为主导的宅形，这一特殊现象体现出了"反气候"现象，在实用性之外更注重仪典空间，并为厅房空间赋予了象征性，展现了在地方社会机制下的居住模式。

## 二、价值判断及传承建议

由于黄河两岸的农耕聚落历史悠久，其聚落的物质空间大多为明清时期的产物，并在一定时间段内达到了相对稳定的状态，使人们与所处自然、人文环境长期交互并不断调试作用的产物。本研究提取并分析其中存在可识读的、相对固化的形态特征，这些特征忠实记录了跨越漫长时间的不同时代生活与社会历史变迁，不仅凝聚了因应自然与文化环境所建构的有别于他地的独特场所感，更体现了黄土台塬上的人利用地方风土知识的营建经验，体现了人工与天工相互交融的文化地景。

### 1. 塑造有别于他地的独特场所感

克里斯托弗·亚力山大用"无名特质"来抽象的解释不同城镇所塑造的独特场所感[1]，并在《建筑模式语言》中通过 253 种城市建筑的模式语言[2]，建构了一种描述聚落复杂系统的理论范式。本书借鉴了其"模式范式"，总结了关中—汾河片风土聚落在历史上所呈现的混合边界、围池而居、村庙系统、村—寨分离、上首厅房、

---

1　C. 亚历山大.建筑的永恒之道 [M].赵冰，译.北京：知识产权出版社，2002.
2　C. 亚历山大等.建筑模式语言（上下）[M].王听度，周序鸣，等.北京：知识产权出版社，2002.

祠—宅同构等若干可识读的、相对固化的聚落模式。虽然它们彼此之间并没有必然的逻辑关系，却综合在一起塑造了汾渭平原段黄河两岸风土聚落有别于他地的独特场所感。

农耕文明特征的快速消亡，是社会文明发展的必然进程，这并不以人的意志为转移。这些相对固化的形态特征所对应的是前现代社会黄土台塬地区人们的宗法结构、生存方式与居住习俗，在现代社会必然会随着防御作用的消失、民间信仰系统的瓦解、现代用水设施技术的更新、生活方式的改变、祭祀仪式重要性的减弱而逐渐弃用。因此，我们应当正确看待"传统"，理解自然与历史变迁的正当性[1]，不必过分执拗地坚持对整个聚落进行形式化的保存与维系。近年来常青将柯林·罗针对历史城市进化所提出的如何将聚落新旧元素共存的"拼贴范式"重新提起，认为从聚落进化的角度来看，不同历史时期、不同形态构成的聚落"文化层"都具有意义。本书同样认为，对于传承来说，真正具有持久力的聚落，应该是适应文化与社会的演进，不断获得再生的"拼贴"聚落，应在新与旧的延续中，将新的空间整合到传统的形态中，使二者融为一体[2]。

## 2.利用地方风土知识的生态智慧

风土聚落形态真实地记录了地方社群认知、利用与改造自然的全过程，不仅体现了在传统农耕时代应对气候、地貌以及社会条件的营建智慧，这反映出先民在营建过程中朴素的生态观念。

黄土台塬聚落"依水傍沟"的选址规律，为聚落最大限度地确保用水，方便排涝、提高生产、防御安全等生产需求提供保障，并能够顺应地势利用季节性雨洪进行农业灌溉。与沟壑共生的"有机网格"模式，更是利用整体平坦但局部突变的地形，确保最合理的日照、朝向、交通布局以及耕作半径所形成的固有模式。"围池而居"的空间结构，使得巷道与涝池构成一套完整的蓄水排水系统，前文所总结的多池联动、分巷汇水、外围拦蓄三种模式，是当地人在长期的试错、改良、调试过程中，总结出的一套具有生态适应性的循环复合用水策略。正是这些适应地方生态的

---

1 奈扎·阿尔萨耶.建成环境中的传统："真实"、超真和拟真[M].黄华青，梁宇舒 译.北京：清华大学出版社，2021.
2 常青.传统与创造——反思历史建成环境再生的理念与途径[J].世界建筑，2022（10）：6-17+4.

营造与生存智慧，才塑造出黄河两岸今天独特的聚落形态，而这些生态智慧依然发生在当下的生产生活中，是当地民众所掌握的地方风土知识体系的重要组成部分。

直至今天，汾渭平原段黄河两岸干旱雨涝频发的不利气候条件，以及容易湿陷滑塌的黄土地貌并未发生根本性改变。而当地人利用涝池与巷道的组合关系进行的聚落雨洪管理方式，以及涝池建在台塬边缘所起到的固沟保塬作用，与我们现在所倡导的"海绵城市"理念极为契合。应当对于当下还发生于生产生活中的知识、智慧进行活化利用，有效发展这套生长在当地的生态知识体系。

## 3. 人工与天工完美结合的文化地景

黄河与黄土台塬，为关中—汾河片农耕聚落的产生与演变，提供了共同的自然环境基础，自然的黄土阶地经过人居活动的漫长改造，成为当地人生活的一部分，二者相互依存达成"人工"与"天工"的完美结合。这些建造活动在对自然地景的干预过程中，赋予了其某种人文意涵，展现了人与自然和谐共生的栖息场景。

黄河两岸的先民善于利用自然地势，借助自然之力塑造独有的视觉感受与空间体验。在儒家思想与宗法礼制的影响下形成的秩序井然的"井"字形格局铺展开来与纵横沟壑发生有机联系，而那些生长在黄河两岸、黄土台塬边缘，战时可御敌、日常可安居的各式堡寨，巧妙地占据地形制高点，利用塬顶、崖边、陡坎等特殊地形修建的祠庙，展现出雄伟但又苍凉的魅力，形成与黄河及黄土融为一体的大地景观。

但现实是，黄河两岸存在大量位于台塬边缘的风土聚落，在历史形成过程中是为了尽量少占耕地，邻近水源并利于防御，但同时也面临台塬崩蚀的危险。随着现代生产技术与生产力的进步，为了避免灾害发生，大多进行了整体搬迁。而离开了人气的聚落建筑群，被空置在台塬边缘，原本与台塬沟壑融为一体的聚落，在风雨侵蚀中逐渐颓败。本书认为，在聚落体系化保存和研究的目标指导下，基于实存的具体情况，我们应区别重点保存与景观式再生两大类[1]，对于量大面广的风土聚落，更应从延续地方传统的环境适应经验角度出发，以改良和提升人居环境品质为首要目标，传承营建智慧、保存历史信息，重塑地方社会，最终将地域景观价值转变为资源优势，活化物质遗产。

---

1 常青.传统聚落古今观——纪念中国营造学社成立九十周年[J].建筑学报，2019（12）：14-19.

# 附录 A  实地调查村落表

| 序号 | 省/市/县 | 村名 | 序号 | 省/市/县 | 村名 |
|---|---|---|---|---|---|
| 1 | 陕西省渭南市韩城市 | 相里堡村 | 18 | 山西省运城永济市 | 西厢村 |
| 2 | 陕西省渭南市韩城市 | 党家村 | 19 | 山西省运城稷山县 | 北阳城村 |
| 3 | 陕西省咸阳市三原县 | 柏社村 | 20 | 山西省运城稷山县 | 太赵村 |
| 4 | 陕西省咸阳市三原县 | 周家大院 | 21 | 山西省运城新绛县 | 泉掌村 |
| 5 | 陕西省渭南市三原县 | 袁家村 | 22 | 山西省运城闻喜县 | 陈家庄村 |
| 6 | 陕西省渭南市合阳县 | 灵泉村 | 23 | 山西省运城闻喜县 | 后堡头村 |
| 7 | 山西省运城市万荣县 | 阎景村 | 24 | 河南省三门峡 | 庙上村 |
| 8 | 山西省临汾汾西县 | 师家沟村 | 25 | 河南省三门峡 | 苏秦村 |
| 9 | 山西省临汾市襄汾县 | 丁村 | 26 | 河南省三门峡 | 石佛村 |
| 10 | 山西省介休市 | 张壁古堡 | 27 | 河南省三门峡 | 刘寺村 |
| 11 | 山西省晋中灵石县 | 厦门村 | 28 | 陕西省渭南市韩城市 | 党家村 |
| 12 | 山西省晋中 | 后沟村 | 29 | 陕西省渭南市韩城市 | 张带村 |
| 13 | 山西省晋中平遥县 | 横坡村 | 30 | 陕西省西安市 | 南豆角村 |
| 14 | 山西省太原 | 程家峪村 | 31 | 甘肃省正宁县 | 罗川村 |
| 15 | 山西省太原 | 赤桥村 | 32 | 甘肃省平凉市 | 高镇村 |
| 16 | 山西省运城稷山县 | 马趵泉村 | 33 | 陕西省咸阳市乾县 | 铁佛村 |
| 17 | 山西省运城新绛县 | 光村 | 34 | 陕西省渭南市合阳县 | 灵泉村 |

(续表)

| 序号 | 省/市/县 | 村名 | 序号 | 省/市/县 | 村名 |
| --- | --- | --- | --- | --- | --- |
| 35 | 陕西省渭南市合阳县 | 南长益村 | 59 | 陕西省西安市 | 三益村于家大院 |
| 36 | 陕西省渭南市合阳县 | 东宫城村 | 60 | 陕西省西安市 | 马厂村郭家大院 |
| 37 | 陕西省渭南市合阳县 | 行家庄村 | 61 | 陕西省西安市 | 车丈沟村张百万宅 |
| 38 | 陕西省渭南市合阳县 | 杨家坡村 | 62 | 陕西省西安市 | 吴家大院 |
| 39 | 陕西省渭南市合阳县 | 南社村 | 63 | 陕西省西安市 | 东场村罗氏民居 |
| 40 | 陕西省渭南市合阳县 | 黑东村 | 64 | 陕西省西安市 | 下杨寨村杨氏老宅 |
| 41 | 陕西省渭南市合阳县 | 西中雷村 | 65 | 陕西省西安市 | 穆家堰村 |
| 42 | 陕西省渭南市合阳县 | 东雷村 | 66 | 陕西省西安市 | 东火村 |
| 43 | 陕西省渭南市合阳县 | 岔峪村 | 67 | 陕西省宝鸡市 | 刘淡村马宗仁宅 |
| 44 | 陕西省渭南市合阳县 | 岱堡村 | 68 | 陕西省宝鸡市 | 周家大院 |
| 45 | 陕西省渭南市合阳县 | 赤东村 | 69 | 陕西省宝鸡市 | 县城 |
| 46 | 陕西省渭南市合阳县 | 北党村 | 70 | 陕西省渭南市华县 | 瑞凝庄胡家大院 |
| 47 | 陕西省渭南市合阳县 | 临皋村 | 71 | 陕西省渭南市 | 南焦村焦家大院 |
| 48 | 陕西省渭南市合阳县 | 北雷村 | 72 | 陕西省渭南市华县 | 南街村水坡巷 |
| 49 | 陕西省渭南市合阳县 | 文王村 | 73 | 陕西省渭南市潼关县 | 梁家城子 |
| 50 | 陕西省渭南市合阳县 | 高原寨 | 74 | 陕西省渭南市富平县 | 老县城莲湖村 |
| 51 | 陕西省渭南市韩城市 | 党家村 | 75 | 陕西省渭南市大荔县 | 北贝村马哲民宅 |
| 52 | 陕西省渭南市韩城市 | 清水村 | 76 | 陕西省渭南市合阳县 | 东宫城村 |
| 53 | 陕西省渭南市韩城市 | 相里堡村 | 77 | 陕西省渭南市合阳县 | 南长益村 |
| 54 | 陕西省渭南市韩城市 | 张带村 | 78 | 陕西省渭南市韩城市 | 解家村 |
| 55 | 陕西省渭南市韩城市 | 薛村 | 79 | 陕西省渭南市韩城市 | 西原村 |
| 56 | 陕西省渭南市韩城市 | 柳枝村 | 80 | 陕西省铜川市 | 陈炉古镇 |
| 57 | 陕西省渭南市韩城市 | 柳村(寨) | 81 | 陕西省铜川市 | 立地坡村 |
| 58 | 陕西省渭南市韩城市 | 郭庄砦村 | 82 | 陕西省咸阳市乾县 | 盘州村 |

（续表）

| 序号 | 省/市/县 | 村名 | 序号 | 省/市/县 | 村名 |
|---|---|---|---|---|---|
| 83 | 陕西省咸阳市乾县 | 西南村 | 100 | 陕西省渭南市韩城市 | 留芳村 |
| 84 | 陕西省咸阳市乾县 | 城关村 | 101 | 陕西省渭南市韩城市 | 滩子村 |
| 85 | 陕西省咸阳市麟游县 | 万家城村 | 102 | 陕西省渭南市韩城市 | 高门村 |
| 86 | 陕西省咸阳市彬县 | 程家川村 | 103 | 山西省晋中榆次区 | 常家大院 |
| 87 | 陕西省咸阳市旬邑县 | 唐家大院 | 104 | 山西省临汾市襄汾县 | 襄陵镇 |
| 88 | 陕西省渭南市韩城市 | 王峰村 | 105 | 山西省临汾市襄汾县 | 京安村 |
| 89 | 陕西省渭南市韩城市 | 西原村 | 106 | 山西省临汾市襄汾县 | 贾罕村 |
| 90 | 陕西省渭南市韩城市 | 周原村 | 107 | 山西省临汾市襄汾县 | 鼎石村 |
| 91 | 陕西省渭南市韩城市 | 梁带村 | 108 | 山西省临汾市襄汾县 | 西中黄村 |
| 92 | 陕西省渭南市韩城市 | 堡安村 | 109 | 山西省临汾市襄汾县 | 汾城镇 |
| 93 | 陕西省渭南市韩城市 | 华池村 | 110 | 山西省临汾市襄汾县 | 陶寺村 |
| 94 | 陕西省渭南市韩城市 | 徐村 | 111 | 山西省临汾市襄汾县 | 丁村 |
| 95 | 陕西省渭南市韩城市 | 柳泉村 | 112 | 山西省运城市河津市 | 樊村堡村 |
| 96 | 陕西省渭南市韩城市 | 马坊村 | 113 | 山西省运城市万荣县 | 阎景村 |
| 97 | 陕西省渭南市韩城市 | 十里铺村 | 114 | 山西省运城市万荣县 | 上井村 |
| 98 | 陕西省渭南市韩城市 | 下甘谷村 | 115 | 山西省运城市临猗县 | 吴王村 |
| 99 | 陕西省渭南市韩城市 | 杨村 | 116 | 陕西省渭南市合阳县 | 良石村 |

# 附录B 主要案例卫星影像

1. 蒲城县山西村

2. 蒲城县大孔寨村

## 附录 B 主要案例卫星影像

3. 澄城县吉安城村

4. 韩城市西原村

5. 韩城市柳枝村

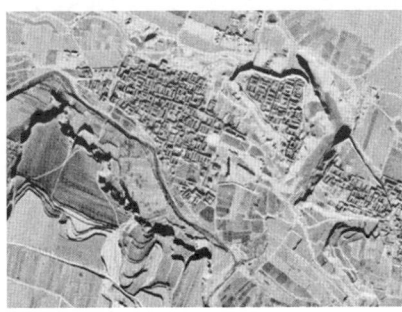

6. 韩城市党家村

7. 韩城市相里堡村

8. 韩城市徐村

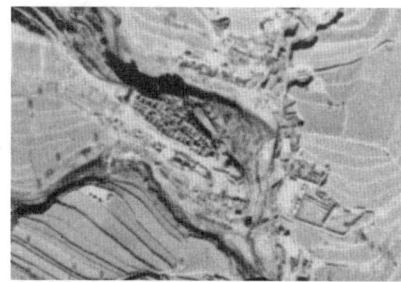 

9. 韩城市王峰村

10. 韩城市沟北村

附录 B　主要案例卫星影像

11. 韩城市清水村

12. 韩城市张带村

13. 合阳县灵泉村

14. 合阳县东宫城村

15. 合阳县行家庄村

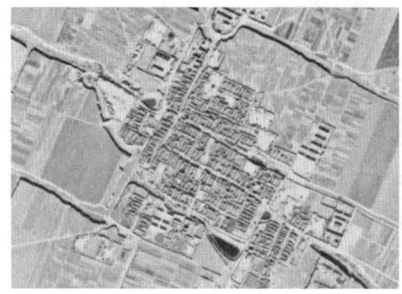 

16. 合阳县黑池村

17. 合阳县良石村

18. 合阳县高原寨村

附录 B　主要案例卫星影像

19. 合阳县南长益村

20. 合阳县文王村

21. 大荔县大寨子村

22. 河津市樊村堡村

23. 万荣县闫景村

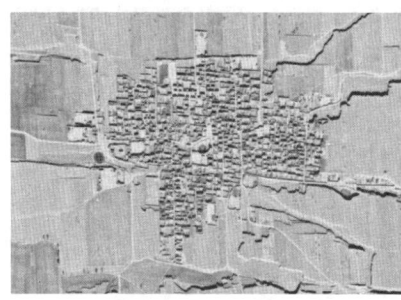

24. 万荣县北牛池村

25. 万荣县北杨家坡村

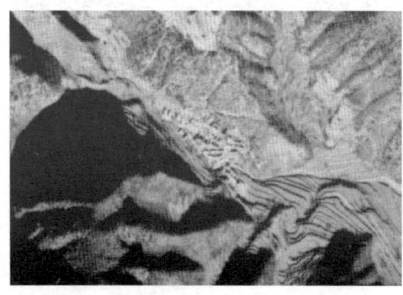

26. 稷山县马趵泉村

附录 B　主要案例卫星影像

27. 稷山县北阳城村

28. 稷山县西位村

29. 襄汾县光村

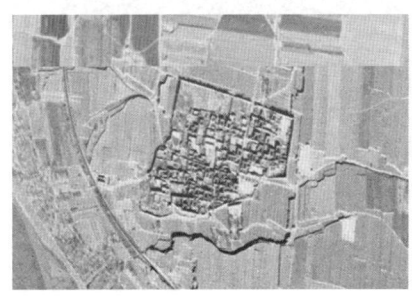 

30. 襄汾县丁村

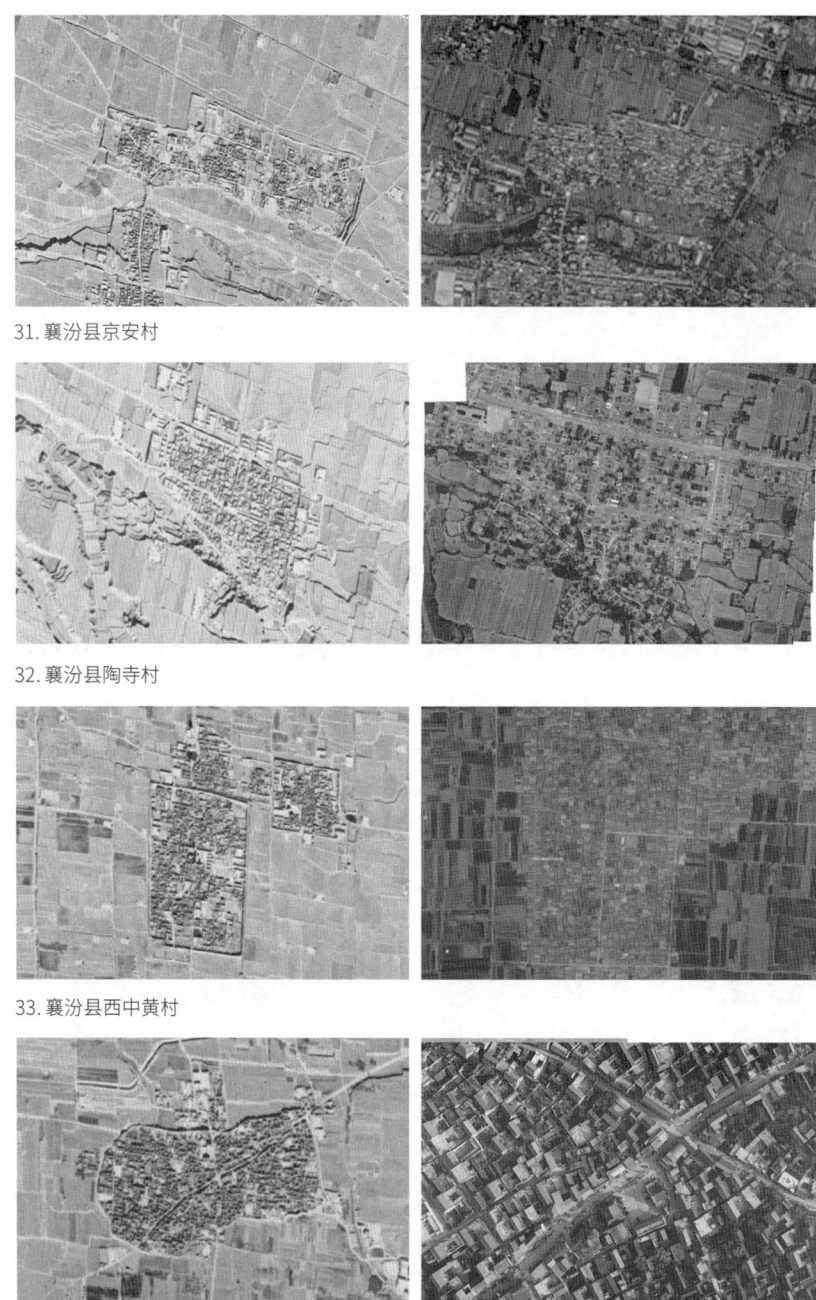

31. 襄汾县京安村

32. 襄汾县陶寺村

33. 襄汾县西中黄村

34. 新绛县泉掌村

注：左侧为美国锁眼卫星图，右侧为现状谷歌卫星图、天地图或航拍。

# 附录 C 主要案例村落总平面图与肌理图

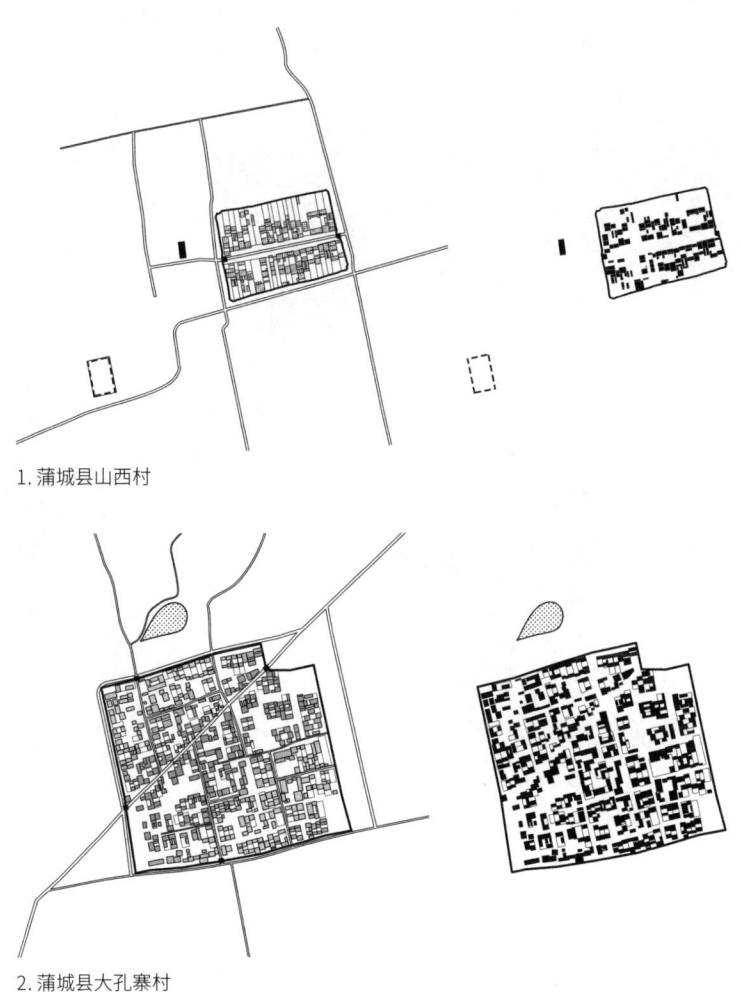

1. 蒲城县山西村

2. 蒲城县大孔寨村

汾渭平原风土聚落模式与谱系

3. 韩城市西原村

4. 韩城市柳枝村

附录 C 主要案例村落总平面图与肌理图

5. 韩城市党家村

6. 韩城市党家相里堡村

7. 韩城市沟北村

291

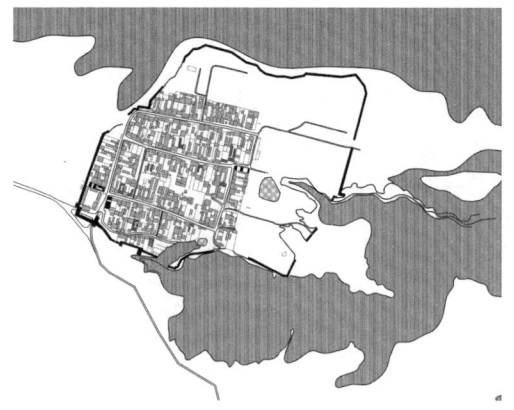

8. 合阳县灵泉村

9. 合阳县东宫城村

10. 合阳县行家庄村

附录 C 主要案例村落总平面图与肌理图

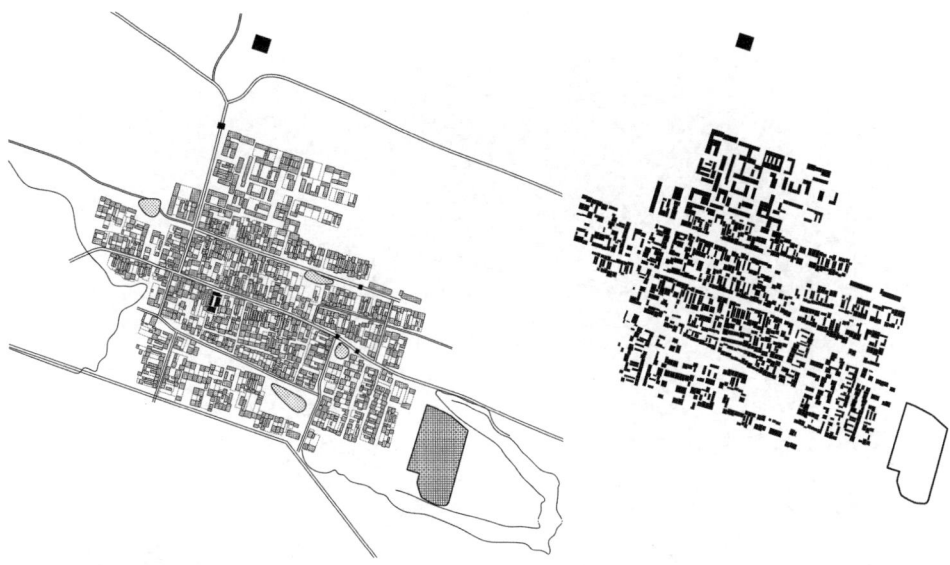

11. 合阳县黑池村

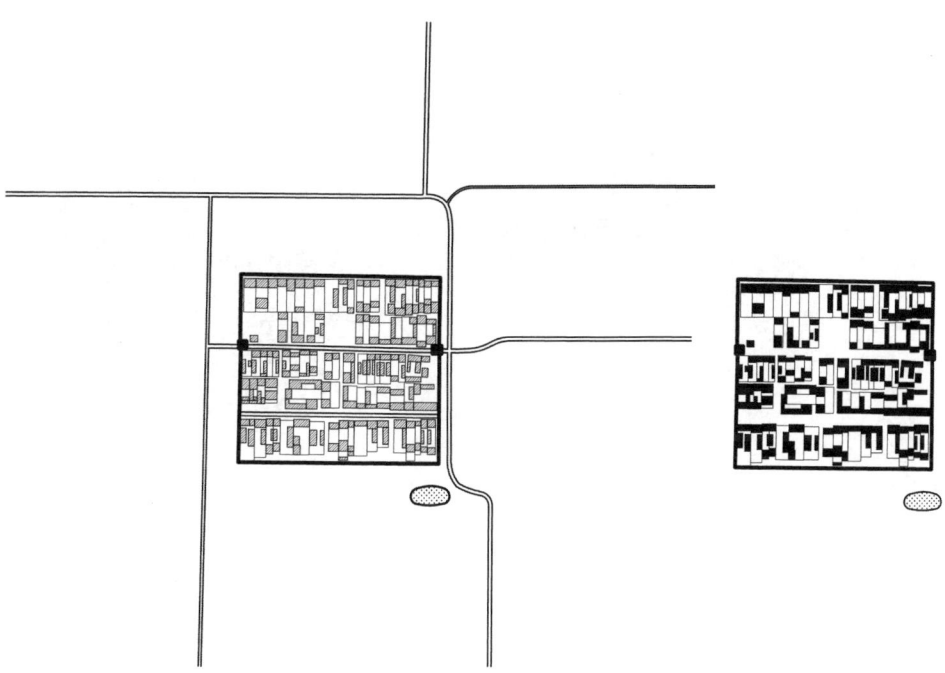

12. 合阳县高原寨村

汾渭平原风土聚落模式与谱系

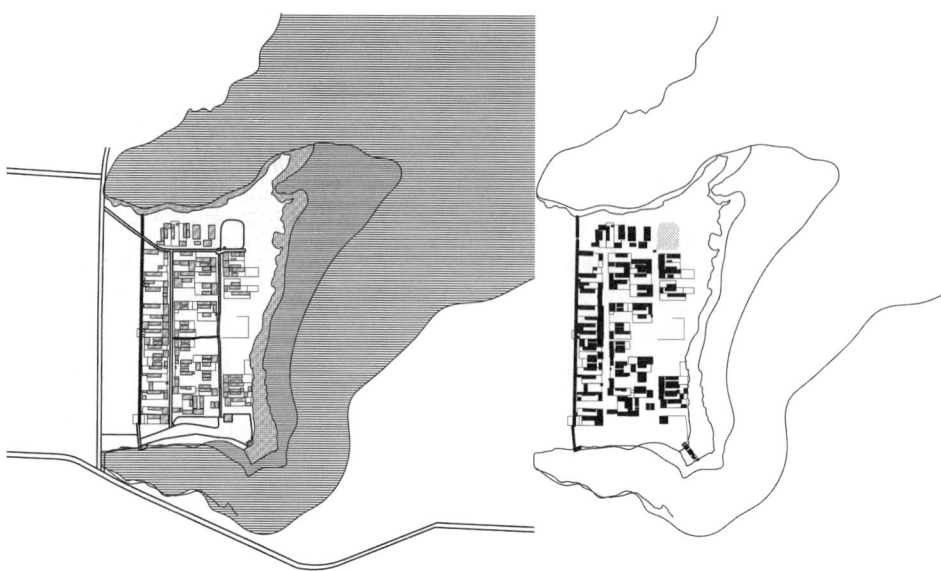

13. 合阳县南长益村

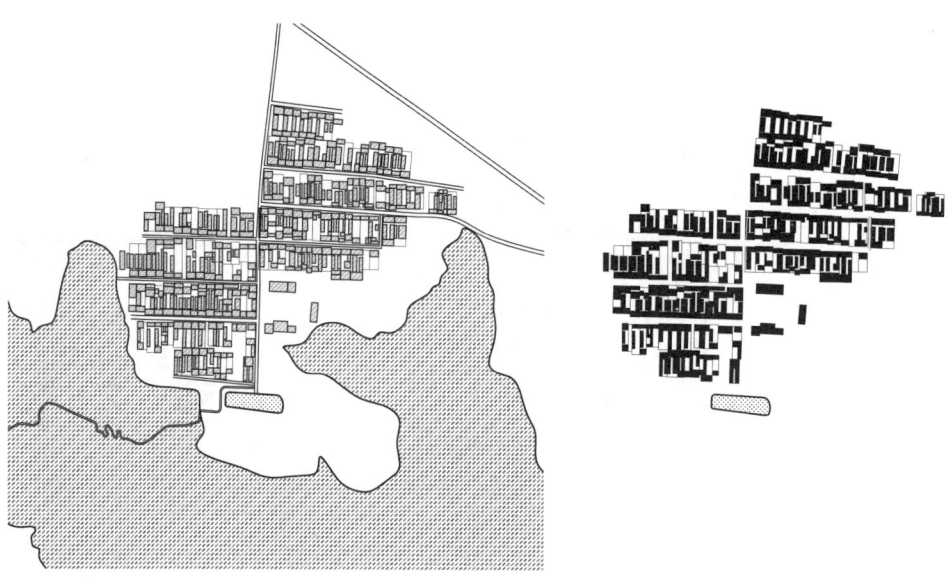

14. 合阳县文王村

294

附录 C 主要案例村落总平面图与肌理图

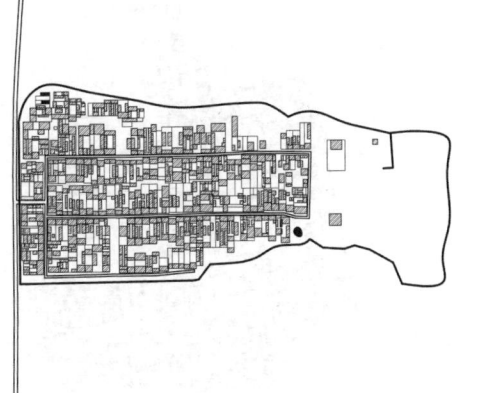
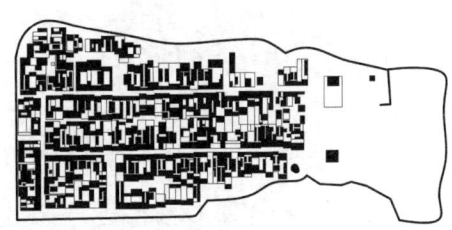

15. 大荔县大寨子村

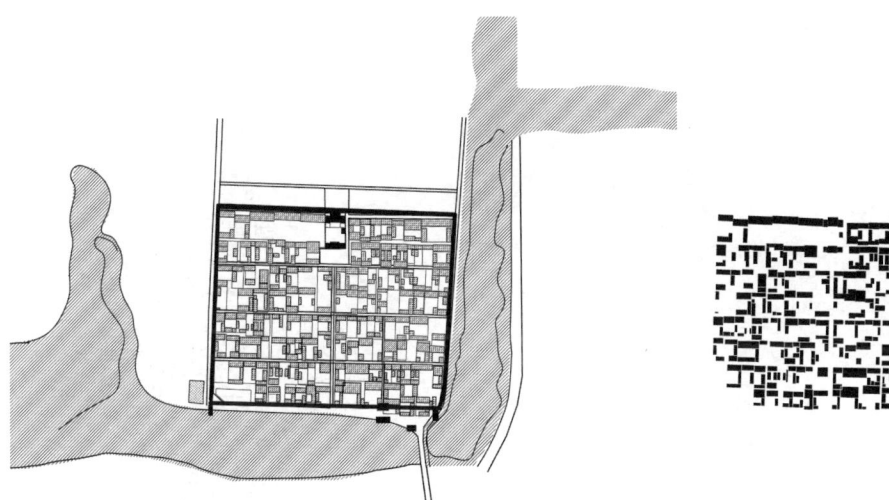

16. 河津市樊村堡村

17. 万荣县阎景村

18. 万荣县北牛池村

附录 C　主要案例村落总平面图与肌理图

19. 万荣县北杨家坡村

20. 稷山县北阳城村

297

21. 稷山县西位村

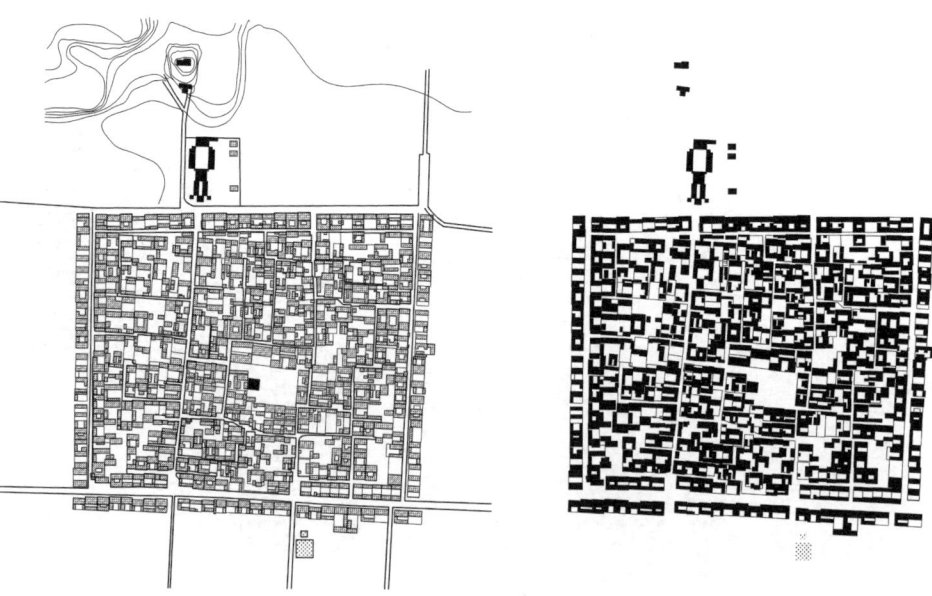

22. 襄汾县光村

附录 C　主要案例村落总平面图与肌理图

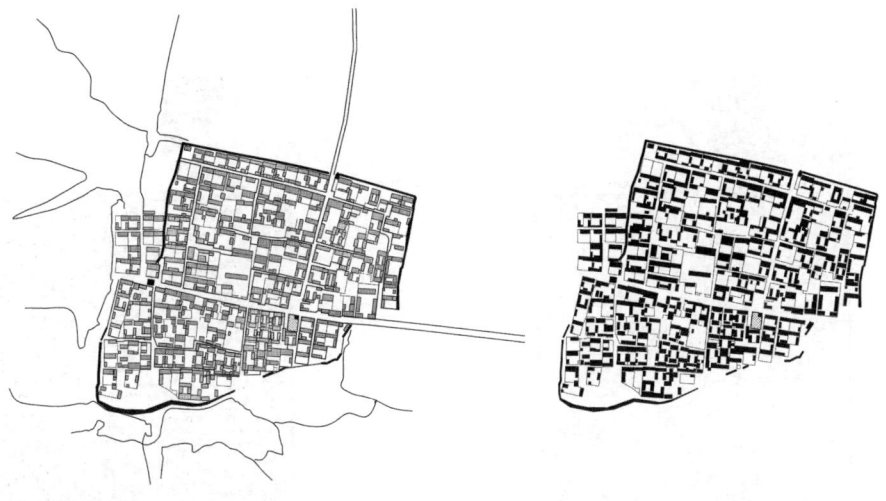

23. 襄汾县丁村

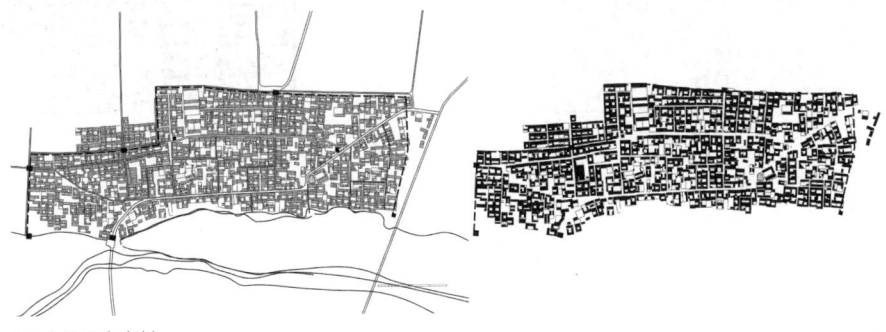

24. 襄汾县京安村

25. 襄汾县陶寺村

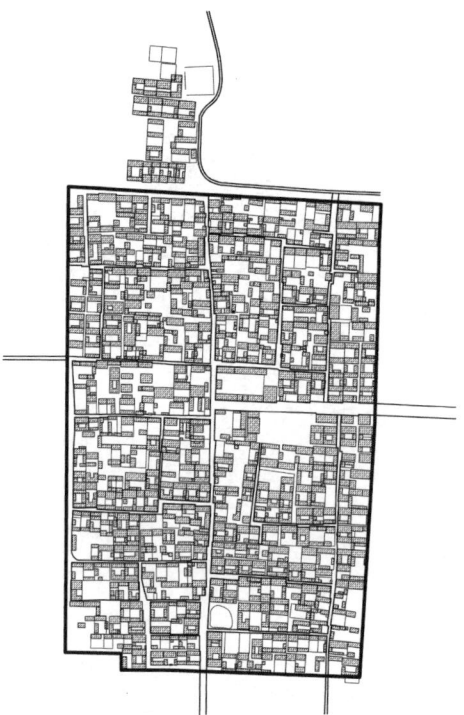

26. 襄汾县西中黄村

# 附录 D  调查民间文献目录

## 一、家谱

| 序 | 村名 | 家谱 | 修谱年代 |
|---|---|---|---|
| 1 | 解家村 | 解氏家谱图 | 明嘉靖四十三年（1564）、清乾隆十五年（1750）、清嘉庆二十二年（1817）、清道光十八年（1838）、民国九年（1920） |
| 2 | 行家庄村 | 党氏合户宗谱 | 光绪二十九年（1903） |
| 3 | 黑池村 | 纯熙堂说谱兼附村图 | 光绪三十二年（1906） |
| 4 | 良石村 | 王氏宗谱 | 1945 |
| 4 | 良石村 | 王氏小四分谱 | 1919 |
| 5 | 富礼坊村 | 车氏族谱 | 2018 |
| 6 | 东宫城村 | 党氏四分长门家谱 | 光绪二十九年（1903） |
| 6 | 东宫城村 | 雷氏家谱 | 2016 |
| 7 | 西原村 | 龙麓程氏世谱 | 乾隆五年（1740），嘉庆二十一年（1816），道光，光绪十二年（1886），宣统二年（1910），民国三十年（1941） |
| 8 | 西原村 | 吉氏四门家谱 | 乾隆三十九年（1774），光绪十七年（1891），民国二十年（1931），2001，2011 |
| 9 | 徐村 | 树德堂家谱 | 光绪十年（1884） |

## 二、与聚落营建相关碑刻

| 构成 | 市/县 | 村名 | 碑刻 |
| --- | --- | --- | --- |
| 村墙 | 韩城市 | 杜堡村 | 南社筑围墙建闾门碑记（1810） |
| | | 西原村 | 重修城墙并土墩碑记布施开后（1849） |
| | 合阳县 | 灵泉村 | 创建门洞序（1719） |
| | | 赤西村 | 赤城西村筑城碑记 |
| | 襄汾县 | 贾罕村 | 重修南门楼碑记（1858） |
| 堡寨 | 韩城 | 党家村 | 新修泌阳堡碑记（1856） |
| | | | 查（本）堡甲牌碑记（1856） |
| | | | 堡中地亩粮石分数条规碑记 |
| | | 徐村 | 同居砦创筑边墙碑记（1871） |
| | | 上白矾村 | 创筑保安砦碑记（1871） |
| | | 西原村 | 创建凤翼砦碑记（1871） |
| | | | 凤翼砦册序（1884） |
| | | 土岭东寨 | 重修石城寨各神庙并殿前城楼碑记（1893） |
| | | 马庄村 | 天保同心会建筑凤麓砦碑记（1912） |
| 涝池 | 万荣 | 高家庄 | 重修官池记（1852） |
| | 合阳 | 灵泉村 | 重修后池暨村西南围墙碑记（1853） |
| | 韩城 | 徐村 | 重修水池碑记（1862） |
| | 襄汾 | 贾罕村 | 重修天池碑记（1886） |
| 村庙 | 襄汾 | 南贾村 | 重修永庆院记（时间不详） |
| | 万荣 | 北杨村 | 南关庙建庙记（1678） |
| | | | 西关庙修建记（乾隆早期） |
| | 合阳 | 井溢村 | 建立玄帝庙宇碑记（1707） |
| | | | 重修关帝庙碑记（1894） |
| | | | 西南乡西井溢村创建后土祠碑记（1894） |

（续表）

| 构成 | 市/县 | 村名 | 碑刻 |
|---|---|---|---|
| 村庙 | 不详 | 不详 | 重修玄帝庙记（1877） |
| | 万荣 | 高家庄 | 关帝圣君碑（1701） |
| | | | 关圣帝君庙碑记（1762） |
| | | | 关帝庙碑记（1812） |
| | | | 关帝庙创建捲棚、腰厅、桥墙碑记（1812） |
| | | | 重修正殿乐楼碑记（1885） |
| | | | 风伯庙重修碑记（1895） |
| | | | 重修观音庙创建过风楼碑记（1898） |
| | 合阳 | 行家庄 | 重修关圣天尊庙碑记（1626） |
| | | 灵泉村 | 新建三义庙碑文（1818） |
| | | | 增修三义庙献殿碑记（1835） |
| | 韩城 | 西原村 | 补修玉皇后土庙并建玄帝庙及葺山门戏台碑记（1759） |
| | | | 重修娘娘庙和打井碑记（1697） |
| | | 相里堡 | 创建观音神戏台碑记（1910） |
| 祠堂 | 韩城 | 北杨村 | 潘氏祖祠碑文（时间不详） |
| | | 柳枝村 | 十甲创祠碑记（1713） |
| | | 西泽村 | 创建先贤子夏祠记（1746） |
| | | 梁带村 | 卫氏家庙建祠始末小记碑（1757） |
| | | 沟北村 | 祖祠重修碑记（1848） |
| | | 姚庄东寨 | 薛氏家谱并规条序碑（1804） |
| | 合阳 | 井溢村 | 张氏长分祠堂碑记（1821） |
| | | 行家庄 | 党氏老六分建家庙碑记（1834） |
| | | | 重修（李氏）祠堂碑记（1834） |
| | | 黑池村 | 樽子会重修祖庙门房碑记（1856） |

303

(续表)

| 构成 | 市/县 | 村名 | 碑刻 |
|---|---|---|---|
| 祠堂 | 合阳 | 灵泉村 | 重修党氏祠堂碑记（1923） |
| | 万荣 | 阎景村 | 李氏创建祠堂记（1887） |
| 塔阁 | 襄汾县 | 北王村 | 北王村三星阁建造记事碑（1773） |
| | | 灵泉村 | 文星塔碑记（1822） |
| 井 | 万荣 | 高家庄 | 重修井碑记（1845） |
| | 合阳 | 灵泉村 | 重修东井龙王庙及房屋碑记（1887） |
| | | | 灵村重浚东井并舍宇碑记（1900） |
| | 韩城 | 党家村 | 西头井房碑记·之一（1790） |
| | | | 西头井房碑记·之二（1885） |
| | | | 重修井舍碑记（汲福巷）（1802） |
| | | | 重修六行巷旧井并新建井房记（1922） |

## 三、近现代村志/故事

| 序 | 村名 | 村志 | 作者 | 成书时间 |
|---|---|---|---|---|
| 1 | 解家村 | 今古解家村 | 编纂委员会 | 1999 |
| 2 | 党家村 | 党家人说党家村 | 党康琪 | 1999 |
| | | 党家人说党家村（续） | 党康琪 | 2001 |
| | | 党家村志 | — | — |
| 3 | 西原村 | 西原村志 | 编纂委员会 | 2012 |
| 4 | 沟北村 | 千年沟北村 | 高金兰 | 2009 |
| 5 | 井溢村 | 井溢村史话 | 师稳生 | 2011 |
| 6 | 柳枝村 | 古柳逢春——柳枝村文史资料 | 编纂委员会 | 2017 |
| 7 | 相里堡村 | 古堡拾遗 | 张奇 | / |

(续表)

| 序 | 村名 | 村志 | 作者 | 成书时间 |
|---|---|---|---|---|
| 8 | 徐村 | 话说徐村 | 同养丁 | 2009 |
| 9 | 行家庄村 | 行家庄村 | 党继生 | 2020 |
| 10 | 黑池村 | 黑池村史话 | 王积文 | 2021 |
| | | 黑池八景 | 王登绪 | 2019 |
| 11 | 灵泉村 | 历史文化名村：灵泉村 | 党建芳 | 2016 |
| 12 | 吉安城村 | — | — | — |
| 13 | 北牛池村 | 北牛池村志 | 编纂委员会 | 2019 |
| 14 | 北阳城村 | 阳城史话 | 刘彦俊，段铁成 | 2018 |
| 15 | 西位村 | 西位村志 | 编纂委员会 | 2011 |
| 16 | 西中黄村 | 西中黄村志 | 张蒙 | 2010 |
| 17 | 贾罕村 | 贾罕村志 | 武七管，崔学文 | 2009 |
| 18 | 南贾村 | 平阳古村落襄汾南贾 | 陶富海 | 2008 |
| 19 | 北杨村 | 北杨家坡村志 | 武守智，武栋仁 | 2007 |
| 20 | 河里庄 | 河里庄村志 | 编纂委员会 | 2010 |
| 21 | 北高腴村 | 北高腴村志 | 任强稳，路昌茂 | 2008 |
| 22 | 高市村 | 高市村志 | 编纂委员会 | 2011 |

## 四、《解氏家谱图》目录

- 明·嘉靖家谱原序（解来焕）
- 清·乾隆续辑家谱记（解士锡）
- 清·嘉庆村图说（解慎行）
- 清·道光重辑家谱叙（解兰芬）
- 中华民国续修家谱叙（解作哲）
- 记事灾患（解登奎）

- 续辑家谱序（解全福）
- 续辑家谱序（解云海）
- 解氏家谱源委总图
- 东院：长分总图（略）；二分总图（略）；三分总图（略）；四分总图（略）；五分总图（略）；六分总图（略）
- 西院……（略）
- 新续部分
- 源委总叙
- 迁灭记事
- 合祀碑文
- 合祀祭文并对联
- 大事记
- 附录一
- 解氏世行录
- 附录二
- 明清两代学位官职表
- 县志解族贤能传

# 参考文献

### 一、研究专著

[1] 常青.西域文明与华夏建筑的变迁[M].长沙：湖南教育出版社，1992.

[2] 常青.中华文化通志：建筑志[M].上海：上海人民出版社，1998.

[3] 常青.历史环境的再生之道——历史意识与设计探索[M].北京：中国建筑工业出版社，2009.

[4] 常青.建筑遗产的生存策略——保护与利用设计实验[M].上海：同济大学出版社，2003.

[5] 常青.历史建筑保护工程学 同济城乡建筑遗产学科领域研究与教育探索[M].上海：同济大学出版社，2014.

[6] 陈志华，李秋香.宗祠[M].北京：生活·读书·新知三联书店，2006.

[7] 陈志华，李秋香.乡土建筑遗产保护[M].安徽：黄山书社，2008.

[8] 李秋香，罗德胤等.北方民居[M].北京：清华大学出版社，2010.

[9] 李秋香.丁村[M].北京：清华大学出版社，2010.

[10] 李秋香.十里铺村[M].北京：清华大学出版社，2010.

[11] 贾珺.北京四合院[M].北京：清华大学出版社，2009.

[12] 龙庆忠.中国建筑与中华民族[M].广州：华南理工大学出版社，1990.

[13] 陆元鼎.中国民居建筑[M].广州：华南理工大学出版社，2003.

[14] 陆元鼎.民居史论与文化[M].广州：华南理工大学出版社，1995.

[15] 陆元鼎.中国客家民居与文化[M].广州：华南理工大学出版社，2001.

[16] 陆元鼎.南方民系民居的形成发展与特征[M].广州：华南理工大学出版社，2019.

[17] 余英.中国东南系建筑区系类型研究[M].北京：中国建筑工业出版社，2001.

[18] 中华人民共和国住房与城乡建设部.中国传统建筑解析与传承.陕西卷[M].北京：中国建筑工业出版社，2017.

[19] 刘致平.中国居住建筑简史——城市、住宅、园林（附四川住宅建设）[M].北京：中国建筑工业出版社，1990.

[20] 刘敦桢.中国住宅概说[M].北京：建筑工程出版社，1957.

[21] 汪之力.中国传统民居建筑[M].济南：山东科学技术出版社，1994.

[22] 孙大章.中国民居研究 [M].北京：中国建筑工业出版社，2004.
[23] 住房与城乡建设部.中国传统民居类型全集 [M].北京：中国建筑工业出版社，2014.
[24] 赵立瀛.陕西古建筑 [M].西安：陕西人民出版社，1992.
[25] 周若祁，张光.韩城村寨与党家村民居 [M].西安：陕西科学技术出版社，1999.
[26] 张壁田，刘振亚.陕西民居 [M].北京：中国建筑工业出版社，1993.
[27] 王军.西北民居 [M].北京：中国建筑工业出版社，2009.
[28] 侯继尧.窑洞民居 [M].北京：中国建筑工业出版社，1989.
[29] 侯继尧.中国窑洞 [M].郑州：河南科学技术出版社，1999.
[30] 林源，岳岩敏.陕西古建筑测绘图辑（三原·泾阳）[M].北京：中国建筑工业出版社，2018.
[31] 王西京，陈洋等.西安民居（第一册）[M].陕西：西安交通大学出版社，2016.
[32] 王西京，陈洋等.西安民居（第三册）[M].陕西：西安交通大学出版社，2016.
[33] 陕西省城乡规划设计研究院.陕西古村落：记忆与乡愁 [M].北京：中国建筑工业出版社，2015.
[34] 李琰君.陕西关中传统民居建筑与居住民俗文化 [M].北京：科学出版社，2011.
[35] 山西省建设厅.山西古村镇 [M].北京：中国建筑工业出版社，2007.
[36] 李锦生.山西古村镇历史建筑测绘图集 [M].北京：中国建筑工业出版社，2013.
[37] 薛林平，罗腾杰等.汾城古镇 [M].北京：中国建筑工业出版社，2014.
[38] 薛林平，曾宸.光村古村 [M].北京：中国建筑工业出版社，2014.
[39] 薛林平，王鑫等.丁村古村 [M].北京：中国建筑工业出版社，2020.
[40] 朱向东，王崇恩，王金平.晋商民居 [M].北京：中国建筑工业出版社，2009.
[41] 王金平，徐强等.山西民居 [M].北京：中国建筑工业出版社，2009.
[42] 朱向东，赵青，王崇恩.宋金山西民间祭祀建筑 [M].北京：中国建筑工业出版社，2012.
[43] 王金平，李会智等.山西古建筑 [M].北京：中国建筑工业出版社，2015.
[44] 王金平，徐强，韩卫成.山西民居 [M].北京：中国建筑工业出版社，2009：318.
[45] 王金平.山右匠作辑录——山西传统建筑文化散论 [M].北京：中国建筑工业出版社，2005.
[46] 颜纪臣.山西传统民居 [M].北京：中国建筑工业出版社，2005.
[47] 左满常.河南民居 [M].北京：中国建筑工业出版社，2007.
[48] 黄河水利委员会黄河志总编辑室.黄河流域综述 [M].郑州：河南人民出版社，2017.
[49] 罗枢运等.黄土高原自然条件研究 [M].北京：科学出版社，1988：1.
[50] 中国科学院黄土高原综合科学考察队.黄土高原地区自然环境及其演变 [M].北京：科学出版社，1991.
[51] 聂树人.陕西自然地理 [M].西安：陕西人民出版社，1981.
[52] 葛剑雄.黄河与河流文明的历史观察 [M].黄河水利出版社，2007.
[53] 苏秉琦.中国文明起源新探 [M].北京：生活·读书·新知三联书店，2000.
[54] 罗枢运等.黄土高原自然条件研究 [M].北京：科学出版社，1988.
[55] 罗香林.客家研究导论 [M].上海：上海文艺出版社，1992：24.
[56] 周振鹤，游汝杰.方言与中国文化 [M].上海：上海人民出版社，1986：9-10.

[57] 周振鹤. 中国历史文化区域研究 [M]. 上海：复旦大学出版社，1997.
[58] 焦文彬. 秦腔史稿 [M]. 西安：陕西人民出版社，1987：519.
[59] 侯精一. 现代晋语的研究 [M]. 北京：商务印书馆，2008 年第二版：49.
[60] 邢向东，王临惠. 秦晋两省沿河方言比较研究 [M]. 北京：商务印书馆，2012.
[61] 王其亨. 风水理论研究. 第 2 版 [M]. 天津：天津大学出版社，2005.
[62] 汉宝德. 风水与环境 [M]. 天津：天津古籍出版社，2003.
[63] 史念海. 河山集：二集 [M]. 北京：三联书店，1981.
[64] 史念海，曹尔琴等. 黄土高原森林与草原的变迁 [M]. 西安：陕西人民出版社，1985.
[65] 史念海. 西安历史地图集 [M]. 西安：西安地图出版社，1985.
[66] 史念海. 黄河流域诸河流的演变与治理 [M]. 西安：陕西人民出版社，1999.
[67] 史念海. 黄土高原历史地理研究 [M]. 郑州：黄河水利出版社，2001.
[68] 史红帅. 近代西方人视野中的西安城乡景观研究（11840—1949）[M]. 北京：科学出版社，2014.
[69] 张晓虹，文化区域的分异与整合：陕西历史地理文化研究 [M]. 上海：上海书店出版社，2004.
[70] 安介生. 表里山河：山西区域历史地理研究 [M]. 北京：商务印书馆，2020.
[71] 胡英泽. 流动的土地：明清以来黄河小北干流区域社会研究 [M]. 北京：北京大学出版社，2012.
[72] 胡英泽. 凿井而饮：明清以来黄土高原的生活用水与节水 [M]. 北京：商务印书馆，2018.
[73] 韩茂莉. 十里八村：近代山西乡村社会地理研究 [M]. 北京：生活·读书·新知三联书店，2018.
[74] 行龙. 以水为中心的山西社会 [M]. 北京：商务印书馆，2018.
[75] 周亚. 晋南龙祠：黄土高原一个水利社区的结构与变迁 [M]. 北京：商务印书馆，2018.
[76] 李嘎. 旱域水潦：水患语境下山陕黄土高原城市环境史研究 [M]. 北京：商务印书馆，2019.
[77] 薛平拴. 陕西历史人口地理 [M]. 上海：人民出版社，2001.
[78] 段友文. 黄河中下游家族村落民俗与社会现代化 [M]. 北京：中华书局，2007.
[79] 王双怀. 关中地区人类活动与环境变迁 [M]. 陕西：三秦出版社，2011.
[80] 侯甬坚. 河流文明丛书 [M]. 渭河 [M]. 南京：江苏教育出版社，2011.
[81] 陈良学. 明清大移民与川陕开发 [M]. 陕西人民出版社，2014.
[82] 秦晖. 田园诗与狂想曲：关中模式与前近代社会的再认识 [M]，北京：中央编译出版社，1996.
[83] 赵世瑜. 狂欢与日常 [M]. 北京：北京大学出版社，2010.
[84] 姚春敏. 清代华北乡村庙宇与社会组织 [M]. 北京：人民出版社，2013.
[85] 侯幼彬. 中国建筑艺术全集：宅第建筑（一）（北方汉族）[M]. 第 1 版. 中国建筑工业出版社，1999.
[86] 钟翀. 北江盆地：宗族、聚落的形态与发展史研究 [M]. 商务印书馆，2011.
[87] 冯江. 祖先之翼——明清广州府的开垦、聚族而居与宗族祠堂的演变 [M]. 北京：中国建筑工业出版社，2010.

[ 88 ] 谢湜.高乡与低乡：11—16 世纪江南区域历史地理研究 [M].北京：生活·读书·新知三联书店，2015.
[ 89 ] 金其铭.中国农村聚落地理 [M].江苏科学技术出版社，1989.
[ 90 ] 彭一刚.传统村镇聚落景观分析 [M].北京：中国建筑工业出版社，1992.
[ 91 ] 王昀.向世界聚落学习 [M].北京：中国建筑工业出版社，2011.
[ 92 ] 段进.城市空间发展论 [M].南京：江苏科技出版社，1999.
[ 93 ] 顾朝林等.集聚与扩散——城市空间结构新论 [M].南京：东南大学出版社，2000.
[ 94 ] 张杰.中国古代空间文化溯源 [M].北京：清华大学出版社，2012.
[ 95 ] 王鲁民，吕诗佳.建构丽江 秩序形态方法 [M].北京：生活·读书·新知三联书店，2013.
[ 96 ] 王树声.中国城市人居环境历史图典（18 卷）[M].北京：科学出版社，2016.
[ 97 ] 何依.四维城市——城市历史环境研究的理论、方法与实践 [M].北京：中国建筑工业出版社，2016.
[ 98 ] 刘沛林.风水：中国人的环境观 [M].上海：上海三联书店，1995.
[ 99 ] 刘沛林.家园的景观基因：传统聚落景观基因图谱的深层解读 [M].北京：商务印书馆，2014.
[100] 刘沛林.古村落：和谐的人聚空间 [M].上海：上海三联书店，1997.
[101] 佟裕哲，刘晖.中国地景文化史纲图说 [M].北京：中国建筑工业出版社，2013.
[102] 王冬.族群、社群与乡村聚落营造 [M].北京：中国建筑工业出版社，2013.
[103] 费孝通.乡土中国 [M].上海：生活·读书·新知三联书店，1985.
[104] 中国社会科学院语言研究所，中国社会科学院民族学与人类学研究所，香港城市大学语言资讯科学研究中心.中国语言地图集：第 1 版，汉语方言卷 [M].北京：商务印书馆，1987.
[105] 中国社会科学院语言研究所，中国社会科学院民族学与人类学研究所，香港城市大学语言资讯科学研究中心.中国语言地图集：第 2 版，汉语方言卷 [M].北京：商务印书馆，2012.
[106] 黄德海.党家村的白银时代——韩城党家村元明清商业神话简史 [M].陕西师范大学出版总社，2018.

## 二、学位论文

[ 1 ] 张萍.明清陕西商业地理研究 [D].西安：陕西师范大学，2004.
[ 2 ] 李蕾.晋陕、闽赣地域传统堡寨聚落比较研究 [D].天津：天津大学，2004.
[ 3 ] 赵群.传统民居生态建筑经验及其模式语言研究 [D].西安：西安建筑科技大学，2005.
[ 4 ] 雷振东.整合与重构 [D].西安：西安建筑科技大学，2005.
[ 5 ] 王静.陇海铁路与关中城镇发展关系研究（1912～1945）[D].西安：陕西师范大学，2006.
[ 6 ] 王树声.黄河晋陕沿岸历史城市人居环境营造研究 [D].西安：西安建筑科技大学，2006.
[ 7 ] 徐岚.关中平原小城镇内涝自平衡模式及其空间匹配方法研究 [D].西安：西安建筑科技大学，2019.

[8] 郑凯.陕西华县韩凹村乡村聚落形态结构演变初探[D].西安：西安建筑科技大学，2006.
[9] 王炜.陕西合阳灵泉村村落形态结构演变初探[D].西安：西安建筑科技大学，2006.
[10] 杨静.陕西蒲城山西村村落形态结构演变初探[D].西安：西安建筑科技大学，2006.
[11] 韩净方.传统聚落外部空间的现代演变[D].西安：西安建筑科技大学，2006.
[12] 韩瑛.陕西韩城郭庄村形态结构演变初探[D].西安：西安建筑科技大学，2006.
[13] 王欣.黄河晋陕段沿岸历史建筑研究[D].西安：西安建筑科技大学，2006.
[14] 张继良.传统民居建筑热过程研究[D].西安：西安建筑科技大学，2006.
[15] 胡正波.明清民国时期关中农村地权分散原因分析[D].西安：陕西师范大学，2007.
[16] 龙耀华.清至民国时期关中丧葬习俗研究[D].西安：陕西师范大学，2007.
[17] 徐洪武.晋陕黄河沿岸历史城市标志性建筑研究[D].西安：西安建筑科技大学，2007.
[18] 宋辉.黄河晋陕沿岸古城（镇）商业街市空间形态研究[D].西安：西安建筑科技大学，2007.
[19] 李罡.关中民居的现代适应性转型研究[D].西安：西安建筑科技大学，2007.
[20] 郭华.历史时期关中地区用水制度研究[D].西安：陕西师范大学，2008.
[21] 杨金辉.历史时期关中平原的渭水河道变迁[D].西安：陕西师范大学，2008.
[22] 徐小瑜.渭北高原传统民居研究[D].西安：西安建筑科技大学，2008.
[23] 张文龙.关中地区现代民居建筑类型化基础研究[D].西安：西安建筑科技大学，2010.
[24] 杨薇.关中传统民居建筑装饰艺术探究[D].西安：西安建筑科技大学，2010.
[25] 徐娅.陕西省关中地区新农村建设、非物质文化遗存及乡村传统建筑环境相结合的建设模式研究[D].西安：西安建筑科技大学，2010.
[26] 李琰君.陕西关中地区传统民居门窗研究[D].西安：西安建筑科技大学，2011.
[27] 白文博.山西合院式民居不同地域形态特征分析[D].太原：太原理工大学，2011.
[28] 邵志伟.易学象数下的中国建筑与园林营构[D].济南：山东大学，2012.
[29] 黄文华.关中地区明清建筑楹联研究[D].西安：西安建筑科技大学，2013.
[30] 张涛.国内典型传统民居外围护结构的气候适应性研究[D].西安：西安建筑科技大学，2013.
[31] 胡晓舟.关中民居建筑特色的继承与发展[D].西安：西安建筑科技大学，2009.
[32] 李钰.陕甘宁生态脆弱地区乡村人居环境研究[D].西安：西安建筑科技大学，2011.
[33] 张涛.韩城传统县域人居环境营造研究[D].西安：西安建筑科技大学，2014.
[34] 王婧磊.地域特色导向下的黄土平原区村落空间组织模式研究[D].西安：西安建筑科技大学，2014.
[35] 朱海声.当代城镇化背景下陕西关中地区乡村建设与传统建筑环境支撑研究[D].西安：西安建筑科技大学，2014.
[36] 张朝.清同治年间关中回民移民研究[D].西安：西北师范大学，2015.
[37] 魏佳赟.传统村落保护导向下的关中乡土景观元素提炼与传承研究[D].西安：西安建筑科技大学，2015.
[38] 熊梅.川渝传统民居地理研究[D].西安：陕西师范大学，2015.
[39] 王今诚.近代关中农村经济变迁研究（1927~1937）[D].西安：西北大学，2015.
[40] 张小菊.民国关中地区水利秩序与乡村社会研究[D].西安：陕西师范大学，2016.

[41] 苏毅南.山西传统村落与传统民居空间形态研究[D].太原：太原理工大学，2016.

[42] 王蕾.合阳县地名的语言与文化研究[D].西安：西北师范大学，2017.

[43] 束星北.晋东南地区山地传统村落营造技术研究[D].太原：太原理工大学，2017.

[44] 祁剑青.陕西传统民居地理研究[D].西安：陕西师范大学，2017.

[45] 高小强.甘青传统民居地理研究[D].西安：陕西师范大学，2017.

[46] 俞清源.平遥县汾河以西村落构成与庙会空间研究[D].深圳：深圳大学，2017.

[47] 吴佳希.晋南地区传统村落的空间组织特点与营造技艺研究[D].太原：太原理工大学，2018.

[48] 凌富亚.明清以降关中祭祀系统兴衰与社会互动（1368—1949）[D].西安：陕西师范大学，2016.

[49] 杨梦瑶.历史文化遗产下古村落建筑与环境的保护和研究[D].西安：西安建筑科技大学，2016.

[50] 陈力彤.三原县柏社村地坑窑院民居村落传统风貌整体性调查与研究[D].西安：西安建筑科技大学，2016.

[51] 张超.宗族文化影响下的传统村落形态分析及保护研究[D].太原：太原理工大学，2019.

[52] 汤丽蓉.晋中地区风土聚落空间布局与建筑形态分析[D].太原：太原理工大学，2019.

[53] 盛振宁.传统聚落空间环境叙事性研究[D].北京：中央美术学院，2020.

[54] 李小龙.关中地区县城空间格局的历史营建研究[D].西安：西安建筑科技大学，2020.

[55] 王茜.韩城传统村落空间格局的营建基因研究[D].西安：西安建筑科技大学，2022.

[56] 甘振坤.河北传统村落空间特征研究[D].北京：北京建筑大学，2020.

[57] 梁智尧.赣语方言区风土建筑谱系认知与基质构成解析[D].上海：同济大学，2019.

[58] 徐粤.粤系风土建筑谱系特征及分类比较研究[D].上海：同济大学，2020.

[59] 吕薇.湘中地区明清风土聚落与宅院研究——以湘中大屋为例[D].上海：同济大学，2019.

[60] 樊怡君.晋东南聚落望楼形态及流变新探[D].上海：同济大学，2020.

[61] 王卓昊.从洛阳潞泽会馆建筑木雕看晋东南匠作技艺的影响[D].上海：同济大学，2020.

[62] 汤诗旷.苗族传统民居特征研究与文化探源——以东部、中部苗语方言区为主[D].上海：同济大学，2017.

[63] 巨凯夫.南侗风土建筑谱系研究——关于族群、信仰、匠作的建筑类型学分析[D].上海：同济大学，2020.

[64] 郭建伟.傣族风土建筑因应特征及其文化探源[D].上海：同济大学，2020.

[65] 张力智.儒学影响下的浙江西部乡土建筑[D].北京：清华大学，2014.

[66] 冯江.明清广州府的开垦、聚族而居与宗族祠堂的衍变研究[D].广州：华南理工大学，2010.

[67] 戴志坚.闽海系民居建筑与文化研究[D].广州：华南理工大学，2000.

[68] 刘定坤.越海民系民居建筑与文化研究[D].广州：华南理工大学，2000.

[69] 郭谦.湘赣民系民居建筑与文化研究[D].广州：华南理工大学，2002.

[70] 王健.广府民系民居建筑与文化研究[D].广州：华南理工大学，2002.

[71] LI KUN. "Principles for Reading Structure, Morphology and Landscape as a Unity The Investigation of the Chinese Traditional Village" of Zhangdaicun Village, Hancheng [D]. Milano: Politecnico di Milano, 2021.

## 三、译著

[ 1 ] 阿摩斯·拉普卜特. 宅形与文化 [M]. 常青, 徐菁, 李颖春, 等, 译. 中国建筑工业出版社, 2007.

[ 2 ] 阿摩斯·拉普卜特. 文化特性与建筑设计 [M]. 常青, 张昕, 张鹏, 译. 中国建筑工业出版社, 2004.

[ 3 ] 伯纳德·鲁道夫斯基. 没有建筑师的建筑：简明非正统建筑导论 [M]. 高军, 译. 天津：天津大学出版社, 2011.

[ 4 ] 斯皮罗·科斯托夫. 城市的形成：历史进程中的城市模式和城市意义 [M]. 单皓, 译. 中国建筑工业出版社, 2005.

[ 5 ] 斯皮罗·科斯托夫. 城市的组合：历史进程中的形态元素 [M]. 邓东, 译. 中国建筑工业出版社, 2008.

[ 6 ] 阿尔多·罗西夫. 城市建筑学 [M]. 黄士钧, 译. 中国建筑工业出版社, 2006.

[ 7 ] 诺伯舒兹夫. 场所精神：迈向建筑现象学 [M]. 施植明, 译. 华中科技大学出版社, 2010.

[ 8 ] 约瑟夫·里克沃特. 城之理念：有关罗马、意大利及古代世界的城市形态人类学的新描述 [M]. 刘东洋, 译. 中国建筑工业出版社, 2006.

[ 9 ] 凯文·林奇. 城市意向 [M]. 方益萍, 何晓军, 译. 北京：华夏出版社, 2001.

[10] 凯文·林奇. 城市形态 [M]. 林庆怡, 译. 北京：华夏出版社, 2001.

[11] 明恩溥. 中国乡村生活 [M]. 陈午晴, 唐军, 译. 北京：中华书局, 2006.

[12] 施坚雅. 中华帝国晚期的城市 [M]. 叶光庭, 等, 译. 北京：中华书局, 2000.

[13] 施坚雅. 中国农村的市场和社会结构 [M]. 史建云, 徐秀丽, 译. 中国社会科学出版社, 1998.

[14] 罗伯特·芮德菲尔德. 乡民社会与文化——一种人类学研究文明社会的方法 [M]. 王莹, 译. 北京：中国科学出版社, 2013.

[15] 原广司. 世界聚落的教示 100 [M]. 于天祎, 王昀, 译. 中国建筑工业出版社, 2003.

[16] 宫崎市定. 中国聚落形态的变迁 [M]. 张学锋, 马云超, 石洋, 译. 上海古籍出版社, 2018.

[17] 弗朗西斯·亨利·尼科尔斯. 穿越神秘的陕西 [M]. 史红帅, 译. 西安：三秦出版社, 2009.

## 四、专著及论文集中析出文献

[ 1 ] 夏春涛. 从《青县村图》看晚清时期的华北村落 [C] //华北乡村史学术研讨会论文集. 北京：人民出版社, 2001：28-29.

[ 2 ] 朱光亚. 中国古代木结构谱系再研究 [C] //全球视野下的中国建筑遗产——第四届中国建筑史学国际研讨会论文集（《营造》第四辑）. 上海：同济大学, 2007：397-402.

[ 3 ] 王金平, 朱赛男. 非居住建筑在聚落中的布局与形态特征分析——以晋商传统聚落中的祠堂、村庙、戏台为例 [C] // 第十五届中国民居学术会议论文集. 2007：248-252.

[ 4 ] 王其亨. "井"的意义——中国传统建筑的平面构成原型及文化渊涵探析 [C] // 王其亨中国建筑史论选集. 沈阳：辽宁美术出版社, 2014.

[5] 科大卫.告别华南研究 [C] //华南研究会编.学步与超越.香港：文化创造出版社，2004：29.

[6] 朱光亚.中国古代木结构谱系再研究 [C] // 全球视野下的中国建筑遗产——第四届中国建筑史学国际研讨会论文集（《营造》第四辑）.上海：同济大学，2007：397-402.

[7] 朱光亚，黄滋.保护与发展的矛盾冲突及其统筹规划——古村落保护问题探讨及其它他 [C] //中国文物学会传统建筑园林委员会第十一届学术研讨会论文集.中国文物学会传统建筑园林委员会，1998：26-33.

[8] 陆元鼎.中国传统民居研究的成就与发展 [C] //中国民族建筑论文集.北京：中国建筑工业出版社，2001：249-251.

## 五、期刊论文

[1] 常青.建筑人类学发凡 [J].建筑学报，1992（5）：39-43.

[2] 常青.略论传统聚落的风土保护与再生 [J].建筑师，2005（3）：87-90.

[3] 常青.风土建筑的现代意义——《宅形与文化》译序 [J].时代建筑，2007（5）：144.

[4] 常青.人类选择了宅形 [J].重庆建筑，2010，9（6）：59.

[5] 常青.风土观与建筑本土化 风土建筑谱系研究纲要 [J].时代建筑，2013（3）：10-15.

[6] 常青.我国风土建筑的谱系构成及传承前景概观——基于体系化的标本保存与整体再生目标 [J].建筑学报，2016（10）：1-9.

[7] 常青.传统聚落古今观——纪念中国营造学社成立九十周年 [J].建筑学报，2019（12）：14-19.

[8] 常青.论现代建筑学语境中的建成遗产传承方式——基于原型分析的理论与实践 [J].中国科学院院刊，2017，32（7）：667-680.

[9] 常青，Jiang Tianyi, Chen Chenand, Li Yingchun.对建筑遗产基本问题的认知 [J].建筑遗产，2016（1）：44-61.

[10] 常青.序言：探索我国风土建筑的地域谱系及保护与再生之路 [J].南方建筑，2014（5）：4-6.

[11] 常青.建筑学的人类学视野 [J].建筑师，2008（6）：95-101.

[12] 陆元鼎.民居建筑学科的形成与今后发展 [J].南方建筑，2011（6）：4-6.

[13] 陆元鼎.梅州客家民居的特征及其传承与发展 [J].南方建筑，2008（2）：33-39.

[14] 陆元鼎.中国民居研究五十年 [J].建筑学报，2007（11）：66-69.

[15] 陆元鼎.从传统民居建筑形成的规律探索民居研究的方法 [J].建筑师，2005（3）：5-7.

[16] 陆元鼎，廖志.广东传统村镇民居的生态环境及其可持续发展 [J].福建工程学院学报，2004（1）：65-69.

[17] 陆元鼎.中国民居研究十年回顾 [J].小城镇建设，2000（8）：63-66.

[18] 陆元鼎.中国民居研究现状 [J].南方建筑，1997（1）：28-30.

[19] 陆元鼎.中国民居研究的现状与展望 [J].长江建设，1997（1）：39-41.

[20] 陆元鼎.中国民居研究的回顾与展望 [J].华南理工大学学报（自然科学版），1997（1）：133-139.

[21] 余英，陆元鼎.东南传统聚落研究——人类聚落学的架构 [J].华中建筑，1996（4）：

48–53.

[22] 陈志华, 周斌. 建筑是生活的史书；陈志华：为拯救乡土建筑探路 [J]. 国家人文历史, 2013（1）：86–89.

[23] 陈志华. 乡土建筑廿三年 [J]. 中国建筑史论汇刊, 2012（1）：355–360.

[24] 陈志华. 中国乡土建筑之现状——陈志华教授访谈录 [J]. 中国名城, 2010（4）：53–56.

[25] 陈志华. 乡土建筑保护论纲 [J]. 文物建筑, 2007：193–197.

[26] 陈志华. 再说古北京城的整体保护 [J]. 世界建筑, 2005（3）：100–101.

[27] 陈志华. 乡土建筑保护十议 [J]. 建筑史论文集, 2003, 17（1）：163–180+277.

[28] 陈志华. 关于楠溪江古村落保护问题的信 [J]. 建筑学报, 2001（11）：52–53.

[29] 陈志华, 杜非. 传统的建筑与建筑的传统 [J]. 出版广角, 2001（1）：72–74.

[30] 陈志华, 赵巍. 由《关于乡土建筑遗产的宪章》引起的话 [J]. 时代建筑, 2000（3）：20–24.

[31] 陈志华. 楠溪江中游乡土建筑 [M]. 北京：清华大学建筑学院, 2000–01–01.

[32] 陈志华. 介绍几份关于文物建筑和历史性城市保护的国际性文件（二）[J]. 世界建筑, 1989（4）：73–76.

[33] 陈志华. 介绍几份关于文物建筑和历史性城市保护的国际性文件（一）[J]. 世界建筑, 1989（2）：65–67.

[34] 李秋香. 古村护航——诸葛村保护追踪二十年 [J]. 遗产与保护研究, 2016, 1（4）：8–15.

[35] 李秋香. 丁村乡土建筑研究 [J]. 建筑史, 2003（3）：126–146+286.

[36] 罗德胤. 观前码头——闽江上游的船筏转运村 [J]. 世界建筑, 2021（8）：76–81+126.

[37] 罗德胤. 中国传统村落谱系建立刍议 [J]. 世界建筑, 2014（6）：104–107+118.

[38] 德尔·厄普顿, 赵雯雯, 等. 在学院派之外：美国乡土建筑研究百年 1890—1990 [J]. 建筑师, 2009（2）：85–94.

[39] 罗德胤. 蔚县城堡村落群考察 [J]. 建筑史, 2006：164–179.

[40] 罗德胤. 不求创新的艺术——记《乡土瑰宝》与乡土建筑测绘 [J]. 世界建筑, 2005（3）：106–107.

[41] 朱光亚. 且说吴地建筑文化 [J]. 建筑遗产, 2020（2）：1–9.

[42] 朱光亚. 古村镇保护规划若干问题讨论 [J]. 小城镇建设, 2002（2）：66–70.

[43] 朱光亚, 黄滋. 古村落的保护与发展问题 [J]. 建筑学报, 1999（4）：61–64.

[44] 冯江, 谢中慧, 黄丽丹. 明清广州府的"里"[J]. 建筑遗产, 2019（2）：1–11.

[45] 李梦然, 冯江. 诺利地图及其方法价值 [J]. 新建筑, 2017（4）：11–16.

[46] 冯江, 蒲泽轩. 番禺沙湾绎思堂寝堂木梁架榫卯考查 [J]. 南方建筑, 2015（1）：56–61.

[47] 冯江, 阮思勤. 广府村落田野调查个案：塱头 [J]. 新建筑, 2010（5）：6–11.

[48] 冯江, 阮思勤, 徐好好. 广府村落田野调查个案：横坑 [J]. 新建筑, 2006（1）：32–35.

[49] 肖旻. 话语山水间：华南民居研究笔记 [J]. 建筑学报, 2014（Z1）：123–127.

[50] 肖旻. 广府地区古建筑形制研究导论 [J]. 南方建筑, 2011（1）：64–67.

[51] 段进, 邱国潮. 国外城市形态学研究的兴起与发展 [J]. 城市规划学刊, 2008（5）：34–42.

[52] 王树声, 高元, 李小龙. 中国城市山水人文空间格局研究 [J]. 城市规划学刊, 2019（1）：

27–32.

[53] 王树声.重拾中国城市规划的风景营造传统[J].中国园林,2018,34(1):28–34.

[54] 王树声."天人合一"思想与中国古代人居环境建设[J].西北大学学报(自然科学版),2009,39(5):915–920.

[55] 王树声,刘临安.试论古代城市人居环境的人文结构与意义[J].建筑师,2009(5):116–118.

[56] 王树声,朱文龙,李慧敏.北方士族聚落夏门村保护规划研究[J].太原理工大学学报,2009,40(5):508–512+517.

[57] 王金平,汤丽蓉.晋系风土与风土建筑[J].建筑遗产,2021(2):1–11.

[58] 王金平,王占雍.晋系窑房同构建筑的空间形制与布局[J].建筑遗产,2018(1):60–70.

[59] 王金平,苏婕.汾城古镇聚落形态分析[J].南方建筑,2013(2):8–12.

[60] 王金平,温婧.晋北堡寨式聚落防御性特征初探——以大同市天镇县新平堡镇为例[J].中国名城,2012(3):31–36.

[61] 王金平.风土环境与建筑形态——晋西风土建筑形态分析[J].建筑师,2003(1):60–70.

[62] 李钰,王军.1934—2008:西北乡土建筑研究回顾与展望[J].西安建筑科技大学学报(自然科学版),2009,41(4):556–560.

[63] 孟祥武,王军,叶明晖,等.国内生土建筑研究历程与思考[J].新建筑,2018(1):114–118.

[64] 孟祥武,张莉,王军,等.多元文化交错区的传统民居建筑区划研究[J].建筑学报,2020(S2):1–7.

[65] 张力智.徽州住宅中的横向布局及其现代意义[J].建筑遗产,2021(1):60–67.

[66] 杨希,张力智.深圳排屋型客村形制探源与意义——以贵湖塘老围为例[J].建筑学报,2020(9):111–115.

[67] 张力智.中国南方汉地民居的3种原型及其人类学意义[J].建筑学报,2020(7):20–25.

[68] 张力智.甘青宁地区传统村落的初步研究[J].中国文化遗产,2018(2):18–30.

[69] 张力智.桃花源外的村落——中国乡土建筑的研究拓展及其意义[J].建筑学报,2017(1):96–101.

[70] 张力智.正房里的黑暗巷道——初探闽南大厝的历史演变与现代内涵[J].建筑遗产,2016(4):52–59.

[71] 张力智."楼上厅"与"燕堂"——一种建筑的形式、源流与象征意义研究[J].建筑学报,2016(9):32–37.

[72] 张力智."从庙至墓"的背后——作为政治象征的祭祀制度[J].美术研究,2008(4):46–52.

[73] 沈克宁.意大利建筑师阿尔多·罗西[J].世界建筑,1988(6):50–57.

[74] 尹弘基,沙露茵.论中国古代风水的起源和发展[J].自然科学史研究,1989,8(1):84–89.

[75] 周尚意,赵世瑜.中国民间寺庙:一种文化景观的研究[J].江汉论坛,1990(8):44–

51.

[76] 孙大章.民居建筑的插梁架浅论[J].小城镇建设,2001(9):26-29.
[77] 兰林友.论华北宗族的典型特征[J].中央民族大学学报,2004(1):55-59.
[78] 贺雪峰.关中村治模式的关键词[J].人文杂志,2005(1):139-146.
[79] 刘大平,李晓霁.中国建筑史与文化地理学研究[J].建筑学报,2005(6):68-70.
[80] 陈春声.走向历史现场[J].读书,2006(9):19-28.
[81] 雷振东,刘加平.整合与重构 陕西关中乡村聚落转型研究[J].时代建筑,2007(4):22-27.
[82] 王日根,张先刚.从墓地、族谱到祠堂:明清山东栖霞宗族凝聚纽带的变迁[J].历史研究,2008(2):75-97+190-191.
[83] 刘涤宇.宅形确立过程中各要素作用方式探讨——《宅形与文化》读书笔记[J].建筑学报,2008(4):100-101.
[84] 刘涤宇,戴方睿,谭镭.空中读村——航拍无人机视阈里的传统聚落[J].建筑遗产,2020(1):79-93.
[85] 刘涤宇.吴地风土建筑的场地适应研究——以同里古镇漆字圩与洪字圩建造肌理为例[J].建筑师,2016(1):84-94.
[86] 刘涤宇.在简化模型和复杂现实之间 对弗雷·奥托聚落形态研究思路的再思考[J].时代建筑,2013(4):156-157.
[87] 安介生.略论先秦至北宋秦晋地域共同体的形成及其"铰合"机制[J].人文杂志,2010(1):144-153.
[88] 安介生.晋学研究之"区位论"[J].晋阳学刊,2010(5):10-16.
[89] 李斌,贾文毓.运城市的自然村名与地形[J].山西师范大学学报(自然科学版),2015,29(S1):59-60.
[90] 邓浩,朱佩怡,韩冬青.可操作的城市历史——阅读意大利建筑师萨维利奥·穆拉托里的类型形态学思想及其设计实践[J].建筑师,2016(1):52-61.
[91] 周宏伟.中国传统民居地理研究刍议[J].中国历史地理论丛,2016,31(4):9-17.
[92] 赵爽英.明清关中宗族组织的形成与发展——韩城解氏的家族命运[J].唐都学刊,2017,33(1):88-100.
[93] 赵永翔.村社神庙与日常秩序——以明清关中为例的考察[J].山西师大学报(社会科学版),2018,45(2):67-71.
[94] 伍沙.湘语方言区风土建筑谱系构成研究初探——基于平面形制的建筑类型及分布区域分析[J].建筑遗产,2018(3):31-38.
[95] 李浈,雷冬霞.中国南方传统营造技艺区划与谱系研究——对传播学理论与方法的借鉴[J].建筑遗产,2018(3):16-21.
[96] 周易知.闽系核心区风土建筑的谱系构成及其分布、演变规律[J].建筑遗产,2019(1):1-11.
[97] 周易知.两浙风土建筑谱系与传统民居院落空间分析[J].建筑遗产,2020(1):2-17.
[98] 梁智尧.江右赣系建筑谱系整体生成技艺研究——以天井式宅院为例[J].建筑遗产,2018(4):1-12.
[99] 梁智尧.砖墙之话语——试析砖墙对明清赣北民居演变的影响[J].建筑师,2016(3):

[100] 梁智尧.试析鄱阳湖流域建筑谱系及其源流关系[J].南方建筑,2014(5):52-57.
[101] 巨凯夫.明清南侗萨坛形制演变研究——一类非人居性风土建筑的建筑人类学考察[J].建筑学报,2019(2):98-105.
[102] 巨凯夫.风土特征图谱建立方法研究——以浙江风土建筑为例[J].南方建筑,2014(5):64-69.
[103] 徐粤,林国靖.粤语方言区风土建筑谱系分类与基质研究[J].建筑遗产,2019(2):12-23.
[104] 徐粤.广东潮汕及客家风土聚落的同构性研究[J].建筑遗产,2019(1):43-49.
[105] 郭建伟,张琳琳.基于"主位"与"客位"视角的西双版纳傣族风土聚落类型研究[J].风景园林,2021,28(3):34-40.
[106] 郭建伟,张琳琳.傣族风土聚落与建筑中的"双中心"空间特征研究——以中国西南西双版纳地区传统村寨为例[J].建筑学报,2020(8):114-121.
[107] 蔡宣皓.横楼厅:闽东大厝平面形制演变中的仪式空间扩张[J].建筑学报,2020(6):22-27.
[108] 蔡宣皓.闽东大厝的建筑术语体系与空间观念研究——以清中晚期永泰县爱荆庄及仁和庄阄书中的建筑信息为例[J].建筑遗产,2019(1):21-34.
[109] 戴方睿.基于宗族结构的聚落形态研究——以义乌倍磊陈氏聚落为例[J].建筑遗产,2020(1):35-43.
[110] 姚春敏,杨康.清代乡村社庙认定与社神选择——以清代泽州府为中心[J].求是学刊,2020,47(5):170-180.
[111] 郭建伟,张琳琳.基于"主位"与"客位"视角的西双版纳傣族风土聚落类型研究[J].风景园林,2021,28(3):34-40.
[112] 祝虻,叶佩.图像·空间·认同:明清徽州家谱中的村图[J].形象史学,2021(2):245-269.
[113] 林晓丹,江攀.从厅房位置看汾渭平原风土建筑类型及其谱系[J].建筑遗产,2021(3):3-14.
[114] 黄河晋陕沿岸风土聚落"村寨分离"特征及地域分布研究——以龙门至潼关段为例[J].建筑遗产,2021(2):40-49.
[115] 夏婷婷.木作营造视角下的西南风土建筑谱系探讨——以西南官话区西蜀片、成渝小片、鄂北小片和鄂中小片为例[J].建筑遗产,2022(1):42-51.
[116] 董哲.中国当代建筑口述史学研究历程与观察——赖德霖教授访谈[J].新建筑,2022(2):4-7.
[117] 王骏阳.20世纪下半叶以来的3个建筑学转向与"风土"话语(上)[J].建筑学报,2022(7):73-79.
[118] 潘玥.回响的世纪风铃:约翰·拉斯金对如画的升华及其现代意义[J].建筑学报,2020(9):116-122.
[119] 潘玥.向风土建筑学习 重读约翰·拉斯金《建筑的诗意》[J].时代建筑,2020(1):188-191.
[120] 潘玥.西方风土建筑价值认知的转变——伯纳德·鲁道夫斯基和"没有建筑师的建筑"

思想形成过程研究 [J]. 建筑学报, 2019 (6): 110–117.

[121] 潘玥. 对日本妻笼宿保存与再生计划的思考 [J]. 建筑遗产, 2017 (2): 8–23.

[122] 潘玥. 神性的栖居——《从神道到安藤: 有关日本的建筑人类学研究》读书笔记 [J]. 建筑师, 2017 (2): 103–108.

[123] 潘玥. 风土: 重返现代 [J]. 建筑遗产, 2016 (3): 123–124.

[124] 邓巍, 胡海艳, 杨瑞鑫, 等. 传统乡村聚落空间的双构特征及保护启示 [J]. 城市规划学刊, 2019 (6): 101–106.

[125] 何依, 孙亮. 基于宗族结构的传统村落院落单元研究——以宁波市走马塘历史文化名村保护规划为例 [J]. 建筑学报, 2017 (2): 90–95.

[126] 何依, 邓巍, 李锦生, 等. 山西古村镇区域类型与集群式保护策略 [J]. 城市规划, 2016, 40 (2): 85–93.

[127] 张瑜, 贾艳飞, 何依. 传统平原堡寨村落整体性保护方法探究——以平遥古村落为例 [J]. 城市发展研究, 2015, 22 (4): 104–110.

[128] 何依, 邓巍. 历史街区建筑肌理的原型与类型研究 [J]. 城市规划, 2014, 38 (8): 57–62.

[129] 何依, 邓巍. 太原市南华门历史街区肌理的原型、演化与类型识别 [J]. 城市规划学刊, 2014 (3): 97–103.

[130] 何依, 邓巍. 基于主姓家族的村落空间研究——以山西省苏庄国家历史文化名村为例 [J]. 建筑学报, 2011 (11): 11–15.

[131] 赵世瑜. 明清华北的社与社火——关于地缘组织、仪式表演以及二者的关系 [J]. 中国史研究, 1999 (3): 134–142+144–152+154.

[132] 赵世瑜. 在中国研究: 全球史、江南区域史与历史人类学 [J]. 探索与争鸣, 2016 (4): 81–85.

[133] 赵世瑜. 从移民传说到地域认同: 明清国家的形成 [J]. 华东师范大学学报 (哲学社会科学版), 2015, 47 (4): 1–10+167.

[134] 赵世瑜. "小历史" 与 "大历史" [J]. 清华大学学报 (哲学社会科学版), 2008 (4): 161.

[135] 赵世瑜. 文本、文类、语境与历史重构 [J]. 清华大学学报 (哲学社会科学版), 2008 (1): 5–9.

[136] 赵世瑜. 祖先记忆、家园象征与族群历史——山西洪洞大槐树传说解析 [J]. 历史研究, 2006 (1): 49–64+190–191.

[137] 赵世瑜. 分水之争: 公共资源与乡土社会的权力和象征——以明清山西汾水流域的若干案例为中心 [J]. 中国社会科学, 2005 (2): 189–203+208.

[138] 赵世瑜. 传说·历史·历史记忆——从 20 世纪的新史学到后现代史学 [J]. 中国社会科学, 2003 (2): 175–188+208.

[139] 赵世瑜, 邓庆平. 二十世纪中国社会史研究的回顾与思考 [J]. 历史研究, 2001 (6): 157–172.

[140] 赵世瑜. 明清华北的社与社火——关于地缘组织、仪式表演以及二者的关系 [J]. 中国史研究, 1999 (3): 134–142+144–152+154.

[141] 赵世瑜. 社会动荡与地方士绅——以明末清初的山西阳城陈氏为例 [J]. 清史研究, 1999

(2)：33–39.

[142] 赵世瑜. 中国传统庙会中的狂欢精神[J]. 中国社会科学，1996（1）：183–196.

[143] 胡英泽. 水井与北方乡村社会——基于山西、陕西、河南省部分地区乡村水井的田野考察[J]. 近代史研究，2006（1）：55–78+158–159.

[144] 胡英泽. 流动的土地与固化的地权——清代至民国关中东部地册研究[J]. 近代史研究，2008（3）：117–139.

[145] 胡英泽. 清代山、陕黄河滩地鱼鳞册研究[J]. 中国经济史研究，2010（4）：37–49.

[146] 刘志伟，刘守英，周飞舟，贺照田，熊春文，狄金华. 回到"乡村"：整体性视野与中国社会研究[J]. 中国农业大学学报（社会科学版），2020，37（1）：119–138.

[147] 刘志伟. 宗法、户籍与宗族——以大埔茶阳《饶氏族谱》为中心的讨论[J]. 中山大学学报（社会科学版），2004（6）：139–146+266–267.

[148] 刘志伟. 地域社会与文化的结构过程——珠江三角洲研究的历史学与人类学对话[J]. 历史研究，2003（1）：54–64+190.

[149] 刘志伟. 地域空间中的国家秩序——珠江三角洲"沙田-民田"格局的形成[J]. 清史研究，1999（2）：14–24.

[150] 刘志伟. 宗族与沙田开发——番禺沙湾何族的个案研究[J]. 中国农史，1992（4）：34–41.

[151] 科大卫，张士闪. "大一统"与差异化——历史人类学视野下的中国社会研究——科大卫教授访谈录[J]. 民俗研究，2016（2）：21–23.

[152] 科大卫，程美宝. 历史人类学者走向田野要做什么[J]. 民俗研究，2016（2）：24–27+158.

[153] 科大卫，刘志伟. 宗族与地方社会的国家认同——明清华南地区宗族发展的意识形态基础[J]. 历史研究，2000（3）：3–14+189.

[154] 科大卫. 国家与礼仪：宋至清中叶珠江三角洲地方社会的国家认同[J]. 中山大学学报（社会科学版），1999（5）：65–72.

[155] 郑振满. 神庙祭典与社区发展模式——莆田江口平原的例证[J]. 史林，1995（1）：33–47+111.

[156] 郑振满. 中国家族史研究：历史学与人类学的不同视野[J]. 厦门大学学报（哲学社会科学版），1991（4）：120–127.

[157] 郑振满. 明清福建沿海农田水利制度与乡族组织[J]. 中国社会经济史研究，1987（4）：38–45.